# Adestramento de Cães Para leigos

Proporcionar ao seu cão pelo menos algum adestramento é a melhor coisa e a maior demonstração de amor que você pode dar a ele. Adestrar seu cão garante que ele esteja sempre em segurança, seja bem-vindo aonde for e que seja um companheiro agradável de se conviver. Ao começar o adestramento de obediência, você precisa ter em mente o que deve e o que não deve fazer, e deve começar com alguns exercícios básicos, incluindo sentar e deitar sob comando. Adestrar seu cão a atender ao comando "Vem" e "Senta-Fica" também é extremamente útil.

## REVENDO O QUE VOCÊ DEVE E NÃO DEVE FAZER AO ADESTRAR SEU CÃO

Sim, o adestramento de cães é baseado no bom senso. Entretanto, você precisa ter em mente algumas orientações específicas — o que fazer e o que não fazer — para garantir o sucesso do adestramento e estimular um relacionamento saudável com seu cão. As seções a seguir ajudam você a começar.

## O QUE VOCÊ DEVE FAZER:

- Seja gentil com seu cão toda vez que ele vier até você (mesmo quando ele voltar depois de um passeio não autorizado pela vizinhança).
- Crie o hábito de dar um comando apenas uma vez. Se seu cão não atender a um comando que você já ensinou, reforce o comando com uma ação.
- Use o nome do seu cão para chamar a atenção dele, e depois diga o que quer que ele faça.
- Elimine a palavra "não" do seu vocabulário de adestramento.
- Use um tom de voz normal ao dar um comando. A audição do seu cão é muito apurada.
- Seja consistente em suas atitudes e expectativas.
- Forneça um meio de extravasar a energia do seu cão.
- Mantenha seu cão mentalmente estimulado com o adestramento.
- Compreenda que seu cão é um animal social. Adestre o cão para que ele possa fazer parte da família.
- Socialize seu cão com pessoas e outros cães.
- Seja o professor do seu cão.
- Transforme o aprendizado em diversão para o cão.

# Adestramento de Cães Para leigos

- Recompense os comportamentos corretos com elogios de forma consistente.
- Passe bastante tempo com seu cão e dê a ele muito exercício.
- Continue tentando, e seu cão o recompensará entendendo o que você quer dele.
- Procure ajuda quando não conseguir progredir.

## O QUE VOCÊ NÃO DEVE FAZER:

- Não faça nada que seu cão perceba como desagradável quando ele vier até você.
- Não perturbe o cão repetindo os comandos — isso ensina o cão a ignorar você.
- Não use o nome do seu cão e depois espere que ele leia sua mente para saber o que você quer dele.
- Não espere que seu cão saiba o significado da palavra "não".
- Não grite com seu cão. Ele não é surdo. Levantar a voz não melhora a compreensão.
- Não deixe seu cão confuso com expectativas irreais.
- Não tente suprimir comportamentos que precisam ser extravasados.
- Não deixe que seu cão fique inerte.
- Não prenda o cão ou deixe-o do lado de fora porque não o ensinou a se comportar.
- Não deixe seu cão isolado — ele é um animal social.
- Não espere que seu cão obedeça a um comando que você não ensinou a ele.
- Não leve o adestramento tão a sério.
- Não recompense comportamentos indesejados.
- Não deixe seu cão neurótico, negligenciando-o.
- Não desista quando as coisas ficarem mais difíceis, continue tentando.
- Não culpe o cão; o professor é você.

# Adestramento de Cães

Para leigos

# Adestramento de Cães para leigos

Tradução da 3ª Edição

**Jack Volhard**

**Wendy Volhard**

ALTA BOOKS
EDITORA
Rio de Janeiro, 2017

**Adestramento de Cães Para Leigos® — Tradução da 3ª Edição**
Copyright © 2017 da Starlin Alta Editora e Consultoria Eireli. ISBN: 978-85-508-0057-8

*Translated from original Dog Training For Dummies®, 3rd Edition. Copyright © 2010 by Wiley Publishing, Inc. ISBN 978-0-470-60029-0. This translation is published and sold by permission of John Wiley & Sons, Inc., the owner of all rights to publish and sell the same. PORTUGUESE language edition published by Starlin Alta Editora e Consultoria Eireli, Copyright © 2017 by Starlin Alta Editora e Consultoria Eireli.*

Todos os direitos estão reservados e protegidos por Lei. Nenhuma parte deste livro, sem autorização prévia por escrito da editora, poderá ser reproduzida ou transmitida. A violação dos Direitos Autorais é crime estabelecido na Lei nº 9.610/98 e com punição de acordo com o artigo 184 do Código Penal.

A editora não se responsabiliza pelo conteúdo da obra, formulada exclusivamente pelo(s) autor(es).

**Marcas Registradas:** Todos os termos mencionados e reconhecidos como Marca Registrada e/ou Comercial são de responsabilidade de seus proprietários. A editora informa não estar associada a nenhum produto e/ou fornecedor apresentado no livro.

Impresso no Brasil — 2017 - Edição revisada conforme o Acordo Ortográfico da Língua Portuguesa de 2009.

Publique seu livro com a Alta Books. Para mais informações envie um e-mail para autoria@altabooks.com.br

Obra disponível para venda corporativa e/ou personalizada. Para mais informações, fale com projetos@altabooks.com.br

| **Produção Editorial**<br>Editora Alta Books | **Gerência Editorial**<br>Anderson Vieira | **Produtor Editorial (Design)**<br>Aurélio Corrêa | **Marketing Editorial**<br>Silas Amaro<br>marketing@altabooks.com.br | **Vendas Atacado e Varejo**<br>Daniele Fonseca<br>Viviane Paiva<br>comercial@altabooks.com.br |
|---|---|---|---|---|
| **Produtor Editorial**<br>Claudia Braga<br>Thiê Alves | **Supervisão de Qualidade Editorial**<br>Sergio de Souza | **Editor de Aquisição**<br>José Rugeri<br>j.rugeri@altabooks.com.br | **Vendas Corporativas**<br>Sandro Souza<br>sandro@altabooks.com.br | **Ouvidoria**<br>ouvidoria@altabooks.com.br |
| **Assistente Editorial**<br>Renan Castro | | | | |
| **Equipe Editorial** | Bianca Teodoro<br>Christian Danniel | Ian Verçosa<br>Illysabelle Trajano | Juliana de Oliveira | |
| **Copi com Tradução**<br>Wendy Campos | **Revisão Gramatical**<br>Vivian Sbravatti<br>Carolina Gaio | **Revisão Técnica**<br>Murilo Garcia<br>Adestrador e Mestre em Psicologia na área de Análise do Comportamento. | **Diagramação**<br>Joyce Matos | |

**Erratas e arquivos de apoio:** No site da editora relatamos, com a devida correção, qualquer erro encontrado em nossos livros, bem como disponibilizamos arquivos de apoio se aplicáveis à obra em questão.

Acesse o site www.altabooks.com.br e procure pelo título do livro desejado para ter acesso às erratas, aos arquivos de apoio e/ou a outros conteúdos aplicáveis à obra.

**Suporte Técnico:** A obra é comercializada na forma em que está, sem direito a suporte técnico ou orientação pessoal/exclusiva ao leitor.

Dados Internacionais de Catalogação na Publicação (CIP)
Vagner Rodolfo CRB-8/9410

J12a    Jack, Volhard

Adestramento de cães para leigos / Jack Volhard, Wendy Volhard ; traduzido por Wendy Campos. - 3. ed. - Rio de Janeiro : Alta Books, 2017.
432 p. : il. ; 17cm x 24cm.

Tradução de: Dog Training For Dummies 3º Edition
Inclui índice.
ISBN: 978-85-508-0057-8

1. Animais. 2. Cães. 3. Adestramento. I. Volhard, Wendy. II. Campos, Wendy. II. Título.

CDD 636.7088
CDU 636.7

Rua Viúva Cláudio, 291 — Bairro Industrial do Jacaré
CEP: 20.970-031 — Rio de Janeiro (RJ)
Tels.: (21) 3278-8069 / 3278-8419
www.altabooks.com.br — altabooks@altabooks.com.br
www.facebook.com/altabooks — www.instagram.com/altabooks

# Sobre os Autores

**J**ack e Wendy Volhard são autores de diversos livros de sucesso sobre adestramento de cães, traduzidos em dez idiomas. Eles também produziram um DVD duplo, chamado *Living With Your Dog* ("Vivendo com o Seu Cão", em tradução livre), que apresenta o método Volhard para o desenvolvimento de uma relação de inspiração mútua com o melhor amigo do homem.

Jack recebeu cinco premiações da *Dog Writers Association of America* (DWAA) e foi juiz de obediência do *American Kennel Club* (AKC) por 33 anos. Ele é autor de mais de cem artigos em várias publicações sobre cães, e autor sênior do *Teaching Dog Obedience Classes: The Manual for Instructors* ("Ensine Obediência ao Seu Cão: O Manual para Instrutores", em tradução livre), conhecido como "a bíblia" para adestradores, e do *Training Your Dog: The Step-by-Step Manual* ("Adestre o Seu Cão: O Manual Passo a Passo", em tradução livre), selecionado como o Melhor Livro de Adestramento e Cuidados de 1983 pela DWAA.

Wendy recebeu quatro premiações pela DWAA. É autora de inúmeros artigos, colunista regular da *American Kennel Gazette* e coautora de cinco livros, incluindo o *Canine Good Citizen: Every Dog Can Be One* ("Bom Cidadão Canino: Todo Cão Pode Ser um", em tradução livre), nomeado como o Melhor Livro de Adestramento e Cuidados de 1995 pela DWAA, e o *The Holistic Guide for a Healthy Dog* ("O Guia Holístico para a Saúde Canina", em tradução livre), agora já na sua segunda edição.

Wendy, cuja experiência se estende a ajudar os donos a compreender melhor o porquê de os seus cães fazerem o que fazem, desenvolveu o *Canine Personality Profile* ("Perfil de Personalidade Canina", em tradução livre), e uma série, em duas partes, *Drives — A New Look at an Old Concept* ("Diretrizes — Um Novo Olhar para um Conceito Antigo", em tradução livre), que foi nomeada como o Melhor Artigo de 1991 em uma revista especializada, pela DWAA. Ela também desenvolveu o sistema mais amplamente utilizado para avaliação e seleção de filhotes e o filme *Aptitude Testing* ("Teste de Aptidão", em tradução livre), que foi escolhido como o Melhor Filme sobre Cães em 1980 pela DWAA. Wendy se especializou em comportamento, nutrição e métodos alternativos de cuidados com a saúde de cães, como acupuntura e homeopatia, e formulou uma dieta caseira balanceada para cães. A edição de fevereiro/março de 2010 da Bark Magazine inclui Wendy em sua lista dos Cem Melhores no Desenvolvimento do Teste de Aptidão para Filhotes e do Perfil de Impulso.

Os Volhard dividem seu lar com dois Labradores Retrievers, dois Dachshunds de Pelo Duro e dois gatos. Os cães são mais ou menos bem treinados e os gatos fazem o que querem. Todos podem subir nos móveis, mas saem quando mandam. Os Volhards são verdadeiros profissionais — eles já obtiveram mais de cinquenta títulos de performance e conformação com seus Pastores-Alemães,

Labradores Retrievers, Terras-Novas Landseers, Dachshunds de Pelo Duro e Yorkshires Terriers.

Com suas aulas, palestras, seminários e acampamentos de adestramento nos Estados Unidos, Bermudas, Canadá, Inglaterra e Porto Rico, os Volhards já ensinaram incontáveis donos a se comunicar de modo mais eficiente com seus animais de estimação. Indivíduos de praticamente todos os estados dos EUA e de quinze países já participaram dos seus acampamentos de adestramento. Reconhecidos internacionalmente como "os adestradores dos adestradores", Jack e Wendy foram nomeados para o Hall da Fama da *International Association of Canine Professionals*, em 2006.

Visite o site dos Volhard em `www.volhard.com` (conteúdo em inglês).

# Dedicatória

Este livro é para aqueles que gostam de seus cães e que os têm primeiramente como animais de estimação e companheiros.

# Agradecimentos dos Autores

Todos nós somos produtos de nossas experiências de vida. Nossa experiência de vida com cães começou nos anos 1960, quando começaram a surgir muitos dos famosos especialistas em comportamento animal da época. Sendo ávidos leitores, nós absorvemos o máximo de informação que poderíamos de indivíduos como Konrad Most, Konrad Lorenz e Eberhard Trummler. Nós descobrimos o porquê de os cães fazerem o que fazem e como aplicar a abordagem comportamental ao adestramento, uma que imite como os cães interagem uns com os outros. O trabalho de John Fuller em Bar Harbor, Maine e Clarence Pfaffenberger com cães guias para cegos, bem como os experimentos feitos na Suíça por Humphrey e Warner para indicar as habilidades de trabalho dos Pastores-Alemães, tudo veio para a mistura que eventualmente se tornou o nosso Método Motivacional de Adestramento.

Nosso agradecimento especial para aqueles que contribuíram com este livro e compartilharam suas percepções: Sheila Hamilton-Andrews, Steve Brown, Emily Emmet, Patty Ferrington, Merry Foresta, Diane Kramer, Carolyn Noteman, Desmond e Lise O'Neill, Ginny Padgette, Theresa Richmond, Diana Rockwell, Peggy Toms, Mary Ann Zeigenfuse, Sandy Stokes e a Drª Regina Schwabe, médica veterinária.

Finalmente, agradecemos aos nossos editores da Wiley Publishing — a Editora de Aquisição Tracy Boggier, a Editora Sênior de Projeto Alissa Schwipps, os Editores de Texto Jessica Smith e Krista Hansing e o Editor Técnico Michael Eldridge. Eles demonstraram as duas qualidades principais de um bom adestrador de cães — paciência e persistência.

# Sumário Resumido

Introdução . . . . . . . . . . . . . . . . . . . . . . . . . . . . . . . . . . . . . . . . . . . . .1

## Parte 1: Preparando o Terreno para o Adestramento de Sucesso . . . . . . . . . . . . . . . . . . . . . . . . . . . . . . . . . . . . . . . . . .7

CAPÍTULO 1: Adestramento: A Chave para a Segurança do Seu Cão e para a Sua Sanidade. . . . . . . . . . . . . . . . . . . . . . . . . . . . . . . . . . . . . 9

CAPÍTULO 2: Psicologia Canina Básica: Entendendo o Seu Cão . . . . . . . . . . . . . . . . 27

CAPÍTULO 3: Desenvolvendo a Habilidade para Adestrar. . . . . . . . . . . . . . . . . . . . 49

CAPÍTULO 4: Entendendo o Papel Vital da Nutrição e da Saúde no Adestramento . . . . . . . . . . . . . . . . . . . . . . . . . . . . . . . . . . . . . . 69

CAPÍTULO 5: Equipando-se para o Sucesso no Adestramento . . . . . . . . . . . . . . . . 103

## Parte 2: As Fases do Filhote . . . . . . . . . . . . . . . . . . . . . . . . . . . 121

CAPÍTULO 6: Sobrevivendo às Fases de Crescimento do Seu Filhote . . . . . . . . . . . 123

CAPÍTULO 7: Iniciando o Filhote com a Pata Direita. . . . . . . . . . . . . . . . . . . . . . . 139

CAPÍTULO 8: Adestramento Sanitário . . . . . . . . . . . . . . . . . . . . . . . . . . . . . . . . . 161

## Parte 3: Adestramento Básico. . . . . . . . . . . . . . . . . . . . . . . . . . 171

CAPÍTULO 9: Dominando os Comandos Básicos: "Senta", "Deita", "Junto" e "Larga" . . . . . . . . . . . . . . . . . . . . . . . . . . . . . . . . . . . . . 173

CAPÍTULO 10: Controle Canino: Andando na Guia e Vindo Quando Chamado . . . 193

CAPÍTULO 11: Lidando com os Comportamentos Indesejados Mais Comuns . . . . 205

## Parte 4: Treinamento Avançado . . . . . . . . . . . . . . . . . . . . . . . . 225

CAPÍTULO 12: Participando dos Programas do AKC S.T.A.R. para Filhotes e Bom Cidadão Canino . . . . . . . . . . . . . . . . . . . . . . . . . . . . . . . 227

CAPÍTULO 13: Adestramento para Diversão e Competição . . . . . . . . . . . . . . . . . . 241

CAPÍTULO 14: Obtendo o Título de Cão de Companhia. . . . . . . . . . . . . . . . . . . . . 263

CAPÍTULO 15: Buscando Objetos . . . . . . . . . . . . . . . . . . . . . . . . . . . . . . . . . . . . 281

## Parte 5: Lidando com Situações Especiais . . . . . . . . . . . . . . . 297

CAPÍTULO 16: Lidando com a Agressividade . . . . . . . . . . . . . . . . . . . . . . . . . . . . 299

CAPÍTULO 17: Ajudando o Seu Peludo a Lidar com Situações Especiais . . . . . . . . 317

CAPÍTULO 18: Ensinando Novos Truques para Cães Velhos: Mantendo o Seu Idoso Sempre Jovem. . . . . . . . . . . . . . . . . . . . . . . . . . . . . . . 331

CAPÍTULO 19: Complementando o Seu Trabalho de Adestramento com Ajuda Profissional . . . . . . . . . . . . . . . . . . . . . . . . . . . . . . . . . . . . 349

## Parte 6: A Parte dos Dez ............................................. 357

**CAPÍTULO 20:** Dez Armadilhas de Adestramento e Como Evitá-las ............. 359

**CAPÍTULO 21:** Dez Atividades Esportivas Divertidas e Empolgantes............. 365

**CAPÍTULO 22:** Dez Motivos para os Cães Fazerem o que Fazem................ 377

**CAPÍTULO 23:** Dez (ou Quase) Truques e Jogos Divertidos...................... 383

## Índice......................................................... 399

# Sumário

**INTRODUÇÃO** ................................................... 1
   Sobre Este Livro ............................................. 1
   Convenções Utilizadas Neste Livro .......................... 2
   Só de Passagem ............................................ 3
   Penso que... .............................................. 3
   Como Este Livro Está Organizado ........................... 4
      Parte 1: Preparando o Terreno para
      o Adestramento de Sucesso .......................... 4
      Parte 2: As Fases do Filhote ........................... 4
      Parte 3: Adestramento Básico ......................... 5
      Parte 4: Adestramento Avançado ...................... 5
      Parte 5: Lidando com Situações Especiais .............. 5
      Parte 6: A Parte dos Dez .............................. 5
   Ícones Usados Neste Livro .................................. 6
   De Lá para Cá, Daqui para Lá .............................. 6

**PARTE 1: PREPARANDO O TERRENO PARA O
ADESTRAMENTO DE SUCESSO** .................... 7

**CAPÍTULO 1: Adestramento: A Chave para a Segurança
do Seu Cão e para a Sua Sanidade** ............... 9
   O Que Exatamente Significa Adestramento? ................ 10
   Identificando um Cão Bem Adestrado ...................... 12
   Escolhendo um Modelo de Adestramento ................... 14
      Começando do princípio: Considerando a raça do seu cão .... 15
      Adestramento tradicional ............................. 16
      Adestramento com clicker ............................ 19
   Os Cinco Comandos Básicos que Todo Cão Precisa Saber ..... 20
   Reconhecendo os Fatores que Influenciam o Sucesso ........ 21
      Criando um bom relacionamento com o seu cão .......... 21
      Cuidando da saúde do seu cão ........................ 21
      Fazendo da hora do adestramento uma prioridade ....... 22
   Ah, os Lugares a que Você e o Seu Peludo Podem Ir: Indo
   Além do Básico .......................................... 22
      Certificado de Bom Cidadão Canino ................... 23
      Programa para filhotes S.T.A.R. do AKC ............... 23
      Mais do que adestramento: Entendendo como o seu
      cão pode ajudar as pessoas ........................... 23
   Um Exercício para Começar a Praticar com o Seu Peludo ..... 24

CAPÍTULO 2: **Psicologia Canina Básica: Entendendo o Seu Cão**. . . . . . . . . . . . . . . . . . . . . . . . . . . . . . . . . . . . . 27

Descobrindo Como o Seu Cão Pensa . . . . . . . . . . . . . . . . . . . . . . . . 28
    Entendendo o seu cão. . . . . . . . . . . . . . . . . . . . . . . . . . . . . . . . 28
    O que fazer quando não entender o cão a tempo. . . . . . . . . . . 28
    Lidando com distrações. . . . . . . . . . . . . . . . . . . . . . . . . . . . . . 29
Reconhecendo os Comportamentos Instintivos do Seu Cão . . . . . . 30
    Impulso de caça . . . . . . . . . . . . . . . . . . . . . . . . . . . . . . . . . . . 30
    Impulso de matilha. . . . . . . . . . . . . . . . . . . . . . . . . . . . . . . . . 32
    Impulso de defesa. . . . . . . . . . . . . . . . . . . . . . . . . . . . . . . . . . 33
    Entendendo como os impulsos afetam o adestramento . . . . . 35
Elaborando o Perfil de Personalidade do Seu Cão . . . . . . . . . . . . . 36
Decidindo Como Quer que Buddy Aja. . . . . . . . . . . . . . . . . . . . . . 40
    Despertando os impulsos . . . . . . . . . . . . . . . . . . . . . . . . . . . . 41
    Trocando os impulsos . . . . . . . . . . . . . . . . . . . . . . . . . . . . . . . 42
    Aplicando os impulsos ao adestramento . . . . . . . . . . . . . . . . . 43
Quem Está Adestrando Quem? . . . . . . . . . . . . . . . . . . . . . . . . . . 47

CAPÍTULO 3: **Desenvolvendo a Habilidade para Adestrar** . . . . 49

Lidando com a Essência do Seu Cão. . . . . . . . . . . . . . . . . . . . . . . 50
    Comportamentos específicos da raça. . . . . . . . . . . . . . . . . . . . 50
    Temperamento . . . . . . . . . . . . . . . . . . . . . . . . . . . . . . . . . . . . 52
    Sensibilidade mental . . . . . . . . . . . . . . . . . . . . . . . . . . . . . . . 52
    Respostas a estímulos visuais. . . . . . . . . . . . . . . . . . . . . . . . . 53
    Sensibilidade ao som . . . . . . . . . . . . . . . . . . . . . . . . . . . . . . . 54
    Sensibilidade ao toque: Efeito adrenalina . . . . . . . . . . . . . . . . 54
Ressaltando os Efeitos do Estresse . . . . . . . . . . . . . . . . . . . . . . . . 55
    Compreendendo o estresse. . . . . . . . . . . . . . . . . . . . . . . . . . . 56
    Reconhecendo os sintomas do estresse . . . . . . . . . . . . . . . . . 57
    Origens do estresse: Intrínsecas e extrínsecas . . . . . . . . . . . . . 57
    Relacionando estresse e aprendizado . . . . . . . . . . . . . . . . . . . 58
    Estresse e adestramento com distração . . . . . . . . . . . . . . . . . 58
    Administrando o estresse . . . . . . . . . . . . . . . . . . . . . . . . . . . . 59
Gerenciando o Ambiente do Seu Cão. . . . . . . . . . . . . . . . . . . . . . 59
    Começando com o pé direito. . . . . . . . . . . . . . . . . . . . . . . . . . 60
    Reconhecendo as necessidades sociais do seu cão. . . . . . . . . . 60
    Identificando as necessidades emocionais do seu cão . . . . . . . 61
    Atendendo às necessidades nutricionais do seu cão . . . . . . . . 62
Entendendo o Fator "Você" . . . . . . . . . . . . . . . . . . . . . . . . . . . . . 62
    Conhecendo as suas expectativas. . . . . . . . . . . . . . . . . . . . . . 63
    Conhecendo a sua atitude . . . . . . . . . . . . . . . . . . . . . . . . . . . 65
    Sendo consistente com os comandos e o tom de voz. . . . . . . . 66
    Vencendo o cão pelo cansaço: Seja persistente . . . . . . . . . . . . 67
    Aprendendo a evitar o "não". . . . . . . . . . . . . . . . . . . . . . . . . . 67
    Repetindo comandos. . . . . . . . . . . . . . . . . . . . . . . . . . . . . . . . 68

**CAPÍTULO 4: Entendendo o Papel Vital da Nutrição e da Saúde no Adestramento** ........................ 69

Encontrando o Alimento Correto para o Seu Cão ................ 71

Avaliando o alimento atual de Buddy ...................... 71

Entendendo os nutrientes de que o seu cão necessita ....... 72

Fazendo a escolha certa para alimentar Buddy .............. 82

Mudando a dieta de Buddy .............................. 90

Balanceando os suplementos ............................ 91

Explorando os Problemas de Saúde Comuns que Afetam o Comportamento e o Adestramento ...................... 92

Lá vem aquela agulha de novo: Os problemas da supervacinação ................................... 93

Revelando o Crescimento do Hipotireoidismo Canino ....... 96

O esmagador de ossos: "Ai, minhas costas" ................ 98

Aplacando o medo, a ansiedade e outras condições com homeopatia .................................... 99

Tratando condições crônicas com acupuntura .............. 100

**CAPÍTULO 5: Equipando-se para o Sucesso no Adestramento** ........................................ 103

Escolhendo a Guia e a Coleira de Adestramento Adequadas ..... 104

Escolhendo a guia .................................... 105

Escolhendo a coleira .................................. 106

As Recompensas São Suas Parceiras de Adestramento ......... 111

Escolhendo a recompensa ideal ......................... 112

Optando por brinquedos quando os petiscos não funcionam ................................... 113

Outros Equipamentos a Considerar ....................... 113

Coleiras de focinho ou cabresto ......................... 114

Optando por um peitoral ............................... 115

Explorando dispositivos eletrônicos e outros equipamentos de controle e adestramento ............... 116

## PARTE 2: AS FASES DO FILHOTE ........................... 121

**CAPÍTULO 6: Sobrevivendo às Fases de Crescimento do Seu Filhote** ....................................... 123

Entendendo a Primeira Fase de Desenvolvimento do Filhote .... 124

Do nascimento até sete semanas ....................... 124

Conhecendo todo mundo: Sete a doze semanas ............ 126

De repente ele está com medo: Oito a doze semanas ....... 127

Agora ele quer sair de casa: A partir das doze semanas ...... 128

A Fase da Rebeldia: Lidando com o Adolescente de Quatro meses a Dois anos .................................. 129

Sobrevivendo às esquisitices juvenis ..................... 130

O que fazer quando o filhote descobre o sexo ............. 131

**Sumário** **xiii**

A culpa é dos hormônios: Entendendo como os
hormônios afetam o comportamento . . . . . . . . . . . . . . . . . . . 132
Conhecendo o cão maduro quando o seu filhote
finalmente cresce . . . . . . . . . . . . . . . . . . . . . . . . . . . . . . . . . 133
Castrando ou Esterilizando para Ajudar com o
Comportamento e o Adestramento . . . . . . . . . . . . . . . . . . . . . . 134
As vantagens . . . . . . . . . . . . . . . . . . . . . . . . . . . . . . . . . . . . 134
Conhecendo as desvantagens . . . . . . . . . . . . . . . . . . . . . . . 135
Sabendo quando castrar ou esterilizar. . . . . . . . . . . . . . . . . 136

CAPÍTULO 7: **Iniciando o Filhote com a Pata Direita** . . . . . . . . . 139
Preparando-se para a Chegada do Filhote. . . . . . . . . . . . . . . . . 140
A casa do filhote em casa: Preparando a gaiola/caixa
de transporte . . . . . . . . . . . . . . . . . . . . . . . . . . . . . . . . . . . 141
O cardápio do filhote: Escolhendo a dieta e o conjunto
de tigelas adequadas. . . . . . . . . . . . . . . . . . . . . . . . . . . . . . 144
O "vestuário" do filhote . . . . . . . . . . . . . . . . . . . . . . . . . . . . 144
Brinquedos para o filhote . . . . . . . . . . . . . . . . . . . . . . . . . . . 145
Levando o Filhote para Casa: E Agora?. . . . . . . . . . . . . . . . . . . 146
Familiarizando Buddy com o seu novo lar . . . . . . . . . . . . . . 146
Apresentando o filhote para as crianças . . . . . . . . . . . . . . 146
Conhecendo os outros animais da casa. . . . . . . . . . . . . . . . 148
Atendendo às necessidades fisiológicas do filhote. . . . . . . . 148
Decidindo onde o filhote deve dormir . . . . . . . . . . . . . . . . . 149
Começando a Educação de Buddy . . . . . . . . . . . . . . . . . . . . . . 150
Reconhecendo o próprio nome. . . . . . . . . . . . . . . . . . . . . . . 151
Acostumando o filhote com a coleira . . . . . . . . . . . . . . . . . 151
Educando para os cuidados de higiene . . . . . . . . . . . . . . . . 153
Resolvendo Problemas Complicados de Filhotes . . . . . . . . . . . 158

CAPÍTULO 8: **Adestramento Sanitário** . . . . . . . . . . . . . . . . . . . . . . 161
Ajudando Buddy a Se Acostumar com a Gaiola/Caixa
de Transporte . . . . . . . . . . . . . . . . . . . . . . . . . . . . . . . . . . . . . . 162
Estabelecendo um Cronograma Diário para Comer e Fazer
as Necessidades . . . . . . . . . . . . . . . . . . . . . . . . . . . . . . . . . . . . 164
Determinando o Local do Banheiro. . . . . . . . . . . . . . . . . . . . . . 165
Lidando com os Acidentes Corretamente . . . . . . . . . . . . . . . . . 167
Lidando com Diferentes Situações . . . . . . . . . . . . . . . . . . . . . . 168
O que fazer com um cão de apartamento. . . . . . . . . . . . . . 168
Quando você fica fora a maior parte do dia: Usando um
cercadinho para o adestramento sanitário . . . . . . . . . . . . . 168

**PARTE 3: ADESTRAMENTO BÁSICO** . . . . . . . . . . . . . . . . . . . . . 171

CAPÍTULO 9: **Dominando os Comandos Básicos:
"Senta", "Deita", "Junto" e "Larga"** . . . . . . . . . . . . 173
"Senta! Bom Garoto". . . . . . . . . . . . . . . . . . . . . . . . . . . . . . . . . . 174
Colocando Buddy sentado . . . . . . . . . . . . . . . . . . . . . . . . . . 174

xiv    Adestramento de Cães Para Leigos

Sentando sob comando. . . . . . . . . . . . . . . . . . . . . . . . . . . . . . . . . . . .176
Introduzindo o Comando "Deita" . . . . . . . . . . . . . . . . . . . . . . . . . . .176
Aquecendo com o exercício do "Deita Longo". . . . . . . . . . . . . .177
Ensinando a deitar sob comando . . . . . . . . . . . . . . . . . . . . . . . .179
"Vai deitar!". . . . . . . . . . . . . . . . . . . . . . . . . . . . . . . . . . . . . . . . . . .180
Ficando no Lugar. . . . . . . . . . . . . . . . . . . . . . . . . . . . . . . . . . . . . . . .181
O comando "Senta-Fica" . . . . . . . . . . . . . . . . . . . . . . . . . . . . . . .182
Acabando com hábitos desagradáveis do seu cão:
Boas maneiras em portas e escadas . . . . . . . . . . . . . . . . . . . .185
Larga: Ensinando o Cão a Deixar as Suas Coisas em Paz . . . . . . . .188

**CAPÍTULO 10: Controle Canino: Andando na Guia e Vindo Quando Chamado**. . . . . . . . . . . . . . . . . . . . . . . .193

Passeando com o Seu Cão . . . . . . . . . . . . . . . . . . . . . . . . . . . . . . .194
Nascido para puxar: Ensinando Buddy a respeitar a guia. . . . .194
Tornando real: Acrescentando distrações . . . . . . . . . . . . . . . . .196
Ensinando a Vir Quando Chamado . . . . . . . . . . . . . . . . . . . . . . . .198
Ensinando o comando "Vem" . . . . . . . . . . . . . . . . . . . . . . . . . .199
Adicionando distrações . . . . . . . . . . . . . . . . . . . . . . . . . . . . . . .201
Distrações sem guia . . . . . . . . . . . . . . . . . . . . . . . . . . . . . . . . . .202
Adicionando o comando "Toque". . . . . . . . . . . . . . . . . . . . . . . .202

**CAPÍTULO 11: Lidando com os Comportamentos Indesejados Mais Comuns**. . . . . . . . . . . . . . . . . . . . . . . . .205

Prevenindo Maus Hábitos . . . . . . . . . . . . . . . . . . . . . . . . . . . . . . . .206
Exercícios . . . . . . . . . . . . . . . . . . . . . . . . . . . . . . . . . . . . . . . . . . .206
Companhia. . . . . . . . . . . . . . . . . . . . . . . . . . . . . . . . . . . . . . . . . . .207
Boa saúde. . . . . . . . . . . . . . . . . . . . . . . . . . . . . . . . . . . . . . . . . . . .208
Boa nutrição. . . . . . . . . . . . . . . . . . . . . . . . . . . . . . . . . . . . . . . . . .208
Adestramento . . . . . . . . . . . . . . . . . . . . . . . . . . . . . . . . . . . . . . . .209
Lidando com os Comportamentos Indesejados do Seu Cão . . . . .210
Tolerando os problemas de comportamento do seu cão. . . . .211
Tentando resolver os problemas de comportamento do
seu cão. . . . . . . . . . . . . . . . . . . . . . . . . . . . . . . . . . . . . . . . . . . .212
Quando todo o resto falha: Encontrando um novo lar
para o seu cão. . . . . . . . . . . . . . . . . . . . . . . . . . . . . . . . . . . . . .213
Ensinando Buddy a Manter as Quatro Patas no Chão. . . . . . . . . .213
Tentando algumas das abordagens básicas . . . . . . . . . . . . . . .214
Usando os Comandos "Senta" e "Fica" . . . . . . . . . . . . . . . . . . .215
Acabando com o Assaltante de Bancadas . . . . . . . . . . . . . . . . . . .216
Calando o Latidor Inveterado . . . . . . . . . . . . . . . . . . . . . . . . . . . . .217
Latindo como resposta a um estímulo. . . . . . . . . . . . . . . . . . . .218
Latindo por atenção. . . . . . . . . . . . . . . . . . . . . . . . . . . . . . . . . . .218
Latindo quando chega alguém à porta. . . . . . . . . . . . . . . . . . . .218
Combatendo a Mastigação de Itens Não Comestíveis. . . . . . . . . .219
Troca de dentição: Analisando a necessidade fisiológica
de mastigar . . . . . . . . . . . . . . . . . . . . . . . . . . . . . . . . . . . . . . . .220

**Sumário** XV

Tédio: Reconhecendo as razões psicológicas para
a mastigação . . . . . . . . . . . . . . . . . . . . . . . . . . . . . . . . .220
Lidando com um Escavador . . . . . . . . . . . . . . . . . . . . . .221
Controlando o Comportamento de Demarcação . . . . . . . . . . . . .222

## PARTE 4: TREINAMENTO AVANÇADO . . . . . . . . . . . . . . . . . . . .225

### CAPÍTULO 12: Participando dos Programas do AKC S.T.A.R. para Filhotes e Bom Cidadão Canino . . . . . . . . . .227

Começando com a Pata Direita no Programa S.T.A.R para
Filhotes do AKC . . . . . . . . . . . . . . . . . . . . . . . . . . . . . . .228
O adestramento para filhotes ao estilo do
programa S.T.A.R. . . . . . . . . . . . . . . . . . . . . . . . . . . . .229
Usando o Programa do Bom Cidadão Canino do AKC
para Aprimorar as Habilidades do Seu Filhote . . . . . . . . . . . . .230
Exercícios exigidos . . . . . . . . . . . . . . . . . . . . . . . . . . . .230
Preparando-se para o teste . . . . . . . . . . . . . . . . . . . . . .236
O que fazer e o que não fazer no teste . . . . . . . . . . . . . . .239

### CAPÍTULO 13: Adestramento para Diversão e Competição . . .241

Entendendo o Sistema: O Mapa para o Título de Cão
de Companhia . . . . . . . . . . . . . . . . . . . . . . . . . . . . . . . .242
Requisitos para a Classe Pré-Iniciante . . . . . . . . . . . . . . .243
A Classe Iniciante: O que é esperado de você e do cão. . . . . .244
Começando do Princípio: Ensinando o Comando "Pronto!" . . . . .246
Utilizando a Posição de Controle . . . . . . . . . . . . . . . . . . .247
Trabalhando nas sequências do comando "Pronto!" . . . . . . . .248
O Comando "Junto" Apesar das Distrações . . . . . . . . . . . . . . .252
Ajudando o seu cão a obedecer ao comando "Junto"
em locais novos . . . . . . . . . . . . . . . . . . . . . . . . . . . . . .253
Usando uma distração durante o comando "Junto" . . . . . . . . .253
Vamos Dançar, Buddy: "Junto" na Guia . . . . . . . . . . . . . . . . .254
A pausa . . . . . . . . . . . . . . . . . . . . . . . . . . . . . . . . . . .255
Mudanças de ritmo e curvas. . . . . . . . . . . . . . . . . . . . . .255
Desenhando o Oito. . . . . . . . . . . . . . . . . . . . . . . . . . . . . .257
Preparando Buddy para desenhar o oito. . . . . . . . . . . . . . .258
Apresentando Buddy ao Desenho do Oito . . . . . . . . . . . . . .259
Desenhando o oito perfeito . . . . . . . . . . . . . . . . . . . . . .260
O Seu Cão Não É um Elefante: Reforçando o Adestramento . . . . .261

### CAPÍTULO 14: Obtendo o Título de Cão de Companhia . . . . . . .263

A Hora da Avaliação: Preparando para o "De Pé" para Exame . . . .264
Introduzindo o comando "De Pé". . . . . . . . . . . . . . . . . . .265
Ensinando Buddy a ficar "De Pé" parado . . . . . . . . . . . . . .266
Mostrando a Buddy como ficar "De Pé" parado sem
segurá-lo na posição . . . . . . . . . . . . . . . . . . . . . . . . . .266
Trabalhando no comando "De Pé–Fica" . . . . . . . . . . . . . . .266

Deixando Buddy no comando "De Pé-Fica"................267
Familiarizando Buddy com o retorno ....................267
Preparando Buddy para o verdadeiro exame.............268
"Junto" sem Guia .......................................269
A transição para o "Junto" sem guia ....................269
Tirando a guia .........................................271
Chamar de Volta .......................................272
"Fica" ................................................273
"Vem" com distrações.................................273
De frente.............................................274
Finalização ..........................................276
Treinando para os Exercícios em Grupo....................278
Introduzindo distrações voluntárias ...................279
Aumentando o nível de dificuldade....................279

## CAPÍTULO 15: Buscando Objetos ..............................281

"Pega!" Explicando os Passos para uma Busca de Sucesso ......282
Ensinando o comando "Pega"........................283
Mostrando a Buddy os comandos "Segura" e "Dá"..........284
Ajudando o seu cão a buscar sob comando ..............286
Aprendendo a segurar e ir até o objeto.................287
Andando enquanto segura o haltere ...................289
Ensinando Buddy a ir buscar ..........................290
Aprendendo a trazer de volta.........................291
Juntando tudo .......................................292
Aprimorando e Aperfeiçoando a Busca ...................293
Esperando: Testando a paciência do seu cão .............293
Buscando com distrações..............................294

## PARTE 5: LIDANDO COM SITUAÇÕES ESPECIAIS ........297

## CAPÍTULO 16: Lidando com a Agressividade.....................299

Entendendo a Agressividade...............................300
O que é comportamento agressivo?.....................300
Analisando as causas da agressividade ..................301
Lidando com a Agressividade do Seu Cão: Impulso de Caça,
Matilha, Fuga e Luta ..................................303
Lidando com a agressividade de cães com alto impulso
de caça............................................304
Lidando com a agressividade de cães com impulso
de defesa..........................................306
Controlando a agressividade de cães com impulso
de matilha .........................................311
Lidando com a Agressividade perto da Tigela de Comida.......314
Lidando com Mordedores por Medo ......................315

**Sumário** **xvii**

**CAPÍTULO 17: Ajudando o Seu Peludo a Lidar com Situações Especiais** ...........317

Medo de Barulhos Altos e Trovão ...........318
Lidando com a Ansiedade de Separação ...........318
    Testando a abordagem da dessensibilização ...........319
    Experimentando a abordagem do F.A.C. ...........320
    Analisando algumas outras opções ...........320
Necessidades pela Casa ...........321
Driblando a Urina por Submissão ...........322
Levando Buddy para uma Viagem de Carro ...........323
    Acostumando o cão a entrar no carro ...........324
    Esperando para sair do carro ...........324
    Preparando-se para uma viagem de carro ...........325
    Aliviando o enjoo no carro ...........326
Indo para a Creche Canina ...........327
Boas Maneiras no Parque de Cães ...........328
Mantendo o Seu Cão Calmo no Veterinário ...........329
Sendo Paciente com o Cão Resgatado ...........329

**CAPÍTULO 18: Ensinando Novos Truques para Cães Velhos: Mantendo o Seu Idoso Sempre Jovem** ...........331

Focinho Grisalho: Conhecendo os Sinais do Envelhecimento nos Cães ...........332
Ensinando Exercícios para Manter o Corpo e a Mente do Seu Cão Sempre Afiados ...........333
    Cumprimentar ...........333
    Rastejar ...........334
    Andar de ré ...........334
    Alongamentos de pescoço e cabeça ...........336
    Usando a mesa para alongar ...........337
    Andar, sentar e deitar ...........337
    Nadar ...........337
    Usando estímulos mentais ...........339
Cuidando das Necessidades Nutricionais e da Saúde do Seu Cão Idoso ...........340
    Mantendo Buddy em forma com uma dieta satisfatória ...........340
    Facilitando a vida na hora de escolher os suplementos ...........341
Cuidados de Higiene ...........344
Levando um Filhote para Casa para Ajudar Buddy a Rejuvenescer ...........346
Examinando Camas, Rampas, Cadeiras de Rodas e Carrinhos para Cães ...........347
    Deixando Buddy confortável: Camas ...........347
    Rampas de acesso ...........348
    Ajudando o cão deficiente: Cadeiras de rodas e carrinhos ...........348

**CAPÍTULO 19: Complementando o Seu Trabalho de Adestramento com Ajuda Profissional** ........ 349

Frequentando Cursos de Adestramento de Obediência ........ 350

Critérios para escolha de um curso de adestramento de obediência ........ 351

Cursos para filhotes ........ 353

Cursos avançados ........ 354

Contratando um Adestrador Particular ........ 354

Curtindo uma Boa Aventura em um Acampamento de Adestramento para Cães ........ 355

## PARTE 6: A PARTE DOS DEZ ........ 357

**CAPÍTULO 20: Dez Armadilhas de Adestramento e Como Evitá-las** ........ 359

Procrastinar o Adestramento Básico ........ 360

Responder a Comportamentos para Chamar a Atenção ........ 360

Esquecer de Liberar o Cão Depois do "Fica" ........ 361

Eliminar as Recompensas Cedo Demais ........ 361

Usar o Nome do Cão Como Comando ........ 361

Ter que Repetir os Comandos Longe de Casa ........ 362

Punir o Cão Quando Ele Vem Até Você ........ 362

Correr Atrás do Cão ........ 363

Esperar Muito; Muito Rápido ........ 363

Ignorar o Princípio da Consistência ........ 364

**CAPÍTULO 21: Dez Atividades Esportivas Divertidas e Empolgantes** ........ 365

Eventos de *Agility* ........ 366

Títulos de Rastreamento ........ 368

Provas de Campo e Testes de Caça ........ 369

Provas de Perseguição ........ 369

Perseguição à Isca: Corrida de Cães ........ 370

Adestramento Schutzhund ........ 371

Competição de Flyball ........ 372

Performances Freestyle ........ 372

Mergulho de Deque ........ 372

Trabalhando como Cão de Serviço ........ 373

Cães de detecção ........ 374

Cães de assistência ........ 374

Companhias ........ 376

**CAPÍTULO 22: Dez Motivos para os Cães Fazerem o que Fazem** ........ 377

Por que os Cães Insistem em Pular nas Pessoas? ........ 378

Por que os Cães Cheiram Partes do Nosso Corpo que Não Deviam? ........ 378

Por que os Cães Machos Fazem Xixi com Tanta Frequência?.....379
Por que os Cães Montam uns nos Outros? ...................379
Por que os Cães Gostam de Perseguir Coisas?................380
Por que os Cães Rolam em Coisas Nojentas? .................380
Por que os Cães Comem Ervas ou Grama? ...................381
Por que os Cães Gostam de Montar nas Pernas das Pessoas? ...382
Por que Alguns Cães Arrastam o Traseiro no Chão? ...........382
Por que os Cães Rodam em Círculos Antes de Deitar? .........382

### CAPÍTULO 23: Dez (ou Quase) Truques e Jogos Divertidos .....383

"Dá a Pata" e "Toca Aqui"................................385
A Outra Pata..........................................386
Rolar.................................................387
Fingir de Morto .......................................388
Encontrar Objetos......................................390
Saltando Através de Aros e dos Seus Braços.................392
Não Cruze Esta Linha ..................................394
Tem Comida no Seu Focinho .............................395
Reverência ou Agradeça.................................396

### ÍNDICE .................................................399

# Introdução

mbos já tivemos um tipo ou outro de cães, desde crianças. Embora não fôssemos o principal responsável por esses cães, tínhamos a responsabilidade de passear com eles.

As crianças têm, em relação a seus cães, expectativas inteiramente diferentes das de um adulto. Por exemplo, as crianças não gostam de usar guias nos cães, e, por nós dois termos sido criados na cidade, tivemos que adestrar os nossos respectivos cães para ficar sempre por perto durante os passeios. Não nos lembramos de como fizemos isso exatamente. Sem dúvida, nossos cães eram mais espertos do que nós, e viram, em nossos passeios diários, uma oportunidade de cuidar de nós e não o contrário.

Apenas em 1968 nos envolvemos em uma forma mais estruturada de adestramento. Nós tínhamos um Terra-Nova Landseer e fomos encorajados a nos associar ao clube de adestramento local. Antes que nos déssemos conta, um passatempo prazeroso se tornou um hobby e, então, uma vocação. Em pouco tempo, estávamos conduzindo seminários e acampamentos de adestramento de cinco dias que nos levaram a quase todos os estados dos Estados Unidos, Bermudas, Canadá, Inglaterra e Porto Rico.

Mais de trinta anos depois, ainda estamos compartilhando o que aprendemos ao longo dessa estrada. Cada um de nossos cães foi mais professor do que pupilo, e aprendemos muito mais do que jamais esperamos ensinar a eles. Este livro é a nossa tentativa de passar adiante o que os nossos cães nos ensinaram.

Sem ajuda, poucas pessoas conseguem se tornar proficientes, quem dirá um especialista em um campo específico. Nós, certamente, tivemos muita ajuda. Um cão bem treinado é resultado de educação, muito mais a sua do que a dele. Você precisa saber o que faz de um cão um cão, como ele pensa, como reage, por que faz o que faz. Quando você entender o seu cão, conseguirá desenvolver um relacionamento mutuamente recompensador. Um cão não é um produto homogêneo, cada um é um indivíduo único, e é nessas diferenças que está o desafio.

## Sobre Este Livro

Nós desejamos que este livro seja uma ferramenta útil e não queremos que o adestramento de cães pareça uma tarefa para ser enfrentada arduamente. Então, estruturamos este livro de uma forma que você possa pular para os textos que lhe interessam e se aplicam à sua situação. Por exemplo, seu cão é parcialmente adestrado, mas necessita aprender algumas coisas? Consulte o sumário ou o índice e vá direto para os capítulos de que precisa.

Nós também não esperamos que você incorpore todas as informações deste livro. Ao longo do texto, incluímos lembretes de pontos-chave e referências cruzadas para mais informações sobre o tópico em mãos. Lembre-se, adestramento de cães é divertido! Não é uma série de testes em que vocês têm que passar — a não ser, é claro, que você e o seu cão entrem no mundo dos eventos competitivos.

Nesta nova edição, trazemos três capítulos dedicados aos filhotes. Tendo em vista que o treinamento começa no momento em que você traz a sua bolinha de pelo para casa, explicamos o desenvolvimento comportamental e o que esperar durante as primeiras semanas e meses. Ensinamos o que fazer no primeiro dia do seu companheiro na sua casa. Orientamos com dicas de adestramento, explicamos sobre os equipamentos de treinamento mais modernos e ajudamos você a estabelecer uma rotina diária. Dedicamos um capítulo inteiro à educação sanitária e ao adestramento com gaiola/caixa de transporte.

Consideramos nossos cães mais velhos amigos especiais, e incluímos nesta edição um capítulo sobre como manter o seu cão sempre jovem. Mostramos exercícios que podem ser usados para aquecer as velhas juntas, dicas sobre alimentação, informações sobre os suplementos mais modernos e muito mais. Finalmente, incluímos informações atualizadas sobre cães resgatados, parques para cachorros, estabelecimentos de cuidados caninos e sobre como viajar com o seu companheiro. Há dicas até de como dormir com o seu cão na casa de um amigo.

De modo geral, este é um guia prático que esperamos poder transformar sua relação com seu companheiro na melhor possível.

# Convenções Utilizadas Neste Livro

Utilizamos as seguintes convenções ao longo do texto, para deixar tudo consistente e fácil de compreender:

» Todos os endereços de internet aparecem em `Tex Gyre Cursor`.

» Os termos novos aparecem em *itálico* e são seguidos da sua definição.

» Textos em **negrito** indicam palavras-chave em listas ou destacam a parte da ação das listas de passo a passo.

» Ao nos referir a um comando ou sinal de adestramento canino, o deixamos em letra maiúscula e entre aspas. Por exemplo, utilize o comando "Vem". O mesmo se aplica para comandos dados. Por exemplo, para chamar o seu cão, diga: "Vem."

>> Não importa o nome ou o sexo do seu cão, neste livro, nos referimos a ele/ela como Buddy (que quer dizer amigo, em inglês). Afinal, ele não é o seu melhor amigo?

Quando este livro foi impresso, alguns endereços da web podem ter sido separados em linhas consecutivas de texto. Se isso ocorrer, tenha em mente que não foi incluído nenhum caractere extra (como hifens) para indicar a quebra da linha. Sendo assim, ao usar o endereço, basta digitar exatamente o que aparece no texto, como se a quebra de linha não existisse.

# Só de Passagem

Nós escrevemos esse livro como qualquer outro livro Para Leigos, para que você possa, facilmente, encontrar apenas a informação de que precisa. Por exemplo, você pode ter um cão há anos e querer apenas alguns indicadores para ajudá-lo no adestramento. Não importam as circunstâncias, você provavelmente não terá tempo de ler todas as palavras. Neste caso, simplificamos o livro para que você consiga identificar o material "pulável". Embora estas informações sejam interessantes e relacionadas ao tópico em questão, não são essenciais:

>> **Textos nos boxes:** São as caixas sombreadas que você vê aqui ou ali. Elas trazem fatos divertidos e histórias interessantes, mas nada que seja essencial para um adestramento bem-sucedido do seu cão.

>> **Qualquer coisa no ícone Papo de Especialista:** Esta informação é interessante, mas se você deixar de lê-la, ainda poderá adestrar o seu cão com sucesso (veja "Ícones Usados Neste Livro", mais adiante, para mais informações sobre os ícones).

>> **A informação na página dos direitos autorais:** Você pode achar todos aqueles números de registro do livro e a linguagem legal muito empolgantes, mas sinta-se à vontade para pular essa parte se quiser.

# Penso que...

Ao escrever este livro, assumimos algumas coisas sobre você:

>> Você tem um cão ou pretende ter um.

>> Você quer que o seu cão seja bem-comportado — para o seu bem e o dele.

>> Você é motivado e está pronto para fazer do adestramento uma prioridade.

» Você está procurando um guia fácil e econômico que lhe dê liberdade para treinar o seu cão como e quando quiser.

» Você sabe um pouco sobre adestramento de cães ou já tentou adestrar por conta própria com pouco sucesso.

Mesmo que você tenha experiência em adestramento, este livro será de grande ajuda. Ao longo dos muitos anos trabalhando com uma grande variedade de raças de cães e personalidades, adquirimos uma boa quantidade de truques que se provam úteis, mesmo para adestradores experientes.

# Como Este Livro Está Organizado

Ao estruturar este livro, passamos do básico para o intermediário e, finalmente, ao adestramento avançado. Cada parte contém as respectivas progressões das quais você precisa, mais algumas informações suplementares para assegurar o sucesso. Ponha tudo isso em prática com o seu cão ou apenas as partes que quiser.

## Parte 1: Preparando o Terreno para o Adestramento de Sucesso

Esta parte o ajuda a se preparar para a tarefa de adestrar o seu cão. Aqui, você encontra capítulos sobre reconhecer a importância do adestramento, entender a psicologia canina (incluindo por que o seu cão faz o que faz) e sobre como desenvolver habilidades de adestrador. As necessidades nutricionais e a saúde do seu cão contribuem imensamente para o comportamento dele, então esta parte fala sobre a importância de uma boa nutrição e uma boa assistência veterinária. Esta parte também inclui um capítulo sobre como escolher o equipamento de adestramento necessário, como guias e coleiras.

## Parte 2: As Fases do Filhote

Nesta parte, ajudamos você a enfrentar as fases de desenvolvimento do seu filhote e mostramos como influenciam o comportamento dele. Ajudamos ainda a começar com o pé direito, com conselhos sobre o que fazer com o seu filhote quando ele chega em casa. Incluímos dicas de adestramento especiais e fáceis de executar. Temos um capítulo especial sobre educação sanitária e adestramento com gaiola/caixa de transporte.

## Parte 3: Adestramento Básico

Aqui, você inicia a jornada para transformar o seu cão em um animal de estimação bem-comportado. Cada capítulo detalha os comandos básicos e como ensiná-los para seu cão. O Capítulo 9 traz os segredos sobre o "Senta", "Deita", "Junto" e "Larga", enquanto que o Capítulo 10 trata de como passear na guia e ensinar o comando "Vem" para Buddy. Esta parte inclui um capítulo sobre como lidar com os comportamentos indesejados mais comuns dos cães, como pular e latir.

## Parte 4: Adestramento Avançado

Esta parte apresenta o mundo das atividades organizadas para cães, do qual você e seu cão podem participar. Mostramos programas superpopulares do *American Kennel Club* (AKC), como o S.T.A.R. para Filhotes e o Bom Cidadão Canino (*Canine Good Citizen*). Lugares em que você pode demonstrar o seu comprometimento com um cão bem-comportado. Aqui, explicamos os requisitos para participar e os exercícios básicos que o seu cão precisa saber. Incluímos também um capítulo sobre o comando "Busca", que pode ser muito útil se quiser que Buddy pegue o seu jornal.

## Parte 5: Lidando com Situações Especiais

Nesta parte, apresentamos alguns problemas não muito incomuns — como comportamento agressivo, ansiedade de separação e medo de trovão e barulhos altos — e como lidar com eles. Incluímos um capítulo sobre as necessidades especiais dos cães mais velhos e como mantê-los jovens com exercícios específicos. Concluímos esta parte com um capítulo sobre como buscar ajuda externa no adestramento e as opções à sua disposição.

## Parte 6: A Parte dos Dez

Todo livro Para Leigos tem a Parte dos Dez. Nesta parte, você encontra listas de dez itens — informações úteis sobre treinamento de cães e outros tópicos relacionados de leitura rápida. Incluímos capítulos sobre armadilhas de adestramento, atividades esportivas e os motivos para os cães agirem como agem. Para jogos e diversão, veja o capítulo final sobre truques.

# Ícones Usados Neste Livro

Para ajudá-lo a navegar pelo texto, incluímos alguns destaques de material importante, dicas, precauções e algumas histórias reais de sucesso. As informações-chave são marcadas com pequenas figuras (ou ícones) nas margens. Eis o que os ícones querem lhe dizer:

Este ícone chama a sua atenção para formas de poupar tempo, dinheiro, energia e a sua sanidade.

Este ícone ergue uma bandeira vermelha: sua segurança ou a do seu cão podem estar em risco. Ele também lhe diz sobre o que não fazer no adestramento de cães. Continue, sob sua conta e risco.

Este ícone o direciona para informações importantes de ser lembradas, pontos-chave nos quais você vai querer se focar.

Este ícone traz informações mais profundas, que não são essenciais, mas que podem melhorar o seu conhecimento sobre adestramento de cães e torná-lo um treinador melhor.

Este ícone traz histórias e estratégias de sucesso no adestramento de cães.

# De Lá para Cá, Daqui para Lá

O importante sobre adestramento de cães é começar hoje. Quanto mais cedo começar a adestrar o seu cão para se comportar da forma que você quer, mais rápido os dois poderão viver em paz juntos e mais problemas você evitará ao longo do percurso. Então, vire a página (ou use o Sumário ou o Índice para encontrar a informação da qual precisa) e mãos à obra! Seu cão vai agradecê-lo por isso.

# 1

# Preparando o Terreno para o Adestramento de Sucesso

## NESTA PARTE . . .

É claro que você quer que o seu cão tenha sucesso no adestramento. Afinal, um cão bem treinado é um cão feliz, e cães felizes têm donos felizes. Entretanto, você não pode esperar que o seu cão faça o que você quer (ou não faça o que você não quer), a menos que mostre a ele suas expectativas. E seu cão não aprenderá corretamente ou não estará disposto a prestar atenção em seus comandos a menos que você utilize métodos de treinamento eficazes.

Nesta parte, descrevemos como se preparar para o adestramento, incluindo como escolher a abordagem correta, como adaptar seus métodos a um cão específico e como se tornar o professor do seu cão. E mais, já que alimentar seu cão com alimentos que o deixem fisicamente saudável contribui para o bem-estar geral e com o comportamento dele, trazemos um capítulo que explica tudo o que você precisa saber. Concluímos esta parte com um capítulo sobre equipamentos de adestramento.

| NESTE CAPÍTULO |
| --- |
| **Conhecendo o que é realmente o adestramento** |
| **Reconhecendo um cão bem treinado** |
| **Analisando os modelos de adestramento** |
| **Entendendo os cinco comandos básicos** |
| **Familiarizando-se com os fatores que influenciam o sucesso** |
| **Explorando o adestramento complementar** |
| **Como começar** |

## Capítulo 1

# Adestramento: A Chave para a Segurança do Seu Cão e para a Sua Sanidade

Como um presente para si mesmo e para o seu cão, assim como para a sua família, amigos e vizinhos, adestre seu cão. Isso representa sanidade para você, segurança para seu cão e elogios das pessoas com quem encontrar. Faça dele um embaixador da boa vontade para todos os cães. A expectativa de vida do seu cão é de oito a dezoito anos, dependendo da raça e de seus cuidados.

Então, agora é a hora de garantir que estes anos sejam mutuamente recompensadores para você e para o cão.

Alguns cães não precisam de muito adestramento, quando precisam. Eles parecem simplesmente se ajustar à rotina diária de seus donos. A maioria, porém, precisa ao menos do adestramento básico, especialmente para atender quando chamado. Afinal, um cão adestrado é um cão livre. Em vez de estar condenado a uma vida na guia, ele pode se divertir nos bosques e acompanhar seu dono a muitos locais públicos.

Você deve começar a treinar seu cão no dia seguinte à chegada dele à sua casa, e filhotes também se enquadram nesta regra. Só porque filhotes são bonitinhos e fofinhos, isso não significa que não possam aprender. Eles não apenas podem aprender, como aprendem muito mais rápido do que um cão mais velho. Isso é porque eles ainda não criaram nenhum mau hábito.

Este capítulo mostra como começar a ensinar o seu cão a ser o animal de estimação bem treinado que você quer que ele seja. Acredite, o investimento será muito bem recompensado.

# O Que Exatamente Significa Adestramento?

Antes de começar o adestramento do seu cão, primeiro você precisa entender o que exatamente é adestrar. O termo *adestramento* é usado para descrever dois conceitos distintos e separados:

» **Ensinar Buddy a fazer o que você quer que ele faça, mas que ele não faria por conta própria:** Por exemplo, Buddy sabe sentar e senta sozinho, mas você quer que ele sente quando você mandar, algo que ele não fará sem ser adestrado.

Este conceito é chamado de adestramento de ação. Este tipo de adestramento utiliza principalmente experiências agradáveis, como induzir o cão a sentar usando uma recompensa. Ensinar a Buddy os comandos "Senta", "Deita", "Fica" e "Vem" são exemplos de adestramento de ação.

» **Ensinar Buddy a parar de fazer alguma coisa que ele faria por conta própria, mas que você não quer que ele faça:** Por exemplo, Buddy persegue ciclistas, algo que ele faz sozinho e que você quer que ele pare.

Este conceito é chamado de *treinamento de abstenção*. Este tipo de treinamento normalmente utiliza experiências desagradáveis, embora não precise ser assim. Em outras palavras, o cão aprende a evitar a experiência desagradável deixando de perseguir ciclistas ou fazer o que você não quer que ele faça. Por exemplo, para ensinar Buddy a não puxar a guia, dê-lhe uma advertência. Uma advertência é um tranco rápido na guia, seguido do alívio imediato da pressão. Para ser eficaz, a guia deve estar frouxa antes do sinal de advertência. Buddy pode evitar a advertência se não puxar a guia.

LEMBRE-SE

Os cães já sabem que evitar experiências desagradáveis é proveitoso, porque é assim que eles se entendem. O adestramento começa com a mãe. Quando os filhotes atingem cerca de seis semanas de idade, ela começa o processo de desmame. Nesse momento, os filhotes já têm dentinhos afiados, e não é muito agradável para a mãe amamentá-los. Ela começa a resmungar para os filhotes para avisá-los para não morder muito forte. Ela rosna e avança naqueles que ignoram os resmungos até que eles parem. Um filhote atacado pode gritar e virar de barriga para cima, mostrando que aprendeu a lição. A mãe normalmente acompanha uma experiência desagradável com uma agradável, acariciando o filhote com o focinho.

A seção "Escolhendo um Modelo de Adestramento", mais adiante neste capítulo, enfoca os diferentes modelos de adestramento de cães, do adestramento tradicional ao condicionamento operante e o adestramento com clicker. Embora os cães (enquanto espécie) não tenham mudado, a abordagem do treinamento deles foi se aperfeiçoando.

## COMO "QUASI" ADESTROU CECE

Por mais de quarenta anos, tivemos uma casa com diversos cães e pelo menos um gato, e testemunhamos o fenômeno do adestramento de abstenção inúmeras vezes (veja a seção "O Que Exatamente Significa Adestramento?" para mais informação sobre o adestramento de abstenção). Nossa casa atualmente conta com dois Dachshunds de Pelo Duro, dois Labradores Retrievers e Quasi, um gato que foi deixado na porta da nossa casa com apenas seis semanas de vida. Quasi é um especialista em adestramento de abstenção.

Por exemplo, quando adotamos nossa Dachshund, Cece, ela estava com oito semanas de idade. Naturalmente, ela era bastante respeitosa com os cães mais velhos, mas tratava Quasi como se fosse seu bicho de pelúcia. Quasi, que já ajudara a criar vários filhotes, era incrivelmente tolerante com Cece. Quando Cece pegava muito pesado com ele, ele resmungava, sibilava e batia nela com a pata. Quando Cece não entendeu o recado, Quasi finalmente foi à forra — ele deu um bote, com as garras de fora, e arranhou o focinho de Cece. Cece gritou e pulou para trás aterrorizada, com o nariz sangrando.

(continua...)

(continuação)

Cece ficou traumatizada para o resto da vida? Ela se ofendeu? Foi embora amuada? Ficou com raiva de Quasi? Nada disso. Cece não se ofendeu; na verdade, passou a respeitá-lo mais. Eles ainda brincam juntos e dormem juntos. A única diferença é que Cece aprendeu uma importante lição — um comportamento inaceitável resulta em uma experiência desagradável. Aliás, todos os outros cães receberam o mesmo tratamento em um momento ou outro.

# Identificando um Cão Bem Adestrado

É prazeroso ter por perto um cão bem adestrado. Ele é bem-vindo em quase qualquer lugar, porque se comporta bem ao redor das pessoas e dos outros cães. Ele sabe como ficar quieto e obedece quando chamado. É um prazer levá-lo para passear, e ele pode ficar solto para curtir o parque. Ele pode ser levado em viagens e saídas da família. Ele é um membro da família em cada sentido da palavra.

LEMBRE-SE

O benefício mais importante para seu cão é a segurança, a segurança dos outros e a dele. Um cão que escuta e obedece raramente causa problemas. Em vez de ser um escravo de uma guia ou uma corda, um cão adestrado é verdadeiramente um cão livre — pode-se confiar que ele ficará quando lhe for ordenado, não pulará nas pessoas, virá quando for chamado e não correrá atrás de um gato na rua.

Há mais de trinta anos, nós palestramos em aulas de adestramento de cães, seminários e acampamentos de adestramento que costumam durar uma semana. Nós ouvimos cuidadosamente quando nossos alunos nos dizem como um cão bem adestrado deve ser. Primeira e principalmente, eles dizem que ele deve ser adestrado para o lar (veja o Capítulo 7). Depois disso, em ordem de importância, um cão bem adestrado é aquele que:

» Não pula nas pessoas
» Não fica implorando à beira da mesa
» Não incomoda os convidados
» Vem quando é chamado
» Não puxa a guia

Observe que estes requisitos, com uma exceção, são expressos sob a forma negativa — ou seja: "Cão, não faça isso." Para fins de adestramento, expressamos esses requisitos na forma positiva — ensine o seu cão exatamente o que você espera dele. Veja a nova lista de requisitos para um cão bem adestrado:

- » Sente-se quando eu lhe disser
- » Vá para algum lugar e relaxe
- » Deite-se quando eu lhe disser, e fique lá
- » Venha quando chamado
- » Ande com a guia frouxa

Os comandos "Senta" e "Deita–Fica" são a base para um cão bem adestrado; se Buddy não souber mais nada, você poderá viver com ele (veja a Figura 1–1). Mas, é claro, seu Buddy poderá ter algumas arestas a serem aparadas, sendo algumas mais uma questão de adaptação do que de adestramento.

Por exemplo, ele pode gostar de jardinagem, como é o caso do nosso Dachshund, que ama cavar buracos no quintal, e pode fazê-lo com uma velocidade e um vigor impressionantes. A não ser que você esteja disposto a enfrentar o que pode vir a se tornar um grande projeto de escavação, a melhor defesa é gastar a energia que ele teria para cavar com muitos exercícios, treinamentos e supervisão (veja o Capítulo 11 para saber mais). Outro passatempo preferido de alguns cães é assaltar o lixo. A prevenção é a cura aqui: coloque o lixo onde seu cão não consiga alcançar.

HISTÓRIA DE SUCESSO

Um dos nossos Dachshunds aprendeu a abrir a geladeira puxando com força a toalha que mantínhamos pendurada envolvendo a maçaneta, assim ele poderia pegar o que pudesse alcançar. A prevenção foi a resposta. Nós removemos a toalha.

## O QUE É SER UM CÃO DESTREINADO?

O cão destreinado tem poucos privilégios. Ao receber visitas, você é obrigado a trancá-lo porque ele é muito descontrolado. Quando a família se senta para comer, ele é trancado ou colocado para fora porque senão fica pedindo comida à mesa. Ele nunca tem permissão para andar sem a guia porque foge e desaparece por horas. Ninguém quer levá-lo para passear porque ele puxa a guia o tempo todo e nunca pode acompanhar a família em passeios porque é incontrolável.

Cães são animais sociais, e uma das formas mais cruéis de castigo é privá-los da oportunidade de interagir com os membros da família regularmente. Isolar um cão do contato com seres humanos é desumano. Passar um tempo agradável com o seu cão ao adestrá-lo fará com que ele se sinta o animal de estimação amado que ele merece ser.

**FIGURA 1-1:** Cães bem treinados.

# Escolhendo um Modelo de Adestramento

Existem diversas maneiras de adestrar um cão, desde as mais primitivas até algumas bem sofisticadas. Até a tecnologia teve seu impacto no adestramento de cães. Por exemplo, em vez de quintais cercados, as pessoas agora têm cercas invisíveis, que mantêm os cães dentro da área de confinamento por meio de choques elétricos.

Nossa abordagem de treinamento é destinada a pessoas que gostam de seus cães e que os consideram acima de tudo animais de estimação e companheiros. O adestramento envolve três fases: a fase de aprendizado, a fase de prática e a fase de teste.

> ## UMA BREVE HISTÓRIA DOS CÃES
>
> Os cães foram originalmente criados para funções específicas, como guarda, pastoreio, tração, caça e assim por diante. Antes de 1945, a maioria dos cães trabalhava para viver, e muitos ainda o fazem. A popularidade como animal doméstico é um fenômeno relativamente recente, motivado em parte pelas proezas heroicas dos cães utilizados na Segunda Guerra Mundial, além dos personagens da ficção Rin Tin Tin e Lassie. O resultado desta popularidade tem sido uma demanda para o cão "de família" — fácil de treinar, bom com crianças, um pouco protetor e relativamente quieto.

Na fase de aprendizado, o cão aprende comandos específicos em uma área sem distrações para que ele possa se concentrar em seu dono e ter sucesso. Quando o cão atende de modo confiável aos comandos que aprendeu, as distrações são introduzidas. Quando o cão progride na fase de aprendizado, as distrações vão se tornando cada vez mais difíceis para simular situações da vida real. Na fase de teste, espera-se que o cão demonstre que é um animal de estimação bem-comportado ao redor de pessoas e outros cães.

O método, ou a combinação de métodos que você deve escolher depende de qual funcionará melhor para você e seu cão. Nosso propósito nesta seção é lhe fornecer as opções para que você possa escolher aquela que se encaixe em sua personalidade e necessidades, bem como nas do seu cão.

LEMBRE-SE

O objetivo principal de qualquer adestramento é fazer com que seu cão obedeça aos comandos de modo confiável. O ideal é que o cão atenda ao primeiro comando. Dizer ao cão o que fazer e ser ignorado é frustrante. Pense na resposta de Buddy em termos de escolhas. Você quer ensinar Buddy a pensar que ele tem a opção de não obedecer? Claro que não. O que queremos é que o cão entenda — depois de ensiná-lo — que ele tem que fazer o que você manda.

## Começando do princípio: Considerando a raça do seu cão

DICA

Antes de embarcar no seu programa de adestramento, considere aquilo que quer que o cão aprenda e depois compare sua resposta com a função para a qual ele foi criado. Muitas pessoas normalmente escolhem seus cães com base na aparência, sem levar em consideração as funções e os comportamentos específicos da raça. Os resultados normalmente são bastante previsíveis — o filhote fofinho se torna um cão que não se enquadra na rotina da família.

Embora a maioria dos cães possa ser treinada para obedecer a comandos básicos, as características específicas da raça determinam a facilidade ou dificuldade com que o cão pode ser adestrado. Por exemplo, tanto o Terra-Nova quanto o Parson Russell Terrier podem aprender o comando "Deita–Fica", mas você precisará de muito mais determinação, paciência e tempo para ensinar este exercício para o Parson Russell Terrier do que para o Terra-Nova.

De acordo com as estatísticas do *American Kennel Club* (AKC), o Labrador Retriever é o número um em registros, com quase três vezes mais registros do que a segunda raça mais popular, o Pastor-Alemão — cerca de 150 mil para cerca de 50 mil. Não estamos questionando a qualidade da raça — nós temos os dois. O Labrador é uma excelente raça, e eles tendem a ser saudáveis, bons com crianças e mais ou menos fáceis de treinar. Eles ainda têm uma característica média de proteção e requerem poucos cuidados com o pelo. O que os potenciais compradores normalmente não levam em consideração, porém, são o alto nível de atividade e a alta necessidade de exercícios dos Labradores. Além do mais, como o nome sugere (*retriever* quer dizer "buscador"), o Labrador é um cão que traz a presa para o caçador, o que significa que ele gosta de carregar tudo que não esteja afixado no chão e que não necessariamente pertença a ele.

LEMBRE-SE

Uma ótima fonte sobre comportamentos específicos de cada raça e suas características é o livro *The Roger Caras Dog Book: A Complete Guide to Every AKC Breed* ("O Livro dos Cães, por Roger Caras: Um Guia Completo sobre Cada Raça do AKC", em tradução livre), por Roger Caras e Alton Anderson (M. Evans & Co.), já em sua terceira edição. Para cada raça, o livro lista em uma escala de um a dez as três características para as quais você deve estar atento: a manutenção requerida com a pelagem, a quantidade de exercício necessária e a adequação para a vida urbana/em apartamento. Treze raças neste grupo são consideradas inadequadas para a vida social, tanto urbana quanto em apartamento. As onze raças remanescentes, que incluem o Labrador, são consideradas adequadas, mas somente se as necessidades de exercícios do cão forem atendidas. Outra fonte excelente é o *Paws to Consider: Choosing the Right Dog for You and Your Family* ("Patas a Considerar: Escolhendo o Cão Ideal para Você e Sua Família", em tradução livre), por Brian Kilcommons e Sarah Wilson (Warner Books).

## Adestramento tradicional

Nós utilizamos o termo adestramento tradicional para descrever o método de adestramento mais amplamente utilizado nos últimos cem anos. O primeiro registro abrangente escrito de adestramento tradicional é baseado no princípio de que comportamentos inaceitáveis geram consequências desagradáveis e comportamentos aceitáveis resultam em consequências prazerosas.

Konrad Most, um adestrador alemão de cães de serviço, desenvolveu este método no início dos anos 1900; ele também escreveu *Training Dogs: A Manual* ("Adestramento de Cães: Um Manual", em tradução livre. A Dogwise Publishing o republicou, e ele está disponível em www.dogwise.com — conteúdo em inglês). Seu método foi introduzido nos Estados Unidos no início dos anos 1920, quando muitos dos seus alunos imigraram para os Estados Unidos e se tornaram os professores dos futuros instrutores de adestramento canino.

Most explica que adestrar um cão consiste em estímulos primários e secundários. Estímulos primários resultam no comportamento que você quer obter do cão e estímulos secundários são comandos e sinais. Ao juntar os dois, você pode condicionar o cão a responder somente aos comandos e sinais, o objetivo principal de qualquer adestramento.

Estímulos primários podem ser uma experiência agradável ou desagradável para o cão. Veja um resumo de cada tipo:

» **Experiências agradáveis:** São chamadas de *recompensas* e consistem em um objeto pelo qual o cão irá ativamente trabalhar para conseguir — como comida, uma postura corporal convidativa, elogios verbais ou afeição física, como carinho —, para induzir o comportamento desejado. Um exemplo comum é o dono que encoraja seu filhote a ir até ele se agachando e abrindo os braços de forma convidativa. Outro exemplo é usar uma recompensa para induzir o cão a sentar.

» **Experiências desagradáveis:** São chamadas de *correções* e podem ser um tranco na coleira, um tom de voz rude, uma postura corporal ameaçadora ou jogar algo no cão. Para se extinguir o comportamento indesejado, a correção precisa ser desagradável o suficiente para que o cão queira evitá-la e mudar o seu comportamento. Ademais, você deve administrar a correção imediatamente *antes* ou *durante* o comportamento indesejado.

LEMBRE-SE

O que constitui uma experiência desagradável varia de cão para cão e depende do seu Perfil de Personalidade (veja o Capítulo 2 para mais informações). Em outras palavras, o que é percebido como uma experiência suficientemente desagradável para inibir o comportamento indesejável por um cão pode ser percebido apenas como um incômodo por outro.

B.F. Skinner, o famoso teórico comportamental, usou o termo *condicionamento operante* para descrever os efeitos de uma ação específica do treinador na futura ocorrência de um comportamento do animal. Quatro quadrantes compõem o *condicionamento operante*, e eles são mostrados na Tabela 1–1.

**TABELA 1-1 Os Quadrantes do Condicionamento Operante**

| | Acrescente Alguma Coisa | Remova Alguma Coisa |
|---|---|---|
| Agradável | **Quadrante 1 — Reforço positivo:** Acompanhar o comportamento com algo que o cão perceba como agradável reforça o comportamento. | **Quadrante 2 — Punição negativa:** Acompanhar o comportamento com a remoção de algo que o cão perceba como agradável reduz o comportamento. |
| Desagradável | **Quadrante 3 — Punição positiva:** Acompanhar o comportamento com algo que o cão perceba como desagradável reduz o comportamento. | **Quadrante 4 — Reforço negativo:** Acompanhar o comportamento com a remoção de algo que o cão perceba como desagradável reforça o comportamento. |

PAPO DE ESPECIALISTA

Adeptos da teoria comportamental têm tendência a usar uma linguagem que confunde o leigo. Se você acha que "punição negativa" é uma redundância e "punição positiva" é uma contradição, você não está sozinho.

Para ajudar você a entender as diferenças entre os quadrantes, veja alguns exemplos:

» **Quadrante 1 — reforço positivo:** Quando uma das nossas Dachshunds, Diggy, ainda era bastante jovem, ela assumia a posição de implorar

CAPÍTULO 1 **Adestramento: A Chave para a Segurança do seu Cão...** 17

sentando-se apoiada na parte traseira e levantando as patas dianteiras. Ela fazia isso de forma espontânea e por conta própria, sem qualquer instrução da nossa parte. Naturalmente, achávamos isso bonitinho, então dávamos uma recompensa a ela, o que intensificou o comportamento. Periodicamente, reforçávamos o comportamento com uma recompensa, e, agora, catorze anos depois, ela ainda repete este comportamento, na esperança de obter uma recompensa.

>> **Quadrante 2 — punição negativa:** Você está assistindo à TV e seu cão derruba a bola dele no seu colo, esperando que a arremesse. Você se levanta e sai, o que diminuirá este comportamento.

>> **Quadrante 3 — punição positiva:** O seu cão pula em você para o cumprimentar quando você entra em casa; você espirra água nele, o que diminuirá este comportamento.

>> **Quadrante 4 — reforço negativo:** Você levanta a coleira do seu cão até que ele se sente, então você solta a coleira, o que intensificará o comportamento de sentar.

Então, qual é o ponto principal de toda essa informação sobre adestramento tradicional e condicionamento operante? É bastante simples:

>> Comportamentos aceitáveis resultam em experiências agradáveis.

>> Comportamentos inaceitáveis resultam em experiências desagradáveis.

>> Todo comportamento tem consequências.

Para ajudar você a entender a terminologia do adestramento, mostramos um resumo na Tabela 1–2.

**TABELA 1–2**    ## Resumo da Terminologia do Adestramento

| Vernáculo | Adestramento Tradicional | Condicionamento Operante |
|---|---|---|
| **Correção** | Qualquer coisa que o cão perceba como desagradável, tal como um puxão na coleira de adestramento, gritar "não", um tom de voz rude, uma postura corporal ameaçadora ou jogar algo na direção do cão. | Um *aversivo*, como uma punição negativa ou positiva. <br><br> Um aversivo é qualquer coisa que o cão perceba como desagradável, tal como um tranco na coleira de adestramento, gritar "não", um tom de voz rude, uma postura corporal ameaçadora ou jogar algo no cão. |
| **Recompensa** | Qualquer coisa que o cão perceba como agradável, como algo que ele se esforça ativamente para conseguir, como um petisco, uma bola, uma vareta, um elogio ou afeição física na forma de carinho. | *Reforço positivo*, como qualquer coisa pela qual o cão se esforce ativamente para conseguir, que pode ser um petisco, uma bola, uma vareta, um elogio ou afeição física na forma de carinho. |

# Adestramento com clicker

Keller e Marian Breland criaram a base do movimento moderno de adestramento com clicker. Em meados de 1940, os Breland foram os primeiros a aplicar o adestramento com clicker em cães. O movimento, porém, não se tornou popular até o início dos anos 1990, quando Karen Pryor começou a ministrar palestras sobre adestramento com clicker. O adestramento com clicker é baseado nos conceitos do condicionamento operante (que discutimos anteriormente neste capítulo). Primeiro, o cão é treinado a associar o som do clicker (veja a Figura 1-2) com uma recompensa, uma experiência agradável. Depois que o cão associa o click com a obtenção de uma recompensa, o adestrador tem duas opções:

» **Opção 1:** O adestrador pode esperar até que o cão apresente voluntariamente o comportamento desejado, como se sentar. Quando o cão sentar, o adestrador clica, marcando o fim do comportamento, e reforça o comportamento com uma recompensa. Essa opção funciona bem com cães extrovertidos, que oferecerão uma variedade de comportamentos na esperança de que um deles lhe dê uma recompensa. Um cão introvertido, por outro lado, pode demonstrar pouco interesse nesse jogo. A abordagem "espere e veja o que acontece", dependendo do cão, pode ser um processo longo e estressante para ele — o cão pode parar de oferecer qualquer comportamento e ir deitar.

» **Opção 2:** O adestrador não tem o tempo ou a paciência de esperar o comportamento desejado acontecer, então ele induz o comportamento. Novamente, no caso do "Senta", o treinador utiliza uma recompensa para fazer com que o cão assuma a posição de sentado e, quando o cão senta, o adestrador clica, marcando o fim do comportamento, e lhe dá a recompensa. Obviamente, esta abordagem é muito mais eficiente do que esperar que o cão ofereça o comportamento desejado por conta própria.

**FIGURA 1-2:**
Um clicker.

CAPÍTULO 1 **Adestramento: A Chave para a Segurança do seu Cão...**   19

Com um clicker, o adestrador pode marcar o fim de um comportamento desejado com mais precisão do que faria com um elogio verbal, o que significa uma comunicação mais clara com o cão. O adestramento com o clicker é uma excelente ferramenta; no entanto, requer uma boa capacidade de observação e uma boa noção de tempo. Para saber mais sobre adestramento com clicker, veja o trabalho de Karen Pryor, *Reaching the Animal Mind: Clicker Training and What it Teaches Us About All Animals* ("Entenda a Mente do Animal: Adestramento com Clicker e o que Isso Nos Ensina sobre Todos os Animais", em tradução livre — Scribner).

# Os Cinco Comandos Básicos que Todo Cão Precisa Saber

Todo cão precisa saber cinco comandos básicos: "Senta", "Deita", "Fica", "Vem" e "Solta". Você pode encará-los como comandos de segurança e sanidade — a segurança do seu cão e a sua sanidade.

» **O comando "Senta":** Use-o sempre que precisar que o seu cão se controle. Use este comando para ensinar o seu cão a fazer o seguinte:

- Sentar educadamente para receber carinho em vez de pular nas pessoas

- Sentar em frente à porta em vez de ir entrando antes de você

- Sentar enquanto você serve a comida em vez de tentar arrancá-la da sua mão

» **O comando "Deita":** Use-o quando quiser que o seu cão fique em determinado lugar por períodos mais longos, como quando você está jantando.

» **O comando "Vem":** Ensine o comando "Vem" para que possa chamar o seu cão ao sair para uma caminhada, quando ele quiser perseguir um gato ou coisas do tipo.

» **O comando "Fica":** Para ensinar o cão a ficar no lugar sem se mexer, use o comando "Fica".

» **O comando "Solta":** Ensine esse comando para que o seu cão não pegue ou para que solte coisas quando você quiser.

# Reconhecendo os Fatores que Influenciam o Sucesso

Dos muitos fatores que influenciam o sucesso, você é o mais importante. É você quem decide que abordagem de adestramento escolher e o que quer que o cão aprenda. Seu cão é sua responsabilidade e o sucesso dele depende de você.

## Criando um bom relacionamento com o seu cão

O objetivo do adestramento é criar um relacionamento mutuamente recompensador — se você estiver feliz, o seu cão também estará. Para estimular esse relacionamento, preste atenção a quantas vezes você usa o nome do cão para modificar ou controlar o seu comportamento. O nome do cão não é um comando e certamente não é uma reprimenda. O nome dele deve ser usado para chamar a atenção dele e depois deve ser seguido de um comando.

LEMBRE-SE

Pare de se irritar e aprenda a se comunicar com o seu cão durante o adestramento. Concentre-se em ensinar Buddy o que quer que ele faça, em vez de focar aquilo que não quer que ele faça. Acima de tudo, restrinja as comunicações verbais negativas, como "Não", para emergências. Gritar repetidamente "Não" não é uma boa maneira de criar um bom relacionamento.

Um bom relacionamento requer passar um tempo de qualidade junto com seu cão. Esse tempo pode ser gasto com adestramento, passeios, jogando bola e assim por diante. O Capítulo 21 traz algumas atividades esportivas que você pode fazer com o Buddy.

## Cuidando da saúde do seu cão

A saúde do seu cão influencia muito o sucesso do adestramento. Um cão que não se sente bem não aprende direito. E a saúde do cão depende, principalmente, da alimentação. A alimentação precisa ser de alta qualidade e fornecer todos os nutrientes de que ele precisa (veja o Capítulo 4).

O seu cão também precisa ser examinado anualmente por um veterinário, preferencialmente com um exame de sangue. Banhos regulares e cuidados com o pelo são muito importantes também. Se você mora em uma área com animais silvestres ou outros animais, precisa fazer um controle de carrapatos. Eles transmitem a doença do carrapato, que pode ser bastante debilitante e até fatal. Carrapatos, vermes do coração e parasitas internos e externos precisam ser diagnosticados e tratados por um veterinário.

## Fazendo da hora do adestramento uma prioridade

Uma das reclamações mais comuns que ouvimos é: "Eu não tenho tempo para adestrar meu cachorro!" Primeiro, encare o adestramento como uma diversão — algo que você e o seu cão podem curtir juntos. Ele não deve ser uma obrigação. Depois, identifique os momentos do dia em que você mais interage com o seu cão.

LEMBRE-SE

Veja alguns momentos que você pode transformar em oportunidades de adestramento:

» **Hora da refeição:** Se o seu cão ainda é um filhote, ele deve se alimentar quatro, três e depois duas vezes por dia. Cada refeição é uma oportunidade de adestramento — ensine-o a sentar e ficar antes de colocar a tigela no chão. Faça com que ele espere um segundo ou dois e depois deixe que coma. Você ficará surpreso com a rapidez com que ele aprenderá essa rotina. Você pode também colocar a tigela no chão primeiro e depois seguir o mesmo procedimento.

» **Ao sair e entrar nos lugares:** Temos quatro cães, por isso consideramos a educação para passar em portas imprescindível. Mas isso é igualmente importante para casas com apenas um cão. Geralmente, leva aproximadamente trinta segundos para o cão aprender que ele tem que esperar até que você diga que pode sair (ou entrar). É uma questão de consistência da sua parte até que o comportamento se torne automático.

» **Nos momentos de relaxamento com o seu cão:** O comando "Solta" pode ser ensinado enquanto você assiste à TV. Leve alguns petiscos para a sua poltrona favorita e divirta-se ensinando as progressões do exercício (veja o Capítulo 9).

» **Durante os passeios:** Toda vez que levar o seu cão para passear, você tem uma oportunidade para ensiná-lo a não puxar a guia, a sentar antes de atravessar e o "Junto" ao passar por outros cães.

Esses quatro comandos ensinam o cão a se concentrar em você e a esperar pela sua orientação — e todos fazem parte do seu dia a dia.

# Ah, os Lugares a que Você e o Seu Peludo Podem Ir: Indo Além do Básico

Eventos de desempenho para cães datam dos anos 1930, e o primeiro concurso de obediência sob as regras do *American Kennel Club* (AKC) ocorreu em 1936. A finalidade dos concursos de obediência, conforme declarado nas Regras de

Obediência do AKC, é: "Demonstrar a habilidade do cão em seguir determinadas rotinas na área de prova e enfatizar a utilidade dos cães de raça pura como companheiros do homem." A seguir, mostramos algumas opções para você explorar se quiser levar o seu adestramento para o próximo nível. Nem todas as atividades são desenvolvidas no Brasil, mas, de qualquer maneira, são interessantes de conhecer.

## Certificado de Bom Cidadão Canino

No início dos anos 1970, o AKC desenvolveu o popular teste para Bom Cidadão Canino (*Canine Good Citizen*), um programa tanto para cães puros quanto para mestiços. O teste para Bom Cidadão Canino usa uma série de exercícios para demonstrar a capacidade do cão de se comportar de maneira aceitável em público. A finalidade é demonstrar que o cão, como companheiro para todas as pessoas, pode ser um membro respeitável da comunidade, e pode ser treinado e condicionado para sempre se comportar em casa, em locais públicos e na presença de outros cães de maneira honrosa (para mais informações sobre este teste, visite www.akc.org — conteúdo em inglês).

DICA

Embora essa atividade não exista no Brasil, procure em sua cidade outras atividades recreativas ou esportivas para fazer com seu cão. Há atividades como o *agility*, por exemplo. Acesse www.agilitybr.com.br para mais informações.

## Programa para filhotes S.T.A.R. do AKC

O objetivo do programa para filhotes S.T.A.R. do AKC é semelhante ao programa Bom Cidadão Canino (*Canine Good Citizen* — CGC), exceto pelo fato de que é destinado para filhotes. Assim como o programa CGC, o programa para filhotes S.T.A.R. do AKC inclui um Compromisso de Dono Responsável, assim como um programa de adestramento básico do qual o filhote de até um ano de idade pode participar. Depois de frequentar as aulas de adestramento básico, o filhote precisa se submeter a um teste. Se passar, o filhote recebe o certificado e uma medalha. (Para mais detalhes, visite www.akc.org — conteúdo em inglês.)

## Mais do que adestramento: Entendendo como o seu cão pode ajudar as pessoas

O homem e o cão caminham juntos há muito tempo. Não demorou muito para que os seres humanos percebessem o potencial do cão como um ajudante valioso. Originalmente, as principais funções dos cães eram guarda, tração, pastoreio e caça. Com o passar do tempo, mais trabalhos foram adicionados ao repertório das espécies; hoje, os cães desempenham uma incrível variedade de tarefas. Essas tarefas se enquadram em quatro categorias: cães de serviço, cães de detecção, cães de assistência e cães de companhia.

Veja o Capítulo 21 para mais informações sobre cães de trabalho. E visite o site de algumas organizações, como: Pelo Próximo (www.peloproximo.com.br) e Cão Guia Brasil (www.caoguiabrasil.org).

# Um Exercício para Começar a Praticar com o Seu Peludo

Ansioso para começar o adestramento? Esperamos que sim! Comece com este exercício que mostra como adestrar o seu cão enquanto o alimenta. Escolhemos este exercício porque você terá que alimentá-lo duas vezes por dia (e até mais se ele ainda for filhote), e esses momentos são uma boa oportunidade de adestramento. Esse é ainda um excelente exercício porque o cão entende rapidamente qual é a vantagem de obedecer, ou seja, a comida.

DICA

Se o seu cão é animado e saltitante, você terá mais sucesso se ele estiver na guia.

Siga estes passos para ensinar o seu peludo a sentar e ficar antes de comer:

1. **Prepare a refeição dele como normalmente faz.**

2. **Pegue a guia com a mão esquerda e segure-a o mais próximo da coleira possível, de modo que você ainda fique em uma posição confortável, mas sem aplicar nenhuma tensão na coleira.**

3. **Pegue a tigela com a mão direita e diga "Fica", e depois coloque a tigela no chão.**

   Quando ele avançar na tigela, puxe a guia e retire a tigela. Ele não precisa sentar; apenas não pode avançar na comida.

4. **Repita o Passo 3 até que ele fique parado quando você colocar a tigela no chão; veja a Figura 1-3.**

5. **Quando ele ficar na posição, diga "Ok" e deixe-o comer em paz.**

   "Ok" é um termo de liberação para dizer ao cão que ele agora está livre para fazer o que quiser. Se você não gosta da expressão "Ok", escolha outra de que goste.

LEMBRE-SE

Como regra geral, o cão demora de três a cinco repetições na primeira tentativa para entender o recado. Evite a tentação de usar comunicação negativa, como "não" ou "ah-ah". Em vez disso, use a guia para, de modo gentil, mas assertivo, controlar o cão. Depois de várias sessões, a tendência é que ele sente sozinho já esperando pela refeição.

**FIGURA 1-3:** Ensinando ao seu cão o comando "Fica" como parte da rotina de alimentação.

26　　PARTE 1　Preparando o Terreno para o Adestramento de Sucesso

| NESTE CAPÍTULO |
| --- |
| Lendo a mente do seu cão |
| Analisando os três impulsos de comportamento |
| Examinando o Perfil de Personalidade do seu cão |
| Trabalhando com os três impulsos |
| Tendo certeza de que o seu cão não está adestrando você |

# Capítulo 2

# Psicologia Canina Básica: Entendendo o Seu Cão

Neste capítulo, analisamos como o seu cão pensa. Descobrir como o seu cão pensa não é tão complicado como parece. Analisando o comportamento e a postura corporal dele é possível prever, com base no que ele já fez antes, o que fará em seguida.

Para ajudar você a entender o que motiva seu cão, desenvolvemos o Perfil de Personalidade. Cada cão é único, e os seus esforços de adestramento precisam levar em consideração a personalidade do cão para ter sucesso.

# Descobrindo Como o Seu Cão Pensa

O seu cão pensa? Certamente. Ele só pensa como um cão, porém às vezes parece que ele consegue ler a sua mente. Mas ele está realmente lendo a sua mente ou apenas memorizando os seus padrões de comportamento?

LEMBRE-SE

Usando seus poderes de observação, você consegue descobrir o que se passa pela mente de Buddy. A direção de seus olhos, sua postura corporal, a posição de seu rabo, a posição de suas orelhas (levantadas ou abaixadas) e a direção dos pelos do bigode (apontados para frente ou recolhidos perto do focinho) são indicadores do que ele está pensando no momento. Quanto mais vocês dois interagirem, melhor você entenderá o que Buddy está pensando.

Nas seções a seguir, trazemos as informações para ajudá-lo a interpretar o seu cão e o que fazer quando não conseguir entendê-lo a tempo para intervir em um comportamento indesejado. Discutimos também a influência das distrações no comportamento do seu cão.

## Entendendo o seu cão

Assim como o seu cão obtém pistas ao observá-lo, você também pode descobrir como interpretar o que está na mente dele da mesma forma. Por exemplo, você sabe que Buddy é propenso a pular na bancada para ver se tem comida. Porque ele já fez isso uma porção de vezes anteriormente, você começa a reconhecer suas intenções pelo olhar — por exemplo, cabeça e orelhas erguidas, pelos do bigode apontando para frente, olhos atentos. A forma como ele se move em direção à bancada — com um balançar deliberado da cauda — é a dica definitiva.

O que você precisa fazer? Você interrompe o processo de pensamento de Buddy, fazendo-o perder o fio da meada. Diga: "Espere aí, garoto, não tão rápido" em um tom de voz firme. Você também pode assoviar ou bater palmas, qualquer coisa para distraí-lo. Depois disso, diga a ele para ir deitar e esquecer o assunto da comida.

LEMBRE-SE

E se ele já tiver começado o comportamento indesejável? Ele está com as suas patas firmemente grudadas na bancada e prestes a sequestrar o bife. Use as mesmas palavras para parar o processo de pensamento, remova-o do balcão com a ajuda da coleira e leve-o até o canto dele, mandando-o se deitar.

## O que fazer quando não entender o cão a tempo

O que fazer se seu cão já conseguiu realizar o comportamento indesejável — já subiu na bancada e roubou um belo lanche, por exemplo? Absolutamente nada! Disciplina após o fato é inútil e desumano. Seu cão não consegue fazer a conexão. A hora de intervir é quando o pensamento do seu cão estiver no comportamento indesejado.

LEMBRE-SE

Não tente disciplinar o cão depois que o delito estiver consumado. Seu cão não consegue fazer a conexão entre a repreensão e a ação. Ele pode até fazer cara de culpa, mas não porque entendeu o que fez; ele parece culpado porque percebe que você está bravo.

Visualize-se preparando uma carne para o jantar. Você deixa a bancada para atender o telefone e, depois que retorna, a carne já era. Você sabe que Buddy a comeu, afinal só tem mais ele em casa. Sua primeira reação é a raiva. Imediatamente, Buddy parece culpado, e você presume que ele está culpado porque sabe que fez algo errado. Mas ele não sabe. Ele está reagindo à sua raiva e imagina que, se você está bravo — talvez baseado em experiências anteriores —, ele será alvo de sua ira.

DICA

Seu cão já é um especialista em ler você. Com um pouquinho de tempo e prática, você também estará apto a dizer o que se passa na mente dele e a lê-lo como um livro. O comportamento dele é tão previsível quanto o seu.

Faça o seguinte experimento se não acredita que o cão não faz a ligação entre a bronca e o mau comportamento: sem que Buddy veja você, derrube um pedaço de papel amassado no chão. Chame Buddy, aponte para o papel de modo acusador e diga com voz de bronca: "O que você fez, seu feio?" Ele vai olhar para você com a cara mais culpada do mundo sem ter a menor ideia do porquê de você estar bravo.

CUIDADO

Se você atribui qualidades humanas e habilidades de raciocínio a seu cão, seu relacionamento com ele está fadado ao fracasso. Ele certamente não é capaz de sentir culpa. Culpar o cão porque "ele deveria saber", ou "ele não devia ter feito isso" não irá melhorar o seu comportamento. Não importa o que você acha, ele não entende uma palavra do que você diz e só é capaz de interpretar o seu tom de voz e a sua linguagem corporal.

Moral da história: não deixe seus pertences de valor, como sapatos, meias ou qualquer outra coisa de que goste, jogados onde seu cão possa destruí-los. Encare da seguinte forma — se você não era um maníaco por organização antes de adquirir o seu cão, será agora.

## Lidando com distrações

Treinar o seu cão para lhe obedecer no seu quintal, onde você é o centro da atenção dele, é bastante simples. Mas o nível de dificuldade aumenta à medida que o cão encontra distrações em situações reais, como as seguintes:

- » Corredores e ciclistas
- » Lugares novos
- » Outros cães
- » Outras pessoas

>> Visitas em sua casa

>> Vida selvagem

O objetivo principal do adestramento é fazer com que seu cão obedeça a você sob quaisquer circunstâncias. O Perfil de Personalidade do seu cão pode lhe dizer como treiná-lo para alcançar este objetivo. Veja a seção mais adiante "Elaborando o Perfil de Personalidade do Seu Cão", para mais informações.

# Reconhecendo os Comportamentos Instintivos do Seu Cão

Seu cão — e qualquer outro — é um animal único, que vem ao mundo com um conjunto específico de comportamentos predeterminados herdados geneticamente. Como estes comportamentos são organizados, sua intensidade e quantos componentes de cada agrupamento estão atuando determinam o temperamento, a personalidade e a adequação do cão para determinada tarefa. Estes comportamentos também definem como o cão enxerga o mundo.

Para lhe dar um melhor entendimento do seu cão, agrupamos comportamentos instintivos em três impulsos:

>> Caça

>> Matilha

>> Defesa

Estes impulsos refletem os comportamentos instintivos herdados, que são úteis para você ensinar a ele o que quer que for aprender. Cada um desses impulsos é regido por uma característica básica. Falamos de cada uma delas nas próximas seções.

## Impulso de caça

O *impulso de caça* inclui os comportamentos herdados associados à caça, como matar a presa e comer. Ele é ativado pelo movimento, som e cheiro. Comportamentos associados a esse impulso (veja a Figura 2–1) incluem os seguintes:

>> Farejar e rastrear

>> Morder e matar

- » Carregar
- » Cavar e enterrar
- » Comer
- » Latir alto
- » Pular e puxar
- » Atacar
- » Ver, escutar e cheirar
- » Chacoalhar objetos
- » Perseguir e seguir
- » Rasgar e destruir

LEMBRE-SE

Normalmente, perseguir é o mais comum dos comportamentos motivados pelo impulso de caça. É esse impulso que faz com que Buddy corra atrás de objetos em movimento, como um brinquedo, um ciclista, um corredor ou um carro. E também faz com que Buddy chacoalhe e destrua brinquedos ou enterre ossos no sofá. Não reconhecer o poder do comportamento motivado pela caça é a causa mais comum de problemas comportamentais. Para lidar com comportamentos motivados pelo impulso de caça, veja o Capítulo 16.

## OS CÃES RACIOCINAM?

Por mais que você deseje que o seu cão possa raciocinar, a resposta é não, não da mesma forma que os humanos. Cães podem, entretanto, resolver problemas simples. Ao observar o seu cão, você aprende as suas técnicas de resolução de problemas. Apenas observe-o tentando abrir o armário em que os biscoitos caninos estão. Veja como ele tenta pegar um brinquedo favorito debaixo do sofá. Durante o adestramento dele, você também terá a oportunidade de ver Buddy tentando realizar o que você ensinou para ele.

Nossa história favorita envolve um Springer Spaniel Inglês muito esperto, que foi deixado à nossa porta. O pobre coitado foi tão negligenciado que nós não sabíamos que ele era um Spaniel puro até que ele fez uma visita ao tosador. Ele se tornou um membro especial da família por muitos anos. Um dia, sua bola rolou para baixo do sofá. Ele tentou de tudo — olhar debaixo do sofá, pular no encosto para olhar atrás dele e investigar pelas laterais do sofá. Nada parecia funcionar. Decepcionado, ele levantou a perna no sofá e foi embora. Belo jeito de lidar com o problema.

**FIGURA 2-1:** Cães em perseguição, um típico comportamento motivado pelo impulso de caça.

## Impulso de matilha

O *impulso de matilha* consiste de comportamentos associados com a reprodução, ser parte de um grupo ou matilha e estar apto a viver sob regras. Os cães, assim como seus ancestrais distantes, os lobos, são animais sociais. Para caçar presas que, geralmente, são maiores que eles, os lobos têm que viver em matilha. Para assegurar a ordem, eles aderem a uma hierarquia social regida por regras rígidas de comportamento. Como os cães, isso se traduz em uma habilidade de ser parte de um grupo humano e indica vontade de trabalhar com pessoas como parte de um time.

O impulso de matilha é estimulado pela ordem na hierarquia social. Comportamentos associados a esse impulso incluem os seguintes:

» Ser capaz de se reproduzir e ser um bom pai ou mãe
» Demonstrar comportamentos associados à interação social com pessoas e outros cães, como saber interpretar a linguagem corporal
» Demonstrar comportamentos reprodutivos, como lamber, montar, limpar as orelhas e todos os gestos para fazer a corte
» Contato físico com pessoas ou outros cães
» Brincar com pessoas e outros cães

LEMBRE-SE

Um cão que apresenta esse tipo de comportamento é aquele que segue pela casa, está mais feliz quando está com você, ama ser acariciado e cuidado, e gosta de trabalhar com você. Um cão com estes comportamentos pode ficar infeliz quando deixado sozinho por muito tempo, sentimento que pode se expressar em ansiedade de separação (veja a Figura 2–2).

FIGURA 2-2: Um cachorro desfrutando do contato físico com uma pessoa.

## Impulso de defesa

O *impulso de defesa* é determinado pela sobrevivência e autopreservação, e inclui os comportamentos de luta e fuga. O impulso de defesa é complexo, porque os mesmos estímulos que podem deixar um cão agressivo (luta) podem gerar uma evasão (fuga), especialmente em cães jovens.

Os *comportamentos de luta* não estão completamente desenvolvidos até que o cão esteja sexualmente maduro, ou por volta dos dois anos de idade. Você pode notar tendências para esse comportamento já com pouca idade, e as experiências de vida determinam sua intensidade. Comportamentos associados ao impulso de defesa incluem os seguintes:

- » Eriçar os pelos do pescoço
- » Rosnar para pessoas ou cães quando sente que seu espaço foi violado (veja a Figura 2-3)
- » Proteger a sua comida, os seus brinquedos ou o seu território de pessoas e outros cães
- » Deitar na frente de portas ou armários e se recusar a sair
- » Colocar a cabeça sobre os ombros de outros cães
- » Não gostar de ser acariciado ou escovado
- » Ficar de pé, ereto, jogando o peso para as patas dianteiras, com a cauda alta e encarar outros cães
- » Manter uma posição e não se mover

CAPÍTULO 2 **Psicologia Canina Básica: Entendendo o Seu Cão** 33

## OPA! BUDDY ESTÁ COM OS PELOS ERIÇADOS

*Eriçar* os pelos do dorso significa arrepiar os pelos do pescoço até a base da cauda. Quando um cão está com medo ou inseguro, os pelos de suas costas ficam, literalmente, de pé. Em um cão jovem, isto pode acontecer com frequência, porque a experiência de vida do cão é mínima. Quando ele conhece um novo cão, por exemplo, ele pode ficar inseguro se o cão é ou não amigável, então ele eriça os pelos do dorso. O bigode também é uma boa indicação de insegurança; em um cão assustado, ele fica repuxado para trás, colado ao longo do focinho. As orelhas também se encolhem e a cauda fica entre as pernas. O cão se encolhe, abaixando a postura corporal e desviando os seus olhos. Em suma, ele preferiria estar em qualquer outro lugar.

Por outro lado, quando os pelos se eriçam apenas no pescoço e nos ombros, o cão está seguro de si. Ele é o chefe e está preparado para o que der e vier. As orelhas ficam eretas, o bigode fica para frente e todo o seu peso se projeta para as patas dianteiras, a cauda fica bem erguida para cima, sua postura é bem ereta e ele faz contato visual direto. Ele está pronto para a briga.

**FIGURA 2-3:** Um cão rosnando, um típico comportamento de luta.

Os *comportamentos de fuga* demonstram que o cão é inseguro, e cães jovens tendem a exibir mais comportamentos de fuga que cães mais velhos. Os seguintes comportamentos estão associados ao impulso de fuga:

- » Demonstrar falta de confiança em geral
- » Não gostar de ser tocado por estranhos

- » Eriçar os pelos do dorso todo, não apenas no pescoço
- » Encolher o corpo com a cauda entre as pernas ao ser cumprimentado por pessoas e outros cães
- » Esconder-se ou fugir em situações novas
- » Urinar ao ser cumprimentado por estranhos ou pelo dono (urinar por submissão)

PAPO DE ESPECIALISTA

*Congelar* — não ir para trás nem para frente — é considerado um comportamento de fuga inibido.

## Entendendo como os impulsos afetam o adestramento

Devido ao fato de os cães originalmente terem sido criados para funções específicas e não apenas por sua aparência, você pode, como regra geral, predizer a força ou a fraqueza dos seus impulsos individuais. Por exemplo, as raças do Norte, como o Malamute do Alasca e o Husky Siberiano, foram selecionadas para puxar trenós. Elas tendem a ter baixos impulsos por matilha e treiná-las para não puxar a guia pode ser uma tarefa árdua. Cães pastores foram selecionados para pastorear animais sob a orientação de um mestre. Embora tenham um alto impulso para caçar, eles também tendem a ter um alto impulso de matilha, e seria relativamente fácil adestrá-los para não puxar a guia. As raças de guarda, como Pastor-Alemão, Dobermann e Rottweiler, foram selecionadas para trabalhar próximas do homem, então tendem a ter um alto impulso de luta com um desejo de proteger a família e a propriedade. É muito fácil ensiná-las a andar com uma coleira. As raças de Retrievers tendem a ter um alto impulso de luta, com tendência à proteção da família e da propriedade. Elas também podem ser facilmente adestradas para andar na guia. Os Retrievers tendem a ter um alto impulso de caça e matilha e normalmente adoram buscar objetos. Também é muito fácil ensiná-los a andar na guia.

Muitos dos comportamentos para os quais os cães foram selecionados, como pastoreio ou caça, são os que geralmente causam problemas hoje em dia. Estes comportamentos envolvem o impulso de caçar e resultam em perseguir qualquer coisa que se mova. Um cão de guarda pode guardar sua casa contra intrusos e proteger seus filhos, mas estes "intrusos" podem incluir os amigos dos seus filhos.

LEMBRE-SE

Claramente, estas são generalizações que não se aplicam a todos os cães de uma raça em particular. Hoje, muitos cães de diferentes raças são criados apenas pela aparência sem uma preocupação com a função, então suas características originais se diluíram.

# Elaborando o Perfil de Personalidade do Seu Cão

Para adestrar Buddy, você precisa entender um pouco o que acontece na cabecinha dele em todos os momentos. Aqui seu poder de observação pode ajudá-lo. Em muitas ocasiões, o comportamento de Buddy é bastante previsível, baseado em como ele agiu em situações semelhantes. Você vai se surpreender com o que já sabe. É quase possível ver as engrenagens girando na cabeça do seu cão quando ele está prestes a perseguir um carro, uma bicicleta ou um corredor. Se você for observador, Buddy lhe dará tempo suficiente para intervir.

Entretanto, você não precisa se basear apenas na observação. Para ajudá-lo a entender como a mente de Buddy funciona e, dessa forma, entender como lidar com ele na hora do adestramento, criamos o *Perfil de Personalidade Canina Volhard*. O perfil cataloga dez comportamentos em cada impulso que influenciam a resposta de um cão e que são úteis no adestramento. Os dez comportamentos escolhidos são aqueles que mais se aproximam da representação das forças do cão em cada um dos impulsos. O perfil não pretende incluir todos os comportamentos vistos em um cão, tampouco a complexidade das suas interações. Por exemplo, qual é o impulso de Buddy enquanto ele está dormindo? Para fins de adestramento, isso não nos interessa. Embora o nosso Perfil de Personalidade seja uma ferramenta reconhecidamente imperfeita para predizer o comportamento de Buddy, você verá que é surpreendentemente precisa.

Os resultados do perfil podem lhe dar uma melhor compreensão do porquê Buddy é do jeito que é e qual é a melhor maneira de adestrá-lo. Você pode utilizar as potencialidades do cão, evitar confusão desnecessária e reduzir muito o tempo de adestramento.

LEMBRE-SE

Ao completar o perfil, tenha em mente que o desenvolvemos para um cão ou animal que vive dentro de casa, com um ambiente diverso e que talvez tenha até um pouco de adestramento e não para um cão que só fica amarrado fora de casa ou é mantido em um canil — tais cães têm menos oportunidades de expressar os comportamentos do que um cão de casa. As respostas devem indicar aqueles comportamentos que Buddy exibiria se já não tivesse sido treinado para não os fazer. Por exemplo, ele pulava nas pessoas para cumprimentá-las ou pulava na bancada para roubar comida antes de ser treinado para não fazer isso?

As respostas possíveis e as respectivas pontuações são as seguintes:

- » Quase sempre — 10
- » Às vezes — 5 a 9

» Quase nunca — 0 a 4

Por exemplo, se Buddy é um Beagle, a resposta para a pergunta "Quando é dada a oportunidade, o seu cão fareja o chão ou o ar?" é provavelmente "quase sempre", dando a ele uma pontuação de dez.

Agora você está pronto para descobrir quem Buddy realmente é. Pode ser que você não tenha tido a chance de observar todos estes comportamentos, caso em que deve deixar a resposta em branco.

Tendo a oportunidade, o seu cão

1. **Fareja o chão ou o ar?** _____

2. **Se dá bem com outros cães?** _____

3. **Fica no território dele ou demonstra curiosidade por objetos estranhos ou sons?** _____

4. **Foge de novas situações?** _____

5. **Fica empolgado por objetos em movimento, como bicicletas ou esquilos?** _____

6. **Se dá bem com pessoas?** _____

7. **Gosta de brincar de cabo de guerra para vencer?** _____

8. **Esconde-se atrás de você quando vê que não pode lidar com a situação?** _____

9. **Persegue gatos, outros cães ou coisas na grama?** _____

10. **Late quando é deixado só?** _____

11. **Late ou rosna em um tom grave de voz?** _____

12. **Age com medo em situações não familiares?** _____

13. **Late em um tom de voz agudo quando está empolgado?** _____

14. **Pede por carinho ou gosta de aconchegar-se em você?** _____

15. **Guarda o território dele?** _____

16. **Treme ou chora quando inseguro?** _____

17. **Ataca os brinquedos dele?** _____

18. **Gosta de ser escovado?** _____

**19.** Protege a comida ou os brinquedos dele? _____

**20.** Agacha-se ou vira de barriga para cima quando repreendido? _____

**21.** Chacoalha e "mata" os seus brinquedos? _____

**22.** Busca contato visual com você? _____

**23.** Não gosta de ser acariciado? _____

**24.** Age com relutância para ir até você quando chamado? _____

**25.** Rouba comida ou lixo? _____

**26.** Segue você como uma sombra? _____

**27.** Guarda seu(s) dono(s)? _____

**28.** Tem dificuldade de se manter quieto quando escovado? _____

**29.** Gosta de carregar coisas na boca? _____

**30.** Brinca bastante com outros cães? _____

**31.** Não gosta de ser acariciado ou escovado? _____

**32.** Agacha ou se encolhe quando um estranho se inclina na direção dele? _____

**33.** Engole a comida dele? _____

**34.** Pula para cumprimentar pessoas? _____

**35.** Gosta de brigar com outros cães? _____

**36.** Urina durante as saudações? _____

**37.** Gosta de cavar e/ou enterrar as coisas? _____

**38.** Demonstra comportamentos de reprodução, como montar em outro cão? _____

**39.** Era muito provocado por outros cães quando jovem? _____

**40.** Tende a morder quando encurralado? _____

Pontue suas respostas utilizando a Tabela 2–1.

## TABELA 2-1  Pontuando o Perfil

| Caça | Matilha | Luta | Fuga |
|---|---|---|---|
| 1. | 2. | 3. | 4. |
| 5. | 6. | 7. | 8. |
| 9. | 10. | 11. | 12. |
| 13. | 14. | 15. | 16. |
| 17. | 18. | 19. | 20. |
| 21. | 22. | 23. | 24. |
| 25. | 26. | 27. | 28. |
| 29. | 30. | 31. | 32. |
| 33. | 34. | 35. | 36. |
| 37. | 38. | 39. | 40. |
| **Total Caça** | **Total Matilha** | **Total Luta** | **Total Fuga** |

Depois de obter os totais, insira-os nas colunas apropriadas do perfil rápido mostrado na Tabela 2–1. A Figura 2–4 mostra um modelo do perfil do seu cão. Na figura, simplesmente pinte as colunas até a altura correspondente para visualizar o perfil do seu cão.

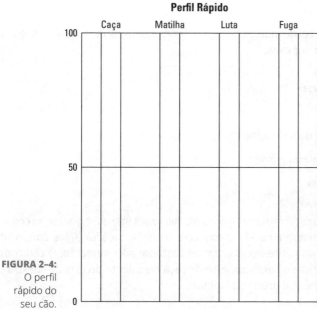

**FIGURA 2-4:** O perfil rápido do seu cão.

CAPÍTULO 2  Psicologia Canina Básica: Entendendo o Seu Cão

LEMBRE-SE

Para aproveitar melhor os conceitos de impulso em seu adestramento, você precisa saber o que quer que Buddy faça ou pare de fazer. Normalmente, queremos que o cão tenha um impulso de matilha e ele quer ter o de caça. Quando você aprender como fazê-lo abandonar o impulso de caça e seguir o de matilha, terá um cão bem adestrado.

# Decidindo Como Quer que Buddy Aja

Antes de usar os resultados do perfil da seção anterior, é preciso pensar naquilo que você quer que Buddy faça ou — e isto normalmente é mais importante — pare de fazer. Por exemplo, se ao passear com Buddy na guia você quer que ele preste atenção em você, é preciso que ele tenha um impulso de matilha. Se Buddy, por outro lado, quer cheirar, seguir um rastro ou perseguir o gato do vizinho, é porque tem um impulso de caça.

Para a maioria das coisas que você quer que Buddy faça, como as mostradas a seguir, ele precisa ter um impulso de matilha:

- Ir
- Deitar
- Sentar
- Ficar
- Andar com a guia frouxa

Para a maioria das coisas que Buddy quer fazer, como as mostradas a seguir, ele estará motivado por caça:

- Perseguir um gato
- Cavar
- Seguir o rastro de um coelho
- Buscar uma bola ou graveto
- Cheirar a grama

Você pode, prontamente, observar que naquelas vezes que quer que ele se comporte, tem que convencer Buddy a esquecer o modo caçador. Cães com alto impulso de caça geralmente necessitam de bastante adestramento. O cão com alto impulso de matilha e baixo impulso de caça raramente precisa de adestramento intensivo, se é que precisa de algum.

Um cão assim não faz coisas como:

- » Perseguir bicicletas, carros, crianças ou corredores
- » Perseguir gatos ou outros animais
- » Mastigar as suas coisas
- » Puxar na guia
- » Perambular fora de casa
- » Roubar comida

Em outras palavras, é o cão perfeito.

Teoricamente, Buddy não precisa de comportamentos motivados por defesa (luta) para o que você quer que ele aprenda, mas a ausência destes comportamentos tem consequências importantes. Um impulso de defesa muito baixo determina como Buddy deve ser treinado. Por exemplo, nosso primeiro Labrador, Bean, tinha baixo impulso de defesa. Se nós, ou qualquer outra pessoa, nos curvássemos diante dele, ele se jogava no chão e agia como se tivesse apanhado. Por outro lado, Katharina, nossa Pastora-Alemã, que era altamente impulsionada por luta, olhava para você caso se curvasse para ela como se dissesse: "Ok, o que você quer?"

Adestrar cada um deles requereu uma abordagem diferente. Com Bean, um puxão na coleira faria com que ele, literalmente, desmoronasse — ele não tinha comportamentos de luta suficientes para lidar com o puxão. Uma puxada de leve na coleira ou um comando em voz baixa eram suficientes para fazê-lo ignorar a perseguição do nosso coelho fictício. Katharina precisava de um puxão forte para convencê-la a esquecer o coelho. A única diferença entre os dois cães era a pontuação no impulso de luta nos seus Perfis de Personalidade. Consulte as seções seguintes para conhecer os diferentes perfis e saber como lidar com eles.

LEMBRE-SE

A beleza da teoria dos impulsos é que, se usada corretamente, ela lhe dá a visão necessária para superar áreas em que você e o seu cão divergem sobre o que é um comportamento apropriado. Um leve comando pode ser o suficiente para um cão mudar um comportamento indesejado, enquanto que para outro uma repreensão firme é necessária.

## Despertando os impulsos

Ao fazer um churrasco, o aroma estimula seu apetite, bem como o de todos da vizinhança. Na verdade, ele expõe seu impulso de caça. O cheiro se torna uma dica. Consequentemente, o cheiro também expõe o impulso de caça de Buddy.

A seguir, mostramos uma pequena lista de dicas que expõem os principais impulsos de cada cão:

» O **impulso de caça** é provocado pelo movimento — sinais com as mãos, um tom de voz agudo, o movimento de um objeto de atração (graveto, bola ou comida) e o ato de perseguir ou ser perseguido.

» O **impulso de matilha** é causado por toques calmos e silenciosos, elogios, sorrisos, cuidados, brincadeiras e adestramento com uma postura corporal ereta.

» O **impulso de defesa** é originado a partir de uma postura corporal ameaçadora, como se curvar ou ficar por cima do cão pela frente ou pela lateral, fazer contato visual direto com o cão (é assim que as pessoas são mordidas), se curvar, balançar um dedo na cara do cão enquanto dá uma bronca, puxar a guia para corrigir e usar um tom de voz ríspido.

## Trocando os impulsos

Buddy pode, instantaneamente, mudar de um impulso para outro. Imagine esta cena: Buddy está deitado à frente de uma lareira:

Ele está brincando com o brinquedo favorito dele.

A campainha toca, ele larga o brinquedo, começa a latir e vai para a porta.

Você abre a porta, é um vizinho, e Buddy vai cumprimentá-lo.

Ele volta a brincar com o brinquedo.

Buddy mudou o impulso de caça para defesa, para matilha e, novamente, para caça.

Durante o adestramento, sua tarefa é manter Buddy no impulso correto e, se necessário, mudar o impulso dele de um para outro. Por exemplo, você está ensinando Buddy a andar com a guia frouxa no quintal quando um coelho salta dos arbustos. Ele imediatamente o vê e corre até o limite da guia, puxando e latindo com entusiasmo em um tom de voz agudo. Ele está claramente em total impulso de caça.

Agora, você tem que fazê-lo voltar para o impulso de matilha, pois ele precisa andar do seu lado. A única forma de fazer isso é passando pelo impulso de defesa. Você não pode, por exemplo, mostrar para ele um biscoito, em uma tentativa de distrair sua atenção do coelho. O coelho vai vencer, a menos que você tenha um coelho maior.

O procedimento correto para fazer Buddy retornar para o impulso de matilha é passar pelo impulso de defesa, e dependerá da intensidade do impulso de defesa do cão. Se ele demonstra um grande número de comportamentos de defesa (luta), dê um firme puxão na guia, o que o fará trocar o impulso de caça pelo de defesa. Então, para trazê-lo para o modo matilha, toque-o gentilmente no topo de sua cabeça (não faça carinho), sorria para ele e o elogie. Então, continue trabalhando, andando com ele com a coleira frouxa. Se ele apresenta poucos comportamentos de defesa (luta), um puxão na guia pode ser exagerado e um comando de voz, como "Vamos", será suficiente para fazê-lo trocar o modo de caça pelo de defesa, e então você pode novamente colocá-lo no modo de matilha.

Se o seu cão tem alguns comportamentos de luta e muitos comportamentos de fuga, um puxão na coleira é, geralmente, contraprodutivo. A postura corporal, como se curvar sobre o cão ou mesmo utilizar um tom de voz grave, geralmente é suficiente para provocar o impulso de defesa. Pela sua reação ao adestramento — agachar-se, rolar de barriga para cima ou não querer vir até você para a sessão de adestramento —, seu cão lhe mostrará quando o adestramento estiver o subjugando, o que torna o aprendizado difícil, quando não impossível.

Estas são as regras básicas para trocar de um impulso para outro:

» **De caça para matilha:** Você deve passar pela defesa.

» **De defesa para matilha:** Toque-o gentilmente ou sorria para o cão.

» **De matilha para caça:** Use um objeto (como um petisco) ou o movimento.

Entender em qual impulso Buddy deve estar acelera o processo de adestramento. À medida que se conscientiza do impacto de sua postura corporal e movimentos no impulso de seu cão, você consegue se comunicar mais claramente com ele. Sua linguagem corporal entra em harmonia com aquilo que está tentando ensinar. Buddy é um observador astuto da linguagem corporal, pois é assim que os cães se comunicam entre eles, por isso ele entenderá exatamente o que você quer.

## Aplicando os impulsos ao adestramento

Depois de analisar o Perfil de Personalidade do seu cão (veja o questionário, anteriormente neste capítulo), você sabe as técnicas de aprendizado que melhor funcionam e que estão em harmonia com os impulsos do seu cão. Você agora tem as ferramentas para moldar o programa de adestramento para o seu cão. Veja as diferentes categorias de impulso:

» **Defesa (luta) — mais que 60:** Um pulso firme não incomoda muito o seu cão. A postura corporal correta não é crucial, embora posturas incongruentes da sua parte possam desacelerar o adestramento. O tom de voz deve ser firme, mas agradável, e não ameaçador.

» **Defesa (fuga) — mais que 60:** O seu cão não responderá a fortes correções. A postura corporal correta e um tom de voz agradável e calmo são decisivos. Evite utilizar um tom de voz rude e ficar sobre o cão — ou se inclinar sobre ele ou na direção dele. Concentre-se em posturas corporais congruentes e no manuseio gentil.

» **Caça — mais que 60:** O seu cão responderá positivamente a uma recompensa ou a um brinquedo durante a fase de aprendizado. Um pulso firme pode ser necessário, dependendo da intensidade do impulso de defesa (luta) para suprimir o impulso de caça quando muito alto, como quando estiver perseguindo um gato ou espreitando um esquilo. Este cão é facilmente motivado, mas também facilmente distraído pelo movimento. Sinais significarão mais do que comandos para esses cães. Concentre-se na postura corporal, nos sinais com as mãos e no uso correto da guia para não confundir o seu cão.

» **Caça — menos que 60:** O seu cão provavelmente não é facilmente motivado por comida ou outros objetos, mas também não é facilmente distraído ou interessado em perseguir objetos em movimento. Use os elogios a seu favor no adestramento.

» **Matilha — mais que 60:** Este cão responde prontamente a elogios e demonstrações físicas de afeto. Buddy gosta de estar com você e responderá com pouca orientação.

» **Matilha — menos que 60:** Comece a rezar. Buddy, provavelmente, não se importa se está ou não com você. Ele gosta de fazer as suas próprias coisas e não é facilmente motivado. A sua única esperança é usar o impulso de caça no adestramento. O baixo impulso de caça é, geralmente, específico de raças de cães selecionadas para trabalhar independentemente do homem.

Considere algumas dicas importantes para se ter em mente ao planejar a sua estratégia de adestramento:

» Cães com impulso de defesa menor que 60 raramente se metem em confusão — na verdade, eles a evitam. Muitos cães jovens sem experiência de vida se encaixam nessa categoria, e, embora os seus números sejam bastante baixos enquanto filhotes, eles podem variar um pouco com a idade. Com um cão assim, uma postura corporal ereta é o mais importante; e para cumprimentá-lo você precisa se agachar — em vez de se curvar na altura da cintura — até a altura do cão.

» Cães que exibem um alto impulso de caça ou matilha são também facilmente adestrados, mas você terá que prestar mais atenção às intensidades dos seus impulsos e explorar os comportamentos mais úteis para o adestramento. Agora você tem as ferramentas para isso!

» Se o cão tem um alto impulso de defesa (luta), é preciso trabalhar bastante em exercícios de controle de impulsos e revisá-los com frequência.

» Se o cão tem um alto impulso de caça, também é preciso trabalhar bastante os exercícios de controle de impulsos para conseguir controlar o cão perto de portas, objetos em movimento e distrações semelhantes.

» Se o cão tem um alto impulso de caça e de defesa (luta), você precisa de ajuda profissional no adestramento — para que não se irrite com os fracassos. O cão pode simplesmente ser muito intenso para que você consiga treiná-lo sozinho.

Abaixo, mostramos alguns apelidos para alguns tipos de perfis. Veja se reconhece o seu cão:

» **Bonachão — pouco impulso de caça, matilha e defesa (luta):** É difícil de motivar este cão e, provavelmente, ele não precisa de adestramento intensivo. Ele precisa de paciência extra se houver tentativa de adestramento, pois há poucos comportamentos nos quais trabalhar. Pelo lado positivo, é improvável que esse cão se meta em alguma confusão, ele não perturba ninguém, é um bom animal de estimação para a família e não se importa de ser deixado sozinho por períodos consideráveis de tempo.

» **Caçador — alto impulso de caça, baixo impulso de matilha e defesa (luta):** Este cão passa a impressão de ter um baixíssimo nível de atenção, mas é perfeitamente apto em se concentrar naquilo que ele acha interessante. O adestramento requer a canalização da energia para que ele faça o que você quer. Você precisa de paciência, pois precisará ensinar o seu cão por meio do impulso de caça.

» **Cão de Posto de Gasolina — alto impulso de caça, baixo impulso de matilha e alto impulso de defesa (luta):** Este cão é independente e não é fácil de ter como um animal de estimação. Altamente instigado pelo movimento, ele pode atacar qualquer coisa dentro do seu alcance. Ele não se importa muito com pessoas ou cães e trabalha bem como um cão de guarda. Exercícios de matilha, como andar com a coleira sem puxar, devem ser feitos por seu impulso de caça. Este cão é um verdadeiro desafio.

» **Corredor — alto impulso de caça, baixo impulso de matilha e alto impulso de defesa (fuga):** Facilmente apavorado e/ou assustado, este cão precisa ser trabalhado de forma tranquila e segura. Um cão com esse perfil não é uma boa escolha para crianças.

» **Sombra — baixo impulso de caça, alto impulso de matilha e baixo impulso de defesa (luta):** Este cão o segue para cima e para baixo o dia inteiro e é improvável que se meta em confusão. Ele gosta de ficar com você e não está muito interessado em perseguir nada.

» **Cão do Professor — médio impulso por caça (50 a 75), matilha e defesa (luta):** Este cão é fácil de adestrar e de motivar, e erros da sua parte não são críticos. O Cão do Professor tem um bom equilíbrio de impulsos. A Figura 2-5 mostra um gráfico do perfil do Cão do Professor.

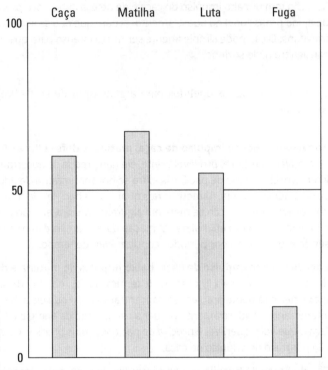

**FIGURA 2-5:** Um típico perfil de Cão do Professor.

**LEMBRE-SE**

Os cães mais fáceis são os que têm todos os impulsos equilibrados. Não importa o que você faça, ele parece poder compreender o que você quer. Se você for sortudo de ter um cão assim, cuide bem dele. Aplicando os princípios dos impulsos, será fácil transformá-lo em um cão bem treinado.

As pessoas nos perguntam frequentemente: "É possível mudar o impulso de um cão, ou mesmo reduzir ou incentivar um impulso específico?" Em alguns casos, é possível incentivar um impulso por meio de treinamento. Por exemplo, após ensinar a um cão com baixo impulso de caça a buscar, ele pode ficar mais inclinado a participar de jogos de pegar. Entretanto, de modo geral, não é possível mudar o impulso de um cão. O que você vê é o que você tem, e o que você tem é o que você vê.

# Quem Está Adestrando Quem?

O adestramento é uma via de mão dupla: Buddy está tão envolvido em adestrar você quanto você a ele. O problema é que Buddy já é um gênio em adestrar você, tem um talento inato. Encare da seguinte forma: um cão vem ao mundo sabendo o que é vantagem para ele e o que não é, e ele fará o que for preciso para conseguir o que quer. Você, ao contrário, descobriu a habilidade de adestrá-lo, do mesmo modo como nós tivemos que fazer.

Um destes talentos é descobrir como reconhecer quando você está recompensando sem querer comportamentos que não quer reforçar. Implorar comida na mesa do jantar é um bom exemplo. Quando Buddy implora à mesa e você dá para ele alguma comida, ele está treinando-o para alimentá-lo à mesa. Você precisa se perguntar: "Este é um comportamento que eu quero encorajar?" Se a resposta for não, então pare.

Veja mais dois exemplos de como o seu cão pode estar adestrando você:

» Buddy derruba a bola em seu colo enquanto você assiste à TV e você a joga para ele.

» Buddy cutuca você com o focinho ou bate com a pata quando você se senta no sofá e você, sem perceber, faz carinho nele. Quando ele não quer mais, ele sai.

Buddy o adestrou muito bem. Tem alguma coisa errada nisso? Absolutamente nada, desde que você possa mandá-lo ir deitar quando não estiver a fim de jogar a bola ou fazer carinho nele.

LEMBRE-SE

Preste atenção às interações com o seu cão e a quem as inicia — você ou Buddy. Uma das maneiras mais rápidas de conquistar o respeito do seu cão é uma regra simples: tudo é seu, especialmente a sua atenção, e Buddy tem que merecer o que ele quer. Ele precisa fazer algo para você antes que você faça algo para ele. Por exemplo:

» Antes de comer, ele precisa sentar e esperar até que você permita que ele coma (veja o Capítulo 1 para saber como começar a praticar este exercício).

» Quando ele for até você procurando carinho, peça que ele se sente, ou faça qualquer outra coisa que tenha ensinado antes de dar carinho.

» Se ele for até você e colocar a bola no seu colo, você, e não Buddy, deve decidir quando quer brincar. Se não quiser brincar, ignore-o.

**DICA** Interaja com seu cão com a frequência que desejar, mas lembre-se de que é você quem deve iniciar a interação e é você quem termina (veja o Capítulo 9 para saber mais).

## VOCÊ ESTÁ MIMANDO O SEU CÃO?

Esperamos que sim. Nós certamente mimamos o nosso. Levamos para os passeios diários, brincamos de bola no quintal, adestramos e nos finais de semana saímos com os nossos amigos e os seus cães.

> **NESTE CAPÍTULO**
>
> **Considerando as influências internas do seu cão**
>
> **Entendendo o estresse e seu efeito sobre o adestramento**
>
> **Levando em conta o ambiente do cão**
>
> **Vendo como você afeta o adestramento do seu cão**

Capítulo 3

# Desenvolvendo a Habilidade para Adestrar

A habilidade do seu cão de aprender e reter informações — assim como a sua — está diretamente relacionada ao que acontece ao redor dele e como ele se sente. Um ambiente barulhento e cheio de distrações dificulta a concentração de Buddy para aprender novos comandos. Brigas e discussões dentro de casa podem deixar Buddy irritável e até agressivo, o que pode atrapalhar o processo de aprendizado. Até a alimentação do cão afeta a capacidade de aprendizado dele.

Da mesma forma, o modo como Buddy se sente, tanto mental quanto fisicamente, influencia em sua habilidade de aprender. Se ele se sentir ansioso, deprimido ou estressado, o aprendizado e a retenção da informação diminuem em uma proporção direta ao grau de sofrimento do cão. Se estiver fisicamente doente ou com dor, ele não consegue aprender o que você está tentando ensinar a ele. Estas observações são bastante óbvias — basta pensar em como você reagiria sob circunstâncias similares. Ainda assim, precisamos enfatizá-las, pois alguns tutores parecem esquecer-se dos efeitos destes fatores na capacidade de aprendizado do cão.

Como professor de Buddy, você desempenha um papel crucial no processo de aprendizado dele — e não apenas porque está oferecendo a instrução física. É preciso criar uma atmosfera positiva de adestramento que maximize as chances de sucesso do cão, reduzindo qualquer tipo de estresse que possa atrapalhar. Alguns desses estresses vêm do próprio Buddy, e você pode amenizar essa parte atendendo às necessidades emocionais e físicas individuais do cão. O restante vem de você, então é preciso analisar tudo o que está proporcionando como adestrador. Estabelecer expectativas realistas e desenvolver um regime de adestramento consistente contribui imensamente para a criação de uma experiência agradável tanto para você quanto para Buddy.

# Lidando com a Essência do Seu Cão

Apesar de alguns dos principais fatores que influenciam a capacidade de aprendizado do seu cão estarem sob o seu controle, algumas influências vêm do próprio cão:

» Comportamentos específicos da raça

» Temperamento

» Sensibilidade mental

» Respostas a estímulos visuais

» Sensibilidade ao som

» Sensibilidade ao toque

Todas essas influências afetam o modo como o cão aprende, o que é difícil e o que é natural para ele.

## Comportamentos específicos da raça

Seja o seu cão um híbrido[1], um mestiço ou um cão de raça pura, ele apresenta alguns comportamentos específicos de cada raça, como caçar, pastorear, entre outros. Estes comportamentos, por sua vez, vêm sendo ainda mais apurados. Alguns caçam grandes animais, outros caçam os pequenos e outros ainda se especializam na caça de aves. Alguns caçam por perto e outros em longas

---

1 N.E.: Cães híbridos são resultados de cruzamentos de determinadas raças na tentativa de mesclar características individuais e peculiaridades de cada uma delas.

distâncias. Alguns pastoreiam e guardam, outros apenas pastoreiam, alguns são desenvolvidos para pastorear vacas e outros, ovelhas.

Ao estudar a função ou as funções para as quais uma raça específica foi criada, é possível ter uma boa ideia daquilo que será mais fácil e mais difícil para o cão aprender. A maioria dos Terriers, por exemplo, é muito ativa, pois eles foram criados para perseguir pequenos animais que vivem em tocas. Pastores de Shetland gostam de agrupar as crianças, porque foram criados para pastorear. Pointers são criados para apontar a caça, Retrievers buscam a caça (veja a Figura 3–1) e Spaniels afugentam a caça de arbustos. Cada um deles tem os seus próprios talentos especiais.

Atualmente, os criadores de cães de raça raramente selecionam seus cães a partir de cães de trabalho. Em vez disso, a maioria dos cães é criada para ter a orelha ou a cauda corretas para o padrão ou para ter olhos, focinhos e corpos de determinados formatos. Há ainda os criadores de cães híbridos, como os Labradoodles, Goldendoodles e Puggles, que cruzam propositadamente diferentes raças. Esses cães são bonitos, mas não apresentam características comportamentais previsíveis. O mesmo acontece com os cães mestiços. Ainda assim, é possível começar a entender o que move o seu cão. Para isso, veja o Capítulo 2 e faça o Perfil de Personalidade dele. O perfil mostra os comportamentos que definem o seu cão.

LEMBRE-SE

Tendo em vista que os cães foram criados para trabalhar com o homem ou sob seus comandos, estes talentos ajudam no trabalho de adestramento. Mas, às vezes, o instinto do cão em fazer aquilo para o qual foi criado o coloca em apuros. O comportamento de caça ou pastoreio pode não ser adequado, então os seus esforços no adestramento devem ser gastos para redirecionar estes comportamentos. Sempre que se deparar com um obstáculo no seu adestramento, pergunte-se: "O meu cão foi preparado para fazer isso?" Se a resposta for sim, ele vai precisar de mais tempo para aprender aquele exercício específico, e você terá que ser paciente.

**FIGURA 3–1:** Um Labrador Retriever selecionado para trazer a caça até o dono.

## Temperamento

A maioria das pessoas concorda de imediato que um bom temperamento é a qualidade mais importante para animais de estimação. Infelizmente, a explicação exata do que quer dizer um bom temperamento geralmente é vaga e difícil de definir e, às vezes, contraditória. O padrão oficial da maioria das raças declara que aquele cão é leal, amoroso, inteligente, bom com crianças e fácil de adestrar. Ah, se isso fosse verdade! Definido de forma simples, o temperamento é composto pelos traços de personalidade adequados para o trabalho que você quer que ele faça. Se quer que o seu cão seja bom com crianças, e o seu cão tem esse traço de personalidade, então ele tem um bom temperamento. Ele pode não se sair bem em outras áreas, como guarda e pastoreio, mas talvez não fosse isso que você estava procurando.

Da mesma forma, as tentativas de se determinar a inteligência canina são vagas e ambíguas. Novamente, volta-se à função. Definimos a inteligência canina como a facilidade com que o cão é adestrado para a função para a qual foi selecionado.

É mais fácil entender o temperamento do seu cão quando você tem uma noção dos seus impulsos (caça, matilha, fuga e luta). Veja o Capítulo 2 para fazer o Perfil de Personalidade e descobrir quais são os pontos fortes e as limitações de seu cão. Você vai descobrir quais impulsos moldam os comportamentos de Buddy.

LEMBRE-SE

Você precisa identificar os pontos fortes e as limitações do seu cão, pois eles têm uma forte influência na dificuldade ou facilidade de ensinar uma tarefa específica a ele. Adestradores de circo têm um antigo ditado: "Arranje o cão para um truque e não o truque para um cão." Explore os pontos fortes do cão.

## Sensibilidade mental

Os cães, assim como as pessoas, demonstram diferentes habilidades para lidar com emoções negativas. Não importa como eles lidam com isso, a maioria dos cães consegue captar com precisão as emoções das pessoas. Além do mais, quanto mais você trabalha com Buddy, mais forte o vínculo criado entre vocês. Parece que ele pode ler a sua mente. Certo, pode ser que ele não consiga ler a sua mente, mas ele certamente percebe suas emoções. Se está se sentindo frustrado, desapontado ou com raiva, Buddy sente isso. O Capítulo 2 fala mais sobre como seu cão responde às suas atitudes e emoções.

LEMBRE-SE

Tendo em vista que os cães não são bem preparados para lidar com estas emoções, eles tendem a ficar ansiosos e confusos, o que por consequência retarda ou mesmo impede o aprendizado. Sua tarefa ao adestrar Buddy é manter uma atitude paciente e positiva. Como professor do seu cão, seu trabalho é ensiná-lo o que quer e não quer que ele faça. Sem sua orientação, seu cão simplesmente faz aquilo que parece natural para ele, afinal, ele é um cão! Culpar Buddy por aquilo que você considera uma limitação dele não ajuda e ainda enfraquece o relacionamento que você está tentando construir com ele.

## Respostas a estímulos visuais

Dizer que um cão responde a estímulos visuais é uma maneira sofisticada de dizer que eles respondem a objetos em movimento. Para fins de adestramento, isto está diretamente ligado à capacidade de distração do cão ao se deparar com algo que se move. Isso também varia de raça para raça e depende da natureza do objeto em movimento. Veja alguns exemplos:

» Terriers são notoriamente distraídos. Nosso Yorkshire Terrier, apesar de ser tecnicamente um membro do Grupo Toy, tinha convicção de que tinha que investigar cada folha em movimento ou talo de grama. Embora isso fizesse total sentido para ele, adestrá-lo para prestar atenção foi um verdadeiro desafio.

» No Grupo dos Hounds, algumas raças, como Afghan Hound, Borzoi e Saluki, chamadas de caçadores de visão, não se interessam muito por objetos próximos. Em vez disso, se concentram em objetos distantes. Outras raças, como Basset Hound, Beagle e Bloodhound, são mais estimuladas por cheiros no chão ou no ar do que por objetos em movimento. Adestrar um Beagle a andar com a guia frouxa, prestar atenção em você e não cheirar o chão se torna uma tarefa quase impossível.

» As raças de guarda, como Pastor-Alemão, Dobermann e Rottweiler, foram selecionadas para vigiar os seus ambientes — mantendo tudo à vista e em ordem. Elas também têm dificuldade para se concentrar exclusivamente em você na presença de distrações. Lembre-se, o trabalho dessas raças é estar alerta ao que acontece ao redor delas.

» Os tecelões do Cantão de Berna utilizavam os Boiadeiros de Berna, também conhecidos como Bernese, como cães de tração, para puxar pequenas carretas com leite até o mercado. Como raça, objetos em movimento geralmente não empolgam esses cães. Afinal, seria quase impossível para eles perseguir um gato arrastando uma carreta.

» O Landseer, geralmente um companheiro sossegado (veja a Figura 3–2), se transforma em um maníaco descontrolado perto da água, por causa do seu desejo instintivo de resgatar todo e qualquer nadador, ignorando completamente o fato de que a pessoa pode não querer ser resgatada.

**FIGURA 3-2:** O Landseer. Uma raça de grande porte, é um cão sossegado, exceto perto da água.

## Sensibilidade ao som

Alguns cães têm o sentido de audição mais apurado do que outros, a ponto de barulhos altos, literalmente, machucarem seus ouvidos. Por exemplo, nosso Dachshund de cinco meses fica muito incomodado com o barulho do aspirador de pó. Ele não tem medo do aparelho em si; apenas se irrita com o barulho. Para ele, é difícil se concentrar em suas aulas com o barulho de uma máquina ou aparelho. Um dos nossos Landseers costumava sair da sala toda vez que a TV era ligada. O medo de trovão também pode ser resultado de sensibilidade ao som.

LEMBRE-SE

Sob circunstâncias normais, a sensibilidade ao som não é um problema, mas pode afetar a habilidade de concentração de um cão na presença de barulhos moderados e altos. Um estouro de escapamento de um carro pode fazer esse cão se apavorar, enquanto outros vão apenas olhar com curiosidade.

## Sensibilidade ao toque: Efeito adrenalina

O limiar de desconforto de um cão depende de duas coisas:

» A sensibilidade dele ao toque
» O que ele está fazendo naquele momento específico

Para fins de adestramento e para saber que equipamento utilizar, você precisa ter uma ideia da sensibilidade ao toque de Buddy. Por exemplo, quando um cão não responde de imediato à coleira de adestramento, ele rapidamente é considerado teimoso ou burro, mas nada poderia estar mais distante da verdade. O adestrador precisa escolher o equipamento de adestramento correto.

O limiar de desconforto tende a ser uma característica específica de cada raça. Por exemplo, esperamos que um Labrador Retriever, supostamente apto a andar em qualquer tipo de terreno, bem como buscar objetos na água supergelada, tenha um alto limiar de desconforto. Pastores de Shetland tendem a ser bastante sensíveis ao toque e respondem rapidamente à coleira de adestramento. O que pode ser quase imperceptível para um cão pode ser suficiente para fazer outro cão mudar de comportamento. É aí que está o segredo de qual equipamento de adestramento utilizar.

A sensibilidade ao toque não tem relação com o porte. Cães pequenos podem ter um limiar de desconforto tão alto quanto um cão grande. A sensibilidade ao toque também não tem relação com a idade. Um filhote com sensibilidade ao toque não deixará de ser sensível quando ficar mais velho. Pode até ser que a intensidade da sensibilidade diminua, mas em um nível insignificante. A sensibilidade ao toque de um cão, entretanto, é afetada pelo que ele está fazendo no momento. Em uma intensa perseguição a um coelho, o limiar de desconforto aumenta, assim como durante uma briga. Chamamos esse fenômeno de fator adrenalina.

Quando você tiver uma ideia do limiar de desconforto de Buddy, saberá como lidar com ele e qual o tipo de equipamento necessário. Veja o Capítulo 5 para saber mais sobre equipamentos de adestramento.

# Ressaltando os Efeitos do Estresse

O estresse é uma consequência da vida e pode ser resultante de diversos fatores — saúde, família, seu emprego, condição econômica, a situação do país e até do mundo. Até as experiências agradáveis, como sair de férias, podem ser fontes de estresse.

O estresse é uma reação fisiológica, geneticamente predeterminada, sobre a qual um indivíduo, seja um cão ou uma pessoa, não tem controle. O estresse é uma parte natural da vida de cada um e afeta cada pessoa de diversas formas. Os cães não são diferentes; assim como as pessoas, eles experimentam estresse. Como professor do seu cão, você precisa reconhecer as circunstâncias que produzem estresse e suas manifestações, e saber como lidar com elas.

Suas experiências pessoais com o estresse ajudam a entender pelo que o seu cão está passando. Aprender os sinais e sintomas não é difícil depois que você sabe o que procurar.

# Compreendendo o estresse

Tanto em cães como em pessoas, o estresse é a resposta do corpo a qualquer exigência física ou mental. A resposta prepara o corpo para lutar ou para fugir. O estresse aumenta a pressão sanguínea, a frequência cardíaca, a respiração e o metabolismo, e aciona um aumento notável do fornecimento de sangue para os braços e as pernas.

O estresse cobra um preço do organismo, seja de um cachorro ou de uma pessoa. Quando estressado, o corpo se desequilibra quimicamente. Para lidar com este desequilíbrio, o corpo libera substâncias químicas na corrente sanguínea em uma tentativa de se reequilibrar. A reserva dessas substâncias é limitada, e o excesso de situações estressantes pode esgotar a capacidade do corpo de se reequilibrar. Períodos prolongados de desequilíbrio resultam em comportamentos neuróticos e incapacidade funcional. Quando a habilidade do corpo de contra-atacar o estresse se esgota, ele não se expressa só fisicamente: se manifesta também no comportamento. Isto é tão verdade para você quanto para o seu cão.

O estresse físico e mental varia de aceitável a intolerável — isto é, a incapacidade de funcionar. Seu interesse aqui recai sobre o estresse experimentado pelo seu cão durante o adestramento, seja ao ensinar um novo exercício, ao praticar um já conhecido, ou durante um teste, como o teste de Bom Cidadão Canino (veja o Capítulo 12). Você precisa estar apto a reconhecer os sinais e a lidar com o estresse que o seu cão pode experimentar.

LEMBRE-SE

O estresse pode ser tanto positivo quanto negativo. Quando o estresse é positivo, se manifesta como um aumento de atividade; quando é negativo, resulta em uma diminuição dela. A lista a seguir explica ambos:

» **Socorro, estou hiperativo!** O estresse positivo resulta em hiperatividade. Seu cão pode correr de um lado para o outro, não ser capaz de ficar parado ou se acalmar, não prestar atenção, pular para cima e para baixo, pular em você, chorar, latir, roer, ficar na sua frente, antecipar comandos ou não conseguir aprender. Você pode pensar que ele está apenas sendo bobo ou chato, mas na verdade está exibindo comportamentos para tentar lidar com isso.

» **Por que estou tão deprimido?** O chamado estresse negativo causa letargia e os comportamentos relacionados são falta de energia, demonstrações de medo, paralisia, esconder-se atrás de você, fugir, resposta lenta aos comandos, demonstrar pouco interesse nos exercícios ou no adestramento, ou exibir uma inabilidade para aprender. Nas situações novas, Buddy se esconde atrás de você, parece cansado e quer deitar, ou parece preguiçoso ou desinteressado. Estes não são sinais de relaxamento, mas comportamentos para lidar com o estresse negativo.

# Reconhecendo os sintomas do estresse

Em cães, os sinais de qualquer uma das formas de estresse — positiva ou negativa — são tremores musculares, respiração ofegante, babar, pés suados que deixam rastros em superfícies secas, pupilas dilatadas e, em casos extremos, urina, defecação (geralmente na forma de diarreia), automutilação e ansiedade.

Ansiedade é o estado de apreensão e inquietação. Quando ela é prolongada, duas coisas acontecem:

> » A habilidade do cão de aprender e pensar é claramente reduzida até cessar por completo. Um ataque de pânico também pode ser causado.
>
> » A ansiedade deprime o sistema imunológico, aumentando, com isso, as chances de o cão adoecer fisicamente. O elo mais fraco na corrente é o primeiro a ser atingido. Se o cão tem falhas estruturais, como quartela fraca (a região da perna dianteira entre o pulso e os dedos), ele pode começar a mancar ou demonstrar sinais de dor. Indisposições digestivas são outras reações comuns ao estresse.

LEMBRE-SE

O estresse, por si só, não é ruim ou indesejável. Um certo nível de estresse é vital para o desenvolvimento e o funcionamento saudável do corpo e do sistema imunológico. Apenas quando o estresse não tem uma vazão comportamental — quando não se consegue extravasá-lo — é que o peso de lidar com ele prejudica o corpo. O sistema imunológico começa a sucumbir.

# Origens do estresse: Intrínsecas e extrínsecas

Fontes intrínsecas de estresse são herdadas e vêm do próprio cão. Elas incluem estrutura e saúde. A capacidade para lidar com o estresse e o limite suportado varia de cão para cão. Na realidade, não há muito o que você possa fazer para mudar o cão — por exemplo, não é possível adestrá-lo para lidar melhor com o estresse —, mas você pode utilizar técnicas de gerenciamento de estresse para mitigar seu impacto (veja a seção "Administrando o estresse", mais adiante neste capítulo).

Fontes extrínsecas de estresse vêm de origens externas. Elas variam desde a dieta até o seu relacionamento com ele. Fontes extrínsecas incluem as seguintes:

> » Frustração e indecisão da sua parte
> » Falta de socialização adequada
> » Percepção do cão do ambiente

» Local de adestramento

» Uso de um método adequado de adestramento

Felizmente, todas essas fontes de estresse estão sob o seu controle (veja a seção "Administrando o estresse", mais adiante).

## Relacionando estresse e aprendizado

Em alguns casos, parece que Buddy não entende a mensagem. Essas situações podem surgir a qualquer momento, especialmente quando você está trabalhando com distrações. Nada que você faz funciona, e você sente que não está obtendo progresso.

LEMBRE-SE

Quando você adestra Buddy, não dá para evitar que ele experimente algum estresse, mas é possível mantê-lo em um nível em que ele ainda consiga aprender. Se achar que seu cão está estressado demais durante a sessão de adestramento, pare. Um indicador de que Buddy atingiu o limite é ele não aceitar mais petiscos. Nesse ponto, a capacidade de aprendizado do seu cão está reduzida, e nenhum de vocês dois será beneficiado se continuarem.

"O que posso fazer?", geralmente perguntamos. "Se parar, Buddy vai pensar que venceu e nunca fará isso para mim." Esta linha de pensamento presume que você e Buddy sejam adversários em algum tipo de competição, do tipo: "Você vai ter que fazer o que eu mando." Esse não é um relacionamento adequado entre aluno e professor.

Adestrar Buddy não tem nada a ver com vencer ou perder, mas com ensinar. Você pode abandonar uma sessão de adestramento a qualquer momento, não importa se acha que foi bem-sucedido ou não. Ao perceber que não está mais havendo aprendizado, pare! Se continuar insistindo, vai arruinar tanto a confiança do cão quanto o relacionamento que está tentando construir.

DICA

Deixe Buddy descansar por quatro horas e tente novamente. Você verá que a lâmpada na cabecinha dele vai acender novamente. Ao dar uma pausa, você permite que o aprendizado latente — o processo de compreensão com o tempo — tenha a chance de trabalhar. Nosso conselho é parar o adestramento quando sentir que está ficando irritado ou quando Buddy começar a mostrar sinais de estresse.

## Estresse e adestramento com distração

Prepare-se para ser paciente ao iniciar o adestramento com distrações. Naturalmente, Buddy estará distraído (este é o objetivo!), mas, com o passar do tempo, ele aprenderá a responder da forma correta. Se sentir que está ficando irritado, é hora de dar um tempo.

LEMBRE-SE

Experimente transformar todo exercício novo ou distração em uma experiência positiva para seu cão. Uma apresentação agradável terá um efeito positivo em longo prazo. A primeira impressão é a que fica. Sempre que apresentar ao cão novos exercícios ou distrações, torne a experiência o mais agradável e o mais livre de estresse possível para que deixe uma impressão neutra ou agradável.

## Administrando o estresse

Esteja ciente de como Buddy reage ao estresse, positiva ou negativamente, e às circunstâncias sob as quais ele se estressa. Algo que está fazendo, ou mesmo um local, pode provocar estresse.

Entenda que Buddy não tem controle sobre as respostas dele ao estresse — ele herdou este comportamento — e é tarefa sua administrar isso da melhor forma possível. Com um gerenciamento apropriado, Buddy se acostumará, por meio de repetições bem-sucedidas, a lidar com novas situações e a tratá-las como um profissional.

# Gerenciando o Ambiente do Seu Cão

Seu cão tem uma percepção apurada em relação ao ambiente em que vive. Conflitos ou discussões contínuos ou frequentes em sua casa podem ter um impacto negativo na capacidade de aprendizado do seu cão. Muitos cães também são afetados negativamente pelo barulho e pelo excesso de atividade, e eles podem desenvolver problemas de comportamento.

Procure pelos seguintes sinais de que seu cão tem uma percepção negativa do ambiente dele:

- » Agressividade
- » Indiferença
- » Hiperatividade
- » Irritabilidade
- » Letargia

Sob estas circunstâncias, o aprendizado é reduzido — se é que chega a acontecer — e o cão não consegue retê-lo. Entretanto, se você tiver uma percepção apurada de como o cão responde ao ambiente dele, alcançará os objetivos do adestramento mais facilmente. Esta seção fornece algumas dicas de como criar o melhor ambiente de aprendizado para o seu cão.

# Começando com o pé direito

Você já deve ter ouvido o ditado: "Não há uma segunda chance de causar uma boa primeira impressão." Você também sabe que a primeira impressão é a mais duradoura. Quanto mais forte for esta impressão, mais ela persistirá.

DICA

As apresentações de novas experiências ao cão precisam ser as mais agradáveis possíveis. Por exemplo, a primeira visita de Buddy ao veterinário precisa ser uma experiência agradável ou ele a associará a algo negativo. Peça ao veterinário que dê um petisco ao cão antes do exame e outro ao final da visita.

A importância de se causar uma boa primeira impressão se aplica também ao adestramento do seu cão. Uma primeira experiência especialmente traumática ou desagradável pode, literalmente, arruinar o cão pelo resto da sua vida. O objetivo é fazer com que a primeira impressão que ele tem do adestramento seja a mais agradável possível.

# Reconhecendo as necessidades sociais do seu cão

Os cães são animais sociais que não lidam bem com o isolamento. Por exemplo, se você trabalha, provavelmente deve deixar o seu cão sozinho em casa. Então, quando volta para casa, seu cão está terrivelmente empolgado e quer brincar e ficar com você. Mas às vezes você também precisa sair à noite, deixando seu cão sozinho novamente.

Se você não tem tempo para dar a atenção que seu cão precisa, pense em usar os serviços de uma "creche" para cães. O cão passará o dia brincando e interagindo com outros cães e se divertindo. Talvez o melhor aspecto dessa experiência, dependendo do seu ponto de vista, seja buscar Buddy no final do dia e ele estar cansado demais para pedir mais atenção. Além de manter Buddy ocupado e entretido, muitas creches para cães oferecem outros serviços, como banho, tosa e adestramento.

Um lado negativo possível dessas creches é que Buddy pode pensar que sempre que encontrar outro cão será um momento de brincadeira, fazendo com que seja difícil de controlá-lo ao redor de outros cães. Outros eventuais pontos negativos são as possíveis exposições às doenças e parasitas, os traumas causados por manuseio inexperiente dos funcionários da creche e a responsabilização pessoal pelas ações de Buddy.

LEMBRE-SE

Assim como qualquer comportamento, quando se trata de exercício, seu cão tem certa quantidade de energia. Depois que Buddy gastou essa energia, ele está cansado, e cães cansados têm donos felizes. Se essa energia não for gasta, ela pode ser redirecionada para latidos, mastigação de objetos, escavação, urina ou defecação involuntárias, automutilação e comportamentos similares — claramente nada do que você tinha em mente para o seu animal de estimação bem treinado.

## Identificando as necessidades emocionais do seu cão

Considerar que o cão tem ou não necessidades emocionais depende do seu entendimento sobre ele ter emoções ou não. Nós acreditamos que eles as tenham, e estas são algumas delas:

- Raiva
- Apreensão
- Depressão
- Medo
- Felicidade
- Alegria
- Tristeza

Você vê seu cão demonstrando algumas dessas emoções, como alegria e felicidade, diariamente, mas e tristeza e depressão? Os cães reagem com as mesmas emoções que as pessoas à perda de um ente querido, seja um membro da família ou outro cão.

Nos últimos trinta anos, sempre tivemos mais de um cão, algumas vezes, até dez de uma vez. Quando um deles morria, não temos dúvidas de que os mais próximos daquele cão vivenciavam o luto. Havia uma dupla — Cato e sua irmã mais velha, Cassandra — que era especialmente próxima. Quando Cassandra morreu, Cato mostrou todos os sinais clínicos de depressão.

Na época, Cato tinha sete anos de idade e tinha sido aposentado de uma carreira de cão de exposição muito bem-sucedida. Já que Cato sempre gostou de ir a exposições de cães, começamos novamente a apresentá-lo em exposições em todo o Canadá para fazê-lo sair da depressão, e funcionou. Ele competiu por outros três anos e, finalmente, se aposentou definitivamente aos dez anos.

LEMBRE-SE

Como saber se o seu cão está passando por alguma dessas emoções negativas? Basicamente, da mesma forma que elas são identificadas em uma pessoa. Se seu cão anda amuado pela casa, não parece gostar de atividades que antes gostava, está letárgico, não está particularmente interessado em comida e dorme muito, é provável que esteja deprimido. Nestas circunstâncias, ele pode não sentir vontade de participar do adestramento.

Com frequência, vemos cães com ansiedade, apreensão e medo — comportamentos que podem ser hereditários ou circunstanciais. Seja qual for a causa, adestrar um cão nesta condição requer uma grande quantidade de paciência e a compreensão do quanto é difícil para ele aprender. Por outro lado, as recompensas são importantes, porque, por meio da estrutura de adestramento, a confiança do cão aumenta, às vezes, a ponto de estes comportamentos desaparecerem completamente.

## Atendendo às necessidades nutricionais do seu cão

A principal influência na capacidade de aprendizado do cão, e sob a qual você tem controle mais imediato, é a alimentação. Devido à alimentação ser tão importante, dedicamos o Capítulo 4 a este tópico. A nutrição é o combustível que move o motor de Buddy. Um combustível ruim resulta em um baixo desempenho, então, saber como alimentar Buddy corretamente evita sobrecargas ao organismo, oferecendo nutrientes suficientes para que ele funcione de maneira adequada.

Existem diversos tipos de alimentos para cães no mercado hoje em dia, o que faz com que a tarefa de escolher a melhor opção para o seu cão seja atordoante. Assim como você faz ao comprar alimentos para você e para sua família, é preciso analisar os ingredientes. Cães são carnívoros e necessitam de proteína animal. Escolha um alimento que contenha proteína animal, como frango, carne bovina ou de cordeiro, como um dos três primeiros ingredientes. Evite alimentos que contenham muitos ingredientes só para dar volume. Quando parece que o que sai da traseira do seu cão é muito mais do que entra, pode ter certeza de que o alimento contém muito mais agentes de volume do que proteína.

# Entendendo o Fator "Você"

Diversos fatores influenciam o seu sucesso em transformar seu animal de estimação em um companheiro bem-comportado. Alguns deles estão sob seu controle direto, e outros são inerentes ao cão ou vêm do ambiente. Discutimos os fatores que não estão sob seu controle nas seções anteriores deste capítulo.

Nesta seção, explicamos aqueles que estão sob seu controle direto. Existe uma relação direta entre a sua consciência, a compreensão dos fatores a seguir e o seu sucesso como professor.

## Conhecendo as suas expectativas

A maioria das pessoas tem ideias variadas sobre o que esperam de seus companheiros. Algumas dessas expectativas são realistas; outras não. Você já deve ter ouvido as pessoas falarem: "Meu cão entende cada palavra do que eu digo", e talvez você também ache que o seu cão entende. Se fosse tão fácil assim, você não precisaria de adestradores de cães ou de livros sobre isso.

Às vezes seu cão parece realmente entender o que você diz. Entretanto, se um cão entende cada palavra que seu dono diz, por que ele simplesmente não faz o que lhe é dito? Mesmo assim, há um pouco de verdade nisso, o suficiente para perpetuar o mito. Embora os cães não entendam as palavras ditas, eles de fato entendem o tom da voz — e às vezes até a sua intenção. Cientistas descobriram que palavras usadas no mesmo tom de voz e inflexão e com o mesmo movimento corporal permitem que um cão bem adestrado aprenda as coisas da mesma forma que uma criança de dois anos de idade.

### *Suas expectativas são realistas?*

Você acredita que seu cão obedeça aos seus comandos porque ele:

- » Ama você?
- » Quer agradá-lo?
- » É grato?
- » Tem um senso de dever?
- » Sente uma obrigação moral?

Suspeitamos que tenha respondido "sim" para a primeira e para a segunda perguntas, ficou indeciso a respeito da terceira e depois percebeu que nós estávamos lhe pregando uma peça.

CUIDADO

Se a sua abordagem de adestramento é baseada em ideias morais em relação a punição, recompensa, obediência, dever e afins, você está condenado a tratar o cão da forma errada. Sem dúvida seu cão ama você, mas ele não obedecerá aos comandos por essa razão. Ele quer agradá-lo? Não exatamente, mas às vezes parece que sim. Entretanto, o que ele realmente está fazendo é agradando a si mesmo.

CAPÍTULO 3 **Desenvolvendo a Habilidade para Adestrar** 63

**LEMBRE-SE**

Normalmente, Buddy está interessado em apenas uma coisa: o que vou ganhar com isso? Buddy certamente não tem senso de dever ou de obrigação moral. Quanto antes você descartar crenças como essas, mais rápido saberá como lidar com a educação dele.

## Suas expectativas são muito baixas?

Você acredita que seu cão não obedece aos comandos porque ele:

- » É teimoso?
- » É cabeça-dura?
- » É burro?
- » Passa noites em claro pensando em formas de irritá-lo?

Se respondeu "sim" para alguma dessas perguntas, você é culpado por antropomorfizar, isto é, atribuir características e atributos humanos a um animal. É muito comum fazermos isso, mas não ajuda no adestramento.

Cães não são teimosos ou cabeças-duras. Ao contrário, eles são muito espertos quando se trata de entender como conseguir o que querem. E eles não passam noites acordados pensando em formas de irritá-lo — eles dormem, como todo mundo.

## Quais deveriam ser as suas expectativas?

Então por que seu cão obedece a seus comandos? Geralmente, por uma das três razões:

- » Ele quer algo
- » Ele acha divertido, como buscar uma bola
- » Ele foi ensinado a se comportar de determinada maneira

Quando obedece pela primeira ou pela segunda razão, ele faz isso para si mesmo; quando obedece pela terceira razão, ele faz isso por você. Esta distinção é importante porque envolve confiança e segurança. Pergunte a si mesmo: "Se Buddy obedece somente porque quer algo ou porque é divertido, ele vai obedecer quando não quiser ou quando não for mais divertido? A resposta é óbvia.

**LEMBRE-SE**

O cão bem adestrado obedece porque foi treinado. Isso não quer dizer que vocês não possam se divertir no processo, contanto que no fim isso resulte em um entendimento claro. Quando você diz: "Vem", não há opções, especialmente quando a segurança dos outros, ou dele próprio, está envolvida.

## Conhecendo a sua atitude

Considere a seguinte situação: Buddy saiu sozinho para um passeio não autorizado pela vizinhança. Você está atrasado para um compromisso, mas não quer deixar Buddy vagando pela rua. Você o chama sem parar, desesperado. Finalmente, Buddy aparece, todo contente, na sua direção. Você, por sua vez, está enfurecido e demonstra para ele todo seu descontentamento, dando uma bela bronca nele. Pergunte a si mesmo: "É este tipo de saudação que fará com que Buddy queira vir até mim quando eu o chamo?" Se a resposta for não, pare de repetir esse comportamento, não importa o que ele faça.

LEMBRE-SE

Não adestre seu cão quando você estiver irritado ou cansado. A experiência de adestramento deve ser positiva. Se ficar frustrado durante o adestramento, pare e retome-o em outro momento. Quando estamos frustrados, nossa comunicação se restringe a "Não", "Cachorro feio!", "Como você pôde fazer isso?" e "Vá para fora e fique lá!" Você está infeliz, e Buddy também ficará por causa disso. Uma abordagem hostil ou desagradável não conquista a cooperação do cão; apenas prolonga desnecessariamente o processo de aprendizagem. Quando você fica frustrado ou irritado, Buddy fica ansioso e nervoso e tem dificuldade em aprender. Uma melhor abordagem é adestrar Buddy quando estiver com um estado de espírito melhor. A experiência deve ser agradável para você e para ele.

Um dos comandos que Buddy precisa aprender é ir quando chamado. Para ter sucesso, lembre-se do seguinte princípio: sempre que o cão for até você, seja gentil com ele. Não faça nada que o cão entenda como desagradável. Não importa o que ele possa ter feito, seja gentil e o receba com um elogio, um carinho na cabeça e um sorriso. Ensine seu cão a confiar em você como um porto seguro. Quando ele estiver com você, o seguir ou for até você, faça com que ele se sinta querido (veja o Capítulo 10 para mais informações).

Você pode estar se perguntando: "Como posso ser gentil quando o meu cão me traz os restos de um dos meus sapatos novinhos, quando ele pula em mim com as patas cheias de lama ou quando acabei de descobrir um presentinho no tapete?" Sem dúvidas, sabemos bem como você se sente, já experimentamos cenários parecidos em muitas ocasiões. Sabemos como o comportamento de um cão pode ser insuportável. Mas o que descobrimos e aceitamos é que, naquele momento, o cão não entende o que fez de errado. Ele entende apenas a sua raiva, mas não o motivo dela. Por mais difícil que seja, é preciso sorrir e aguentar firme, para não minar a relação de confiança mútua que você está tentando construir com o adestramento.

# Sendo consistente com os comandos e o tom de voz

Se existe alguma mágica para adestrar seu cão, é a consistência. Seu cão não consegue entender "às vezes", "talvez", "provavelmente" ou "somente aos domingos". Ele entende "sim" e "não". Por exemplo, você confunde seu cão quando o encoraja a pular em você quando está usando roupas velhas, mas fica nervoso quando ele, alegremente, planta suas patas lamacentas na sua melhor roupa.

Cães com frequência pegam pistas consistentes de fontes inesperadas. Por exemplo, antes de sair para o trabalho, Mary sempre coloca Heide em sua gaiola. Não demorou muito até que Heidi entrasse em sua gaiola sozinha quando Mary estava prestes a sair. "Que cachorrinha esperta", pensou Mary. "Ela sabe que estou indo trabalhar."

Parece que eles são capazes de ler a sua mente. O que acontece, na verdade, é que, ao observar você e estudar seus hábitos, eles aprendem a antecipar suas ações. Já que eles se comunicam uns com os outros por meio da linguagem corporal, eles rapidamente se tornam especialistas em ler a sua.

Heidi observou que, imediatamente antes de ir para o trabalho, Mary invariavelmente passava maquiagem e depois colocava Heidi na gaiola. A pista de Heidi para ir para sua gaiola era ver Mary passando maquiagem. Então, uma noite, antes de os convidados para o jantar chegarem, Mary começou a se maquiar. Quando Heidi foi imediatamente para a sua caixa, Mary percebeu que o cão não havia lido sua mente, mas havia aprendido a rotina, por meio da observação.

LEMBRE-SE

Consistência no adestramento quer dizer lidar com o seu cão de uma forma previsível e uniforme. Se há mais pessoas na casa, todos precisam lidar com o cão da mesma forma. Senão, o cão fica confuso e vacilante nas suas respostas.

DICA

Muitos cães ignoram comandos que não resultem em consequências tangíveis. Quando Buddy atender a um comando, o elogie. Quando ele escolher ignorar um comando que aprendeu, o corrija.

Então, isso quer dizer que você nunca poderá permitir que seu filhote pule em você? Claro que não. Mas você deve lhe ensinar que ele só pode fazer isso quando você disser a ele que está tudo bem. Porém, cuidado: adestrar um cão para fazer esta distinção é mais difícil do que treiná-lo para nunca pular. Quanto mais claro você for, mais fácil será para Buddy entender o que você quer.

# Vencendo o cão pelo cansaço: Seja persistente

Adestrar o seu cão é uma questão de quem é mais persistente — você ou ele. Algumas coisas ele consegue aprender rapidamente; outras demorarão mais tempo. Se várias tentativas falharem, seja paciente, mantenha a calma e tente novamente.

A rapidez com que o cão aprende um determinado comando depende do quanto o comportamento que você está tentando ensinar está em harmonia com a função para a qual ele foi selecionado.

Por exemplo, um Labrador Retriever criado para levar aves abatidas em caçadas, seja na terra ou na água, aprenderá rapidamente a buscar uma vareta ou uma bola sob comando. Por outro lado, um Afghan Hound, selecionado para caçar perseguindo a presa usando a visão, pode precisar de muitas repetições antes que entenda o comando de pegar e, então, atender a ele todas as vezes. Um Pastor de Shetland, criado para pastorear ou proteger rebanhos, aprenderá a andar sem coleira mais rapidamente do que um Beagle, criado para caçar lebres.

## Aprendendo a evitar o "não"

A partir de agora, elimine a palavra "não" do seu vocabulário de adestramento. Com muita frequência, "não" é o único comando que um cão ouve, e espera-se que ele saiba o que isso significa. Não existe nenhum exercício ou comando em adestramento chamado "não". Em um dos acampamentos de adestramento, um dos participantes tinha uma camiseta com uma figura de um cão cumprimentando outro dizendo: "Meu nome é 'Não, Não, Cachorro Feio.' E o seu?"

É preciso evitar comunicações negativas, como o "não", pois elas prejudicam o relacionamento que você está tentando construir. Também não use o nome do cão como bronca. E não perturbe o cão repetindo o nome dele a toda hora sem dizer o que você quer que ele faça. Se estiver em uma situação em que seja imprescindível interromper o comportamento do cão, diga "Para".

LEMBRE-SE

Comece a se concentrar na forma como você se comunica com Buddy. Ele entende a interação como positiva ou negativa? Prazerosa ou desagradável? Amigável ou hostil? Quantas vezes você usa a palavra "não" e quantas vezes diz "bom garoto" ou "muito bem" ao interagir com o seu cão? Em nossa experiência, quando o cão chega até nós, ele já ouviu "nãos" demais. Tudo o que o cão faz traz à tona severos: "Não faça isso", "Não faça aquilo", ou "Não, feio." Comunicações negativas vindas de você têm um efeito negativo no impulso de seu cão para trabalhar para você.

Ao lidar com o seu cão, pergunte a si mesmo: "O que exatamente quero que Buddy faça ou não faça?" Use um comando de ação sempre que possível para que possa elogiá-lo em vez de reprimi-lo. Você perceberá uma relação direta entre a disposição de seu cão em colaborar e a sua atitude. Fuja do hábito de supor que a falha de Buddy em responder é culpa dele. Afinal, o professor é você! A conduta do seu cão é um reflexo direto da sua forma de ensinar.

Isso significa que você nunca pode usar a palavra "não"? Não exatamente. Em uma emergência, você faz o que pode. Mas, lembre-se, somente em caso de extrema necessidade.

## Repetindo comandos

No adestramento, use o nome do seu cão uma vez antes de um comando para chamar sua atenção, por exemplo: "Buddy, vem." A maneira mais rápida para ensinar seu cão a ignorar você é usar o nome dele repetidamente — e levantar a voz também não ajuda. Ao tentar se comunicar com uma pessoa que não entende português, gritar não melhora a compreensão dela.

Acostume-se a dar um comando apenas uma vez e em um tom de voz normal — a audição do cão é 80 vezes melhor que a sua. A repetição de comandos ensina o seu cão que ele pode ignorar você, e alterar o tom de voz de um pedido para uma ameaça também não ajuda. Na nossa experiência, observamos que a maioria das pessoas não tem noção da quantidade de vezes que repete um comando. Dê o comando e, se o seu cão não responder, mostre a ele exatamente o que quer que ele faça.

Dar um apelido ou mudar o nome do cão pode mudar o comportamento dele, por mais estranho que isso possa parecer. Tivemos uma aluna que tinha um cão resgatado chamado Trouble (encrenca, em inglês). Ela trabalhou com Trouble por um longo tempo e fez dele um ótimo cão de exposição. Mas ela reclamava que ele sempre parecia oprimido e infeliz. Sugerimos que trocasse o nome dele — a princípio, apenas quando o adestrasse, e depois gradualmente no dia a dia. Ela trocou o nome dele para Puppy (filhote, em inglês); ele atendeu alegremente ao novo nome e se tornou mais animado. Difícil de acreditar, mas é verdade. Nomes de uma sílaba — Rex, Zé, Bob e assim por diante — são melhores escolhas para cães de trabalho.

Ao adestrar seu cão, pense na relação aluno-professor — na qual você é o professor. Como todo professor sabe, aprender é um processo de aproximação sucessiva. Crianças não nascem sabendo ler e escrever; elas aprendem essas habilidades com pequenos incrementos, um passo de cada vez. A repetição reforça esse aprendizado gradual.

> **NESTE CAPÍTULO**
>
> **Atendendo às necessidades nutricionais do seu cão com a alimentação correta**
>
> **Os problemas de saúde que podem afetar o adestramento e o comportamento**

Capítulo 4

# Entendendo o Papel Vital da Nutrição e da Saúde no Adestramento

O comportamento, a alegria, a saúde, a longevidade, o adestramento e o bem-estar geral do seu cão estão diretamente conectados com a sua alimentação. Os cães, assim como os seres humanos e todos os outros animais, têm necessidades nutricionais específicas a serem satisfeitas. E, para complicar o assunto, as necessidades dos cães variam. Por exemplo, embora seu primeiro cão possa ter se dado maravilhosamente bem com certa marca de ração, este mesmo alimento pode estar completamente errado para Buddy. Cada cão tem suas próprias necessidades nutricionais, que podem ser bastante diferentes daquelas do cão do seu vizinho. O que o seu cão come tem um tremendo impacto na saúde e na adestrabilidade dele.

Nós não estamos tentando transformá-lo em um especialista em nutrição canina, mas você de fato precisa saber alguns conceitos básicos. Se quiser se tornar um ás na alimentação de seu cão, veja *The Holistic Guide for a Healthy Dog* ("O Guia Holístico para um Cão Saudável", em tradução livre), segunda edição, por Wendy Volhard e Kerry Brown, DVM (Howell Book House).

Para acertar na dieta do seu cão, você precisa conhecer os sintomas mais comuns e visíveis de deficiências nutricionais. Reconhecer estas deficiências representa uma enorme economia em contas com o veterinário, porque você pode fazer os ajustes necessários na dieta do seu cão.

Neste capítulo, orientamos você pelo árduo caminho de tentar entender o alimento correto para Buddy. Estas sugestões funcionam para a maioria dos cães e poupam-no da tarefa de tatear pelas prateleiras das lojas tentando tomar decisões conscientes dentre as centenas de opções à disposição. Discutimos as necessidades nutricionais dos seus cães e o processo de decifrar como interpretar os rótulos dos alimentos para eles. Incluímos, ainda, uma breve revisão sobre o funcionamento do sistema digestivo do seu cão. Esta informação ajuda você a escolher a alimentação correta. Mostramos, ainda, diversas opções de alimentação que atendem tanto ao seu estilo de vida quanto às necessidades do seu cão. Todos os cães fotografados neste livro foram e são alimentados por uma das opções mencionadas neste capítulo, então você tem a prova de que elas funcionam.

A segunda parte deste capítulo trata dos problemas de saúde comuns e nossas sugestões para lidar com eles. Falamos sobre o papel do veterinário na saúde do seu cão, quando as vacinas são necessárias e os papéis mais abrangentes da medicina veterinária, como a acupuntura, a homeopatia e a quiropraxia. Ainda explicamos o quanto a medicina alternativa pode ser útil para o seu cão, especialmente durante os anos de crescimento e adestramento, bem como à medida que ele envelhece. Adestrar um cão que não está se sentindo bem é frustrante tanto para o cão quanto para você.

LEMBRE-SE

Quando o corpo de um cão está sob estresse — causado por saúde debilitada, vacinas ou baixa nutrição —, o seu cérebro não tem capacidade para reter as informações que você está tentando ensinar. Isso explica por que alguns cães parecem ficar emperrados no adestramento e não conseguem progredir.

# Encontrando o Alimento Correto para o Seu Cão

Nem todos os alimentos para cães são iguais; há uma enorme diferença na qualidade. Desde o recolhimento massivo de alimentação canina contendo ingredientes contaminados na China (que matou milhares de cães e gatos) em 2008, o mercado vem explorando diferentes tipos de comida. Alimentos secos, liofilizados, congelados crus, desidratados, enlatados, semiúmidos e sem cereais estão disponíveis em uma variedade assustadora. Com tantas opções, tentar tomar uma decisão consciente pode se tornar uma tarefa árdua. Nesta seção, ajudamos você a enfrentar a tarefa usando o processo de eliminação. Se você quer ter um cão saudável como o CJ (veja a Figura 4–1), o vencedor do grupo dos Terriers de 2008 em Westminster, nesta seção mostramos o que fazer.

**FIGURA 4-1:** Um cão muito saudável.

## Avaliando o alimento atual de Buddy

Segue abaixo uma lista rápida para ajudá-lo a determinar se Buddy está recebendo o que precisa ou não. Note que, para cada item, Buddy, e não uma propaganda, é a fonte da informação.

- » Ele não quer comer a comida
- » Ele produz fezes grandes, volumosas e com um cheiro terrível
- » Ele tem flatulência
- » Os dentes dele ficam sujos e marrons

- » Ele tem mau hálito
- » Ele arrota bastante
- » Ele solta pelo constantemente
- » Ele está com o pelo sem vida
- » Ele tem cheiro de cachorro
- » Ele está propenso a infecções de ouvido e de pele
- » Ele não tem nenhuma energia ou é hiperativo
- » Ele pega pulgas e carrapatos facilmente
- » Ele frequentemente precisa ser vermifugado

LEMBRE-SE

Todas essas condições acontecem ocasionalmente com um cão — mas apenas ocasionalmente. Quando muitos itens da lista ocorrem de forma frequente ou contínua, você precisa descobrir o motivo.

## Entendendo os nutrientes de que o seu cão necessita

Desde o recolhimento de produtos caninos em 2008, os donos de animais de estimação passaram a se preocupar mais com os ingredientes nos alimentos de seus bichinhos, e essa demanda por produtos de melhor qualidade tem sido atendida pelo mercado. O clichê "entra lixo, sai lixo" se aplica com uma validade assustadora.

Assim como o seu, o organismo do seu cão é composto de células — muitas células. Cada célula precisa de 45 nutrientes para funcionar adequadamente. As células precisam dos seguintes nutrientes:

- » Proteína
- » Carboidratos
- » Gordura
- » Vitaminas
- » Minerais
- » Água

PAPO DE ESPECIALISTA

Todos estes nutrientes precisam estar na proporção adequada para que as reações químicas necessárias para a digestão, a absorção, o transporte de nutrientes e a eliminação de resíduos ocorram. Para que as células sobrevivam, a composição exata de fluidos corporais que banham o exterior das células precisa ser controlada a todo momento, dia após dia, com não mais do que alguns pontos percentuais de variação. Portanto, uma dieta balanceada é essencial para a saúde geral de Buddy.

LEMBRE-SE

Estes nutrientes são o combustível que é convertido em energia. A energia produz calor, e a quantidade de calor que o seu cão produz determina a capacidade do cão de controlar a temperatura corporal. Tudo que seu cão faz, desde correr até trabalhar e viver uma vida longa e saudável, é determinado pelo combustível que você oferece e a energia que ele produz.

O termo caloria é utilizado para medir a energia na comida. O ideal é que cada cão coma a quantidade de alimento de que precisa para atender às suas necessidades calóricas. O alimento oferecido deve fornecer a quantidade de calorias suficientes para que o corpo do seu cão possa:

» Produzir energia para crescer corretamente
» Manter a saúde durante a fase adulta
» Reproduzir-se
» Envelhecer com qualidade

Nas seções seguintes, começamos pela discussão das necessidades nutricionais especiais dos filhotes e depois passamos para as necessidades nutricionais de todos os cães durante a vida adulta. Para informações sobre cães mais velhos (a partir dos oito anos de idade), veja o Capítulo 18.

## *Atendendo às necessidades nutricionais do filhote*

Em contraste com os seres humanos, os cães crescem rápido. Durante os sete primeiros meses de vida de Buddy, seu peso aumenta cerca de 15 a 40 vezes desde o nascimento, dependendo da raça. Ao completar um ano de idade, o peso aumenta sessenta vezes desde o nascimento, e o desenvolvimento esquelético está quase completo. Para que o fortalecimento e o crescimento apropriado ocorram, ele precisa do alimento certo. Ele também precisa de duas vezes a quantidade de comida de um adulto enquanto está crescendo, especialmente durante os picos de crescimento. Deficiências nutricionais quando são filhotes, mesmo que por períodos curtos, podem causar problemas mais tarde.

O período mais crítico para um filhote é entre dois e sete meses, o período de maior crescimento. Seu pequeno corpo está sob constante estresse à medida que seus dentes de leite caem e seus dentes de adulto estão nascendo. Ele está crescendo muito rápido, e ao mesmo tempo seu corpo está sendo atacado pelas vacinas. Durante este período de crescimento, Buddy precisa do alimento certo para que o sistema imunológico possa cooperar com todas estas demandas e ataques.

Os alimentos para filhotes contêm mais proteína que alimentos para adultos ou de manutenção. Os fabricantes sabem que os filhotes precisam de mais proteína para crescer. Mesmo assim, é preciso saber a fonte da proteína — se é animal ou vegetal. Estes alimentos também precisam ser cuidadosamente balanceados com cálcio, fósforo e magnésio. Se você escolher com atenção, vai optar pelo alimento adequado para o seu filhote em crescimento (veja a Figura 4–2) assim como para o seu cão adulto.

Para descobrir como pode protegê-lo da melhor maneira possível, você precisa dar uma olhada nas diferentes comidas para cães para descobrir aquelas que melhor se enquadram nas necessidades para o desenvolvimento do jovem Buddy. Nas seções seguintes, nós lhe daremos algumas ideias sobre quais comidas escolher e o que adicionar a elas para compensar as deficiências causadas na fabricação.

**FIGURA 4-2:** Escolha o alimento certo para todas as fases da vida do cão.

DICA

Procure um alimento que contenha duas ou três proteínas animais entre os cinco primeiros ingredientes — ou, melhor ainda, um que liste as proteínas animais nos dois primeiros ingredientes. Escolha alimentos indicados para fases de crescimento ou que sejam feitas especialmente para filhotes.

LEMBRE-SE

Se seu filhote é de raças gigantes (aquelas que na fase adulta pesam mais de 35kg), suas escolhas são limitadas, pois pouquíssima ou quase nenhuma pesquisa foi feita por parte dos fabricantes sobre as necessidades dessas raças gigantes. Pesquisas feitas levam em conta os cães pesando entre 10 e 35kg quando adultos. Em muitos alimentos para cães, a proporção de cálcio, fósforo e magnésio é insuficiente em relação ao conteúdo de proteína. Assim, é comum que os criadores dessas raças gigantes aconselhem os proprietários de seus filhotes a dar alimentos para adultos para os filhotes, para que eles cresçam mais devagar. Mas isso é uma faca de dois gumes. Filhotes dessas raças não recebem a quantidade de proteína suficiente para se desenvolver corretamente e essa desnutrição normalmente leva a problemas estruturais mais cedo. A seção a seguir, "Fazendo a escolha certa para alimentar Buddy", pode ajudar você a evitar esse problema.

Depois que escolher o alimento para o jovem Buddy com base no percentual de proteína, o seu trabalho ainda não acabou. Ainda é preciso checar os itens dos quais tratamos nas seções seguintes, que se aplicam tanto para os filhotes quanto para os adultos.

## Mantendo a dieta do seu cão rica em proteína

Seu cão é cientificamente classificado como carnívoro, por causa do formato dos dentes. Ele não é vegetariano. Ele precisa de carne para ser saudável e para manter os níveis de proteína adequados. Os dentes do cão são muito diferentes dos nossos — eles são feitos para cortar e rasgar a carne. A digestão do cão começa no estômago, e não na boca como nos humanos. Todas as enzimas no sistema digestivo do cão são preparadas para quebrar carne e alimentos crus.

As embalagens de alimentos para cães mostram o quanto de proteína o alimento contém. A quantidade de proteína é importante, mas a fonte dessa proteína é ainda mais. O fabricante tem algumas opções quando se trata de que tipo de proteína colocar em determinado alimento. O percentual de proteína na embalagem geralmente é uma combinação das proteínas encontradas em plantas e cereais, como milho, trigo, soja e arroz mais a proteína animal, que pode ser frango, carne bovina ou cordeiro.

LEMBRE-SE

Diferentes tipos de carne têm diferentes tipos de proteína, a carne bovina tem menos proteína do que o frango ou o peixe. O cordeiro está no meio. A carne de caça tem o nível de proteína mais alto e deve ser oferecida com moderação. Oferecer ao Buddy um alimento com alto nível de proteína é tão perigoso quanto uma dieta muito pobre em proteína. O uso prolongado de alimentos com altos níveis de proteína pode provocar problemas renais. Recomendamos alimentos à base de carne bovina para a maioria dos cães em dieta de manutenção, alimentos à base de frango para cães convalescentes e alimentos à base de cordeiro para cães que não gostam de carne bovina. Alimentos à base de peixe têm níveis muito altos de proteína para uso regular e obrigam os rins a trabalhar demais.

Por lei, o ingrediente mais pesado e em maior quantidade contido no alimento deve ser listado primeiro. Ao olhar a lista de ingredientes, é fácil descobrir a origem da proteína. Por exemplo, se os primeiros cinco ingredientes listados vêm de cereais, a maior parte da proteína daquele alimento provém de cereais. Quanto mais cereais no alimento, mais barato ele é para ser produzido. Ficamos imaginando o que Buddy — o carnívoro — pensa desse tipo de alimento.

O nível de atividade do cão corresponde à quantidade de proteína animal necessária na dieta. A maioria das raças de Trabalho, Esporte, Toys e Terriers precisa de um nível mais alto de proteína animal em suas dietas. Por exemplo, o pequeno e agitado Jack Russell precisa de mais proteína animal do que um cão que passa a maior parte do tempo deitado pela casa.

PAPO DE ESPECIALISTA

*Aminoácido* é o nome dado para os blocos de construção das proteínas. Quando aquecidos, eles são parcialmente destruídos. Todos os alimentos para cães comerciais secos e enlatados são aquecidos no processo de fabricação. Assim, o alimento comercial contém proteína quimicamente modificada pelo calor e, portanto, deficiente em aminoácidos. Mostramos a você como compensar isso na seção "Fazendo a escolha certa para alimentar Buddy", mais adiante neste capítulo. Dietas com alimentos liofilizados, congelados e desidratados oferecem proteína sob uma forma mais natural.

## PROTEÍNA ANIMAL: CONHECENDO OS SINAIS DE EXCESSO E DEFICIÊNCIA

Os sinais de deficiência e excesso de proteína (aliás, de qualquer nutriente) são quase idênticos. Em outras palavras, muita ou pouca proteína causam os mesmos sintomas. Quando Buddy não recebe proteína suficiente ou come alimentos com alto nível de proteína animal, um ou mais dos seguintes sintomas podem ocorrer:

- Agressividade
- Infecções de pele e de ouvido crônicas
- Sistema reprodutivo, coração, rim, fígado, bexiga e glândulas tireoide e adrenal comprometidos
- Perda de pelo excessiva e pelagem feia ou sem brilho
- Indisposição gastrointestinal, vômito e diarreia
- Habilidade comprometida em curar-se de feridas ou recuperar-se de cirurgias, como esterilização e castração
- Problemas renais
- Falta de pigmentação
- Falta de apetite
- Algum tipo de epilepsia ou câncer
- Perseguir a cauda
- Timidez
- Sistema imunológico enfraquecido, que não reage às vacinas de forma apropriada

Esta é apenas uma pequena lista dos sintomas mais comuns associados à deficiência ou ao excesso de proteína animal.

## Indo com calma com os carboidratos

Seu cão também precisa de carboidratos encontrados em cereais e em alguns vegetais para a digestão apropriada. O processo digestivo primeiro quebra os carboidratos em amido e então em açúcares simples e em glicose, necessários para fornecer energia e para o funcionamento apropriado do cérebro. Buddy também precisa de carboidratos para a formação das fezes e para o funcionamento correto da glândula tireoide.

No entanto, os cães não precisam de muito carboidrato para ser saudáveis. Uma dieta pobre em carboidratos e rica em proteínas é a ideal. Aveia, cevada e arroz integral são carboidratos que contêm muitas vitaminas e minerais. Eles também contêm proteína e gordura. O milho é um ingrediente popular por causa do preço baixo; ele é geralmente usado em alimentos de baixa qualidade. Existem muitos alimentos sem cereais no mercado, e é difícil saber se são realmente bons para o seu cão. Se quiser oferecer alimentos sem cereais para Buddy, certifique-se de que a proteína esteja equilibrada com raízes e tubérculos.

CUIDADO

A soja é outro carboidrato encontrado em alguns alimentos mais baratos. Ela sabidamente contém um alto nível de proteína, mas ela se liga a outros nutrientes, o que a torna indisponível para absorção. Recomendamos que você fique longe de alimentos para cães que contenham soja.

Carboidratos precisam ser quebrados para que o cão consiga digeri-los. Os fabricantes de alimentos para cães utilizam um processo de aquecimento para fazer isso, e bem aí nasce um problema. O processo de aquecimento destrói muitas das vitaminas e dos minerais contidos no carboidrato. A questão que vem imediatamente à mente é: "Onde os cães, na vida selvagem, conseguem os cereais e vegetais de que precisam?" A resposta é: dos intestinos das suas presas, todos já gentilmente pré-digeridos.

LEMBRE-SE

Se você oferecer vegetais crus a um cão que só costuma comer ração seca, provavelmente ele não será capaz de digeri-los, e você os verá nas fezes. Os ácidos estomacais e sucos digestivos são muito fracos para conseguir quebrá-los. Se quiser oferecer uma dieta mais saudável ao seu cão, acrescentando carne e vegetais frescos, a nossa sugestão é cozinhá-los levemente primeiro e depois ao longo de uma semana ir gradualmente cozinhando menos, até que sejam servidos crus. Isso permite que os ácidos estomacais alcancem o pH adequado para a digestão.

## Sabendo o valor das gorduras — com moderação

A gordura pode ser saturada ou poli-insaturada, e o seu cão precisa de ambas. A gordura saturada (ômega-3) vem de fontes animais, e a gordura poli-insaturada (ômega-6), de fontes vegetais. Juntas, elas suprem os ácidos graxos essenciais necessários para manter uma boa saúde. Procure um alimento que contenha tanto gorduras animais quanto vegetais.

LEMBRE-SE

Na fabricação da maioria das rações para cães, a gordura é borrifada como o último ingrediente. Ela torna a comida do cão aprazível, como chips de batata e batata frita. Esta gordura normalmente é usada por restaurantes de fast-food primeiro e depois é coletada pelos fabricantes para serem borrifadas na ração. Ela é altamente palatável, e faz com que até os alimentos de baixa qualidade tenham um gosto bom.

A gordura saturada é usada para gerar energia. Assim, para cães que fazem uma grande quantidade de exercícios e participam de eventos competitivos, a comida precisa conter 20% de gordura animal.

A falta de gordura animal suficiente na dieta do seu cão pode causar:

- Dano celular
- Ressecamento da pele
- Deficits de crescimento
- Problemas cardíacos
- Falta de energia

Por outro lado, gordura animal em excesso na dieta pode causar:

- Câncer do cólon e do reto
- Tumores nas glândulas mamárias
- Obesidade

A gordura poli-insaturada é encontrada em fontes vegetais, tais como óleo de semente de linhaça, óleo de girassol, óleo de açafrão, óleo de gérmen de trigo, óleo de oliva e óleo de milho. Seu cão precisa da gordura poli-insaturada para uma pelagem e uma pele saudáveis. A falta dela na dieta do seu cão pode causar:

- Pelagem seca e áspera
- Coceiras e prurido excessivos
- Crescimento de pele coriácea
- Deficiência de crescimento
- Coagulação sanguínea deficiente
- Lesões na pele da barriga, no interior das pernas traseiras e entre as paletas.
- Ulcerações na pele e infecções
- Áreas grossas na pele

## ANALISANDO A SAÚDE E A SEGURANÇA DAS DIETAS CRUAS

Steve Brown, depois de participar de nossos Acampamentos de Adestramento no final da década de 1980, transformou sua paixão pela saúde canina em uma carreira, desenvolvendo produtos inovadores e programas educacionais para melhorar a nutrição canina. Brown é um pesquisador experiente e autor de livros de nutrição para cães. Em seu novo livro, *Unlocking the Canine Ancestral Diet: Healthier Dog Food the ABC Way* ("Revelando a Dieta Ancestral Canina: O ABC dos Alimentos para Cães Mais Saudáveis", em tradução livre — Dogwise Publishing), Brown afirma que muitas das novas dietas cruas contêm a maioria de suas calorias derivadas de gordura, e podem não conter proteína suficiente para atender aos padrões do *National Research Council* (NRC) para filhotes.

Ele observa que as dietas cruas comerciais normalmente recebem um prazo de validade de 13 meses de armazenagem, embora o Departamento de Agricultura dos Estados Unidos declare que a carne moída tem apenas de três a quatro meses de prazo de armazenamento. Com a adição de vegetais e de óleos de peixe e quelatos de aminoácidos (que aceleram a oxidação), o prazo de armazenamento é ainda mais curto. Além disso, o modo como muitas dietas cruas comerciais são manuseadas, com grandes oscilações de temperatura e ciclos de congelamento e descongelamento, a oxidação das gorduras é ainda mais acelerada.

Alimentos secos naturais e orgânicos estão adicionando DHA, EPA e outras gorduras frágeis, que não permanecem suficientemente estáveis depois que a embalagem é aberta; assim, no momento em que o cão come o alimento no final da embalagem, muitas das gorduras estão rançosas.

Se você escolher um dos inúmeros alimentos naturais ou orgânicos secos, crus, congelados ou desidratados atualmente disponíveis, nosso conselho é refrigerá-los quando levar para casa. E, para garantir, evite comprar embalagens grandes, prefira embalagens pequenas e compre-os sempre frescos, a menos que possa congelá-los.

Observe comidas que contêm tanto óleos animais como vegetais.

**LEMBRE-SE**

O ácido linoleico é um dos três ácidos graxos que devem ser fornecidos diariamente na dieta do seu cão. Óleos de açafrão e semente de linhaça fornecem a melhor fonte de ácido linoleico e são os menos alergênicos. Estes óleos são melhores do que o óleo de milho, que contém somente uma pequena quantidade de ácido linoleico. Recomendamos a refrigeração do óleo depois de aberto.

## Garantindo uma dieta fortificada com vitaminas e minerais para o seu cão

O seu cão precisa de vitaminas e minerais para liberar os nutrientes e as enzimas da comida ingerida e fazer com que o organismo possa digeri-la e absorver os seus nutrientes.

Em uma pesquisa para o nosso livro *The Holistic Guide for a Healthy Dog*, 2ª Edição (Howell Book House), ligamos para fabricantes de rações para cães para perguntar a fonte das vitaminas e dos minerais usados e como eles os protegiam contra a destruição no processo de aquecimento. A resposta deles foi surpreendente. Eles reconheceram ter conhecimento do problema e disseram que, para lidar com isso, adicionavam mais vitaminas no alimento para compensar a diferença. Mas, claro, fazer isso não faz nenhum sentido. Se as vitaminas são destruídas pelo calor, não faz diferença o quanto eles adicionam-nas no alimento. Elas ainda assim seriam destruídas.

Descobrimos também que a maioria dos produtos finalizados não era testada para verificar a quantidade de vitaminas e minerais depois do preparo. A falta de teste também se aplica a muitas das dietas cruas e congeladas no mercado. Em outras palavras, as vitaminas e os minerais são adicionados ao alimento, mas o que realmente chega até o seu cão parece ser um mistério para alguns dos fabricantes, tanto quanto para nós.

LEMBRE-SE

Existem dois tipos de vitaminas:

» **Solúveis em água:** As vitaminas B e C, que são hidrossolúveis (solúveis em água), são necessárias para a quebra da proteína de muitos outros processos químicos do organismo. Qualquer excesso é filtrado pelos rins e eliminado pela urina entre quatro e oito horas depois de ingerido. Por essa razão, essas vitaminas devem estar presentes em todas as refeições.

» **Solúveis em gordura:** As vitaminas A, D, E e K são solúveis em gordura e armazenadas no tecido gorduroso e no fígado.

Seu cão precisa dos dois tipos de vitaminas. A saúde geral do cão depende da disponibilidade das vitaminas e dos minerais em formas absorvíveis. Então, você precisa adicioná-los a todo tipo de ração comercial, alimentos enlatados e em algumas dietas cruas e congeladas. Recomendamos um suplemento vitamínico completo, do qual falamos mais adiante neste capítulo.

Os minerais compõem menos de 2% de qualquer dieta formulada, e ainda assim são os nutrientes essenciais. Eles são necessários para:

» Compor corretamente os fluidos corporais

» Formar os ossos e o sangue

» Promover a saúde do sistema nervoso

» Funcionar como coenzimas junto com as vitaminas

Embora o próprio cão possa fabricar algumas vitaminas sozinho, ele não é capaz de fabricar minerais. Assim, é preciso adicioná-los à dieta com um produto balanceado e completo. Tentar suplementar a dieta do cão usando vitaminas e minerais de forma individual não é uma boa ideia. Para uma suplementação adequada, é preciso muita experiência em nutrição clínica. Em vez disso, sugerimos o uso de suplementos completos. Pergunte ao veterinário qual suplemento ele recomenda.

DICA

Vitaminas e minerais começam a se deteriorar assim que você abre a embalagem do alimento e expõe a comida ao ambiente. Por isso, certifique-se de fechar bem a embalagem e manter o alimento protegido da luz. Isso ajuda a preservar a qualidade dos ingredientes (as vitaminas B e C são especialmente sensíveis à exposição).

## Não se esqueça de saciar a sede: Mantenha água fresca sempre disponível

A água é o ingrediente mais necessário para os cães. Eles precisam de água diariamente. Se um cão tem água suficiente disponível, ele consegue viver por até três semanas sem comida, mas só sobrevive alguns dias sem água.

PAPO DE ESPECIALISTA

Seu cão utiliza a água para o processo digestivo, para digerir e absorver os nutrientes, bem como para manter a temperatura corporal. A água ajuda a transportar substâncias tóxicas para fora do corpo por meio dos órgãos de excreção. A água também mantém os níveis de ácido no sangue constantes.

Certifique-se de que o cão tenha acesso à água fresca em uma tigela limpa o tempo todo. A única exceção são os filhotes em fase de adestramento sanitário. Durante esse período, é preciso limitar o acesso à água depois das 20h para que o filhote possa passar a noite sem precisar urinar. Use uma tigela grande de aço inox ou de vidro — elas mantêm a água fresca. Algumas tigelas de cerâmica podem liberar chumbo na água.

LEMBRE-SE

O tipo de comida que você oferece ao seu cão determina o quanto de água ele precisa. Por exemplo, a ração contém 10% de umidade e seu cão precisa de cerca de 1L de água para cada 500g de comida que ingere. Um cão alimentado apenas com comida enlatada, que tem cerca de 78% de umidade, precisa de consideravelmente menos água. Se é alimentado com alimentos crus, um cão pode beber menos que 250ml de água por dia, porque a comida contém água suficiente.

CAPÍTULO 4 **Entendendo o Papel Vital da Nutrição e da Saúde no Adestramento**    81

## *O que mais tem nesta comida? Prestando atenção aos conservantes*

Fabricantes de alimentos para cães têm algumas opções para preservar a gordura no alimento e impedi-la de ficar rançosa. Eles podem utilizar substâncias químicas como BHA, BHT e etoxiquina ou propil galato. Se uma gordura é preservada com estes componentes sintéticos, ela tem uma vida longa e não é afetada significativamente pelo calor ou pela luz. Mesmo assim, muitos donos de cães preferem não os alimentar com esses componentes, especialmente a etoxiquina, que tem sido associada a algumas doenças degenerativas crônicas, alergias, artrites e à baixa expectativa de vida, só para citar alguns exemplos.

Um fabricante pode também utilizar conservantes naturais, como a vitamina C e E e o extrato de alecrim. A vitamina E é listada como tocoferol. O lado negativo dos conservantes naturais é uma vida útil menor — não mais do que três a quatro meses (desde que o alimento seja armazenado em um local fresco e escuro, refrigerado ou congelado).

## Fazendo a escolha certa para alimentar Buddy

Há inúmeras opções de alimentação para Buddy — desde usar uma ração comercial seca (ou incrementar uma dieta de alimentos comerciais) até usar dietas naturais e cruas ou fazer uma especial. Todas essas opções têm prós e contras, então só você pode decidir qual é a melhor opção para você e para o seu estilo de vida.

Uma vida inteira dedicada a reproduzir, criar e trabalhar com cães, além de treinar milhares de pessoas com diferentes raças de cães, teve efeitos profundos no nosso modo de pensar sobre a melhor forma de alimentar os cães. Apesar disso, somos realistas. Provavelmente, você é uma pessoa ocupada e pode não ter tempo nem para cozinhar para si mesmo, muito menos para o seu cão. Felizmente, é possível pegar alguns atalhos na hora de proteger a saúde do seu cão. Quaisquer das opções listadas nesta seção funcionam bem e manterão o seu cão nutricionalmente equilibrado. Obviamente, algumas são melhores do que outras, mas a escolha é sua.

LEMBRE-SE

Ao escolher um alimento para o seu cão, esqueça os seguintes aspectos:

>> **Propaganda:** Não leve em consideração as propagandas sobre a qualidade de determinado alimento. Ele até pode ser bom para Buddy, mas também pode não ser. Você precisa examinar os ingredientes do alimento.

» **Preço:** Isso serve para os dois extremos. Só porque uma marca de alimentos custa mais não significa necessariamente que seja melhor do que uma variedade mais barata. Há alguma verdade no ditado: "Você leva o que compra." Uma dieta com alimentos crus correta e balanceada custa mais do que ração comercial. Isso porque os ingredientes são muito mais caros. Entretanto, você economiza em longo prazo, pois o cão raramente adoece. Assim, não é preciso gastar com visitas caras ao veterinário, só será preciso levar o cão para o check-up anual.

Como você pode ver, nenhum dos critérios anteriores é válido para a escolha. Você precisa tomar uma decisão com base nos ingredientes do alimento e nas necessidades nutricionais do seu cão.

## Ração seca comercial

Sua primeira opção, é claro, é dar a Buddy ração comercial seca, comprada em pet shops. A ração seca é o principal produto de alimentação para cães no mercado. Atualmente, ela vem enfrentando uma crescente concorrência com alimentos orgânicos e naturais. Há uma enorme variedade para escolher.

## INFORMAÇÕES SOBRE DIGESTÃO

Em um estudo feito sobre o tempo de esvaziamento gástrico, pela American Animal Hospital Association em 1992, descobriu-se que alimentos crus, congelados ou desidratados passam do estômago para o trato intestinal do cão em 4h30min. Depois desse tempo, um cão já está recebendo a energia desse alimento. Recomendamos essas dietas, especialmente para cães de performance, pois são alimentos de digestão mais fácil.

Alimentos semiúmidos — comida em lata e alimentos em forma de patê que você encontra nas lojas especializadas — demoram quase nove horas para passar pelo estômago.

A ração seca leva entre 15 e 16 horas para ser digerida, então, ao dar esse tipo de alimento a Buddy, ele demora quase o dia todo para passar pelo estômago dele. Essa digestão lenta não é um problema para o animal de estimação normal, mas se o cão trabalha ou participa de eventos ou se você quer que ele tenha uma vida longa, ela se torna importante. Não é bom para o cão pular ou trabalhar com o estômago cheio, nem você quer que ele morra prematuramente.

No verso de toda embalagem de alimento para cães, há informações que ajudam você a decidir qual comida é a correta para o seu cão. A informação lista os ingredientes na ordem de peso, começando com o item mais pesado. A embalagem contém a análise garantida para proteína crua, gordura, fibra, umidade e normalmente as proporções de cálcio, fósforo e magnésio. O rótulo pode também informar que a ração é nutricionalmente completa ou fornece 100% de nutrição para seu cão. Para fazer esta afirmação, a comida deve conter os nutrientes requeridos pelo Escritório da Associação Americana de Controle Alimentício (EAACA) — uma garantia de que alguma forma de teste, geralmente algo entre duas e seis semanas, tenha sido feita no produto.

LEMBRE-SE

Se Buddy não comer a quantidade recomendada na embalagem para o peso dele, não está recebendo as quantidades mínimas diárias recomendadas de nutrientes necessários para uma boa saúde. Se seu cão anda torcendo o focinho para a comida dele, recomendamos que troque por uma que ele fique mais tentado a comer. Se não conseguir encontrar uma ração seca que funcione bem para ele, experimente umas das outras opções deste capítulo.

Um fabricante de alimentos para cães deve também listar o nome e o endereço e dar um número de telefone, além da data de fabricação, o peso do produto no pacote e geralmente o estágio da vida para o qual aquela comida foi feita. O estágio da vida pode ser filhote, manutenção, adulto, performance, idade avançada ou comida light para cães com sobrepeso. Há algumas rações especiais para determinadas raças, hoje bastante populares, incluindo para Labradores, Dachshunds, entre outras. Algumas são desenvolvidas para cães com complicações de saúde, como problemas renais, intestinais e cardíacos. Também existem rações naturais e orgânicas.

LEMBRE-SE

A informação mais importante é saber que é preciso escolher uma ração que liste duas ou três proteínas animais entre os cinco primeiros ingredientes no rótulo. Isso é válido para cães em qualquer fase da vida, incluindo cães com sobrepeso e menos ativos. Há produtos que anunciam não conter cereais, o que não é necessariamente uma coisa boa (veja a seção "Indo com calma com os carboidratos"). Escolha uma ração que contenha algum tipo de cereal (preferivelmente aveia, cevada, trigo ou arroz integral ou uma que tenha um número grande de raízes e tubérculos), constituindo cerca de 25% do total de ingredientes.

Os níveis de proteína variam de 16% a 47%. Algumas das marcas mais novas de ração têm muito mais proteína, e os donos dos cães agora estão sofrendo as consequências dessa alimentação por um período prolongado, sob a forma de problemas renais em seus animais de estimação, pois os rins acabam sobrecarregados tentando digerir tanta proteína. Rações com baixos níveis de proteína, normalmente indicadas para cães com sobrepeso ou mais velhos, fazem o cão engordar, não oferecem a quantidade adequada de proteína para a reconstrução celular e a manutenção da saúde, contêm muitos cereais e normalmente contêm soja, que não é digerida pelos cães. Escolha uma ração que contenha entre 26% e 34% de proteína.

**CUIDADO**

Evite rações que contenham milho, centeio, soja, espinafre, pimentões, tomates, gordura trans, óleo de soja, corantes e conservantes artificiais ou cereais geneticamente modificados. Esses são ingredientes baratos, com pouco ou nenhum valor nutricional. Alguns até impedem o funcionamento adequado do trato digestivo. A maioria destes itens não pode ser digerida, o que faz com que o trato digestivo do cão trabalhe muito para nenhum benefício.

## Incrementando a ração seca comercial

Se quiser continuar a oferecer ração seca comercial ou sem cereais, mas está preocupado com o equilíbrio de nutrientes, você pode incrementar essa dieta, complementando-a com o que o cão precisa. Há duas formas de fazer isso: com suplementos completos que contenham todos os grupos de alimentos, proteínas, carboidratos, vitaminas, minerais e óleos ou com a incorporação de alimentos frescos à dieta. Explicamos as duas opções nas seções seguintes.

### INCREMENTANDO COM SUPLEMENTOS COMPLETOS

Ração seca incrementada com suplementos completos é o método mais simples de adicionar os nutrientes perdidos na fabricação da ração processada. Para isso, escolha uma ração de acordo com as nossas orientações na seção "Ração seca comercial", e depois adicione um suplemento completo. Siga as orientações do produto sobre as quantidades recomendadas.

**DICA**

Pergunte ao veterinário qual é o melhor suplemento completo para o seu cão.

### ADICIONANDO SUPLEMENTOS MAIS ALIMENTOS FRESCOS À RAÇÃO SECA

Nesta opção, você acrescenta um suplemento completo e mais carnes e vegetais frescos à ração seca. As quantidades de cada ingrediente listado nesta seção são para um cão de aproximadamente 20kg. Você pode adequar esta receita ao peso do seu cão. Esta opção oferece enzimas digestivas contidas nos alimentos crus, que ajudam na digestão e diminuem o tempo da comida no estômago.

**LEMBRE-SE**

Ao calcular a quantidade para o peso do cão, erre para menos, não para mais. Alguns cães comem mais do que o recomendado para seu peso, e outros comem menos. O metabolismo do seu cão e a quantidade de exercício diário determinam a quantidade de comida de que ele precisa. Use o bom senso e mantenha a proporção dos ingredientes.

Para esta dieta, misture os seguintes ingredientes e sirva ao cão duas vezes ao dia:

Ração seca de boa qualidade (siga as instruções da embalagem sobre a quantidade).

Uma medida de suplemento conforme recomendação da embalagem.

¼ de xícara de carne bovina moída (80% carne, 20% gordura) cozida levemente na primeira semana, depois cada vez menos cozida até ser totalmente crua; alterne uma vez por semana com peixe em lata ou queijo cottage; se o cão prefere frango, sirva levemente cozido.

2 colheres (sopa) de vegetais frescos (levemente cozidos na primeira semana, depois cada vez menos até serem totalmente crus).

Os vegetais podem ser cenouras, beterraba, batata-doce, brócolis, alho-poró, abobrinha, abóbora, repolho, couve ou qualquer vegetal de que o cão goste. Pique os vegetais em um processador ou escalde para que seja mais fácil para o cão digerir a celulose. Sempre que puder, use os vegetais da estação, pois eles têm mais nutrientes. Vegetais que vêm de longe perdem os nutrientes. Para petiscos, experimente pedaços de cenoura, brócolis, batata-doce, banana, ameixa, pepino, ou qualquer fruta ou vegetal de que o cão goste.

CUIDADO

Fique longe de frutas e vegetais que recebem muitos pesticidas durante o plantio — por exemplo, maçãs, pimentões, aipo, cereja, uva, nectarina, pêssego, pera ou morango. Se conseguir versões orgânicas, não tem problema. Entretanto, uvas e cebolas foram associadas a problemas gástricos e até morte em cães com algum tipo de problema de saúde. Como sempre, em quantidades pequenas não fazem mal, mas em excesso podem deixar Buddy doente.

LEMBRE-SE

Fazer grandes alterações na dieta do seu cão sem acompanhar como essas mudanças o afetam não é uma boa ideia. Ele pode estar com deficiências nutricionais, que podem causar efeitos a curto e longo prazo na saúde dele. Recomendamos que faça um exame de sangue antes de qualquer alteração alimentar e novamente depois de seis meses.

## *Experimentando uma dieta de alimentos crus e congelados*

Em nossos 40 anos vivendo com cães, se tornou perfeitamente claro que uma dieta crua balanceada — que imita o que Buddy comeria na natureza — é a forma melhor e mais eficiente de alimentar um cão. Uma dieta crua corretamente formulada fornece todos os nutrientes de tal maneira que é rapidamente digerida e transformada em energia pelo cão. Cães alimentados desta maneira tendem a viver mais e a ser mais saudáveis do que aqueles alimentados com ração seca comercial.

De acordo com a revista *Pet Business*, especializada na indústria de alimentos para animais de estimação, um terço de toda a comida para cães vendida em lojas especializadas e em alguns supermercados está sob a forma de dietas "naturais" ou "cruas". Isso inclui ração seca com ingredientes orgânicos, alimentos congelados e desidratados. Alguns desses alimentos são completos, mas outros sugerem a adição de ingredientes crus.

Sempre achamos que muitos problemas de saúde — incluindo distúrbios musculoesqueléticos como a displasia de quadril, doenças de pele e problemas gástricos — certamente são exacerbados (senão causados) pela baixa nutrição. Nossa crença foi confirmada pelo veterinário Marc Torel e pelo jornalista científico Klaus Dieter Kammerer, no livro *The Thirty Years War: 1966–1996* ("A Guerra dos Trinta Anos: 1966–1996", em tradução livre — Transanimal Publishing House). Para mais informações sobre alimentação com dietas cruas, visite www.rawfed.com/myths/research.html (conteúdo em inglês).

Existem muitas dietas naturais e cruas à sua disposição, mas fazer a escolha correta é ainda mais difícil do que comparar rações comerciais secas. Aplicamos o mesmo critério para a análise das dietas naturais e cruas que usamos nas rações secas comerciais: ambas precisam ser clinicamente testadas e oferecer uma dieta balanceada para o cão. Dietas, especialmente feitas em casa (cruas ou cozidas), que não atendam a esses critérios podem causar mais prejuízos para o seu cão do que a ração seca comercial.

CUIDADO

Muitas das novas dietas cruas e congeladas não são balanceadas e não passaram por testes clínicos de longo prazo. Algumas usam ingredientes conhecidos por serem alérgenos caninos. Algumas usam vegetais não digeríveis, e algumas carecem de fibras e de uma proporção correta de nutrientes. Outras dietas sugerem oferecer asas e carcaças de frango cruas; o que parece bastante simples, mas não tem nada de balanceado. Só porque os ingredientes do alimento são vendidos como orgânicos ou apropriados para consumo humano ou qualquer coisa do tipo, não significa que seja bom para o cão. Então, é preciso ter bastante cuidado ao escolher a dieta crua ou congelada. Escreva para o fabricante e pergunte quantos anos de testes clínicos foram feitos na dieta em particular. Você ficará surpreso com as respostas. Geralmente, os testes são feitos durante um período de seis semanas com cães em um laboratório.

Existe alguma dieta crua ou congelada balanceada? Claro que sim. Apenas tenha cuidado para escolher a mais adequada para seu cão. Leia o rótulo para ter certeza de que é uma dieta completa. Se não for, leia as orientações sobre o que deve ser acrescentado. Alimentar um cão por muito tempo com uma dieta desbalanceada pode criar uma bateria de novos problemas de saúde nunca vistos antes.

DICA

Antes de mudar a dieta de Buddy, recomendamos que você consulte o veterinário e peça um exame de sangue para estabelecer uma base. Depois que Buddy estiver no seu novo programa de dieta por seis meses, faça outro exame de sangue e compare-o com o anterior. O exame de sangue seguinte pode dizer se houve melhora ou não com a nova dieta.

Isso porque o sistema digestivo do cão não é igual ao humano — é muito mais curto e a comida é processada mais rapidamente. O ácido do estômago do cão é muito forte e, em um cão saudável, mata qualquer bactéria que entre ali. Um cão doente ou um cão mudando para uma dieta de alimentos crus precisa de uma dieta de transição para reconstruir o ácido estomacal até o ponto em que ele possa lidar com E. coli ou salmonela.

Alimentar o cão com carne de frango ou bovina crua pode causar transtornos digestivos se a carne contiver níveis altos de bactéria nas formas E. coli e salmonela. Embora um cão que já se alimente de comidas cruas por um longo período possa facilmente lidar com ambas as bactérias, um cão doente ou em transição de dieta pode experimentar problemas digestivos. Sugerimos que compre a carne ou o frango de um bom supermercado em que os produtos sejam próprios para o consumo humano.

Depois da dieta de transição (veja a seção mais adiante "Mudando a dieta de Buddy"), você precisa usar um método simples de remoção de bactérias na primeira vez que usar carne crua: coloque a carne bovina ou de frango em uma peneira na pia, despeje água fervente sobre ela, e espere esfriar antes de servir. Isso mata as bactérias. Depois de fazer isso por algumas semanas, os ácidos estomacais estarão fortes o bastante para lidar com as bactérias sem problemas, e você pode introduzir carnes cruas.

## *Fazendo você mesmo a comida: Dieta Natural de Wendy Volhard*

Fazer você mesmo a comida do seu cão não é uma ideia nova. Todo cão tem ancestrais que foram criados com alimentação caseira. A indústria de alimentos para cães, em comparação aos próprios cães, é nova — talvez tenha entre 60 e 70 anos de idade —, embora carne enlatada para cães já fosse vendida na virada do século XX. Originalmente, as comidas comerciais eram feitas como um suplemento para a comida caseira.

Uma dieta caseira permite que você atenda melhor às necessidades nutricionais do seu cão, e é ideal para todos os cães. A única desvantagem deste tipo de alimentação é que leva muito tempo para preparar e juntar todos os ingredientes.

Muitos cães de hoje, mas não todos, são resultados de péssimas práticas de criação, falta de conhecimento de genética por parte de muitos criadores e 30 anos de vacinação excessiva e má nutrição. Por causa da genética ruim (seja de cães puros ou mestiços), muitos não conseguem permanecer saudáveis com rações comerciais. Eles apresentam problemas de saúde que frequentemente são confundidos com alergias. Essas condições podem ser deficiências causadas por uma alimentação à base de cereais ou por comidas nas quais a gordura se tornou rançosa. Preparar o alimento desde o início é a única opção disponível para esses cães.

Começamos a fazer a comida de nossos cães há quase 40 anos. Com base no trabalho pioneiro de Juliette de Bairacli Levy e nas orientações da *National Science Foundation*, nossa dieta caseira é o resultado de 12 anos de trabalho e amor até chegar ao equilíbrio necessário. Os resultados foram maravilhosos, como Pavi, nosso Terra-Nova Landseer, que participou de competições de obediência e agility até quase os 12 anos de idade, pode comprovar. Ele conquistou mais de 20 títulos. Veja Pavi em uma competição na Figura 4–3. A dieta aumenta a expectativa de vida e a saúde, contém bastante umidade dos ingredientes naturais e produz fezes mais firmes. Além do mais, os cães a adoram. Ainda vemos excelentes resultados hoje, com as novas versões desidratadas da dieta. Veja a seção mais adiante "Usando a Natural Diet Foundation (NDF2)" para mais informações.

**FIGURA 4-3:** Pavi, um Terra-Nova Landseer de onze anos, em uma competição de *agility*.

Para mais informações sobre como criar seu cão holisticamente, alterar para a Dieta Natural, como fazer e armazenar a dieta, bem como uma lista de fornecedores dos ingredientes, visite www.volhard.com (conteúdo em inglês). Veja também *Holistic Guide for a Healthy Dog*, 2ª Edição, por Wendy Volhard e Kerry Brown, DVM (Howell Book House — conteúdo em inglês).

DICA

O modo mais fácil de viajar se você utiliza a dieta caseira ou a dieta NDF2 é fazer o número de refeições necessário e congelá-las em porções individuais. Mantenha as embalagens em um isopor, acrescentando gelo todos os dias. É possível viajar sem problemas por dez dias usando este método de embalagem.

## Usando a Natural Diet Foundation (NDF2)

A Natural Diet Foundation, ou NDF2, é uma versão desidratada da Dieta Natural tratada na seção anterior. Ela foi desenvolvida porque muitos profissionais da área nos pediam para criar uma dieta em que eles só precisassem adicionar um ingrediente. Adestradores profissionais viajam muito e são muito ocupados, então não têm tempo para comprar ingredientes frescos para a dieta. Eles queriam desfrutar dos benefícios da alimentação natural, mas não tinham tempo para prepará-la. E queriam continuar usando a nossa dieta, clinicamente testada por muitos anos, em vez de experimentar novas dietas no mercado.

Assim, há seis anos criamos a dieta NDF2, que essencialmente é igual à dieta original, mas em forma desidratada. Os únicos ingredientes que você precisa acrescentar são carne e água. Ela vem sendo um sucesso e hoje podemos ver o resultado em cães de seis anos de idade, criados desde filhotes com essa dieta, que se transformaram em cães incrivelmente saudáveis e com uma estrutura corporal excepcional — uma característica necessária para cães que trabalham ou participam de exposições e eventos.

A NDF2 contém todos os ingredientes, exceto a carne, necessários para suprir as necessidades nutricionais do seu cão para uma vida longa, vigorosa e saudável. Ela é preparada em pequenas porções a cada duas semanas com alimentos integrais próprios para consumo humano e ervas vindas principalmente do condado de Lancaster County, Pensilvânia. Esta receita tem sido clinicamente testada por 30 anos. É um alimento para todas as fases da vida, de filhotes a cães idosos. Ela também é hipoalergênica e não contém produtos geneticamente modificados. Leia mais sobre esta dieta desidratada em www.volhard. com (conteúdo em inglês).

## Mudando a dieta de Buddy

Ao mudar de uma ração seca comum para uma ração seca de primeira qualidade e uma dieta suplementada como as sugeridas anteriormente neste capítulo, você precisa dar um tempo ao organismo do seu cão para que se acostume aos novos ingredientes. O trato intestinal do cão precisa de cerca de seis a onze dias para ser totalmente capaz de digerir e absorver uma nova dieta.

Ao mudar a dieta de Buddy para uma dieta de suplementação com alimentos crus, use a dieta de transição a seguir. A dieta de transição dá um tempo para que a flora intestinal se ajuste às mudanças na dieta. Mudar a dieta do seu cão para uma alimentação totalmente crua requer um processo diferente. Se planeja alimentar Buddy com uma dieta crua, visite www.volhard.com para mais informações sobre a Dieta Natural, a receita e dicas de como fazer uma transição suave.

## E RESTOS DE COMIDA?

Não tem nada de errado em acrescentar restos da sua comida na alimentação de Buddy, desde que não exceda 10% da dieta total dele. Muitos cães adoram restos de saladas, carnes e vegetais. Entretanto, é preciso evitar certos alimentos, principalmente aqueles com muito açúcar, como chocolate (que pode ser tóxico) e muito salgados. Evite também espinafre cru, um ingrediente normalmente usado em algumas dietas de alimentos crus. Ele contém ácido oxálico, que se liga ao cálcio e a outros minerais impedindo que eles sejam absorvidos pelo organismo. Evite pimentas, que fazem parte da família das *solanaceae*, que podem ser tóxicas e provocar alergias. Alimentos humanos processados também não são recomendados para cães.

Alimentar o seu cão duas vezes por dia é a opção mais adequada. E mantenha água fresca sempre disponível.

Veja como mudar a dieta do seu cão para uma dieta com suplementação:

**Dia 1:** Acrescente uma pequena porção da nova alimentação em cada refeição do cão.

**Dia 2:** Dobre a quantidade da nova alimentação do Dia 1 na refeição e diminua a mesma quantidade de comida da antiga dieta.

**Dias 3 a 6:** Gradualmente, aumente a quantidade da nova dieta e diminua da antiga até que você as tenha trocado totalmente.

Se a qualquer momento Buddy apresentar fezes mais moles, significa que o sistema digestivo dele precisa de mais tempo para se ajustar à nova alimentação.

Depois que o cão estiver se alimentando com a nova dieta por algumas semanas, é hora de acrescentar ossos. Uma ou duas vezes por semana, ofereça ossos ao seu cão como uma guloseima especial. Eles amam ossos de carne bovina, pescoço cru de galinha e asas de frango sem as pontas. Se você não está certo sobre há quanto tempo os produtos estão expostos no supermercado, despeje água fervente para matar as bactérias antes de servir. Um dos benefícios de oferecer ossos é que o seu cão ficará com os dentes brancos e limpos.

Ao dar um osso ao cão, deixe-o em paz (mas não sozinho) — cães podem ser possessivos com seus ossos. É uma guloseima especial, e ele quer poder curtir e relaxar. A gaiola/caixa é o lugar ideal. E ainda ajuda a evitar a sujeira. Dê a Buddy mais ou menos uma hora para curtir o osso, depois retire e refrigere-o, e ofereça-o no dia seguinte. O tutano do centro dos ossos pode ser muito pesado para ser consumido todo de uma vez.

Oferecer muitos ossos para seu cão pode provocar constipação e fezes duras e arenosas. Somente ofereça ossos que o cão não consiga partir.

## Balanceando os suplementos

Como disse Bill Bookout, presidente do *National Animal Supplement Council*, na edição de março de 2010 da revista *Pet Age*: "O consumidor quer juntar todas as peças — incluindo dieta, exercício, suplementos e cuidado médico de qualidade — para criar o melhor resultado possível, assim como faz para si próprio... Considerando as enormes prateleiras nos supermercados e as lojas especializadas dedicadas aos suplementos, é impossível para uma pessoa comum tomar a decisão correta para seu cão. O que acontece com o consumidor que tem muitas opções, em termos psicológicos, é que ele acaba saindo sem nada. É provável que, se o consumidor comprar aleatoriamente um produto, ele faça a escolha errada."

A realidade é que, se você está alimentando o cão corretamente, raramente vai precisar de suplementos de qualquer tipo. Os nutrientes devem estar na comida; eles não deveriam ter que ser adicionados por um custo alto extra. O número de suplementos disponíveis diz muito sobre a qualidade dos alimentos acessíveis no mercado. Se você está adicionando muitos suplementos na alimentação de Buddy, é hora de pensar em trocar para um alimento balanceado que contenha esses ingredientes.

LEMBRE-SE

Ocasionalmente, você precisa dos suplementos. Analisamos milhares de produtos disponíveis e podemos recomendar alguns que sabemos que funcionam (usamos nos nossos cães e nossos alunos também têm bons resultados). Mencionamos alguns suplementos na próxima seção, e tratamos do assunto com mais detalhes no Capítulo 18, que trata dos cães mais velhos. Conforme os cães envelhecem, precisam de suplementação.

# Explorando os Problemas de Saúde Comuns que Afetam o Comportamento e o Adestramento

Um cão alimentado corretamente, que pratica exercícios suficientes e que recebe estimulação mental com adestramento, raramente exibe problemas comportamentais. Ele consegue lidar com o estresse, dificilmente adoece, e mantém suas características de jovem. Além disso, um cão alimentado de modo adequado e com boa saúde envelhece bem e tem poucos ou nenhum pelo branco. Na verdade, normalmente é muito difícil saber a idade do cão.

Quando o seu cão não se sente bem, ele não age bem. Quando não está se sentindo bem, ele não tem capacidade para aprender ou reter informação. Ao adestrá-lo, você pode ficar perplexo ao perceber que, depois de ensinar toda uma sequência de um exercício, o cão não conseguiu guardar nenhuma informação do que foi ensinado. A indisposição do seu cão pode se manifestar de muitas maneiras, mas você percebe que o comportamento do cão está estranho. Apesar de ser sempre sensato levar o cão a um veterinário, nas seções seguintes, trazemos informações sobre problemas comuns de saúde que podem afetar o comportamento e o adestramento. Discutimos alguns suplementos que podem ajudar Buddy a se sentir melhor.

LEMBRE-SE

A prevenção é a melhor solução quando se trata da saúde do seu cão. Veja algumas coisas que você pode fazer para evitar futuros problemas de saúde e ter uma longa e feliz carreira de adestramento com Buddy:

» **Visite o veterinário anualmente.** Ao levar Buddy ao veterinário, prefira fazer exames de sangue (em vez de revacinar) para verificar os níveis de proteção de Buddy contra parvovirose, cinomose e raiva (explicamos que exames são esses na seção "Lá vem aquela agulha de novo: Os problemas da supervacinação"). Ao mesmo tempo, faça exames de sangue para avaliar o nível nutricional de Buddy e se todos os órgãos estão funcionando corretamente. Sinais de problemas aparecem no exame de sangue muito antes das manifestações físicas. Faça exames de fezes pelo menos duas vezes por ano.

» **Ofereça suplementos contra artrite, se necessário.** Se a estrutura corporal do seu filhote não for perfeita, ou se ele participa de eventos de performance de qualquer tipo, considere usar um suplemento contra artrite como prevenção. No passado, estes produtos eram usados depois que o cão era diagnosticado com artrite. No entanto, descobriu-se que quando existem problemas estruturais óbvios em um cão jovem, o uso desses produtos pode ajudar a prevenir futuros problemas de artrite. Consulte o veterinário sobre que produto usar.

» **Mantenha os dentes do cão saudáveis.** Dentes sujos podem provocar o crescimento de bactérias nocivas, que resulta em gengivite, dentes soltos e infecção bacteriana nas gengivas. As bactérias invadem o organismo pelo estômago e podem, ao longo do tempo, provocar distúrbios cardíacos. Dentes limpos também previnem mau hálito. Para manter dentes limpos, alimente o cão corretamente e dê ossos algumas vezes por semana. Ou limpe os dentes de Buddy com uma escova e pasta de dentes ou gel de limpeza para cachorro. Recomendamos os produtos da Petzlife: `www.petzlife.com.br`. Veja o Capítulo 18 para mais informações.

» **Escolha um alimento apropriado para o seu cão.** Oferecer o alimento correto ajuda a prevenir parasitas externos e internos. Parasitas externos, como pulgas e carrapatos, são menos atraídos por cachorros que se alimentam corretamente, pois o pH da pele desses cães é adequado para os repelir. O equilíbrio ácido/alcalino do trato digestivo torna o ambiente desfavorável para a sobrevivência de vermes. Veja a seção anterior, "Fazendo a escolha certa para alimentar Buddy", para mais informações.

# Lá vem aquela agulha de novo: Os problemas da supervacinação

A vacinação é uma parte importante da vida do cão. As principais vacinas são a de raiva e a de parvovirose. Dependendo do local em que você mora e da prevalência de um tipo ou outro de doença, é preciso vacinar contra leptospirose e hepatite. Em alguns casos, a vacina contra leishmaniose pode ser necessária. Hotéis e creches para cães podem exigir a vacina contra a tosse dos canis. A vacina contra a raiva é a única obrigatória. Ela é exigida no país todo. As outras vacinas são opcionais.

As vacinas podem interromper o programa de adestramento, fazendo com que o cão se sinta indisposto por alguns dias. Ela pode interferir na capacidade olfativa, prejudicando a performance em eventos de rastreamento ou obediência. Os efeitos podem durar de três semanas a nove meses. Algumas raças têm reações adversas a vacinas e podem sofrer de inchaço nas juntas (como o Dogue Alemão com a vacina de raiva), paralisia temporária (como Pastores-Alemães e Rottweilers com a vacina contra parvovirose), convulsões (como os Labradores com a vacina contra raiva) entre outros. Tome a melhor decisão para você e para o seu cão depois de analisar todas as possibilidades.

Para ajudar você a tomar uma decisão do que é melhor para o seu cão, leia *What Vets Don't Tell You About Vaccines* ("O que os Veterinários Não Contam Sobre as Vacinas", em tradução livre), de Catherine O'Driscoll (Abbeywood Publishing). Catherine fez um estudo no mundo todo sobre vacinas e relatos de efeitos em longo prazo da supervacinação. Ela mapeia as doenças associadas com a supervacinação e traz comentários de autoridades no assunto nos Estados Unidos, incluindo Jean Dodds, veterinária, e Ronald Schultz, médico veterinário e de humanos, da Universidade de Wisconsin, sobre os atuais protocolos de vacinação recomendados. Para mais informações sobre Catherine e sua pesquisa, visite www.canine-health-concern.org.uk (conteúdo em inglês).

## Os problemas da supervacinação

Ao longo dos últimos vinte anos, os donos de cães têm observado um constante aumento no número de vacinas que os cães recebem a cada ano. Infelizmente, em vez de melhorar a saúde e a longevidade dos cães, a prática normalmente tem o efeito contrário.

A supervacinação provoca reações indesejadas e adversas, que resultam em vacinose, termo usado para descrever reações indesejadas às vacinas. As reações podem variar muito, de nenhuma até a morte. E elas podem ocorrer como resultado de uma vacina, várias vacinas dadas ao mesmo tempo ou vacinação repetida em um curto espaço de tempo.

Vacinas dadas perto demais umas das outras podem fazer com que o sistema imunológico entre em colapso, podendo resultar em sérios problemas de saúde. Não somos contra a vacinação, mas somos contra a vacinação desnecessária, aleatória, repetitiva e rotineira. Felizmente, nos últimos anos os protocolos de vacinação mudaram, e os veterinários mais atualizados estão usando as vacinas com mais moderação.

Onde entra o reforço anual da vacinação? Na verdade, não entra. De acordo com *Kirk's — Current Veterinary Therapy XI-205* ("Terapia Veterinária Atual", em tradução livre — W.B. Saunders Co.) — o livro de referência usado por muitos anos em faculdades de veterinária — não há base científica ou razão imunológica para os reforços anuais das vacinas. A imunidade aos vírus pode durar por muitos anos — até mesmo para a vida toda.

LEMBRE-SE

Quando seu cão já carrega os anticorpos contra um vírus em particular, uma revacinação pode causar a destruição no sistema imunológico dele. As muitas reações adversas a vacinas desnecessárias já levaram criadores, donos de cães e veterinários a começar a questionar a necessidade de reforços, e os tornaram mais cuidadosos com o modo pelo qual as vacinas são administradas. No Brasil, a vacinação é obrigatória por lei e o protocolo de revacinação é anual. Nunca dê uma injeção contra raiva no seu cão antes dos seis meses de idade.

Algumas raças de cães têm reações adversas extremas — e até fatais — a vacinas. Outras desenvolvem comportamentos estranhos e reações como as mostradas a seguir:

- Agressão
- Choque anafilático
- Ansiedade ou medo
- Epilepsia e outras desordens neuromotoras
- Insônia
- Lambem excessivamente
- Mordem moscas imaginárias

CUIDADO

A vacina contra a raiva dada em conjunto a outras vacinas pode ser responsável por agressividade, epilepsia e outras desordens neuronais. Os Labradores parecem ser especialmente vulneráveis.

Como você sabe se o seu cão terá uma reação à vacina? Você não sabe, e aí nasce o problema. Felizmente, você não tem que correr este risco. Ao levar Buddy para uma checagem anual, peça ao veterinário para realizar uma pesquisa de título de anticorpos, um exame de sangue que diz se Buddy tem ou não anticorpos (ou resistência) às doenças para as quais ele já foi vacinado. Se ele tiver um alto nível de anticorpos para a doença, você não precisa revaciná-lo. A pesquisa de anticorpos está se tornando uma alternativa mais aceitável às revacinações. Veja a seção mais adiante "Vacinação para hotéis, creches e escolas de adestramento" para mais informações sobre a aceitação da pesquisa de anticorpos no lugar da vacinação.

Caso seu cão seja adotado de uma entidade de resgate de animais abandonados, esteja ciente de que ele provavelmente já recebeu algumas vacinas. A entidade que o acolheu lhe informará as datas e as vacinas recebidas. Leve o cão para uma consulta ao veterinário, mas evite revaciná-lo. Faça uma pesquisa de anticorpos depois de seis meses da vacinação ou espere um ano antes de revaciná-lo, se necessário. Lembre-se de que, se um cão já teve uma reação adversa a uma vacina, da próxima vez a reação pode ser pior. Então tenha cuidado! Veja como lidar com reações adversas na seção mais adiante "Aplacando o medo, a ansiedade e outras condições com homeopatia".

## Vacinação para hotéis, creches e escolas de adestramento

Às vezes é preciso vacinar o cão. Muitos hotéis, creches e escolas de adestramento e até parques para cães requerem prova de vacinação. Entretanto, pesquisas de anticorpos estão se tornando cada vez mais aceitas nestes locais. A *Pet Care Services Association* (conhecida anteriormente como *American Boarding Kennel Association*) considera a pesquisa de anticorpos aceitável. Pergunte se a pesquisa de anticorpos é uma opção na instituição que pretende frequentar.

DICA

Antes da vacinação, ligue para as instituições que pretende frequentar. Se precisar vacinar, lembre-se de que o cão precisa de três semanas para desenvolver imunidade.

E se Buddy for do tipo de cão que tem reações adversas à vacinação, você se recusa a vaciná-lo e precisa de um local para deixá-lo quando viaja? Você tem duas opções: encontre alguém que vá até a sua casa e cuide do cão ou deixe-o com um cuidador que o aceite em casa. Esse serviço vem crescendo no Brasil e já existem sites especializados na busca de profissionais, como o www.petsittersdobrasil.com.br.

CUIDADO

Vacinar mesmo um cão saudável estressa o sistema imunológico dele, quer ele tenha ou não alguma reação visível. Hospedar um cão fora de casa também é estressante — mesmo nos melhores estabelecimentos. Sob estresse, Buddy fica vulnerável a desenvolver diversas doenças. A vacina também pode afetar o desempenho do cão no adestramento e na capacidade dele de lidar com o estresse em eventos caninos.

## Revelando o Crescimento do Hipotireoidismo Canino

Fornecer uma nutrição pobre, vacinar demais e castrar ou esterilizar um filhote cedo demais pode causar uma doença chamada hipotireoidismo. O hipotireoidismo é resultado de uma glândula tireoide pouco ativa, que provoca anormalidades físicas e comportamentais. Um cão com hipotireoidismo tem uma capacidade de aprendizagem e retenção de informações drasticamente reduzida. Esta falta de capacidade de aprendizagem é frustrante tanto para o cão quanto para o adestrador. Pouquíssimos veterinários têm conhecimentos suficientes sobre essa doença, que é provavelmente uma das mais comuns em cães.

Raramente vista até os anos 1970, tem se tornado mais presente à medida que a forma de tratar os cães vem mudando nos últimos 50 anos. Mais de 50% de todos os cães hoje mostram algum sinal dessa doença. Conforme o cão envelhece, o percentual aumenta.

**PAPO DE ESPECIALISTA**

A glândula tireoide é parte do sistema endócrino. Este sistema não só controla muitos dos hormônios no corpo, como também a capacidade do cérebro de lidar com o estresse. Isso certamente afeta o comportamento do cão. Um estudo realizado na Universidade de Southampton, na Inglaterra, descobriu que o motivo pelo qual mais de 50% dos cães acabam em instituições de amparo de animais é a agressividade causada pelo hipotireoidismo.

As manifestações físicas do hipotireoidismo podem aparecer a partir dos cinco meses de idade. Esta doença é principalmente diagnosticada por volta dos quatro anos de idade, mas cães de oito anos ou mais também sofrem da doença, que se relaciona ao envelhecimento. Cães com essa doença apresentam os seguintes sinais:

» Problemas cardíacos

» Falta de controle da temperatura corporal — o cão ou fica com muito frio ou com muito calor em condições normais

» Pele da barriga ou debaixo dos braços oleosa, pele escamosa e escurecida com cheiro desagradável

» Alguns tipos de paralisias

» Convulsões

» Afinamento do pelo nos flancos do cão, geralmente ao redor da caixa torácica, na cauda e na parte interna das pernas (veja a Figura 4-4)

» Ganho de peso sem motivo

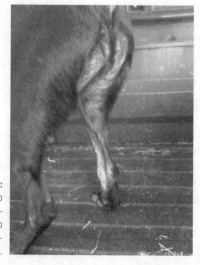

**FIGURA 4-4:** Afinamento do pelo causado pelo hipotireoidismo.

CAPÍTULO 4 Entendendo o Papel Vital da Nutrição e da Saúde no Adestramento

As manifestações comportamentais podem incluir:

- » Agressão sem motivo a pessoas ou outros cães
- » Ser objeto de implicância de outros cães
- » Dificuldade de aprendizado
- » Medo ou ansiedade, incluindo a ansiedade de separação ou medo de trovões
- » Granulomas de lambedura, em que o cão lambe sem parar um só ponto, geralmente na perna, atingindo o osso
- » Comportamento obsessivo-compulsivo, tal como girar repetidas vezes, e hiperatividade extrema
- » Reação exagerada a situações estressantes
- » Automutilação

Os comportamentos descritos foram relatados em um estudo inglês de 1997, e quase todos os comportamentos anormais desapareceram quando a medicação de tireoide foi administrada.

DICA

Como você pode saber se Buddy tem um problema relacionado à tireoide? Se ele estiver exibindo algum dos comportamentos listados nesta seção, marque uma consulta com o veterinário o mais rápido possível. Essa condição normalmente é negligenciada pelos veterinários, como foi o caso do cão na Figura 4-4. Se quiser certificar-se de que Buddy não tem hipotireoidismo, peça para seu veterinário um exame de sangue e uma análise completa das funções da tireoide. Os resultados laboratoriais podem mostrar se Buddy precisa ou não de medicação. Eles indicam quais os limites máximos e mínimos normais para cada teste feito. Altas taxas dentro da faixa normal são incomuns para cães adultos. Taxas normais baixas precisam de suplementação.

## O esmagador de ossos: "Ai, minhas costas"

Eventos de performance, especialmente os de agility, são atividades atléticas para o cão. Então não é de surpreender que várias partes do corpo de um cão de performance possam ficar doloridas ou sofrer lesões. Afinal, atletas humanos têm problemas o tempo todo. Isso pode afetar a performance do cão, por isso muitos competidores levam seus cães para ajustes quiropráticos regularmente. Competidores de agility descobriram que um bom alinhamento corporal pode diminuir preciosos segundos em sua performance. Faz sentido — se a coluna está alinhada, o cão pode se mover mais rápida e facilmente. Mesmo que seu cão não seja um cão de performance, lembre-se de que até jogar bola ou frisbee pode ter os mesmos efeitos no corpo do cão.

Para manter seu cão em excelente forma, peça para que um quiroprático o examine. Buddy pode precisar de um alinhamento. Quiropráticos de cães geralmente custam o mesmo que um quiroprático para humanos, dependendo da sua localidade.

Levar o cão para uma consulta com um quiroprático durante o primeiro ano de vida é uma boa maneira de verificar a saúde esquelética geral do cão. Brincadeiras vigorosas, especialmente com outros cães, podem provocar todos os tipos de desalinhamentos, que interferem no crescimento adequado.

## Aplacando o medo, a ansiedade e outras condições com homeopatia

Muitos cães experimentam medo ou ansiedade sob diferentes condições. Por exemplo, a ansiedade pode ocorrer em:

- » Situações que o cão perceba como estressantes
- » Viagens para longe de casa
- » Situações de reações a vacinas
- » Antes e durante tempestades
- » Visitas ao veterinário

Nós temos sido bem-sucedidos em lidar com este tipo de ansiedade com remédios homeopáticos. Na verdade, carregamos um kit de emergência homeopático para onde vamos, apenas por precaução. Veja o site www.volhard.com para mais informações. (O Capítulo 17 traz mais informações sobre como lidar com ansiedade e estresse em outras situações.)

A homeopatia se baseia na energia das substâncias naturais, vindas das plantas e minerais. Remédios homeopáticos vêm em forma de gotas e bolinhas. Popular até o descobrimento dos antibióticos, a homeopatia perdeu o prestígio em meados do século XX. Hoje, estamos experimentando um renascimento da homeopatia em todo o mundo, e muitos veterinários da Europa recebem formação em medicina tradicional e homeopática.

Tendo em vista que os remédios homeopáticos são muito diluídos, eles são seguros de usar e não causam efeitos colaterais. Muitos desses remédios são encontrados em grandes supermercados e lojas de produtos naturais.

A lista a seguir inclui alguns remédios homeopáticos comuns que achamos úteis e que usamos frequentemente, bem como o que eles tratam.

- **Aconitum:** Medo e ansiedade
- **Apis:** Picadas de abelha e inchaços
- **Arnica:** Contusões derivadas de quedas, mordidas de outros cães ou recuperação de qualquer operação
- **Belladona:** Insolação e orelhas e pontos quentes e vermelhos
- **Carbo Vegetabilis:** Cólica ou gases (acalma o estômago se usado 15 minutos antes de comer)
- **Chamomilla:** Vômito de bílis amarela e problemas dentários
- **Ferrum phosphoricum:** Interrupção de sangramento
- **Hydrophobium (às vezes chamado de Lyssin):** Para reação à vacina de raiva
- **Hypericum:** Interrompe a dor em terminações nervosas depois de um acidente ou uma operação
- **Ledum:** Picadas de insetos, carrapatos ou aranhas
- **Nux vomica:** Qualquer tipo de envenenamento ou intoxicação; recuperação depois de anestesia
- **Phosphorus:** Sensibilidade ao som
- **Rhus toxicodendron (toxicodendro):** Reumatismo
- **Sulphur:** Problemas de pele e sarna
- **Thuya:** Reação à vacinas
- **Rescue remedy:** Estresse ou trauma (sempre carregamos em viagens com os cães)

DICA

Muitos veterinários holísticos são treinados em homeopatia, e você provavelmente pode encontrar um na sua área sem dificuldade. No Brasil, consulte a Associação Médico Veterinária Homeopática Brasileira, em www.geocities.com/amvhb/coquetel/.

## Tratando condições crônicas com acupuntura

Muitos veterinários hoje usam acupuntura para uma variedade de condições crônicas. A acupuntura se especializa em colocar o corpo novamente em equilíbrio. Entre suas diversas aplicações, a acupuntura é especialmente eficaz em alergias, problemas de pele, problemas de ouvido, incontinência em cães mais velhos e dores e desconfortos da idade. Ela também pode ser eficaz para problemas estruturais e doenças crônicas de grandes órgãos, como coração, rins, fígado, pulmões e estômago.

Recomendamos buscar a ajuda de um veterinário acupunturista para cães que participam de eventos de performance ou cães a partir da meia-idade. Os tratamentos podem fazer um cão mais velho se sentir como um filhote novamente. No Brasil, consulte a Associação Brasileira de Acupuntura Veterinária, em `www.abravet.com.br`.

## O QUE FAZER EM CASO DE INTOXICAÇÃO OU ENVENENAMENTO

Tenha sempre à mão o número do seu veterinário e de um pronto-socorro veterinário para casos de emergência. Em caso de acidentes com produtos químicos ou venenos, ligue para o veterinário ou para o Centro de Controle de Intoxicação (CCI), cujo telefone é indicado nos rótulos, com o produto nas mãos para saber que medidas você deve tomar.

102     PARTE 1  **Preparando o Terreno para o Adestramento de Sucesso**

> **NESTE CAPÍTULO**
>
> **Diferenciando guias e coleiras**
>
> **Tirando proveito do adestramento com recompensas**
>
> **Conhecendo outros equipamentos, incluindo peitorais e dispositivos eletrônicos**

Capítulo 5

# Equipando-se para o Sucesso no Adestramento

O adestramento de cães não é diferente de qualquer outra atividade: você precisa do equipamento correto. Existem muitas opções disponíveis, e neste capítulo listamos os fatores que determinam quais equipamentos de adestramento usar e em quais circunstâncias.

Ter uma coleira ou uma guia não quer dizer que você pode utilizá-las para adestrar seu cão. No Capítulo 1, falamos de como a mãe ensina seus filhotes a pararem de fazer algo que ela não quer que façam. Ela utiliza uma correção, algo que os filhotes entendem como desagradável, para fazê-los parar. Esta experiência desagradável ensina aos filhotes a responsabilidade pelos seus próprios atos. Um filhote diz a si mesmo: "Se eu usar meus dentes na mamãe, serei castigado. Se eu não usar, mamãe vai lamber meu focinho." Então, o filhote escolhe não usar seus dentes na mãe. Isso, de qualquer forma, é a essência do que acreditamos que é o processo de pensamento dos filhotes.

Ensinar ao seu cão a responsabilidade por seus próprios atos é a chave para o adestramento. Portanto, o cão tem que perceber que a correção é desagradável para que ele queira evitá-la (veja o Capítulo 1 para descrições e definições dos tipos de adestramento). Se ele não entender a correção como desagradável, não haverá nada a ser evitado, e o comportamento indesejável continuará. Daí a importância do equipamento de adestramento correto.

Como regra geral, usamos uma correção com a coleira e a guia para lidar com comportamentos indesejados que o cão tem por conta própria, como perseguir um gato. Usamos recompensas para ensinar os comportamentos desejados que os cães não fazem por conta própria, como sentar sob comando.

# Escolhendo a Guia e a Coleira de Adestramento Adequadas

O tipo de coleira e guia de adestramento que você precisa depende de inúmeros fatores, incluindo:

- » O Perfil de Personalidade do seu cão (veja o Capítulo 2)
- » A sensibilidade do seu cão ao toque ou o limiar do desconforto
- » O tamanho e o peso do seu cão em relação ao seu tamanho e peso
- » A eficiência do equipamento
- » A segurança do seu cão
- » Sua aptidão em treinar o seu cão

LEMBRE-SE

O adestramento não é uma questão de força, mas de perspicácia. Para você, o professor de Buddy, ele não precisa ser uma atividade aeróbica pesada. Ao escolher o equipamento de adestramento, tenha em mente todas as circunstâncias. A sensibilidade do cão ao toque, ou limiar de desconforto, aumenta proporcionalmente com o interesse do cão e com o que o atrai (veja o Capítulo 2 para entender melhor a mente do seu cão). Por exemplo, ao adestrar Buddy no seu quintal, onde há poucas distrações, uma coleira de fivela pode ser suficiente para fazê-lo obedecer. Quando ele estiver fora de casa, no mundo real, e quiser perseguir um esquilo ou outro cão, você vai precisar usar uma coleira de adestramento para fazê-lo prestar atenção.

Nas seções seguintes, trazemos informações para ajudar você a escolher a melhor coleira e guia para o seu cão.

# Escolhendo a guia

Guias vêm em uma variedade de estilos, materiais, comprimentos e espessuras. Os materiais a seguir são os mais usados:

LEMBRE-SE

- » **Lona:** Disponíveis em pet shops e lojas virtuais, elas vêm em diversas cores (veja a Figura 5-1).

- » Uma boa guia de adestramento é a de lona de 1,80m — ela é macia ao toque, facilmente manuseável e tem o comprimento ideal. É também a mais barata. Para um cão de tamanho médio ou grande, como um Labrador, usamos uma guia de lona de cerca de 1,5cm de largura. Para cães do tipo Toy, como o Yorkshire Terrier, usamos uma guia de 0,6cm de largura.

- » **Náilon:** Outra boa opção para adestramento. Parecida com a guia de lona, a guia de náilon também é barata e facilmente manuseável, o que é um fator importante para o método de adestramento que usamos. Entretanto, ela não é tão suave nas mãos quanto as de lona, especialmente para cães maiores.

**FIGURA 5-1:** Guia de lona.

- » **Couro:** São bastante populares, embora sejam mais caras do que as de náilon e as de lona. E, apesar de serem mais robustas do que essas últimas, elas não são tão adequadas para a nossa abordagem de adestramento.

- » **Corrente:** Nunca entendemos direito a finalidade das guias de corrente ou por que alguém ia querer usá-las, mas elas existem. Geralmente, são usadas em cães maiores, mas são pesadas, desconfortáveis e agressivas para as mãos. Por exemplo, se quiser dobrar a guia de modo organizado em uma das mãos, como exigido para as técnicas de adestramento ensinadas no livro, você não conseguiria fazê-lo sem um bocado de desconforto. Definitivamente, não é uma guia que você possa usar para adestrar Buddy.

# Escolhendo a coleira

Coleiras vêm em uma variedade incrível de estilo, cores e materiais. Para adestrar o seu cão, você precisa de dois tipos de coleira:

> » **Coleira de adestramento:** A finalidade de uma coleira de adestramento é você conseguir guiar o seu cão e, se necessário, dar um tranco (um tranco é um rápido puxão na guia, seguido pela imediata liberação da tensão). Geralmente utilizado para *adestramento de abstenção*, quando você quer que seu cão pare de fazer algo que ele quer, mas que você não quer que ele faça, como perseguir uma bicicleta ou um gato (veja o Capítulo 1 para saber mais sobre adestramento de abstenção). O tranco cria uma experiência desagradável para o cão, que pode ser evitada se ele parar o comportamento indesejado, similar a uma mãe mordendo seu filhote. Existem diversos tipos de coleiras de adestramento; falaremos sobre elas mais adiante. Usamos dois tipos: enforcador com mosquetão e enforcador de pino.
>
> » **Coleira de fivela:** Quando não estiver sendo adestrado, o cão deve usar uma coleira de fivela com placa de identificação. A coleira pode ser de couro, náilon, lona ou tecido. Elas vêm em uma variedade de cores e estilos e podem ser feitas de tecido ou couro. As coleiras de tecido normalmente têm fivelas de plástico. Se o cão pesa mais de 25Kg e ainda não é adestrado, é melhor usar uma coleira de couro com fivela de metal — a fivela de plástico pode quebrar se o cão tentar perseguir um ciclista ou outro objeto em movimento.

LEMBRE-SE

Você precisa usar os dois tipos de coleiras — a de adestramento e a de fivela — corretamente. Remova a coleira de adestramento quando não estiver treinando o cão ou quando não puder supervisioná-lo. E não tente usar a coleira de fivela para adestrar. Para o cão não adestrado, as coleiras de fivela são praticamente inúteis. Imagine-se tentando segurar um Rottweiler adulto que decide perseguir um gato. Tentar controlar esse cão com uma coleira de fivela seria um verdadeiro treino de musculação.

Descrevemos as vantagens e as desvantagens das diferentes coleiras de adestramento nas seções seguintes.

## *Coleiras tipo enforcador de náilon com mosquetão*

Os enforcadores com mosquetão são nossa primeira opção de coleira, pois são eficientes e versáteis. Eles funcionam bem com cães de todos os tamanhos com limiar de desconforto normal. Para cães com alto limiar de desconforto, considere usar um enforcador de pinos (veja a seção mais adiante "Enforcador de pino" para saber mais). Os enforcadores de náilon com mosquetão são ajustáveis e usam um mosquetão para regular a coleira ao redor do pescoço do cão (sem a necessidade de ter que passá-la pela cabeça e sem a desvantagem de sair do lugar quando a pressão é aliviada). Assim é mais fácil posicionar a coleira na parte alta do pescoço, onde ela dá mais controle. Essa coleira também tem um anel fixo que pode ser usado quando você não estiver adestrando e um anel móvel que deve ser usado no adestramento. Veja a Figura 5-2 para visualizar a coleira e os anéis.

DICA

O enforcador com mosquetão deve ser posicionado na parte alta do pescoço, logo abaixo das orelhas, tão confortável como usar uma gola rolê, para o máximo controle (veja a Figura 5-3). Para acertar o tamanho, meça a circunferência do pescoço do cão, logo atrás das orelhas, com uma fita métrica ou um pedaço de barbante para depois medir em uma régua.

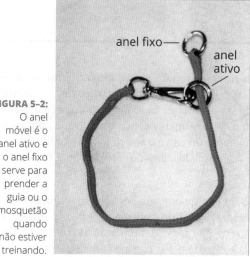

**FIGURA 5-2:** O anel móvel é o anel ativo e o anel fixo serve para prender a guia ou o mosquetão quando não estiver treinando.

**FIGURA 5-3:** Posição correta do enforcador com mosquetão.

CAPÍTULO 5 **Equipando-se para o Sucesso no Adestramento** 107

A Tabela 5-1 apresenta algumas vantagens e desvantagens do enforcador de náilon com mosquetão.

**TABELA 5-1    Prós e Contras do Enforcador de Náilon com Mosquetão**

| Vantagens | Desvantagens |
|---|---|
| Não é caro | Um filhote cresce rápido, assim, você terá que comprar outros à medida que ele crescer |
| Pode ser ajustado perfeitamente no pescoço do seu cão | Não é tão fácil de colocar quanto os enforcadores comuns (que passam pela cabeça) |
| Muito eficaz | |
| Bastante seguro | |

Alguns cães não respondem ao tranco em um enforcador com mosquetão — ou seja, o tranco não cria uma experiência desagradável para o cão e não muda seu comportamento. O cão pode ser insensível ao toque e ter um alto limiar de desconforto. Ou pode ser que o cão não consiga sentir o seu tranco por causa da diferença entre o tamanho e o peso do cão e o seu peso e tamanho. Quando isso acontecer, considere usar o enforcador de pino, sobre o qual falamos na seção a seguir.

LEMBRE-SE

Tire a coleira de adestramento do cão quando não estiver em treinamento e sempre que ele não estiver sob supervisão direta para que ele não se enrosque e se enforque acidentalmente. Não fixe placas de identificação na coleira de adestramento. Quando não estiver adestrando o seu cão, use uma coleira de fivela, onde você deve fixar uma placa de identificação.

## *Enforcador de pino*

Para adestradores mais antigos, o enforcador com pinos era a única coleira disponível. Também chamada de enforcador com garras, um enforcador com pinos certamente é uma ferramenta eficaz (veja a Figura 5-4). Aqueles que o usam pela primeira vez geralmente se referem a ele como um poderoso controlador. Nós o chamamos ironicamente de coleira religiosa, porque converte qualquer cão em anjo.

De acordo com o nosso veterinário, que também é um quiroprático certificado de animais, o enforcador com pinos é, de modo geral, a coleira de adestramento mais segura. No nosso ponto de vista, ele é também uma coleira de adestramento eficaz para cães fortes e robustos com alto limiar de desconforto. A Tabela 5-2 mostra alguns prós e contras de se utilizar o enforcador com pinos.

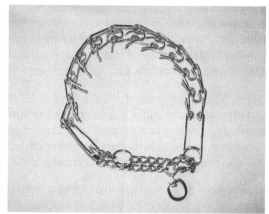

**FIGURA 5-4:** Um enforcador de pinos.

**TABELA 5-2** Prós e Contras do Enforcador de Pinos

| Vantagens | Desvantagens |
|---|---|
| Disponíveis em qualquer pet shop ou lojas virtuais | Parece um instrumento medieval de tortura |
| Muito eficaz | Duas vezes mais caros que o enforcador de náilon com mosquetão |
| Serve perfeitamente no pescoço do cão | |
| Muito seguro — é autolimitante, pois aperta muito pouco, não a ponto de sufocar o cão | |

Enforcadores de pinos vêm em quatro tamanhos: grande, médio, pequeno e micro. Nunca utilizamos o tamanho grande porque ele parece ter sido feito para elefantes. Para um cão grande, forte e robusto, o tamanho médio é mais que adequado. Para cães do tamanho do Golden Retriever ou menores, o tamanho pequeno é suficiente. Para cães Toy, use a versão micro, que deve ser encomendada. A `Amazon.com` (conteúdo em inglês) vende o tamanho micro além dos outros.

LEMBRE-SE

Qualquer coleira ou equipamento de adestramento pode ser mal utilizada ou machucar o cão. A intenção do usuário é a chave para se alcançar um relacionamento harmonioso por meio do adestramento. Algumas pessoas não gostam do enforcador de pinos, pela aparência de instrumento medieval. A percepção das pessoas desse equipamento é irrelevante. O que importa é a percepção do cão e é ele quem vai lhe dizer se a coleira é demais para ele. O tranco produz o efeito desejado no seu cão? Você está elogiando o cão pelas respostas corretas ou só fica irritado e dá bronca? Sim, os cães também têm sentimentos.

CAPÍTULO 5 **Equipando-se para o Sucesso no Adestramento** 109

**DICA**

Quando for usar um enforcador de pinos, coloque-o no cão cerca de duas horas antes do treinamento e deixe-o nele até duas horas depois. Se puser o enforcador imediatamente antes do adestramento e tirá-lo imediatamente depois, ele vai aprender a atender aos comandos apenas quando estiver usando o enforcador. O mesmo se aplica para qualquer outra coleira usada para adestramento.

Para muitos cães, o enforcador com pinos é a coleira de adestramento mais humana, especialmente se esta os salva de ir para uma viagem só de ida para um abrigo de cães. Ele não é a solução certa para todos os problemas de adestramento, mas é a solução certa em determinadas circunstâncias.

Se decidir usar o enforcador de pinos, coloque-o da mesma forma que coloca o enforcador com mosquetão (veja o Capítulo 7 para instruções). Simplesmente aumente ou diminua o tamanho acrescentando ou removendo os elos.

### Enforcadores de corrente ou autoajustáveis

Um enforcador ajustável (sem mosquetão), normalmente de corrente ou tecido, é aquele que deve ser colocado pela cabeça do cão, tendo em vista que ele precisa passar pela cabeça do cão, é maior que o pescoço e tem a tendência de escorregar. A parte mais forte do corpo do cão é a junção do pescoço e dos ombros. Quanto mais para baixo o enforcador escorregar, mais difícil será controlar o cão e menos eficiente será a coleira como ferramenta de adestramento. A Tabela 5–3 lista os prós e contras deste tipo de enforcador.

**TABELA 5-3**    **Prós e Contras dos Enforcadores Autoajustáveis**

| Vantagens | Desvantagens |
| --- | --- |
| Disponíveis em pet shops e lojas virtuais | Não são muito eficazes |
| Não são caros | Grande potencial para machucar a traqueia e o pescoço do cão |

**CUIDADO**

Enforcadores autoajustáveis, quando usados de forma inadequada, são um perigo para a traqueia e a coluna do cão. Evite! Quiropráticos de animais relatam desalinhamentos da coluna causados por esse enforcador. E como eles não são muito eficazes e nem muito seguros, recomendamos que economize seu dinheiro e compre algo que funcione, como o enforcador de náilon com mosquetão ou o enforcador de pinos.

**HISTÓRIA DE SUCESSO**

## A HISTÓRIA DE CLARA

Quando conhecemos Clara, ela estava com os seus sessenta e poucos anos. Ela morava em uma casa grande, fora da cidade, um pouco afastada, embora pudesse ver alguns dos seus vizinhos. Descobrimos que Clara tinha tido vários cães durante a vida e, depois que seu último cão morreu, ela adquiriu um filhote de Pastor-Alemão. Clara sentiu que precisava de um cão que a protegesse. Ela deu o nome de Ursa ao cão. Sempre que conversávamos, Clara exaltava as virtudes de Ursa: o quanto ela era doce, o quanto era fácil adestrá-la, como brincava bem com os netos e quantos truques ela havia aprendido.

À medida que o tempo passou, descobrimos mais sobre Clara. Ela fez uma cirurgia nas costas, com implantação de pinos, e, frequentemente, tinha que usar um imobilizador de pescoço. Ela então nos disse que teve que colocar um enforcador de pinos em Ursa para passear com ela. Clara disse: "Ela ficou forte demais para mim. Toda vez que íamos andar, ela ficava cheirando o chão, por onde passara algum cervo, e me puxava tão forte, que eu achava que não conseguiria segurá-la. Então, coloquei um enforcador de pinos para controlá-la e, agora, depois de duas semanas, posso passear com ela com sua coleira normal e ela não me puxa mais. Sem o enforcador de pinos para me ajudar, quem sabe o que eu teria feito. Até pensei que teria que doá-la, pensamento que não podia suportar. Quem sabe o que teria acontecido com ela?"

Agora, quando encontramos Clara, ela geralmente está com Ursa e, de acordo com ela, a cachorra é uma santa. Ela disse: "Em vez de ficar frustrada e nervosa com ela, digo a ela o quanto é uma boa garota. Estou feliz e ela também."

Se você decidir usar um enforcador autoajustável, expanda a circunferência da coleira pelo anel móvel e passe-a pela cabeça do cão, da esquerda para a direita. Nesta posição, o peso do anel móvel automaticamente libera o enforcador quando a pressão é aliviada. Quando usada de outra maneira, a pressão do anel ativo não libera o enforcador imediatamente. Você sabe que a coleira está na posição correta quando ela parece a letra "P".

# As Recompensas São Suas Parceiras de Adestramento

Além de sua engenhosidade e intelecto (e do equipamento adequado), as recompensas são ferramentas poderosas de adestramento que você pode utilizar. Os petiscos são mais eficientes quando Buddy está com fome do que logo depois de se alimentar. Felizmente, a maioria dos cães se interessa por petiscos.

Você pode usar as recompensas de duas maneiras:

> » **Como um prêmio por uma resposta desejada:** Neste caso, mantenha o petisco escondido do cão, para que ele não saiba se vai ou não o ganhar. Por exemplo, você diz: "Deita", e Buddy se deita. Ele pode ou não ganhar uma recompensa.
>
> Ao condicionar o seu cão para um comando específico, a recompensa deve seguir *imediatamente* a resposta desejada para que ele compreenda que está sendo recompensado por aquela resposta em particular. Não fique enganando ou balançando a recompensa e nem dê a ele quando já tiver mudado de comportamento. Se estiver ensinando o cão o comando "Senta" e ele levantar quando você der o petisco, você estará recompensando-o por levantar e não sentar.
>
> » **Como isca ou atrativo para conseguir a resposta desejada:** Neste caso, o petisco deve estar à vista. Você pode usá-lo para induzir o cão a obedecer a um comando específico, como deitar, por exemplo, e, quando ele deitar, recebe a recompensa. Quando utilizada como um indutivo, é o cão que decide se recebe ou não a recompensa.

LEMBRE-SE

Tendo em vista que usará a recompensa como prêmio e como indutivo, você precisa decidir onde carregá-la. Algumas pessoas utilizam pochete, outras utilizam o bolso da calça e outras o da camisa. Todas essas opções são boas, desde que se consiga pegá-las rapidamente para premiar a resposta desejada. Manter alguns petiscos na palma de sua mão ao trabalhar em um exercício em particular não é uma má ideia. A chave é usar a recompensa antes de o cão fazer algo que você não pretende recompensar. Se não alcançar a recompensa rapidamente, há uma boa chance de Buddy fazer algo que você não quer que ele faça, então você terá perdido o momento de reforçar o comportamento correto. Criamos um hábito de manter recompensas conosco, em todos os momentos.

Nas seções seguintes, mostramos quais os melhores tipos de petiscos para adestramento e o que fazer quando o seu cão não se interessar por petiscos.

## Escolhendo a recompensa ideal

Gostamos de utilizar petiscos secos que podem ser mantidos no bolso para acesso rápido. Para usar comidas grudentas e úmidas, é preciso carregá-las em um saco plástico, e até você conseguir achar a recompensa o cão já esqueceu por que a está recebendo. Existem muitos petiscos secos e semissecos. Para preservar a saúde do seu cão, evite petiscos com muito açúcar ou sal. Descubra quais são os preferidos do seu cão. Tentar adestrar um cão com recompensas que ele não gosta não faz sentido.

DICA

O petisco ideal é seco e não pode ter mais de 0,5cm (e devem ser ainda menores para cães Toy). Quanto maior o petisco, mais tempo Buddy demora para comer, o que quebra a concentração na hora do adestramento.

Cães costumam gostar de cenoura, brócolis, quase todo tipo de fruta e de queijo (usamos queijo com baixo teor de sódio). Pesquise os tipos de petiscos em lojas especializadas. Escolha um petisco com poucos ingredientes e conservantes e que ofereça um bom conteúdo nutricional. Evite petiscos fabricados na China.

CUIDADO

Nem toda comida de consumo humano é segura para os cães. Por exemplo, as substâncias sintéticas encontradas no chocolate que o tornam saboroso para nós são nocivas para os cães. Assim, mantenha Buddy longe do chocolate. Evite também macadâmia e cebola, que podem provocar dores abdominais e náusea. Uvas e uvas-passas de fontes não orgânicas e balas que contenham xilitol como substituto do açúcar podem provocar náuseas, falência hepática e convulsões.

## Optando por brinquedos quando os petiscos não funcionam

Alguns cães não respondem tão bem a petiscos quanto respondem a outros objetos, como bolas, discos de frisbee, pedras ou gravetos. Neste caso, use aquilo que você sabe que seu cão ama, desde que isso não se torne um obstáculo no adestramento. Seu cão pode responder bem a elogios verbais ou carinho como motivadores. Você também pode usar um clicker (veja o Capítulo 1).

HISTÓRIA DE SUCESSO

Nossa Pastora-Alemã Katharina não aceitava petiscos no adestramento. Entretanto, ela respondia a um graveto ou brinquedo, então foi isso o que utilizamos.

# Outros Equipamentos a Considerar

Nas seções seguintes, falamos de diversas opções disponíveis para controlar os cães. Algumas você já deve conhecer, outras não. Algumas são ferramentas de adestramento e outras, de controle. A diferença entre as duas é que a primeira ensina o cão a assumir a responsabilidade por seu comportamento, enquanto a segunda apenas controla o comportamento do cão. Por exemplo, a gaiola/caixa de transporte é uma ferramenta de controle — ela limita os movimentos do cão.

LEMBRE-SE

Não recomendamos nenhum dos itens listados nesta seção e nós não os utilizamos. No entanto, eles foram usados com sucesso em circunstâncias especiais por nossos alunos. Eles estão listados aqui somente para informá-lo sobre opções disponíveis para você.

# Coleiras de focinho ou cabresto

A coleira de focinho ou cabresto, como a popular Gentle Leader, é uma adaptação dos cabrestos usados em cavalos. Ela funciona com base na premissa de que onde quer que a cabeça vá, o resto do corpo vai atrás.

Enquanto o enforcador de pinos parece absolutamente ameaçador, o cabresto parece bastante convidativo e amigável. No entanto, surpreendentemente, é muito provável que a reação do seu cão (e é ele quem conta) seja a oposta. Ele aceitará, de imediato, um enforcador de pinos, mas vai vigorosa e ferozmente se opor ao cabresto, pelo menos inicialmente. Essa reação é provavelmente causada pelo efeito "mordaça" sentido pelo cão — com ela você retira do cão seu principal meio de defesa, a mordida.

A lista a seguir descreve as principais vantagens do cabresto, depois que o seu cão já aprendeu a aceitá-lo:

» **Calmante e tranquilizante:** É bom para cães nervosos, tímidos ou hiperativos.

» **Equalizador:** Ajuda a equilibrar as forças entre adestradores pequenos e cães grandes, e a adestradores idosos e portadores de necessidades especiais a controlar os seus cães.

» **Amordaçar:** Ajuda com comportamentos inapropriados de cheirar, chorar ou latir e algumas formas de agressão e brincadeiras de morder ou mordiscar.

» **Você o encontra facilmente em pet shops e lojas virtuais.**

A Tabela 5–4 traz algumas vantagens adicionais do cabresto e algumas desvantagens.

**TABELA 5-4**     Prós e Contras do Cabresto

| Vantagens | Desvantagens |
|---|---|
| Disponíveis em pet shop e lojas virtuais | Grande potencial para sérios danos ao pescoço do cão |
| Não é muito caro | Apenas uma ferramenta de transição |
| Requer o mínimo de força física para usar | O cão não aprende a aceitar a responsabilidade pelo comportamento. Quando o cabresto é retirado, o cão retoma o comportamento anterior |

PARTE 1 **Preparando o Terreno para o Adestramento de Sucesso**

**CUIDADO**

Como o cabresto controla a cabeça, um puxão forte pelo cão ou pelo condutor pode causar sérios danos ao pescoço do cão. O princípio deste cabresto não é o mesmo do que se usa em cavalos. Como a maioria das pessoas é menor que um cavalo, o cabresto é utilizado para controlar a cabeça do animal, por baixo. Em contrapartida, a maioria das pessoas é maior que o cão, e qualquer puxão ou tranco será para cima e, às vezes, simultaneamente para os lados. Puxar o pescoço do cão dessa maneira traz um grande risco de lesão. Em relação a uma pessoa, o pescoço do cavalo também é muito mais forte do que o do cão. Achamos que o cabresto pode provocar um efeito depressivo no cão. É irônico que uma ferramenta tão amigável e popular seja tão perigosa, enquanto que o enforcador de pinos, com aparência de instrumento de tortura, seja tão seguro.

## Optando por um peitoral

*Peitorais*, que são presos ao redor do peito e das costas do cão, são perfeitamente aceitáveis para cães que não puxam ou cães pequenos em que o puxão não é tão forte assim. Mas para cães médios ou grandes que puxam, o peitoral não é uma boa ideia, porque você abre mão do controle que está tentando conseguir. O cão literalmente se apoia no peitoral e arrasta o dono para onde quiser. Peitorais são eficazes para cães com lesões no pescoço.

**LEMBRE-SE**

Outra opção para cães que puxam é o peitoral No-Pull, ou "antipuxão" (veja a Figura 5-5). Esses peitorais são especificamente projetados para controlar os puxões, exercendo pressão em pontos calmantes para os cães quando eles puxam. Há ainda o peitoral antipuxão em que a guia é presa na parte da frente, o que impede que o cão se apoie no peitoral para puxar. Os peitorais antipuxão são uma excelente ferramenta de controle (não de adestramento) para cães com pescoços delicados, como Galgos, e para cães com lesões no pescoço.

**FIGURA 5-5:** Um cão com um peitoral antipuxão.

CAPÍTULO 5 **Equipando-se para o Sucesso no Adestramento**   115

# Explorando dispositivos eletrônicos e outros equipamentos de controle e adestramento

A eletricidade é usada há muitos anos para controlar animais de criação (principalmente gado e cavalos). Sua utilização como ferramenta de adestramento em cães e para fins de contenção é bem mais recente. Dispositivos eletrônicos se tornaram populares no adestramento de cães de esporte que buscam as aves abatidas. Os donos precisavam poder controlar o cão a grande distância. Desde então, o conceito de controlar o cão com o uso da eletricidade tem gerado diversos dispositivos que descrevemos nesta seção.

LEMBRE-SE

Os dispositivos eletrônicos de hoje não oferecem muito risco para o cão, e não conhecemos nenhum caso em que tenham machucado um cão. O principal risco para o cão é a falta de conhecimento do dono de como utilizar o equipamento corretamente.

Um adestrador conhece todos esses equipamentos e sabe como e quando usá-los quando a situação exige. É muito fácil que um dono impaciente ou iniciante sem conhecimento suficiente sobre a utilização adequada os utilize inadequadamente. Por exemplo, um dispositivo remoto é frequentemente usado como meio de punição e não como ferramenta de aprendizado, que seria o correto.

## Cercas elétricas

Muitos condomínios têm restrições quanto ao uso de cercas. Isso é um problema quando você tem um cão e quer mantê-lo confinado. Amarrar um cão do lado de fora em uma corda, exceto por breves períodos, não é uma opção compassiva.

Não tenha medo, a tecnologia está aqui e a cerca elétrica (ou cerca invisível) é a resposta. Veja como funciona: um fio é enterrado ao redor do perímetro da propriedade em que a cerca normalmente estaria. Inicialmente, a área é demarcada com bandeiras para dar ao cão um estímulo visual claro. O cão coloca a coleira que serve como um receptor, vibrando ou apitando quando ele se aproximar do limite. Se ele chegar muito perto, recebe um choque elétrico. A intensidade do choque pode ser ajustada. Depois que o cão aprende a respeitar os limites da cerca, as bandeiras são removidas.

Cercas elétricas são ideais para bairros ou condomínios que não permitem cercas e em fazendas em que os cães não devem passear pela vizinhança.

CUIDADO

De modo geral, o sistema funciona bem para a maioria dos cães, mas não é infalível. Veja alguns problemas que podem ocorrer:

> » Ele não mantém outros cães ou animais fora da área delimitada, pois eles não estão conectados ao sistema. Se você tem uma fêmea que não foi

esterilizada, pode ter problemas quando ela entrar no cio e começar a receber visitas dos machos. Ele também não mantém crianças fora do seu quintal.

» Alguns cães, em momentos de grande empolgação, saem mesmo com os choques. E depois não conseguem voltar por medo do choque — ou podem simplesmente fugir.

» Alguns cães desenvolvem agressividade em relação a pessoas que estão fora dos limites da cerca.

» Alguns cães rapidamente aprendem que só precisam respeitar a cerca quando estão usando a coleira. Se isso acontecer, é preciso manter o cão de coleira sempre que ele estiver do lado de fora.

» O custo dos sistemas varia e depende do tamanho do perímetro. Existem alguns sistemas mais baratos em pet shops, mas nessa situação o dono precisa aprender como utilizá-los. Uma escolha mais cara é optar por um fabricante que instale a cerca e ofereça um adestrador para o trabalho inicial de ensinar o cão e instruir o dono sobre como proceder.

Em razão desses problemas, você precisa ficar de olho no cão sempre que ele estiver no quintal. Não o deixe sem supervisão por longos períodos.

## *Coleiras de choque*

Uma coleira de choque é uma coleira de plástico ou náilon com uma pequena caixa acoplada. A parte da coleira que fica em contato com o cão tem dois pequenos pinos que permanecem confortavelmente em contato com o pescoço do cão. O adestrador tem um controle remoto com ajustes para estímulos elétricos fracos e fortes. Outros nomes para esse tipo de coleira são coleira eletrônica ou adestrador remoto. A palavra "choque" geralmente é substituída por "estímulo". Em termos simples, o estímulo elétrico substitui o tranco na coleira. Adestradores remotos são ideais para controlar cães à distância.

LEMBRE-SE

Não recomendamos a utilização dessas coleiras por iniciantes. Elas requerem certo conhecimento sobre adestramento e cães. Ao serem usadas incorretamente, essas coleiras podem traumatizar gravemente um cão. Procure um adestrador profissional caso esteja pensando em utilizar uma dessas.

PAPO DE
ESPECIALISTA

Essas coleiras surgiram na década de 1960, quando eram usadas para cães de caça. Elas permitiam ao adestrador se comunicar com o cão a grande distância. O principal problema das primeiras coleiras eram a baixa confiabilidade e as limitações em termos de controle da intensidade do estímulo — mesmo a configuração mais fraca administrava choques desnecessariamente intensos.

Dentre as diferentes marcas de adestradores remotos, há grande variação de qualidade — essencialmente, você recebe o que compra. Os três fatores que influenciam o preço de um adestrador remoto são: baterias recarregáveis, alcance e flexibilidade. As coleiras mais sofisticadas oferecem mais flexibilidade no ajuste da intensidade, duração do estímulo e maior alcance (até 1,5Km). É claro que essas coleiras de ponta são as mais caras. Elas podem incluir uma opção de apito, que já é suficiente para alguns cães.

Normalmente, essas coleiras não são vendidas em lojas físicas e precisam ser compradas online. Veja alguns dos fabricantes dessas coleiras: Dogtra, Innotek, PetSafe e Tri-Tronics. Faça uma busca na internet para descobrir onde comprar.

CUIDADO

Não recomendamos que você tente usar uma coleira eletrônica para adestrar seu cão — ela requer muito conhecimento e experiência. Mas, se insistir em experimentar, faça um teste em você antes para saber o que o cão vai sentir. Aconteça o que acontecer, não aponte o controle para o cão de modo ameaçador — ele vai associar o estímulo a você e não é esse o objetivo. Mantenha o controle longe da vista do cão.

## Coleiras de vibração

A coleira de vibração funciona da mesma maneira que a coleira de choque ou o adestrador remoto (veja a seção anterior), mas usa a vibração (e não o estímulo elétrico) em diferentes níveis de intensidade para se comunicar com o cão. A vibração é mais incômoda do que desagradável, mas para muitos cães é tão eficaz quanto o adestrador remoto.

Nunca usamos esse colar, mas alguns de nossos alunos tiveram sucesso com elas para cães de baixa motivação (veja o Capítulo 2). Cães com alta pontuação no Perfil de Personalidade têm maior probabilidade de não responder a esse tipo de coleira. Entretanto, a coleira de vibração funciona bem com cães surdos. São mais baratas do que as coleiras de choque.

## Coleiras antilatido

Para lidar com latidos excessivos, há diversos tipos de coleiras à sua escolha. As opções são: um leve choque, um mecanismo que borrifa um líquido (normalmente citronela), vibração ou ultrassom (que apenas o cão consegue ouvir). As coleiras usam um microfone ou um sensor de vibração para acioná-las. As mais sofisticadas usam os dois para evitar que barulhos altos ou o latido de outro cão as acionem. São mais baratas que as coleiras de vibração.

DICA

Se Buddy é um latidor compulsivo, experimente a coleira antilatido — é muito mais barata do que ser despejado ou multado pelo condomínio.

## LOCALIZANDO UM FUGITIVO COM UMA COLEIRA COM GPS

A mais recente novidade no mercado de coleiras eletrônicas é a coleira com dispositivo de rastreamento GPS. Use essas coleiras para localizar seu animal de estimação caso ele fuja ou seja roubado. É possível acompanhar em um mapa online a localização exata do animal. E você que pensava que era o único que podia ter dispositivos eletrônicos sofisticados. Essas coleiras podem ajudar a localizar seu animal de estimação, mas se você precisa de um GPS para saber por onde anda o seu bichinho, é melhor rever seus métodos de adestramento e supervisão. Essas coleiras são bem caras.

## *Coleiras de citronela*

São usadas como *coleiras antilatido* (como mencionado na seção anterior), mas podem ser usadas para impedir perseguições. Ao ser ativada pelo dono, a coleira borrifa citronela na direção do focinho do cão. Por exemplo, se o cão gosta de perseguir carros, antes de o cão chegar perto do carro o dono aperta um botão e a coleira borrifa uma nuvem de citronela. A expectativa é que o cão considere a citronela suficientemente desagradável para parar de perseguir coisas. Embora não seja um dispositivo eletrônico, funciona com o mesmo princípio. São usadas principalmente em países em que a coleira de choque não é permitida.

PAPO DE ESPECIALISTA

Em um estudo de 1996, na Clínica de Comportamento Animal da Faculdade de Veterinária da Universidade de Cornell, a coleira de citronela foi considerada mais eficiente para controlar latidos indesejados do que a de choque.

## *Tapetes de choque*

Não quer que o cão tire a soneca diária na sua poltrona favorita ou sofá enquanto você estiver no trabalho? O tapete de choque, que é usado para cobrir os móveis cobiçados, pode ser sua solução. Quando Buddy pular sobre ele, o tapete emitirá um leve choque, que impede que o cão suba nos móveis. Ele também pode ser usado para impedir que o cão entre em determinado cômodo. Não é necessário usar coleira.

## *Sistemas de contenção internos*

Você quer impedir que o cão suba em bancadas ou na mesa da cozinha? A solução pode ser um sistema de contenção interno. Ele consiste em um disco de cerca de 15cm de diâmetro e uma coleira. Coloque o disco no centro da bancada ou da mesa e depois ajuste a intensidade e a distância em que você quer que Buddy fique. Quando Buddy chegar muito perto, receberá um choque leve.

O sistema usa baterias e evita que o cão suba em bancadas ou mesas. Funciona com o mesmo princípio da cerca invisível. Esses sistemas são vendidos em pet shops e não custam muito caro.

HISTÓRIA DE SUCESSO

Alguns amigos nossos adotaram um Bull Terrier. Meigs é a torinha mais adorável que já vimos — é puro músculo e tem uma incrível capacidade para saltar. Frequentemente, referem-se a ele como "saco de cimento sobre quatro Pogo Balls". Ainda filhote, ele demonstrava fortes aspirações de subir na mesa. Aos nove meses, ele conseguiu pular na mesa da cozinha, sem nenhum esforço. Muito bonitinho, mas altamente inaceitável. O sistema de contenção interno resolveu o problema.

## *Pet Convincer*

O Pet Convincer é um substituto poderoso a um grito para controlar comportamentos indesejados. Embora seja um atalho para o adestramento paciente, é um dissuadidor eficaz para os comportamentos que os donos acham mais irritantes e difíceis de lidar: por exemplo, quando Buddy fica enlouquecido quando tem alguém na porta, quando não para de pular nas pessoas, quando late sem parar, e assim por diante. Ele também pode ser usado quando sair para passear. Ele protege o cão contra incômodos de outros cães. Funciona bem para ciclistas e corredores afugentarem cães que os perseguem.

Este dispositivo portátil, que usa um cartucho de $CO_2$ recarregável, libera um jato de ar. Esse jato, cuja intensidade é regulada por um gatilho, tem a finalidade de interromper o comportamento indesejado. O barulho age como inibidor. Sem dúvida, funciona muito melhor do que gritar com o cão. Ele também tem o potencial de inibir a repetição do comportamento. Existem versões descartáveis na forma de spray, mas esses não têm controle de intensidade.

LEMBRE-SE

Esta ferramenta nunca deve ser usada em espaços confinados, como dentro de um carro. Ao ser acionada, deve ser direcionada para longe do focinho do cachorro.

# As Fases do Filhote

## NESTA PARTE . . .

Nesta parte, guiamos você pelos períodos de desenvolvimento do filhote para ajudá-lo a entender suas necessidades físicas, comportamentais e emocionais. Você ficará surpreso com a rapidez com que um filhote aprende. As primeiras semanas são as mais produtivas em termos do quanto é possível ensiná-lo. Então, quanto mais você esperar para começar, mais lento será o progresso. Depois de ajudá-lo a entender as fases de crescimento do seu filhote, apresentamos dicas de adestramento para ajudar você a sobreviver às travessuras dele. Incluímos ainda um capítulo sobre adestramento sanitário, que é uma parte importante da criação de um filhote. O adestramento em gaiola/caixa, que pode ser muito útil no adestramento sanitário, também será desvendado.

> **NESTE CAPÍTULO**
>
> **Descobrindo as fases de crescimento do filhote**
>
> **Lidando com o filhote adolescente**
>
> **Decidindo sobre a castração e esterilização do filhote e o momento certo**
>
> **Ajudando seu filhote a crescer**

## Capítulo 6

# Sobrevivendo às Fases de Crescimento do Seu Filhote

Todos querem um superfilhote, um que seja bem-comportado e escute cada palavra que você diga — uma Lassie ou um Beethoven. É claro que a hereditariedade tem seu papel, assim como uma educação precoce e um ambiente positivo. Do nascimento até a maturidade, seu cão passa por diversas fases de desenvolvimento. Diversos cientistas e estudiosos do comportamento canino fizerem descobertas importantes ao longo do último século sobre as fases de desenvolvimento dos filhotes e como se relacionam com a capacidade do filhote de crescer para se tornar um adulto bem ajustado. O que acontece ou não durante essas fases tem um efeito permanente no que o seu cão se tornará, na sua habilidade de aprender, sua perspectiva de vida, seu comportamento e como ele responde aos seus esforços para adestrá-lo.

Neste capítulo, explicamos os períodos de desenvolvimento do seu peludinho e como começar o adestramento conforme a fase. Discutimos, ainda, como a castração ou a esterilização podem afetar o seu cão e a capacidade de o adestrar.

# Entendendo a Primeira Fase de Desenvolvimento do Filhote

Filhotes passam por períodos críticos distintos nas primeiras 12 semanas de vida. O que acontece durante este período influencia não apenas o temperamento, mas também a saúde e o desenvolvimento geral do cão. Nas seções seguintes, falamos de cada uma das fases que seu filhote enfrentará para que você possa adestrá-lo adequadamente.

## Do nascimento até sete semanas

A primeira fase do filhote vai do nascimento até os 49 dias. Durante esse período, o filhote precisa da mãe e da interação com os irmãos. Ele também precisa interagir com pessoas. Todas essas interações são importantes porque elas formam o alicerce do futuro do filhote com sua família humana e do que ele poderá enfrentar ao crescer.

CUIDADO

Tenha o cuidado de não adquirir um filhote de um criador que o tirou da mãe antes das sete semanas, pois isso não apenas priva o filhote de lições de comportamento importantes, como também pode afetar a sua saúde futura. Por exemplo, o filhote recebe anticorpos para várias doenças por meio da amamentação. Cada gota de leite é como uma vacina que o protege por muitas semanas depois de ele deixar a ninhada e ser colocado em sua nova casa.

Entre três e sete semanas, a mãe ensina aos seus filhotes modos caninos básicos. Ela ensina quais comportamentos são aceitáveis e quais não são. Por exemplo, depois que os dentes dos filhotes nascem, amamentá-los pode se tornar uma experiência dolorosa, então ela os ensina a ir devagar. Ela faz o que for necessário, desde rosnar, avançar e até morder, e continua essa lição durante o período de desmame, quando quer que os filhotes a deixem em paz. Após algumas repetições, eles entendem a mensagem e respondem a um mero olhar ou a um torcer de lábios da mãe. O filhote aprende a linguagem canina — ou leitura labial, como chamamos — e a conter as mordidas, uma importante lição para quando for para a sua nova família humana.

PAPO DE ESPECIALISTA

A capacidade de aprendizado dos filhotes nesta fase é impressionante. Usando modelos de escala, adestradores experientes são capazes de ensinar uma variedade de tarefas complexas necessárias para adestrar um cão de serviço nesta fase. Isso inclui acender e apagar luzes, abrir e fechar portas e buscar objetos.

Além de aprender com a mãe, os filhotes também aprendem uns com os outros. Enquanto brincam, as coisas podem esquentar quando um filhote morde outro forte demais. Eles descobrem, nessas trocas, o que se sente ao ser mordido e, ao mesmo tempo, aprendem a conter as mordidas durante as brincadeiras (veja a Figura 6–1).

LEMBRE-SE

Filhotes separados da família canina antes de ter a oportunidade de vivenciar essas experiências com a mãe e os irmãos tendem a se identificar mais com as pessoas do que com os outros cães. Resumindo, eles não sabem que são cachorros e tendem a ter diferentes tipos de problemas, como:

- Agressividade com outros cães
- Dificuldade no adestramento sanitário
- Ansiedade de separação
- Latir excessivamente
- Morder e mordiscar os donos
- Nervosismo
- Um apego excessivo e nocivo pelas pessoas

**FIGURA 6-1:** Filhotes descobrem lições valiosas enquanto brincam.
*Fotografia de Jane Kelso*

Por volta do 49º dia de vida, quando o cérebro do filhote já está neurologicamente completo, aquele afeto especial entre o cão e o seu dono, chamado de vínculo, surge. Esta é uma das razões pela qual o 49º dia é o momento ideal para os filhotes deixarem a ninhada e partirem para suas novas casas.

CAPÍTULO 6 **Sobrevivendo às Fases de Crescimento do Seu Filhote** 125

**CUIDADO**

O vínculo com as pessoas se torna gradualmente mais difícil, quanto mais tempo o filhote permanecer com sua mãe ou irmãos. Também fica mais difícil de adestrar o cão. A cada dia que passa, aumentam as chances de o filhote desenvolver problemas de comportamento, como:

» Crescer baseado demais na orientação canina.

» Provavelmente não vai ligar muito para pessoas.

» Pode ter dificuldade de aprender a aceitar a responsabilidade pelo seu comportamento.

» Talvez tenha mais dificuldade no adestramento, inclusive no sanitário (veja o Capítulo 8 para mais informações).

## Conhecendo todo mundo: Sete a doze semanas

Seu cão é um animal social. Para se tornar um animal de estimação afável, o filhote precisa interagir com você e com sua família, bem como com outras pessoas e cães entre a 7ª e a 12ª semana de vida. Se ele for privado dessas oportunidades, o comportamento do seu cão ao redor de outras pessoas ou cães pode ser imprevisível — seu cão pode ficar com medo ou até ser agressivo. Por exemplo, a menos que ele seja regularmente exposto a crianças durante este período, um cão pode ficar desconfortável ou desconfiado ao redor delas.

**DICA**

Socializar seu filhote é crucial para que ele se torne um cão adulto amigável. Enquanto ele estiver se desenvolvendo, exponha-o à maior quantidade de pessoas diferentes possível, incluindo crianças ou pessoas mais velhas, de ambos os sexos e de todos os tipos físicos. Deixe que ele conheça outros cães, também. Estas experiências precoces compensarão muito quando seu cão crescer.

Seu filhote precisa ter a chance de se encontrar e ter experiências positivas com aquelas pessoas e atividades que farão parte da vida dele. Seguem apenas alguns exemplos:

» **Você é um avô cujos netos o visitam ocasionalmente.** Faça com que o filhote conviva com crianças sempre que puder.

» **Você mora sozinho, mas tem amigos que o visitam.** Faça um esforço para que seu filhote encontre com outras pessoas, principalmente do sexo oposto.

» **Você está planejando levar seu cão para passeios ou férias da família.** Apresente a ele o passeio no carro.

Você pode proporcionar esses encontros levando o filhote para um parque. A maioria das pessoas adora interagir com filhotes. E ele pode se acostumar com o passeio de carro até lá!

LEMBRE-SE

Uma forma comum de as pessoas cumprimentarem um cão filhote ou adulto é passar a mão em cima da cabeça, como fazem com crianças. O fato é que cães adultos e filhotes não gostam dessa forma de saudação, assim como as crianças. Acariciar a cabeça de um cão o estimula a pular, justamente o comportamento que muitos donos não querem. Em vez disso, permaneça de pé ou se ajoelhe e cumprimente o cão com um sorriso e um "olá". Coloque a palma da sua mão no peito do cão e acaricie-o com movimentos suaves. Isso acalma o cão. Ao conhecer um cão adulto ou filhote pela primeira vez, estenda a palma da mão lentamente para ele e deixe-o cheirar você.

A socialização com outros cães é igualmente importante e deveria ser a regra e não a exceção. Filhotes aprendem com outros cães, mas podem fazer isso se tiverem a chance de conviver com eles. Comprometa-se a apresentar seu cão jovem para outros filhotes e cães adultos regularmente. Muitos bairros hoje têm parques para cães, onde eles podem interagir e brincar juntos. Se pretende levar seu cão para aulas de obediência ou exposições ou ainda utilizá-lo para procriação, ele definitivamente precisa ter a chance de interagir com outros cães (veja o Capítulo 13). O tempo investido nessa socialização será recompensado no futuro — desenvolve a autoconfiança do cão e facilita a tarefa de adestrar.

A socialização é muito importante nesta fase, assim como o adestramento. Comece o treinamento assim que o filhote chegar em sua casa. Ele aprenderá com ou sem você, então é melhor que você ensine o que ele precisa aprender. Comece ensinando os exercícios listados no Capítulo 9, bem como o comando "Toque", descrito no Capítulo 10. O exercício inicial no Capítulo 1 também pode ser útil. Nessa idade, é muito mais fácil segurar e controlar o filhote do que quando ele já for um adolescente.

DICA

Durante essa fase de desenvolvimento, o filhote seguirá você como uma sombra. Estimule esse comportamento, recompensando-o de vez em quando com um petisco, um pouco de carinho ou uma palavra gentil. Aproveitar essa disposição do filhote para segui-lo tornará o aprendizado do comando "Vem" muito mais fácil (veja o Capítulo 10 para saber mais detalhes sobre esse comando).

## De repente ele está com medo: Oito a doze semanas

A fase entre oito e doze semanas é chamada de período de impressão de medo. Durante esse período, qualquer experiência particularmente dolorosa ou assustadora deixará uma impressão mais duradoura no seu filhote do que se tivesse ocorrido em qualquer outro momento da sua vida. Se ela for suficientemente traumática, pode arruinar a vida do seu cão.

DICA

Durante essa fase, evite expor o filhote a experiências traumáticas. Ao levar o filhote ao veterinário, peça que ele dê ao filhote um petisco antes, durante e depois do exame para tornar a visita uma experiência prazerosa. Embora você precise ficar longe de situações estressantes, continue a adestrar seu filhote de uma forma não estressante e não punitiva.

LEMBRE-SE

Durante o primeiro ano de vida, você verá reações de medo em outros momentos. Não reaja arrastando o seu filhote até o objeto do qual ele tem medo. Por outro lado, não faça carinho ou acalme o cão — você pode criar a impressão que aprova este comportamento. Em vez disso, distraia o cãozinho com um brinquedo ou um petisco, para fazer com que ele se esqueça do que quer que o esteja assustando e se concentre em uma experiência positiva. Depois de um curto período — às vezes até duas semanas —, o comportamento medroso vai desaparecer.

## Agora ele quer sair de casa: A partir das doze semanas

Em algum momento, entre quatro e oito meses, o seu filhote começa a perceber que existe um grande e vasto mundo lá fora. Até então, toda vez que você o chamou, Buddy provavelmente foi até você sem pestanejar. Mas, agora, é possível que ele queira perambular e explorar por aí. Buddy está amadurecendo e cortando o cordão umbilical, o que é normal. Ele não está sendo malvado ou desobediente, está se tornando um adolescente.

Enquanto ele estiver passando por essa fase, mantenha Buddy na guia ou em uma área confinada, até que tenha aprendido a vir quando chamado. Caso contrário, não atender ao ser chamado acaba se tornando um padrão — irritante para você e perigoso para Buddy. Depois que isso se tornar um hábito, mudar é difícil, a prevenção é o melhor remédio. Ensinar o cão a vir quando chamado é muito mais fácil antes de ele desenvolver o hábito de sair correndo. Pratique chamando-o dentro de casa, no quintal e em momentos aleatórios. Tenha uma recompensa no seu bolso para reforçar o comportamento que quer (para saber mais sobre como ensinar o comando "Vem", veja o Capítulo 10).

DICA

Quando você precisar chamar o seu cão enquanto ele estiver perambulando por aí, nunca, sob nenhuma circunstância, entre no jogo de correr atrás dele. Em vez disso, corra para o outro lado e faça com que Buddy persiga você. Se isso não funcionar, ajoelhe-se no chão e finja que encontrou algo extremamente interessante, esperando que a curiosidade de Buddy o leve até você. Se for necessário, aproxime-se dele em uma posição ereta, bem devagar, utilizando um tom de voz que não seja ameaçador, até que você possa, calmamente, segurar a coleira.

Seu filhote também passa por períodos de troca de dentição e, durante essa fase, ele precisa mastigar qualquer coisa que encontrar pela frente. Cães, como crianças, não conseguem controlar isso. Filhotes têm o hábito irritante de atacar muitos sapatos, mas apenas um de cada par. Se um dos sapatos favoritos for destruído, tente se controlar. Encare isso como uma lição para manter seus pertences fora de alcance. Broncas não cessarão a necessidade de mastigar, mas podem fazer com que seu filhote tenha medo de você.

Seu trabalho é criar alternativas aceitáveis para essa necessidade, como ossos mastigáveis e brinquedos. Os favoritos de nossos cães são os ossos bovinos, que você encontra em açougues e supermercados. Os cães não conseguem parti-los facilmente e isso resulta em horas de entretenimento. Eles também ajudam a manter os dentes limpos. Brinquedos da marca Kong são outros que eles adoram, especialmente os de borracha dura que são praticamente indestrutíveis e podem ser recheados com manteiga de amendoim ou ração. Eles vêm em diferentes tamanhos apropriados para o tamanho do seu cão, e conseguem manter a maioria dos cães ocupados por horas. Certifique-se apenas de que sejam grandes o suficiente para não serem acidentalmente engolidos.

CUIDADO

Evite brinquedos macios e peludos. Seu cão pode destruí-los e ingerir partes deles. Pessoalmente, não gostamos de brinquedos para mastigação de couro cru, que são tratados com produtos sintéticos, ou de coisas que ficam moles e grudentas com a mastigação, porque o cão pode engoli-las e acabar com uma obstrução intestinal. Se der esse tipo de brinquedo para seu cão, fique atento para que ele não ingira partes dele.

Quando Buddy estiver passando por esta fase, considere usar a gaiola/caixa quando deixá-lo sozinho. Isso manterá seus pertences e ele a salvo. Prendê-lo durante os picos de crescimento ajuda no adestramento sanitário também. Com toda a mastigação que ele faz durante o desenvolvimento da dentição, acidentes, às vezes, acontecem (mastigar estimula os movimentos intestinais dos cães). Veja o Capítulo 8 para mais informações sobre adestramento sanitário.

# A Fase da Rebeldia: Lidando com o Adolescente de Quatro meses a Dois anos

A fase da adolescência do cão, dependendo da raça, acontece em qualquer momento entre os quatro meses e os dois anos, e culmina na maturidade sexual. Geralmente, quanto menor o cão, mais rápido ele amadurece. Cães maiores entram e saem da adolescência mais tarde.

A adolescência é um momento em que o filhote bonitinho pode se tornar um monstro adolescente. Ele começa a perder seus dentes de leite e sua pelagem macia e fofinha de filhote. Ele passa por picos de crescimento e parece desengonçado com as patas traseiras ou dianteiras; afinal, ele está passando pela fase do patinho feio.

LEMBRE-SE

Dependendo do tamanho do cão, de 40% a 70% do crescimento adulto é alcançado até os sete meses de idade. Se você tiver um cão de raça grande, é melhor começar a adestrá-lo desde já, antes que fique tão grande que você não consiga mais o conter. À medida que Buddy começa a amadurecer, ele começa a desenvolver alguns comportamentos enigmáticos, assim como outros perfeitamente normais, mas censuráveis.

Tendo em vista que a adolescência pode ser um período complicado na vida do filhote (e na sua), nas seções seguintes trazemos algumas informações para ajudar você a fazer a transição do modo mais tranquilo possível.

## Sobrevivendo às esquisitices juvenis

Usamos a expressão *esquisitices juvenis* porque é a que melhor descreve a fase tecnicamente conhecida como segundo período de impressão de medo (veja a seção anterior "De repente ele está com medo: Oito a doze semanas" para saber mais sobre essa fase). Esquisitices juvenis são comportamentos de medo ou apreensão que normalmente têm curta duração. Eles podem ser causados por uma deficiência temporária de cálcio e por aumentos hormonais relacionados a picos de crescimento do filhote.

### SENDO PACIENTE COM AS ESQUISITICES

Um dia, quando nosso Dachshund, Manfred, estava com seis meses, ele foi à cozinha, depois de ter estado no quintal. Então, percebeu, no chão, perto de sua vasilha de água, um papel marrom de sacola de supermercado. Ele se encolheu, olhou assustado como se tivesse visto um fantasma, então tentou correr de volta para o quintal.

Se Manfred estivesse passando por um pico de crescimento naquele momento, o que é normal até os seis meses, ele poderia estar experimentando uma deficiência temporária de cálcio, que por sua vez provocaria sua reação de medo.

Ele tinha visto o papel marrom da sacola do supermercado muitas outras vezes, mas desta o assustou. Lembramos que ele estava passando pela fase de esquisitices e ignoramos este comportamento. Algumas horas depois, o comportamento desapareceu.

130   PARTE 2  **As Fases do Filhote**

LEMBRE-SE

O momento deste evento (ou eventos) não é claramente definido como o primeiro período de impressão de medo, e coincide com os picos de crescimento; a partir de então, pode ocorrer mais de uma vez à medida que o cão amadurece. Embora ele tenha sido sociável e confiante anteriormente, seu filhote pode, agora, estar relutante em se aproximar de alguém ou algo novo e não familiar, ou pode, repentinamente, ficar com medo de pessoas ou coisas familiares.

Se por um acaso você observar uma situação similar com o seu filhote, não tente arrastá-lo até o objeto com o intuito de "ensinar" a ele a aceitá-lo. Se fizer disso uma grande coisa, criará a impressão de que ele tem uma boa razão em ter medo daquilo que provocou essa reação. Deixe o filhote sozinho, ignore o comportamento, e isso passará.

PAPO DE ESPECIALISTA

O medo do novo ou de algo não familiar tem suas raízes na evolução. Em um bando selvagem, quando o filhote tem entre oito e dez meses, ele tem permissão para ir à caça. A primeira lição que eles têm que aprender é a de permanecer com o bando; se eles se distraírem, podem se perder ou se meter em problemas. A apreensão ou o medo do que é familiar também são causados por picos de crescimento. Nesse momento da vida de um filhote, os hormônios começam a surgir. Hormônios podem afetar a absorção de cálcio pelo organismo e, em conjunto com o crescimento, podem tornar o período difícil para o filhote em crescimento.

## O que fazer quando o filhote descobre o sexo

Em algum momento durante esse período de quatro meses a dois anos, dependendo do tamanho do seu cão, o filhote descobrirá o sexo, e você será o primeiro a saber.

Nosso Landseer, Evo, sempre gostou de brincar com outros cães. Ele, geralmente, é bem-comportado e se dá bem com pessoas e todos os cães com que encontra. Quando ele estava com quase dois anos, se apaixonou. Levamos Evo para uma estação de treinamento, onde iríamos encontrar alguns amigos que haviam acabado de adotar uma fêmea de Labrador Retriever de 11 meses chamada Indy. Evo era muito doce com ela e, no início, eles brincaram bem, correndo e dando patadas um no outro. De repente, um olhar estranho surgiu na cara de Evo e ele pulou nas costas de Indy com suas patas dianteiras pinçadas firmemente ao redor do seu peitoral. Então, percebemos que seus dias de filhote haviam acabado.

Sexo é sexo em qualquer linguagem! Evo estava um tanto atrasado no desenvolvimento porque vivia com fêmeas esterilizadas e ainda não tinha tido o prazer de se envolver com uma fêmea que não o fosse. Lidamos com Evo indo até ele e colocando sua coleira, e, depois, levando-o para longe de Indy. Ele queria voltar para ela e tentou várias vezes, mas ocupamos sua mente com adestramento, e ele logo esqueceu-se dela.

Quando Buddy experimentar uma explosão de hormônios durante o adestramento, faça alguns exercícios de buscar objetos ou que use o "Junto", para que ele retorne a um estado de espírito mais apropriado.

## A culpa é dos hormônios: Entendendo como os hormônios afetam o comportamento

Entre os quatro meses e um ano, os hormônios de um filhote macho têm picos de até quatro vezes o nível de um adulto, e essa explosão pode ter efeitos importantes no comportamento dele. Normalmente, é fácil saber quando o cão está entrando nessa fase. O sinal mais óbvio é que ele para de escutá-lo. Ele também pode querer dominar outros cães no ambiente residencial ou aqueles que encontra fora de casa. Felizmente, depois dessa enorme explosão, os hormônios voltam ao normal.

Nessa fase de ebulição hormonal, muitos donos descobrem que seu cão está se tornando difícil de controlar e buscam ajuda profissional ou inscrevem Buddy em aulas de obediência. Essas são as maneiras adequadas para ajudá-lo a superar essa fase e para restaurar a harmonia no relacionamento de vocês. Essa fase também é um bom momento para pensar em castrar o cão.

Os hormônios guiam o comportamento, o que significa que a intensidade dos comportamentos aumenta na mesma proporção que os níveis de hormônios circulando no organismo do seu cão. Então, se quiser que seu filhote macho fique mais calmo e tenha um comportamento menos assertivo, castrá-lo é uma boa ideia.

Embora as fêmeas passando pela puberdade possam mostrar comportamentos semelhantes, elas, geralmente, demonstram maior dependência em relação a seus donos. Elas seguem seus donos, olhando para eles continuamente, como se dissessem: "Alguma coisa está acontecendo com meu corpo, mas eu não sei o quê. Diga-me o que fazer." As fêmeas são tão capazes de apresentar comportamentos de monta quanto os machos, e você deve considerar a esterilização.

> ## UM TRISTE FATO DA VIDA
>
> A maioria dos cães em abrigos de animais é entregue por volta dos oito meses, quando eles "deixaram de ser bonitinhos" e "pararam de ouvir". Milhões de cães são mortos anualmente porque seus donos não quiseram gastar de dez a quinze minutos por dia trabalhando com eles enquanto eram jovens.

Se você não quiser esterilizar o seu animal de estimação, a necessidade de adestramento aumenta. A liberdade que o filhote macho tinha, até este ponto, se torna limitada. Quanto melhor treinado ele é, mais fácil será esta transição, mas isto requer de você um comprometimento real. A fêmea, por outro lado, precisa de proteção durante o período do cio, o que geralmente ocorre a cada seis meses e dura cerca de 21 dias. Sua capacidade de atração é tão potente que você pode descobrir visitantes indesejados ao redor da sua casa, alguns dos quais podem ter vindo de quilômetros de distância.

Nossa primeira experiência com uma fêmea no cio envolveu nossa Landseer, Heidi. Quando chegamos a casa, depois do trabalho, achamos um Basset Hound de um tamanho significativo na nossa varanda da frente, pacientemente esperando Heidi. À medida que nos aproximamos, ele deixou perfeitamente claro que achava que era dono de Heidi, da mesma forma que da casa. Tivemos que entrar em casa pela porta dos fundos. Só então conseguimos distrair o cão com alguns biscoitos para cachorro, suficientes para conseguirmos dar uma olhada na sua coleira. Ficamos surpresos ao descobrir que o pequeno Romeu viajara cerca de 5km para visitá-la.

## Conhecendo o cão maduro quando o seu filhote finalmente cresce

Não importa o quanto você deseja que o seu filhote fofinho permaneça assim para sempre, ele vai crescer. Isso acontece em algum momento entre um e quatro anos, dependendo da raça. Raças menores amadurecem mais rápido do que as maiores. Se você treinou Buddy quando jovem, ele agora será o cachorro perfeito que você sempre quis. A Figura 6-2 mostra um filhote a caminho da maioridade.

**FIGURA 6-2:** Sim, seu filhote irá crescer.

# Castrando ou Esterilizando para Ajudar com o Comportamento e o Adestramento

A não ser que pretenda levar seu cão para exposições ou vise a procriação, você precisa realmente levar em consideração a castração ou a esterilização. Isso pode melhorar o comportamento e facilitar o adestramento.

Quando um macho adulto percebe a presença de uma fêmea no cio nas redondezas, é bem provável que passe a ignorar quaisquer comandos que tenham sido ensinados a ele. Encare essas situações como oportunidades de adestramento — para lembrar Buddy que você ainda espera que ele obedeça. Afinal, não há distração melhor não é mesmo? Se encontrar dificuldade para controlar Buddy nessas situações, veja o Capítulo 5 para mais informações sobre equipamentos de adestramento, e o Capítulo 3 para saber mais sobre o "efeito adrenalina".

Nas seções seguintes, mostramos os prós e os contras de castrar ou esterilizar o seu peludo, incluindo o efeito dos procedimentos no seu cão. O termo castração é usado para machos e esterilização, para fêmeas, embora a palavra castração, hoje, seja adequada para se referir a ambos os procedimentos.

## As vantagens

Tanto para fêmeas quanto para machos, as vantagens de esterilizar seu animal doméstico geralmente superam as desvantagens. Para o macho, as vantagens incluem as seguintes:

> Mantém o cão mais calmo e menos estressado ao redor de fêmeas que estejam no cio

> Reduz a tendência de perambular ou fugir

> Diminui o comportamento de montar em outro cão

> Facilita o adestramento

> Aumenta a disposição geral do cão, especialmente em relação a outros cães

> Reduz o risco de problemas de próstata, que se desenvolvem em animais machos mais velhos

Em resumo, será mais fácil viver com ele e mais fácil adestrá-lo. A castração também inibe a compulsão de perambular ou de fugir. Então, se a porta da frente é esquecida aberta por acidente, ele não viajará por quilômetros para achar uma fêmea no cio, como nosso amigo Basset, do qual falamos na seção anterior.

PAPO DE ESPECIALISTA

Não é verdade que animais que tenham sido castrados perdem seus instintos protetores — isto depende da idade em que o cão é castrado. Geralmente, cães castrados após uma certa idade mantêm os seus instintos protetores.

Se você esterilizar sua fêmea, ela também ficará perto de casa. Os seguintes benefícios talvez sejam ainda mais importantes:

> Você não terá que lidar com a sujeira que ela faz quando está no cio.

> Você não terá que se preocupar com visitantes indesejados acampando em sua propriedade e levantando a perna contra qualquer superfície vertical.

> Você não terá que se preocupar com filhotes acidentais, pois é quase impossível arrumar bons lares para esses filhotes.

> Você poderá ter uma cadela mais feliz, mais saudável, com menos chances de alterações bruscas de humor e menos chances de desenvolver infecções uterinas e tumores nas glândulas mamárias.

Finalmente, e o mais importante no contexto do adestramento, ela será emocionalmente mais equilibrada.

## Conhecendo as desvantagens

A esterilização altera os níveis hormonais no corpo do cão. Alguns cães esterilizados desenvolvem deficiências hormonais que podem provocar artrite, doenças ósseas e que podem afetar as articulações e o funcionamento da bexiga. A habilidade de lidar com o estresse, a função cognitiva, o ganho de peso e a saúde dos dentes e dos ligamentos estão associados a deficiências hormonais, de acordo com estudos publicados pela revista Animal Wellness (fevereiro de 2010).

A deficiência mais comum parece ser o hipotireoidismo. Calcula-se que cerca de 70% dos cães de raça tenham hipotireoidismo. Detectado em cães desde os seis meses até depois dos oito anos de idade, ele requer um exame de sangue especial para o seu diagnóstico.

O hipotireoidismo pode causar os seguintes problemas:

» Pelagem opaca, rala, oleosa e com cheiro forte
» Aumento da queda do pelo
» Ansiedade de separação
» Problemas de pele
» Tendência a ganhar peso

LEMBRE-SE

Independentemente das desvantagens, recomendamos esterilizar um cão que não será utilizado para procriação, porque será mais fácil de conviver com ele. Esta seção expôs as desvantagens da castração (ou esterilização).

## Sabendo quando castrar ou esterilizar

Se decidir esterilizar ou castrar seu cão, considere fazer a cirurgia depois dos sete meses de idade, para ambos os sexos.

Dependendo da raça ou do tamanho da fêmea, ela passará pelo seu primeiro cio a qualquer momento após os sete meses. Para um Yorkshire Terrier, é provável que seja mais cedo, e para uma raça gigante, é provável que demore um pouco mais, às vezes demora até os 18 meses. Se quiser esterilizar uma fêmea, espere até cerca de três meses depois do primeiro cio.

Se quiser ter um cão com comportamentos mais adultos e mais responsáveis — como ser protetor ou um cão de guarda, ser adestrado para eventos competitivos ou para determinado trabalho —, considere esterilizar machos e fêmeas entre um e dois anos.

LEMBRE-SE

Um macho que não tenha sido esterilizado até o primeiro ano de idade ou uma fêmea que já tenha passado por dois cios geralmente são mais fáceis de adestrar para eventos competitivos, como competições de obediência ou de *agility*. Os cães já serão completamente desenvolvidos, serão emocionalmente maduros, já terão aprendido mais comportamentos adultos e conseguirão aceitar mais responsabilidades.

## PROCRIAR OU NÃO PROCRIAR? EIS A QUESTÃO!

Nem pense em usar o cão para reprodução, a não ser que:

- Seu cão seja de raça e registrado
- Não tenha adquirido o cão em um abrigo de animais ou loja
- Tenha o pedigree de três gerações do seu cão
- Seu cão tenha pelo menos quatro títulos caninos, como títulos de conformação ou de trabalho, nas últimas três gerações
- Seu cão tenha certificado de ausência de desordens genéticas suscetíveis à raça
- Seu cão se adeque aos padrões da raça
- Seu cão tenha um temperamento estável

Procriar cães com o propósito de mostrar ao seu filho o milagre do nascimento não é uma boa ideia. O mundo já tem cães suficientes que não têm um lar, e encontrar um para os seus filhotes é muito mais difícil do que você imagina, se não for impossível. Alugue um vídeo para mostrar o milagre do nascimento para o seu filho!

138     PARTE 2  **As Fases do Filhote**

| **NESTE CAPÍTULO** |
| --- |
| **Equipando-se para a chegada do filhote** |
| **Apresentando seu filhote à casa nova** |
| **Preparando o terreno para o adestramento** |
| **Os problemas de saúde que interferem no adestramento** |

## Capítulo 7

# Iniciando o Filhote com a Pata Direita

Enquanto prepara a chegada do seu filhote, você deve ficar pensando sobre os cuidados diários de que a bolinha de pelo vai precisar. Já deve até ter feito uma lista de itens para comprar: tigela de comida e de água, uma guia, equipamentos para higiene e assim por diante. Mas as necessidades do filhote não param por aí. Você precisa pensar em preparar o terreno para o adestramento. Tudo o que você fizer de agora em diante vai ensinar o filhote a ser o cão perfeito que você sempre quis.

Ensinar o filhote é muito mais do que apenas fazer com que ele atenda a um comando; envolve criar um cão de convívio agradável, que você possa levar para qualquer lugar e que seja seu alegre companheiro por muitos anos. Este capítulo traz as orientações para as primeiras semanas e mostra como iniciar o adestramento desde o primeiro dia.

# Preparando-se para a Chegada do Filhote

Um pouquinho de preparação para o grande dia faz com que os primeiros momentos do filhote em casa sejam tranquilos. Antes da chegada de Buddy, você precisa preparar o seguinte (veja a Figura 7-1):

» Uma gaiola ou caixa e um colchonete

» A comida e as tigelas para água e comida

» Uma coleira e uma guia

» Brinquedos

FIGURA 7-1: Itens que você precisa ter antes da chegada do filhote.

É possível comprar quase tudo de que você precisa em um pet shop, seja pessoalmente ou online. Pedir online é mais conveniente, mas você pode preferir escolher os produtos pessoalmente na loja.

Nas seções seguintes, trazemos informações sobre cada um dos itens de que precisa para preparar a chegada do seu filhote.

# A casa do filhote em casa: Preparando a gaiola/caixa de transporte

A ideia de colocar seu cão em uma gaiola/caixa pode parecer mais um castigo. Lógico que nenhum cão quer ficar confinado em uma gaiola/caixa quando poderia correr livre pela casa, não é?

Mas seres humanos e cães têm percepções muito diferentes das gaiolas/caixas. Quando a gaiola/caixa é usada corretamente, o cão certamente não a verá como uma punição. Pelo contrário, ela serve como toca e um local de conforto, segurança, confiança e aconchego. Filhotes, assim como muitos cães adultos, dormem grande parte do dia, e muitos preferem fazer isso no conforto da toca. Para que você e o filhote tenham um pouco de sossego, compre uma gaiola ou caixa de transporte. Mostramos por que usar a gaiola/caixa e como prepará-la nas seções a seguir.

## *Entendendo as vantagens de uma gaiola ou caixa*

Considere algumas das vantagens de adestrar o seu cão na gaiola/caixa:

» **A gaiola/caixa é uma babá.** Quando você está ocupado e não pode ficar de olho no filhote e quer ter certeza de que ele ficará longe de problemas, coloque-o na gaiola/caixa. Você pode relaxar e ele também.

» **Ela ajuda no adestramento sanitário do filhote.** Usar a gaiola/caixa é ideal para estabelecer um cronograma para o adestramento sanitário (veja o Capítulo 8).

» **Ela prepara o filhote para ficar na gaiola/caixa no veterinário.** Alguns cães têm a sorte de passar pela vida sem precisarem ser hospitalizados. A primeira experiência do cão em uma gaiola/caixa não deveria ser no hospital veterinário — o estresse de ficar na gaiola/caixa pela primeira vez pode dificultar a recuperação.

» **A gaiola/caixa ajuda em caso de repouso.** O adestramento para a gaiola/caixa é muito útil quando o cão precisa ficar calmo e tranquilo, como depois de uma cirurgia, lesão ou doença.

» **Ela deixa as viagens de carro mais seguras.** Dirigir, mesmo por curtas distâncias, com o cão solto no carro é desafiar o destino. Uma freada brusca pode arremessar o cão pelo carro como uma bolinha de pinball. Colocar o cão em uma gaiola/caixa protege você e o cão.

» **Ela relaxa o cão nas férias.** Quando saímos de férias, gostamos de levar nossos cães. A gaiola/caixa é a casa para o cão quando ele está fora de casa, e podemos deixá-lo em um quarto de hotel sabendo que ele não ficará infeliz ou estressado — e que não vai destruir o quarto.

» **A gaiola/caixa proporciona para o cão um local especial só dele.** É um local em que ele pode fugir da confusão e do burburinho da casa e se esconder das crianças (ou dos outros cães) quando precisar de sossego.

## Escolhendo a melhor gaiola/caixa para o seu filhote

Compre uma gaiola/caixa grande o bastante para acomodar o filhote quando ele ficar adulto. Escolha uma grande o suficiente para que ele possa se virar, ficar de pé ou deitar confortavelmente (veja a Figura 7-2).

DICA

Se o seu filhote vai crescer demais quando adulto, compre uma gaiola/caixa que possa ser dividida, para que você possa aumentar o tamanho dela conforme ele cresce. As mais versáteis têm duas portas, uma de cada lado. Essa flexibilidade é bastante útil, principalmente quando se tem que mover a gaiola/caixa de um cômodo para outro.

Se você planeja viajar com o cão, compre uma gaiola/caixa que possa ser desmontada facilmente e seja portátil para que possa carregá-la com você. Ou considere comprar uma segunda gaiola/caixa para o carro. Carregar a gaiola/caixa toda hora para o carro e vice-versa se torna cansativo.

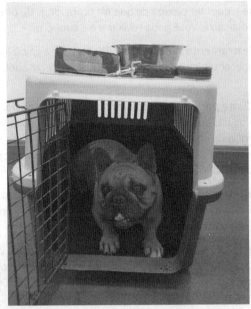

FIGURA 7-2: Uma caixa de transporte é uma toca confortável para o seu cão.

Gaiolas/caixas vêm com uma bandeja, para a qual você precisa de um colchonete — você não quer que o seu filhote em crescimento fique constantemente sobre uma superfície dura; pode ser ruim para as juntas em desenvolvimento.

Adquira um colchonete com uma capa removível, que possa ser lavada na máquina. Por fim, coloque uma mantinha na gaiola/caixa para manter o cão aquecido (veja o Capítulo 8 para saber mais sobre como adestrar o filhote para a gaiola/caixa).

## CONDUZINDO MISS BAILEY: ALTERNATIVAS PARA VIAJAR

O modo mais seguro de transportar o seu cão em um veículo é na gaiola/caixa. Um cão solto no carro é um perigo para você e para ele — colocar Buddy na gaiola/caixa protege vocês dois.

Para alguns veículos, como os sedans, as gaiolas/caixas são muito grandes ou desajeitadas. Patty encontrou uma solução para sua fêmea de Labrador, Bailey: um colete projetado para cães que é preso no cinto de segurança, semelhante a uma cadeirinha para crianças (veja a figura a seguir). Bailey pode viajar confortavelmente no banco traseiro, sentada ou deitada.

Em utilitários esportivos ou peruas e carretas, outra alternativa é uma barreira que separe a área de carga da cabine principal. Consulte uma loja de acessórios de carros para conhecer suas opções.

## Posicionando a gaiola/caixa em sua casa

Estabeleça uma área em que o filhote passará a maior parte do tempo — um lugar em que ele não se sinta isolado da sua nova família. A cozinha, a sala de estar ou qualquer cômodo que seja muito usado na casa (mas que ainda tenha uma área tranquila) são locais ideais, em que Buddy pode se alimentar e tirar sonecas. Veja a seção "Decidindo onde o filhote deve dormir" mais adiante, para mais informações.

Certifique-se de que a gaiola/caixa esteja disponível para Buddy quando ele quiser tirar uma soneca ou relaxar um pouco. Ele deve usá-la por conta própria, então deve conseguir acessá-la sempre. Dependendo de onde a gaiola/caixa ficar, o cão passará muitos momentos de soneca dentro dela.

Nunca use a gaiola/caixa como forma de punição. Se fizer isso, ele começará a não gostar da gaiola/caixa, e ela perderá a utilidade para você. Você não quer que Buddy desenvolva sentimentos negativos pela gaiola/caixa, mas sim que ele goste de ficar nela.

## O cardápio do filhote: Escolhendo a dieta e o conjunto de tigelas adequadas

Escolher o alimento certo para seu filhote não é tarefa fácil — há opções demais. Todos os nossos filhotes e os filhotes de nossos alunos são criados com a Natural Diet Foundation, ou NDF2; para saber mais detalhes, consulte o Capítulo 4 e o nosso site www.volhard.com (conteúdo em inglês). Este é um dos métodos mais fáceis para oferecer uma dieta de alta qualidade, que é importante para o crescimento e a saúde do filhote. O tipo de alimentação que você oferece ao filhote determina o grau de dificuldade do adestramento. Quanto melhor a dieta, mais fácil ele será. Veja o Capítulo 4 para conhecer nossas recomendações e escolher uma opção.

Depois que optar por uma dieta para o filhote, compre um par de tigelas — uma para comida e outra para água. Tente evitar tigelas de cerâmica muito pintadas e decoradas. Muitos fabricantes usam chumbo no processo de fabricação dessas tigelas; com o tempo, o chumbo pode contaminar a comida. Prefira tigelas de aço inox. Elas vêm em diversos tamanhos e são fáceis de limpar. Essas tigelas duram a vida toda.

## O "vestuário" do filhote

A coleira do dia a dia precisa ser lisa, de tecido, com fivela e ajustável para que possa aumentar conforme o cão cresce. Compre também uma guia de tecido macio com aproximadamente 1,80m para adestramento e passeios. Para o adestramento, Buddy precisa de uma coleira específica. Usamos as coleiras e guias da www.handcraftcollars.com (conteúdo em inglês), um site que oferece produtos duráveis e de alta qualidade; dê uma olhada para ideias do que comprar. Para saber mais sobre coleiras, guias e outros equipamentos, veja o Capítulo 5.

# Brinquedos para o filhote

Brinquedos são uma maneira maravilhosa de entreter Buddy por horas a fio e evitar que ele ataque as suas coisas. Eles também podem ser usados no adestramento para cães que não se interessam por petiscos (veja o Capítulo 5). Você precisa ter uma variedade deles, incluindo:

» **Vários brinquedos de pelúcia grandes:** Os filhotes adoram brincar e carregar brinquedos macios. Entretanto, evite brinquedos de pelúcia se o seu filhote gosta de rasgá-los e destruí-los. Normalmente, eles contêm um enchimento e apitos que o cão considera comestíveis. Tenha cuidado também com:

- Brinquedos que tenham olhos ou botões duros que o cão possa arrancar — e engolir.

- Brinquedos que lembrem sapatos ou suas roupas. É difícil para o seu filhote entender a diferença entre os brinquedos dele e as suas coisas.

» **Brinquedos interativos:** São ótimos para filhotes, pois ensinam ao mesmo tempo que divertem. O filhote precisa descobrir como conseguir o petisco e isso oferece algo em que trabalhar para obter uma recompensa no final. Esses brinquedos são especialmente importantes quando o filhote está trocando a dentição. Veja algumas opções:

- **Brinquedos de borracha dura:** A marca Kong é especializada em brinquedos desse material, que podem ser recheados com petiscos ou manteiga de amendoim para manter os cães ocupados. Os brinquedos Kong vêm em diferentes tamanhos, cores e graus de resistência. As cores identificam a resistência do brinquedo; os pretos são praticamente indestrutíveis e são o brinquedo de busca favorito do nosso Labrador.

- **Porta-petiscos mais macios:** A Planet Dog tem uma linha de brinquedos interativos que vêm em diferentes formatos e tamanhos e podem ser recheados com petiscos. Alguns filhotes preferem esses aos brinquedos mais duros, pois eles são feitos de uma borracha mais macia. Visite www. pullersplace.com (conteúdo em inglês).

- **O Buster Cube:** Este é o favorito de todas as horas de uma das nossas Dachshunds. Colocamos alguns petiscos dentro dele e observamos. Ela aprendeu como rolar o cubo para que os petiscos caiam. No entanto, em pisos de madeira, o cubo é um tanto barulhento. O Buster Cube é feito de plástico lavável e de alta resistência. O tamanho do cubo pequeno é de cerca de 7,5cm e o do cubo grande de aproximadamente 12cm.

# Levando o Filhote para Casa: E Agora?

Você levou a sua bola de pelos para casa, e agora, o que fazer? Primeiro, você precisa ambientar o cão em seu novo lar e arredores, e também apresentá-lo aos outros animais e às crianças. É preciso começar a educação sanitária e achar um bom lugar para ele dormir. Mostramos como fazer tudo isso nas seções seguintes.

LEMBRE-SE

Antes das 16 semanas, o seu filhote o seguirá para onde você for (veja o Capítulo 6). Essa tendência oferece a você inúmeras oportunidades de adestramento. Embora ele não vá entender o que você estiver dizendo, use este comportamento para lhe ensinar o comando "Toque" (veja o Capítulo 10). O comando "Toque" é uma base eficaz para o futuro adestramento.

## Familiarizando Buddy com o seu novo lar

Filhotes adoram explorar novas áreas, mas deixar que Buddy ande pela casa toda, especialmente no momento da chegada, pode ser demais para o cão e também pode provocar problemas. Em vez disso, prepare um cômodo ou uma área específica em que ele possa se ambientar. Colocar um portão móvel na entrada dessa área pode ajudar a mantê-lo confinado. Carregue-o pela casa e coloque-o na área designada. Na maioria das casas, a cozinha é um bom local para isso, porque normalmente tem um piso fácil de limpar para o caso de acidentes. Deixe que o filhote cheire o ambiente e se acostume com o novo lar. Deixe vários brinquedos seguros espalhados para que ele possa se divertir.

LEMBRE-SE

Quanto mais atividades o filhote tiver, mais ele terá que fazer xixi. Confinar o cão em uma área em um primeiro momento é uma ótima ajuda para o adestramento sanitário.

A primeira vez que alimentar o cão, coloque a comida dentro da gaiola/caixa para que ele conheça a gaiola/caixa e crie a ideia de que ali é onde coisas boas acontecem (veja a seção anterior "A casa do filhote em casa: Preparando a gaiola/caixa de transporte"). Deixe a porta aberta ao alimentá-lo para que ele não se sinta preso. Veja o Capítulo 8 para saber mais sobre como acostumar o filhote a ficar na gaiola/caixa.

## Apresentando o filhote para as crianças

Ensinar cães e crianças a conviver pode ser difícil ou fácil dependendo dos limites que você impuser. Apesar de as crianças pequenas geralmente se darem muito bem com cães — especialmente se os pais gostam deles —, cabe aos pais ensiná-las a interagir corretamente com os filhotes. Especificamente, os pais precisam:

» Cuidar para que as crianças não belisquem, puxem o pelo, torçam as orelhas, caiam em cima ou persigam os filhotes.

» Monitorar as interações entre as crianças e os filhotes. Crianças tendem a correr, gritar e usar roupas largas, tudo que pode incitar o impulso de caça do filhote e estimulá-lo a mordiscar. É responsabilidade dos pais desencorajar esses comportamentos.

» Ensinar as crianças a ficar tranquilas perto do filhote e a acariciá-lo com delicadeza.

» Impedir que as crianças carreguem o filhote, pois elas podem derrubá-lo.

A tolerância para brincar com crianças varia de raça para raça e de cão para cão. A exposição precoce também é um fator importante. Cães entre sete e doze semanas que são expostos a crianças bem-comportadas geralmente se dão bem com crianças. A coisa mais importante que os pais podem ensinar aos filhos é respeitar o filhote, incentivando, assim, uma relação harmoniosa (veja a Figura 7-3).

Pais que pedem para que os filhos mantenham as mãos junto ao corpo ou cruzem os braços quando estiverem perto de filhotes ou de cães que não conhecem estão cuidando tanto dos cães quanto das crianças. É claro que é preciso ensinar às crianças a nunca se aproximar ou fazer carinho em cães que elas não conhecem. Somente depois da autorização do dono esse é um comportamento aceitável.

**FIGURA 7-3:** Uma relação harmoniosa.

Um esconderijo ou local seguro em que o cão possa se recolher e não ser incomodado por uma criança é essencial. Quando Buddy não quiser mais brincar e tentar se esconder embaixo da cama, não é uma boa ideia tentar puxá-lo pelo rabo.

Quando nossa sobrinha veio nos visitar com sua filha de dois anos, a bebê ficou hipnotizada pelos cães e vice-versa. Durante a visita e conforme eles se familiarizaram, a bebê começou a puxar o rabo do Labrador e ele a arrastava pela casa. Ela também adorava abraçar os cães e eles toleraram isso muito bem, com os rabos abanando. Quando a bebê resolveu montar a cavalo em um deles, porém, foi o limite — ele foi para a gaiola dele. Sem desistir, a bebê o seguiu e tentou entrar na gaiola com ele — isso não é uma boa ideia nem com o mais tolerante dos cães. Resolvemos a questão fechando a gaiola.

A moral da história é que o esconderijo, seja onde for, tem que estar disponível para o cão sempre que ele precisar. Considere isso a mesma coisa que se trancar no banheiro! Para saber mais sobre filhotes e cães, leia *Cãezinhos Para Leigos, 3ª Edição*, por Sarah Hodgson.

## Conhecendo os outros animais da casa

Quando você já tem um cão e Buddy é o novo membro da família, você precisa apresentá-los gradualmente. Não presuma que o cão mais antigo aceitará Buddy imediatamente.

A apresentação de um novo membro da família para um cão mais velho é feita primeiro com ambos na guia. Leve o cão mais velho para fora, em frente da casa, que é um território neutro. Depois, tire o filhote do carro e deixe que os dois se conheçam na guia. Permita que o cão mais velho cheire o filhote todo. Filhotes desta idade normalmente deitam de barriga para cima ou fazem xixi. Na linguagem canina isso é um sinal de grande respeito.

Quando o cão mais velho tiver satisfeito a sua curiosidade, deixe que ele convide o cão para entrar em casa. Fique atento à interação entre eles. Acima de tudo, dê a mesma atenção para os dois, para que o cão mais velho não ache que está sendo substituído. Se a apresentação não der certo, alterne entre manter o cão mais velho e o filhote na gaiola/caixa até que eles se acostumem um com o outro. Para saber mais sobre apresentações para um gato, veja o Capítulo 1.

## Atendendo às necessidades fisiológicas do filhote

O adestramento sanitário do filhote pode ser um desafio, mas não precisa ser um pesadelo. Dedicamos o Capítulo 8 a esse assunto, lá você aprende como estabelecer uma rotina.

LEMBRE-SE

Veja o que se deve ter em mente ao levar o filhote para casa:

» Estabeleça uma área para o banheiro no quintal ou na área de serviço e leve Buddy lá assim que ele acordar, um pouco depois que beber água ou se alimentar e depois que brincar ou mastigar brinquedos.

» Ao ver Buddy cheirando e dando voltas, preste atenção! Ele está lhe dando sinais de que está procurando um lugar para fazer as necessidades. Ao notar esse comportamento, leve-o para o banheiro dele para evitar acidentes.

» Depois das 20h, retire a tigela de água para que as chances de ele precisar ir ao banheiro à noite sejam menores.

## Decidindo onde o filhote deve dormir

Nunca é suficiente enfatizar o quanto o sono é importante para um filhote. Afinal, ele é um bebê e precisa de muitas horas de sono para crescer adequadamente, digerir os alimentos e ficar tranquilo. Filhotes que não dormem o bastante normalmente ficam superestimulados e costumam morder suas mãos, causam mais acidentes e choramingam mais. Estabeleça uma rotina em que o filhote permaneça na gaiola/caixa por algumas horas depois de brincar pela manhã e novamente depois dos momentos de brincadeiras ao longo do dia.

DICA

Se o cão começar a choramingar quando você o colocar na gaiola/caixa, coloque alguns pequenos petiscos em um brinquedo interativo. Brincar vai gastar o excesso de energia e ajudá-lo a dormir mais rápido.

### ALGUMAS PALAVRAS SOBRE VACINAÇÃO

Muitos criadores vacinam os filhotes antes de irem para as novas casas. Pesquisas mostram, porém, que os filhotes de mães saudáveis e bem cuidadas não precisam de vacina até as semanas de idade, pois recebem imunidade delas. Uma das vacinas mais novas no mercado, contra Raiva, Adenovírus tipo 2 e Parvovirose, da Intervet, é dada com doze semanas de idade, com um reforço com dezesseis semanas, e garante três anos de imunidade.

Alguns poucos filhotes apresentam reações alérgicas a vacinas. Se notar inchaços, andar vacilante, náusea ou diarreia depois da vacinação, consulte o veterinário imediatamente. Alguns filhotes ficam um pouco amuados nos dias seguintes da vacinação. Se o seu filhote ficar um pouco irritado ou fizer as necessidades pela casa, tenha paciência. Se já começou o adestramento, faça uma pausa. Filhotes não conseguem aprender quando estão estressados. Existe um remédio homeopático chamado Thuja que funciona muito bem para combater as reações à vacina (veja o Capítulo 4).

Se por qualquer razão você tiver que deixar o cão em um hotel durante os primeiros meses de vida e a vacina for uma exigência, certifique-se de vacinar o cão com três semanas de antecedência. O sistema imunológico leva um tempo para criar os anticorpos para raiva e parvovirose. Veja o Capítulo 4 para saber mais sobre vacinação.

À noite, você tem algumas opções para o local escolhido para dormir. Filhotes odeiam ficar sozinhos; então, se você isolá-lo na primeira semana, ele vai gritar cada vez mais alto até que você não aguente mais. Ele é programado para fazer isso; é assim que ele diz para a mãe que está perdido, para que ela vá encontrá-lo.

Uma boa ideia é ter uma gaiola ou caixa ao lado de sua cama, servindo como mesa de cabeceira (veja a Figura 7–4). Coloque o filhote nela quando estiver na cama, e ele ficará feliz de relaxar sabendo que você está por perto. Se ele ficar ansioso, coloque os dedos pela grade para confortá-lo e mostrar que ele não está sozinho.

**FIGURA 7-4:** Uma gaiola usada como mesa de cabeceira.

Se seu filhote é integrante de uma casa com mais cães, você pode deixar que todos durmam na mesma área para que o filhote tenha companhia. Certifique-se de que a gaiola/caixa tenha uma manta macia e um brinquedo de pelúcia grande para que o filhote fique aquecido.

# Começando a Educação de Buddy

Filhotes adoram aprender, e eles vão aprender com ou sem você. Naturalmente, você vai preferir ensinar aquilo que quer que ele aprenda. As lições que o cão aprende entre sete e doze semanas de idade ficarão guardadas para sempre.

Nessa idade, ainda é fácil de controlar Buddy fisicamente. Quanto mais velho e maior ele fica, mais difícil a tarefa se torna — e mais desagradável isso é para o cão. A melhor hora de começar é agora. Nas seções seguintes, mostramos os exercícios mais importantes para educar o seu filhote.

## Reconhecendo o próprio nome

Um dos primeiros exercícios a se ensinar é reconhecer o próprio nome. Por mais óbvio que isso possa parecer, já conhecemos um número incrível de cães que não atendem ao próprio nome. O adestramento de um cão que não atende ao nome tem pouca chance de sucesso.

Comece com o filhote perto de você em um ambiente sem distrações. Diga o nome dele e use um petisco para fazer com que ele olhe para você. Coloque o petisco diretamente na frente do focinho dele e deixe que ele siga o petisco com os olhos até o seu rosto antes de recompensá-lo. Quando ele olhar para você, diga: "Bom garoto", e dê o petisco. Repita de três a cinco vezes.

Revise este exercício ao longo de várias sessões. Quando ele entender e olhar para você ao ouvir o nome dele, comece a aumentar a dificuldade, chamando-o de mais longe e, por fim, quando ele estiver distraído.

Ao mesmo tempo, ensine o comando "Toque" (veja o Capítulo 10), que começa com o exercício do "Vem". O nosso Dachshund, Fritz, demorou três dias para atender ao comando, que ensinamos a ele sem a guia e na forma de jogo.

## Acostumando o filhote com a coleira

Antes de começar o adestramento, Buddy precisa se acostumar a usar a coleira. Coloque a coleira no filhote depois da soneca, leve-o para o banheiro para que faça as necessidades e deixe que ele coma usando a coleira. No princípio, ele pode se coçar, pois não está acostumado a ter algo em volta do pescoço. Quando ele se acostumar, vai parar de coçar.

Depois que ele estiver confortável usando a coleira, introduza a guia. Prenda-a na coleira e deixe que ele a arraste pela casa. Fique de olho para que ele não a enrosque. Não segure a guia ainda.

Depois que ele se acostumar com a guia se arrastando atrás dele, o próximo passo é acostumá-lo a andar na guia com você a segurando. Nessa idade, se tentar levar o cão para passear usando a guia, ele pode resistir. Ele não quer sair de casa e você vai acabar arrastando o filhote pela rua, deixando uma impressão ruim da guia. Em vez disso, pegue-o no colo e carregue-o a uma distância curta de casa. Neste ponto, ele ficará feliz de voltar para casa na guia. Depois de várias

CAPÍTULO 7 **Iniciando o Filhote com a Pata Direita** 151

repetições, ele vai se acostumar a usá-la. Faça com que seja divertido para o filhote e dê um petisco de vez em quando para motivá-lo a andar.

Quando você estiver pronto para começar a adestrar o filhote, coloque uma coleira de adestramento. Comece de frente para o cão. Depois siga os passos a seguir para colocá-la no cão:

1. **Pegue os dois anéis com a mão direita.**

   Veja a Figura 7-5a.

2. **Coloque a coleira na parte de baixo do pescoço do cão e leve as extremidades para a parte de cima, logo atrás das orelhas.**

   A Figura 7-5b mostra a colocação correta da coleira neste passo. **Lembre-se:** Quando começar a colocá-la, o cão vai flexionar os músculos do pescoço, expandindo a circunferência em até dois centímetros, criando a impressão que a coleira está muito mais apertada do que está (da mesma forma que um cavalo estufa a barriga ao ser selado).

3. **Prenda a fivela ao anel móvel.**

   Veja o Capítulo 5 para identificar qual é o anel móvel. O lado mais macio da fivela deve ficar virado para a pele do cão. Veja a Figura 7-5c para visualizar esse passo.

4. **Prenda a guia no anel fixo, e tudo pronto.**

   Veja a Figura 7-5d para visualizar onde se deve prender a guia.

DICA

Depois de colocar a coleira no cão, você pode ter a impressão de que ela está apertada demais. Sugerimos que na primeira vez que colocar a coleira de adestramento você espere uns cinco minutos. Depois que o cão relaxar, teste novamente para ver se está confortável. Você precisa ser capaz de passar dois dedos entre a coleira e o pescoço (um dedo se for um cão do grupo Toy). Se seus dedos não couberem, a coleira está apertada demais; se puder passar três ou mais dedos, está muito frouxa. Uma forma de diminuir a coleira é fazer um nó e depois prendê-la da forma indicada.

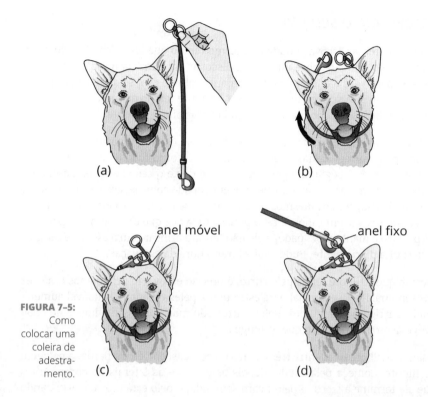

**FIGURA 7-5:** Como colocar uma coleira de adestramento.

## Educando para os cuidados de higiene

Você mesmo pode fazer a rotina de cuidados de que o cão precisa sem ter que gastar uma fortuna em pet shops. Alguns exemplos são escovar, dar banho, cortar as unhas, limpar as orelhas e escovar os dentes. Se começar a educar o cão para receber esses cuidados assim que ele chegar em sua casa, Buddy aceitará bem e você conseguirá fazer tudo de que precisa para o resto da vida. Comece agora enquanto o cão é pequeno; assim, você consegue pegá-lo no colo e colocá-lo em uma mesa. A melhor hora para começar a fazer isso é depois que o cão brincou ou se exercitou.

Os equipamentos necessários dependem do tipo de cão, pois isso determina quais os cuidados de que ele precisa. Mesmo cães de pelo curto requerem um pouco de escovação. Escovar o cão regularmente evita o uso constante de aspirador de pó.

## Escovando o seu filhote

Em vez de tentar escovar Buddy ao mesmo tempo que luta com ele pelo chão, comece colocando-o sobre uma mesa. Escovar em cima da mesa é mais confortável para você e tem um efeito calmante sobre o cão. Se o seu cão tem pelo longo, ele precisa se acostumar a passar bastante tempo na mesa. Se o cão é de porte grande, você pode precisar de ajuda para colocá-lo sobre a mesa.

Qualquer superfície sólida serve, mas é preciso colocar uma toalha para que o cão não escorregue. Massageie suavemente o corpo todo do cão. Quando ele relaxar na mesa, pegue uma escova macia e deixe o cão cheirá-la. Ponha um petisco sobre a mesa e, quando ele estiver ocupado com ele, escove gentilmente o corpo do cão, com os mesmos movimentos que fez antes (a Figura 7-6 mostra como escovar um filhote). Dê o petisco toda vez que escovar outra parte do corpo. Isso o manterá ocupado, e ele não tentará brincar com a escova. Se seguir essa rotina diariamente, Buddy vai adorar a hora da escovação.

Mesmo que o filhote tenha pelo curto, é preciso escová-lo pelo menos uma vez por semana. Isso é essencial para estimular a pele: a mantém saudável aumentando a irrigação sanguínea. Pelos curtos são mais difíceis de limpar do chão com o aspirador de pó do que os longos.

Quando o filhote tiver entre três e cinco meses, ele começará a perder a pelagem de filhote. Começa pela cauda, depois as costas e as laterais do corpo. Antes que ele termine a troca, o pelo ficará sem vida; o pelo está morto e está dando espaço para a pelagem de adulto. Manter o filhote escovado ajuda a evitar pelos nas roupas e no chão.

**FIGURA 7-6:** Escovando em cima da mesa.

## Dando banho no seu filhote

Mesmo nas melhores casas, os cães acabam se esfregando em coisas que os deixam cheirando mal. Nós passeamos com os nossos cães em fazendas com cavalos e o cocô de cavalo é o local favorito para eles rolarem. Ninguém quer chegar perto de um cão fedido, por isso Buddy precisa aprender a tomar banho.

LEMBRE-SE

Há diversas opiniões sobre a frequência ideal dos banhos. A resposta simples é que você deve dar banho no seu cão sempre que ele estiver cheirando a cachorro ou tenha rolado em algo fedido. Deus nos livre de ele se encontrar com um gambá!

Você pode usar a banheira ou o chuveiro, ou dar banho em uma área externa se o clima permitir (veja a Figura 7–7). Na primeira vez que colocar o cão na banheira ou no chuveiro, deixe que ele se acalme antes de ligar a água. Depois de ligar, vá devagar e deixe que ele a olhe um pouco. A água deve estar morna, não muito quente. Se estiver usando um chuveirinho, espirre a água longe do cão primeiro, para que ele se acostume com o barulho e a visão do chuveirinho. Depois, comece pelo pescoço e ombros, molhe a parte de baixo do corpo, as patas traseiras e a cauda. Elogie-o o tempo todo. Mantenha uma voz suave e encorajadora.

**FIGURA 7-7:** Dando banho no seu filhote.

DICA

Se o cão não parar quieto, coloque-o na coleira para que possa controlá-lo com a mão. Ou peça a alguém para segurá-lo pela coleira enquanto dá o banho.

Depois de molhar o filhote, massageie o xampu pelo corpo todo. Use xampus à base de óleo de coco, que têm o pH apropriado para a pele do filhote e não remove a oleosidade natural da pele. Evite a cabeça; banhe somente do pescoço para baixo. Não molhe as orelhas e os olhos; isso assusta o cão. Enxague cuidadosamente, removendo todo o xampu. Retire o filhote da banheira ou do

CAPÍTULO 7 **Iniciando o Filhote com a Pata Direita** 155

chuveiro e coloque-o sobre a mesma mesa coberta com a toalha que você usa para escová-lo. Com um petisco em frente do focinho dele, peça que ele sente e seque-o gentilmente com uma toalha seca (veja a Figura 7–8). Enquanto ele estiver na mesa, você pode lavar a cara dele com uma toalha molhada, mas fique longe dos olhos. Depois do banho, mantenha-o em uma área aquecida até que ele esteja totalmente seco.

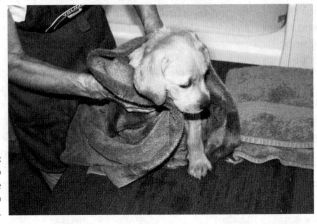

**FIGURA 7-8:** Secando o filhote depois do banho.

## Cortando as unhas

As unhas do filhote precisam ser cortadas sempre que você conseguir ouvi--lo caminhando sobre um piso de madeira. Cortar as unhas não é tão difícil quanto parece. Primeiro, acostume o cão a ser tocado nas unhas. Para isso, espere até que ele esteja relaxado e depois brinque com as patinhas, tocando cada unha. Isso também pode ser feito durante as sessões de escovação.

Depois que o filhote se acostumar a ser tocado nas unhas, coloque-o sobre a mesa que você usa para escovação. Deixe-o em uma posição confortável, sentado ou deitado. Usando um cortador de unhas, corte apenas a pontinha de uma unha. Provavelmente, o cão vai resmungar, não tanto pelo desconforto, mas pela novidade. Dê-lhe um petisco. Quando ele estiver confortável com o corte de uma unha, experimente cortar todas de uma pata. Lembre-se de cortar as unhas dos ergôs (o 5º dedo) das patas dianteiras. Faça a mesma coisa durante quatro dias, e terá cortado todas as unhas.

Você pode usar um lixador para diminuir as unhas ou suavizar as pontas depois de cortá-las. Essas ferramentas são barulhentas, então dê tempo ao cão para se acostumar com a máquina desligada e depois ligada sem usá-la. Alguns cães são sensíveis ao som, não recomendamos este tipo de ferramenta neste caso. Deite o cão sobre a mesa, ofereça petiscos e corte uma unha de cada vez. Depois de alguns dias, você terá cortado todas.

DICA

Você pode precisar da ajuda de outra pessoa para segurar o filhote para que você corte as unhas dele.

## Limpando as orelhas

Parte dos cuidados semanais é a limpeza das orelhas. Cães de orelhas levantadas, como o Pastor-Alemão ou Corgis, não precisam de limpeza com a mesma frequência que cães de orelhas dobradas, que parecem aspirar a sujeira com as orelhas. Cães com orelhas dobradas, como os Dachshunds e os Labradores, precisam de limpeza semanalmente.

Para começar, coloque Buddy sentado ou deitado na mesa de escovação e brinque delicadamente com as orelhas dele. Levante ou mexa nas orelhas antes de começar a limpar. Dê um petisco e diga que cachorro lindo ele é.

Quando você e Buddy estiverem prontos para começar a limpeza, misture 50% de água e 50% de vinagre de maçã em um frasco com spray. Borrife uma pequena quantidade da mistura em um pedaço de algodão e limpe delicadamente a parte interna visível das orelhas. Se não souber o que fazer, não se aprofunde muito no canal auditivo, pode ser perigoso — deixe a limpeza mais profunda para o veterinário.

## Limpando os dentes

A última parte da sessão de cuidados semanais é checar os dentes do cão. A boca do seu cão é uma porta para a saúde geral. Primeiro, acostume-o a deixar que você mexa na boca dele. Levante os lábios dos dois lados da boca e toque os seus dentes. No começo, a maioria dos filhotes não deixa que mexam em sua boca. Mas seja paciente; Buddy vai se acostumar com a sensação.

Com Buddy na mesa de escovação, coloque o seu braço em volta do pescoço e dos ombros do cão. Depois que ele estiver confortavelmente posicionado, levante os lábios dele dos dois lados. Dê um petisco. Depois molhe um chumaço de algodão e delicadamente passe-o nos dentes dele. Dê outro petisco. Depois de seguir esses passos, Buddy vai se acostumar a ser tocado na boca e nos dentes.

Conforme o cão cresce, você pode introduzir uma escova de dentes macia, que deve ser usada semanalmente quando ele for adulto. Você pode usar uma escova de dentes para humanos, mas use a pasta de dentes para cachorros, que é mais palatável para o cão e torna o processo mais agradável.

LEMBRE-SE

Adestrar o cão para aceitar essa rotina é uma das coisas mais importantes que você pode fazer por ele, pois, quando adulto, os dentes do cão podem acumular tártaro, que inflama as gengivas. Doenças gengivais produzem bactérias que podem causar doenças cardíacas, derrame e alguns tipos de câncer.

# Resolvendo Problemas Complicados de Filhotes

Nesta seção, lidamos com algumas das dúvidas mais comuns das nossas aulas para filhotes, envolvendo condições de saúde que interferem no adestramento sanitário e no treinamento em geral. Confira esta lista de comportamentos:

» **Meu filhote faz pequenas quantidades de xixi com frequência, mesmo eu o levando para o banheiro regularmente.** O estresse de deixar a mãe e os irmãos, aliado a uma longa viagem até a casa nova, pode provocar uma doença chamada *cistite*. É uma inflamação na bexiga que faz com que o cão tenha que urinar com frequência. O cão se encolhe todo e faz algumas gotas de xixi. Não ignore esses sintomas e pense que ele vai melhorar sozinho, pois não melhora. A cistite pode arruinar o adestramento sanitário, consulte um veterinário.

» **Meu filhote não come a comida dele.** Descubra que comida ele comia na antiga casa. Experimente dar a mesma comida para ver se a causa da falta de apetite é apenas pela mudança na dieta. Veja o Capítulo 4 para algumas sugestões de dietas.

Um filhote tomando medicação pode ficar com o estômago irritado e não sentir vontade de comer. Experimente dar porções menores e mais frequentes. Se o cão está tomando determinados antibióticos, a falta de apetite desaparecerá assim que acabar a medicação. Se tudo mais falhar, misture leite de cabra e mel (½ xícara de leite para 1 colher [sopa] de mel) e pingue com um conta-gotas nos cantos da boca do cão até que ele comece a comer. Pare o adestramento até que ele se sinta melhor.

Quando o filhote está trocando os dentes (dos quatro aos seis meses), a boca pode ficar dolorida. A comida pode ficar presa nos dentes, então é comum ver o cão esfregando o focinho no chão ou no sofá. Delicadamente, coloque o seu dedo indicador na boca do cão para limpar o que quer que esteja grudado. Ofereça muitos brinquedos e ossos para ele roer durante o período de troca de dentição. Ele precisa mastigar para perder os dentes de leite. Se os dentes não estiverem saindo, uma ocorrência comum em cães pequenos, leve ao veterinário. Só volte ao adestramento depois que ele se sentir melhor.

» **Meu filhote tem que tomar comprimidos e eu não consigo fazer ele engolir.** Primeiro, ensine o cão a pegar comida em uma colher. Coloque a comida preferida dele em uma colher e incentive-o a comer. No começo, ele vai lamber a colher, mas depois de algumas repetições ele vai abrir a boca. Você pode esfregar a comida na parte de trás dos dentes dianteiros. Se fizer isso regularmente, ele aprenderá a comer na colher.

Agora, quando precisar dar um comprimido, esconda-o em um pouco de comida e ele comerá na colher. Você pode besuntar o comprimido com manteiga de amendoim, coalhada, iogurte, manteiga, carne ou com qualquer coisa de que o cão goste.

» **Meu filhote come fezes.** Diversas causas são atribuídas a esse hábito, mas normalmente ele é um sinal de que a alimentação do cão não está adequada. Filhotes comem fezes para obter nutrientes não digeridos que faltam em sua alimentação. Uma forma de evitar esse comportamento é recolher as fezes imediatamente. Dê uma olhada nas sugestões de alimentação no Capítulo 4.

DICA

Alguns cães gostam de fezes de cavalo e de gato. Este comportamento é questionável para você, mas não faz mal para o cão. O comando "Larga" deve resolver o problema.

» **Meu filhote me morde quando tento manuseá-lo.** Quando o filhote morder forte demais, grite: "Ai", em um tom de voz alto. Depois, distraia-o com um brinquedo. Na maioria dos casos, o cão rapidamente percebe que isso não é um comportamento aceitável. Alguns filhotes são mais resistentes que outros; neste caso, pegue o cão gentilmente pela pele do pescoço e levante as patas dianteiras dele do chão.

Nossa fêmea de Labrador, Annabelle, constantemente mordia a nossa mão quando chegou, às vezes arrancava sangue. Notamos que ela estava com cistite, e depois de tratada o comportamento de morder parou. Esse comportamento também pode ocorrer depois de vacinações.

» **Devo vermifugar o filhote regularmente?** Não vermifugue o cão sem antes fazer um exame de fezes. Se o cão tiver vermes, o veterinário indicará o produto adequado para tratar do verme específico. Evite os vermífugos vendidos em supermercados e lojas de animais. O excesso de substâncias tóxicas é perigoso para filhotes, irrita o estômago e faz o cão se sentir mal. Se achar que o cão tem vermes e não está bem, pare o adestramento até que ele melhore.

» **É seguro usar produtos contra pulgas e carrapatos no filhote?** Peça a orientação do veterinário sobre como lidar com pulgas e carrapatos. Há inúmeros produtos no mercado, mas você precisa certificar-se de que o produto é seguro e atóxico.

LEMBRE-SE

Carrapatos podem transmitir a doença do carrapato, que pode ser fatal. Se você mora em áreas com animais silvestres ou outros animais de criação, fique atento e use proteção contra carrapatos. Se o cão adoecer, pare o adestramento até que ele se sinta melhor.

160    PARTE 2  **As Fases do Filhote**

> **NESTE CAPÍTULO**
>
> **Treinando o cão para a gaiola/caixa**
>
> **Definindo um cronograma para comer e ir ao banheiro**
>
> **Mostrando para Buddy onde é o banheiro**
>
> **Lidando com acidentes**
>
> **Explorando uma alternativa para a gaiola/caixa**

# Capítulo 8

# Adestramento Sanitário

omo em qualquer parte do adestramento, alguns cães aprendem o adestramento sanitário mais facilmente do que outros. Como regra, entretanto, a maioria dos cães não tem problemas para aprender, se você fizer sua parte. Para acelerar o processo, recomendamos fortemente que utilize uma gaiola/caixa ou formas similares de confinamento.

Inicialmente, você pode pensar que este conceito é cruel e desumano. Isso não é verdade. Usar uma gaiola/caixa para o adestramento sanitário é o meio mais humano e eficaz de realizar essa tarefa. Isso se deve ao fato de que cães têm uma inclinação natural para manter a sua "toca" limpa. Você descobrirá que o seu filhote gosta da gaiola/caixa dele e que você pode desfrutar de um pouco de tranquilidade.

Este capítulo abrange as chaves para o sucesso do adestramento sanitário:

>> Usar corretamente a gaiola/caixa ou o cercadinho.

>> Estabelecer um cronograma para alimentação e exercícios e manter esse cronograma mesmo durante os finais de semana — pelo menos até que o seu cão tenha aprendido a usar o banheiro e esteja maduro.

>> Vigiar, vigiar e vigiar até que o cão esteja adestrado.

LEMBRE-SE

Se você adquiriu um cão adulto de um abrigo ou de outro local, ele pode não ter sido adestrado para usar o banheiro. Por exemplo, se costumava ficar amarrado do lado de fora, certamente ele não foi adestrado. As regras para o adestramento sanitário de um cão adulto são as mesmas para os filhotes, mas o processo certamente será mais rápido. A capacidade do cão adulto de controlar as suas necessidades é obviamente muito maior do que a de um filhote.

# Ajudando Buddy a Se Acostumar com a Gaiola/Caixa de Transporte

O treinamento na gaiola/caixa proporciona tranquilidade para você e um local seguro para o seu cão quando ele precisa de paz e sossego e quer se isolar da confusão da casa. Para o seu cão, a gaiola/caixa de transporte é uma "toca" em que ele pode relaxar, cochilar e não ser incomodado. A gaiola/caixa de transporte é o lar do cão fora de casa quando vocês viajam, e ela proporciona segurança para vocês dois dentro do carro.

Para ajudar a instalar Buddy confortavelmente na gaiola/caixa de transporte, atraia-o com um petisco, feche a porta, o elogie e depois deixe ele sair. Cada vez que fizer isso, deixe-o na gaiola/caixa um pouco mais de tempo com a porta fechada, recompensando e elogiando-o bastante. Finalmente, coloque-o na gaiola/caixa, dê um petisco e depois saia do ambiente — primeiro por cinco minutos, depois por dez, quinze, e assim por diante. Toda vez que retornar para soltá-lo, elogie-o bastante antes de abrir a porta.

LEMBRE-SE

Nos raros casos em que um filhote se opõe violentamente a ser colocado na gaiola/caixa, use um cercadinho. Se você adquiriu um cão mais velho de um abrigo, ele pode ser mais resistente a ficar na gaiola/caixa, provavelmente porque teve uma experiência negativa associada a ela. Um cercadinho pode resolver o problema.

Você pode usar a gaiola/caixa para alimentar Buddy. Coloque a tigela dele em frente à gaiola/caixa e deixe-o se alimentar. Na vez seguinte, coloque a comida dentro da gaiola/caixa, bem ao lado da porta. A cada refeição, coloque a tigela mais para dentro na gaiola/caixa. Observe a Figura 8–1 para ver um cão se alimentando em sua gaiola/caixa.

Use essa oportunidade para ensinar o comando "Gaiola/Caixa". Coloque a refeição dentro da gaiola/caixa, e diga: "Gaiola/Caixa." Não demorará muito para que ele vá para a gaiola/caixa com o comando, especialmente se for recompensado com a comida ou um petisco. Quando ele obedecer, recompense aleatoriamente.

Dê algo divertido para manter Buddy ocupado quando você sair. Brinquedos interativos ou um Kong recheado com petiscos são uma ótima maneira de tornar a gaiola/caixa divertida.

Por quanto tempo você pode deixar Buddy na gaiola/caixa sem supervisão? Isso depende do seu cão e da sua rotina. Cães adultos podem ficar na gaiola/caixa durante quatro a seis horas. Filhotes devem ficar por menos tempo. Ao longo de 24h, os filhotes precisam fazer xixi e cocô com muito mais frequência do que os adultos. A capacidade de um filhote de se controlar aumenta com a idade, uma hora por mês. Até que ele tenha seis meses de idade, não espere que consiga ficar mais do que quatro horas sem fazer as suas necessidades.

Na hora de dormir, a maioria dos filhotes consegue passar a noite toda sem fazer xixi. Se você tem uma fêmea e notar acidentes frequentes de xixi fora do lugar, isso pode ser um sinal de uma infecção urinária chamada cistite. Consulte um veterinário para uma avaliação.

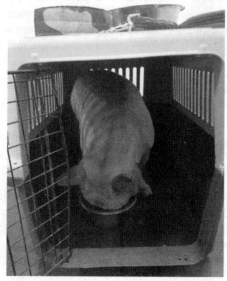

**FIGURA 8-1:** Um cão comendo na caixa.

# Estabelecendo um Cronograma Diário para Comer e Fazer as Necessidades

Cães gostam de criar uma rotina, e você também vai gostar: um cronograma rígido é uma das melhores armas para o adestramento sanitário. Ao alimentar e exercitar Buddy no mesmo horário todos os dias, você estará ensinando-o a fazer suas necessidades sempre nos mesmos horários. Depois que vocês estabelecerem um cronograma, ficará fácil para você antecipar quando ele precisará se aliviar e ajudá-lo a estar no local certo quando o momento chegar.

Das sete semanas até os quatro meses de idade, os filhotes precisam se alimentar quatro vezes por dia. Defina horários para as refeições que sejam convenientes para você, e procure alimentá-lo sempre nas mesmas horas todos os dias. Dependendo da sua rotina, os horários podem ser às 8h, 12h, 16h e 20h. Essa rotina funciona se você costuma se deitar por volta das 23h e pode levar o filhote até o banheiro antes de ir para a cama. Ajuste o cronograma para o horário que você costuma acordar.

Para um filhote entre quatro e sete meses de idade, dê três refeições diárias. Depois dos sete meses, alimente-o duas vezes ao dia. Refeições pequenas e mais frequentes ajudam a manter o filhote calmo, contribuem com o crescimento uniforme e controlam os horários que ele precisará ir ao banheiro. Dê-lhe um biscoito para cães antes de dormir para que ele durma a noite toda.

LEMBRE-SE

Alimente-o com a quantidade certa, fezes moles são um sinal de excesso de alimentação; evacuação com dificuldade ou fezes secas são sinais de pouca alimentação ou de uma dieta pobre. Mantenha uma dieta constante e ofereça a mesma marca de comida em todas as refeições. Mudanças abruptas na alimentação podem causar indisposições digestivas que não ajudarão em seus esforços de adestramento sanitário (veja o Capítulo 4 para saber mais sobre as opções de alimentos).

Por conveniência, você pode ficar tentado a colocar a comida do seu filhote em uma tigela grande e deixar que ele belisque quando achar melhor, uma prática chamada de autoalimentação. Embora prático, para o bem do adestramento sanitário, não faça isso: você não conseguirá controlar o quanto e quando Buddy come. Não conseguirá saber a que horas ele precisará ir ao banheiro, pois não saberá a que horas ele comeu. Depois de dez minutos, retire a tigela.

LEMBRE-SE

Deixe água fresca disponível o tempo todo durante o dia. Se Buddy ficar na gaiola/caixa por mais de duas horas, deixe uma tigela de água dentro da gaiola/caixa. Depois das 20h, retire a tigela de água para que ele consiga passar a noite toda sem ir ao banheiro.

Ao seguir uma rotina de alimentação regular, você estimula uma rotina para as suas necessidades, também. Os relógios biológicos dos filhotes são muito precisos, experimente anotar os horários que ele costuma ir ao banheiro. Um filhote normalmente precisa evacuar várias vezes e urinar de seis a oito vezes por dia.

Leve Buddy para o banheiro dele assim que ele acordar, um pouco depois de comer ou beber e depois de brincar ou mastigar brinquedos. É claro que você precisa observar as necessidades específicas do seu filhote, alguns precisam ir mais de uma vez em um pequeno intervalo. Quando Fritz, nosso Dachshund, era filhote, o levávamos para fora assim que ele acordava pela manhã. Ele fazia as necessidades e voltava para dentro de casa. Meia hora depois, porém, ele queria ir de novo. Depois disso, ficava várias horas sem precisar ir ao banheiro.

DICA

Ao ver seu cão cheirando o chão e dando voltas, fique atento! Ele está avisando que está procurando um lugar para fazer as necessidades. Leve-o até o banheiro para que não ocorra um acidente pela casa. Use a mesma porta toda vez que sair ou o mesmo caminho para ir até o banheiro dele, dizendo: "Banheiro", ou, "Xixi." Por volta das 11 ou 12 semanas, o seu filhote começará a pedir para sair em frente à porta.

# Determinando o Local do Banheiro

Comece escolhendo onde será o banheiro do seu cão. Sempre leve Buddy para aquele local quando quiser que ele faça as necessidades. Se possível, escolha um local em linha reta a partir da porta da casa. Você pode carregar o filhote ou colocá-lo na guia. Fique parado, seja paciente e deixe que ele cheire à vontade e se concentre no que está fazendo. Quando ele terminar, elogie-o e brinque com ele por alguns minutos. Não o leve imediatamente para dentro de casa: não passe a impressão de que ele só sai para as necessidades, porque senão ele vai atrasar o processo só para ficar mais tempo lá fora. Haverá ocasiões que você não terá tempo de brincar com ele; nestes casos, apenas leve-o de volta para dentro.

Presenciar o ato do seu filhote se aliviar lá fora, seguido de um momento de brincadeira, é talvez uma das mais importantes partes do adestramento sanitário. O primeiro sinal de que não está passando tempo suficiente lá fora com seu filhote é quando ele volta para dentro e ocorre um acidente. Deixar o filhote sair para o quintal sozinho não é suficiente, você precisa ir com ele até que a rotina dele esteja estabelecida.

O local em que você mora dita as suas estratégias de adestramento sanitário. Na cidade, em que os cães devem estar contidos na hora de fazer as necessidades, você precisa manter Buddy na guia. Se você tem um quintal cercado e não se importa com o local exato em que ele deve fazê-las, deixá-lo sem a guia. Mas se quiser que ele as faça sempre no mesmo lugar, mantenha-o na guia.

CAPÍTULO 8 **Adestramento Sanitário**    165

**LEMBRE-SE**

Não importa onde você more — na cidade, em um condomínio ou no campo —, você precisa recolher os dejetos. Até mesmo no seu quintal, a menos que você tenha uma vastidão de terras, é preciso recolher as fezes, por motivos óbvios de higiene. E não permita que ele faça as necessidades no quintal do vizinho — nem mesmo no quintal daquele vizinho desagradável que vive gritando com seus filhos.

Você também pode querer ensinar a Buddy um comando, como "Anda logo", para que ele acelere o processo, quando necessário. Dê o comando logo antes de ele começar, e então elogie-o bastante quando tiver terminado. Após várias repetições, Buddy associará o comando com ter que evacuar. O comando "Anda Logo" é útil em viagens com o cão, e acostuma-o a fazer as necessidades utilizando a guia.

Cuidados especiais são necessários quando está chovendo ou muito frio, porque muitos cães, em particular os de pelo curto, não gostam de sair no molhado, da mesma forma que você. Certifique-se de que o filhote realmente fez as necessidades antes de levá-lo de volta para casa.

**HISTÓRIA DE SUCESSO**

## COLETTE, UMA ALUNA EXEMPLAR NO ADESTRAMENTO SANITÁRIO

A primeira coisa que Mary faz de manhã é tirar sua filhote de poodle de 12 semanas de idade, Colette, da gaiola e levá-la direto para o banheiro. Quinze minutos depois da refeição matutina de Colette, Mary a deixa sair novamente. Mary, então, põe Colette na gaiola e vai para o trabalho.

No seu horário de almoço, Mary vai para casa, para deixar Colette se aliviar, e brinca com ela por alguns minutos. Então, Mary a alimenta e, só para garantir, a leva para dar uma volta mais uma vez. Para o período da tarde, Colette é colocada na gaiola novamente até Mary retornar. Ao chegar em casa, Mary alimenta e passeia com Colette e, depois disso, fica o restante da noite em casa, quando Mary pode ficar de olho nela. Antes de ir para cama, Colette é levada novamente ao banheiro e depois passa a noite na gaiola.

Quando Colette completar sete meses, Mary vai pular a refeição e o passeio do meio-dia. A partir dessa idade, a maioria dos cães só precisa sair para se aliviar assim que acorda ou logo depois, uma vez no fim da tarde e de novo antes de dormir.

# Lidando com os Acidentes Corretamente

Não importa o quanto você seja cuidadoso e vigilante, acidentes vão ocorrer. Eles podem ser fruto de um simples erro ou indicar um problema físico. Você deve lembrar que, como regra, os cães gostam de limpeza. Lembre-se também de que acidentes são apenas isso — acidentes. Seu cão não fez de propósito.

CUIDADO

Quando Buddy tiver um acidente em casa, não o chame para puni-lo. É tarde demais. Punir seu cão nessa situação não ajudará seus esforços para o adestramento em casa e você fará com que ele fique desconfiado na hora de atender a um chamado seu (prejudicando o aprendizado do comando "Vem").

Um erro muito popular é pensar que o cão "sabe o que fez" porque faz cara de "culpa". Não é nada disso! Ele faz essa cara porque, por experiências anteriores, sabe que quando você se depara com uma bagunça, fica com raiva dele. Ele aprendeu a associar uma bagunça com sua reação. Ele não fez — e não consegue fazer — a conexão entre ter feito a bagunça e a sua raiva. Disciplinar depois do fato é a maneira mais rápida de minar o relacionamento que você está tentando construir com o seu cão.

Cães são espertos, mas não conseguem associar o que aconteceu pouco tempo antes com as consequências tardias. Quando você chega do trabalho em casa e grita com o seu cão por ele ter feito as necessidades na sala de estar, tudo que vai conseguir é mostrar para ele que está com raiva. Bater no seu cão com um rolo de jornal é cruel e só faz com que ele fique com medo de você e de jornais enrolados. Esfregar o nariz dele no xixi é anti-higiênico e nojento. Cães podem aprender a usar o banheiro apesar dessas práticas, mas não por causa delas.

LEMBRE-SE

Dependendo da situação, você deve lidar com os acidentes de maneiras diferentes. Considere o seguinte:

» **Ao se deparar com um acidente consumado:** Mantenha a calma e leve o cão para longe, para que ele não veja você limpando a sujeira (o fato de ver você limpando o atrai a voltar para aquele lugar). Use vinagre branco ou um removedor enzimático. Não use produtos à base de amônia, pois além de não neutralizar o odor, ela atrai os filhotes para aquele local novamente.

» **Ao flagrar seu cão no ato:** Se presenciar Buddy no ato, chame-o pelo nome em um tom ríspido e bata palmas. Se ele parar, leve-o até o banheiro dele. Se não parar, deixe-o terminar e não fique bravo. Não tente arrastá-lo, pois isso vai dificultar a limpeza. Até que o cão esteja confiável, não o deixe solto pela casa sem supervisão.

Regressões no adestramento sanitário acontecem, especialmente durante a fase de troca de dentição ou logo após a vacinação. Regressões depois dos seis meses de idade podem ser um sinal de que seu cão está doente. Se os acidentes persistirem, leve-o para o veterinário para uma avaliação.

Quando viajamos com um ou mais de nossos cães, esforçamo-nos para manter a rotina de alimentação e exercícios o máximo possível. Manter o ritmo diário previne distúrbios digestivos que podem levar a acidentes.

# Lidando com Diferentes Situações

Os cães vivem em diferentes condições. Muitos moram com seus donos em apartamentos, outros em condomínios residenciais e outros em grandes propriedades. Os donos normalmente trabalham e ficam fora por longos períodos, ou têm alguém em casa com os cães a maior parte do dia. Seja qual for a situação, é preciso fazer os ajustes necessários.

## O que fazer com um cão de apartamento

Muitos cães vivem em apartamentos e seus donos devem ultrapassar vários obstáculos, incluindo elevadores e escadas, até levarem seus cães para fora. Além disso, se o dono tiver dificuldade de locomoção, levar o cão para fora pode ser um verdadeiro desafio.

Presumivelmente, um cão de apartamento é um cão pequeno. Em qualquer circunstância, a maneira mais fácil de adestrar um cão de apartamento é, primeiro, seguindo o sistema da gaiola/caixa ou do cercadinho (veja a próxima seção).

Existem banheiros portáteis para cães: retangulares, sistemas com três camadas, revestidos com grama artificial antibacteriana. Uma grade ou bandeja mantida debaixo da grama facilita a limpeza. Eles são ideais para cães pequenos como um auxílio no adestramento sanitário. As técnicas usadas são as mesmas mostradas neste capítulo, exceto pelo fato de o cão não precisar sair de casa. Eles são parecidos com as bandejas sanitárias de gatos.

## Quando você fica fora a maior parte do dia: Usando um cercadinho para o adestramento sanitário

Embora um filhote possa aguentar passar a noite na gaiola/caixa enquanto está dormindo, para fins de adestramento sanitário, você não pode deixá-lo na gaiola/caixa por mais de quatro horas seguidas durante o dia. O filhote sujará a gaiola/caixa dele, o que é um hábito que você não quer criar.

Se a sua rotina não permite ficar de olho no filhote durante o dia ou ir para casa para soltar o filhote no horário, a alternativa é um cercadinho. Um cercadinho (veja a Figura 8–2) é um meio de confinamento inteligente que utiliza os mesmos princípios da gaiola/caixa, exceto que é maior e não tem a parte de cima. Ele também pode ser utilizado em áreas externas.

**FIGURA 8-2:** Um cercadinho é outro meio de confinamento.

Primeiro, você precisa adquirir um cercado do tamanho adequado para o porte do seu cão. Por exemplo, para um Labrador, o cercadinho precisa ter 1m². Para um cão menor, 0,5m² é suficiente. Monte o cercado em que o seu cão ficará confinado durante a sua ausência. Se seu cão é um superatleta que gosta de escalar ou pular para fugir do cercado, cubra-o com um pedaço de compensado.

Para fazer com que seu cão fique confortável no cercado, siga os mesmos procedimentos que seguiu ao apresentar a ele a gaiola/caixa (veja "Ajudando Buddy a Se Acostumar com a Gaiola/Caixa de Transporte", anteriormente neste capítulo). Quando Buddy estiver se sentindo "em casa" no cercadinho e você estiver pronto para deixá-lo o dia todo nele, cubra ⅓ da área com jornais para as necessidades (não, Buddy não vai se distrair com a seção de esportes). Cubra ⅓ da área remanescente com uma manta e coloque alguns brinquedos interativos ou um biscoito. Deixe o ⅓ remanescente descoberto.

Conforme o cão cresce e a sua capacidade de controlar suas necessidades melhora, gradualmente reduza a área coberta com jornal até remover tudo. Os cães têm uma tendência natural a manter sua "toca" limpa, o processo todo deve ter terminado quando o cão tiver entre quatro e seis meses de idade.

Buddy precisa ter acesso à água durante o dia, então coloque a tigela de água na área descoberta, em um dos cantos do cercado, perto da cama (um pouco de água acabará espirrando para fora e a parte descoberta é de fácil limpeza). Saia quando ele estiver ocupado com o biscoito ou o brinquedo. Não faça uma cena na hora da partida — apenas saia.

CAPÍTULO 8 **Adestramento Sanitário** 169

Algumas pessoas tentam improvisar uma área de confinamento bloqueando partes de um cômodo. Teoricamente, isso funciona, mas dá a Buddy a chance de mastigar cantos de armários, rodapés ou qualquer outra coisa em que ele possa colocar os dentes. Uma opção é usar portões de crianças para bloquear o acesso a determinadas áreas. Eles funcionam bem para algumas pessoas e alguns cães, mas lembre-se de que eles não protegem os objetos que o cão possa alcançar. Ofereça muitos brinquedos!

CUIDADO

Seja qual for o tipo de barreira que decidir experimentar, não use portões sanfonados — o cão pode prender a cabeça em um dos buracos e pode se estrangular. Deixar o cão em uma superfície de concreto também não é uma boa ideia. O concreto atrapalha o adestramento sanitário; muitos cães não entendem porque ele não pode ser usado como banheiro. O concreto também pode machucar os cotovelos de cães de raças grandes.

DICA

Você descobrirá que, em longo prazo, a opção mais barata é, geralmente, a melhor forma, desde o início. Não seja mesquinho economizando com coisas essenciais para colocar em risco itens mais caros. Gastar com um cercado agora provavelmente economizará dinheiro em reformas e redecoração da casa.

## FAZENDO O QUE DEVE

Ser um bom vizinho significa não deixar Buddy fazer as necessidades na propriedade dos outros, e isso inclui não o deixar usar o jardim do vizinho como penico. Quando Buddy precisar ir ao banheiro, use as áreas especificamente designadas para esse fim. Até amantes fanáticos de cães não gostam que outros cães deixem seus rastros no seu gramado, nas ruas e em outras áreas inadequadas. Eles também não gostam de ver suas plantas ou outros objetos verticais dentro da propriedade deles devidamente marcados toda vez que Buddy levanta a perna. Se Buddy precisar usar o jardim de alguém como penico, você precisa estar pronto para recolher os dejetos. Afinal, parte da posse responsável é limpar a sujeira do cão. Não deixe que Buddy seja odiado na vizinhança. Faça aos outros o que desejaria que fizessem com você.

# 3 Adestramento Básico

## NESTA PARTE . . .

Os capítulos desta parte tratam dos comandos básicos que todo cão bem-comportado deve aprender — "Senta", "Deita", "Fica", "Larga" e "Vem" —, assim como boas maneiras em portas e andar na guia sem puxar. Estes comandos não são difíceis de ensinar, mas são importantes para sua segurança e para a dele.

Ainda incluímos um capítulo sobre como lidar com os comportamentos indesejados mais comuns, como pular nas pessoas, subir na bancada, latir sem parar e outros comportamentos incômodos.

> **NESTE CAPÍTULO**
>
> **Ensinando o comando "Senta"**
>
> **Aprendendo os três comandos "Deita"**
>
> **Ajudando o cão a ficar no lugar**
>
> **Mostrando o comando "Larga"**

Capítulo 9

# Dominando os Comandos Básicos: "Senta", "Deita", "Junto" e "Larga"

O adestramento básico, em grande parte, diz respeito a ensinar o seu cão a parar de fazer algo que ele quer e passar a fazer o que você quer. Os exercícios deste capítulo são chamados de exercícios de controle de impulsos — eles ensinam autocontrole para o seu cão.

Ao ensinar estes exercícios para Buddy, diga os comandos em um tom de voz tranquilo. A audição do seu cão é cerca de 80 vezes melhor do que a sua, e os comandos em um tom de voz tranquilo ensinam o cão a prestar atenção em você. Os comandos também não podem ter entonação de pergunta. É "Senta!" e não "Senta?". Os elogios verbais devem ser entusiasmados e sinceros.

As suas sessões de adestramento devem ser curtas — idealmente, duas sessões de 10–15 minutos por dia. E sempre termine em um tom alegre e positivo. Isso é crucial, porque você quer que Buddy fique ansioso pelas aulas e se alegre ao ver a coleira e a guia de adestramento.

# "Senta! Bom Garoto"

O comando "Senta" é uma forma maravilhosa de controlar Buddy quando ele mais precisa. Ele é também um dos comandos básicos que você e seu cão podem dominar rapidamente. Mostramos tudo que você precisa saber nas seções seguintes.

O "Senta" é um dos exercícios mais úteis que você pode ensinar para Buddy. Você pode usá-lo para o seguinte:

» Ao passear pela rua e parar no meio-fio ou semáforo

» Ao encontrar um conhecido e quiser parar para bater papo

» Antes de Buddy subir ou descer escadas

» Antes de Buddy passar por portas

» Quando você recebe visitas e não quer que Buddy pule nelas

## Colocando Buddy sentado

Há duas maneiras de começar a ensinar Buddy a sentar. Usar um petisco funciona para a maioria dos cães, mas é preciso ter um método para quando isso não funcionar. Passe algum tempo ensinando esse exercício em locais diferentes para que Buddy possa generalizar o exercício.

Para ensinar Buddy a sentar usando um petisco, siga estes passos:

1. **Mostre para o seu cão um petisco pequeno, segurando-o um pouco à frente dos seus olhos, um pouco acima da cabeça. Diga "Senta" levando sua mão alguns centímetros na direção dos olhos do cão, para induzi-lo a sentar.**

   Ao usar este método, observe a posição da sua mão em comparação com a cabeça do cão. Se a sua mão estiver muito alta, ele pulará; se estiver muito baixa, ele não sentará. (A Figura 9–1 mostra a posição apropriada.)

2. **Quando ele sentar, dê o petisco e o elogie.**

   Alguns cães aprendem esta ideia tão rapidamente que se sentam em frente dos seus donos sempre que querem um petisco.

174　PARTE 3 **Adestramento Básico**

Elogie sem fazer carinho. Se você o acariciar ao mesmo tempo que elogiar, ele provavelmente se levantará, mas o que você realmente quer que ele faça é sentar. Elogiar é verbal, como dizer "muito bem" ou "bom garoto" em um tom de voz agradável. Recompensar é dar ao cão um prêmio por uma resposta correta, enquanto ele ainda estiver na posição. Por exemplo, se o seu cão levantar depois de você ter dito para sentar, e você der o petisco, você estará recompensando-o por ter se levantado e não por ter se sentado.

Se Buddy não se interessa por petiscos ou não atender, você vai precisar colocá-lo na posição. Veja como:

1. **Com Buddy do seu lado esquerdo, ajoelhe-se perto dele, com ambos olhando na mesma direção.**

   Se Buddy for pequeno, você pode colocá-lo sobre uma mesa.

2. **Coloque sua mão direita sobre o peito do cão e a mão esquerda sobre os ombros dele. Diga: "Senta", e passe a mão esquerda por toda as costas, até os joelhos, usando uma pressão igual nas duas mãos, forçando-o a se sentar.**

3. **Mantenha suas mãos na posição, conte até cinco e elogie Buddy, dizendo "Bom garoto".**

   O cão literalmente irá sentar sobre sua mão.

4. **Libere o cão com um "Ok" ou seja qual for a palavra que escolher.**

Pratique cinco vezes seguidas em cada sessão de adestramento.

**FIGURA 9-1:** Sentando com um petisco.

CAPÍTULO 9  **Dominando os Comandos Básicos: "Senta", "Deita", "Junto" e "Larga"**  175

## Sentando sob comando

Quando o seu cão entender a palavra "Senta", você pode ensiná-lo a obedecer a um comando. Veja o que fazer:

1. **Com Buddy do lado esquerdo e vocês dois olhando na mesma direção, coloque um petisco na mão direita, na lateral do corpo.**

2. **Dependendo do tamanho do seu cão, passe um ou dois dedos da mão esquerda pela coleira, na parte de cima do pescoço, com a palma para cima, e diga "Senta".**

   Se ele sentar, dê o petisco e elogie, tirando a mão da coleira. Se ele não sentar, puxe a coleira e espere até ele sentar; depois elogie e recompense-o com o petisco. Elogie em um tom de voz tranquilo, para que Buddy não fique empolgado e pule.

3. **Pratique até que Buddy sente sob comando sem ter que ser puxado ou tocado na coleira.**

LEMBRE-SE

Conforme o cão demonstra que já dominou o exercício de sentar sob comando, comece a recompensá-lo uma vez sim e outra não. Finalmente, recompense-o de forma aleatória — dê a recompensa de vez em quando se ele sentar sob comando. A recompensa aleatória é o reforço mais poderoso para o que o cão aprendeu. Isso se baseia na premissa de que a esperança é a última que morre. Para que a recompensa aleatória funcione, tudo que você precisa fazer é continuar a usá-la!

Agora, quando Buddy quiser cumprimentá-lo pulando, mande-o sentar. Quando ele o fizer, recompense-o, faça carinho e o libere. Seguindo este método simples, de modo consistente, você pode alterar o comportamento de saudação do seu cão de tentar pular em você para sentar e ser acariciado.

# Introduzindo o Comando "Deita"

Os exercícios do comando "Deita" são divididos em três partes:

» **O "Deita Longo":** Este exercício é ensinado para controle de impulsos. Ele pode ser ensinado assim que o filhote chegar em casa. Serve para ensinar ao cão de um modo não ameaçador que é você quem manda. Filhotes que aprendem este exercício desde o início ajustam-se à rotina familiar e são adestrados com muito mais facilidade. Ele é ensinado em um momento diferente dos exercícios de obediência. Sugerimos ensinar este exercício no início da noite, antes da hora de dormir.

» **O "Deita":** Este comando de obediência significa "deite agora", e deve ser ensinado em todas as sessões diárias de adestramento.

» **Vai deitar:** Esta é uma extensão natural do "Deita". Este exercício é usado quando você se senta para jantar ou quer trabalhar no computador e não quer interagir com o cão.

Cada um deles é ensinado separadamente, e o "Deita Longo" deve ser ensinado fora das sessões de adestramento. Explicamos os três comandos nas seções seguintes:

# Aquecendo com o exercício do "Deita Longo"

Um dos melhores exercícios de controle de impulso é o "Deita Longo". Pratique este exercício nas seguintes condições:

» Quando o cão estiver cansado

» Depois de ser exercitado

» Quando não há chances de interrupções

» Quando você não estiver cansado

Se a situação permitir, você pode assistir à televisão ou ler, desde que não se mova.

Primeiro, pratique o exercício "Deita" (veja a Figura 9–2):

1. **Com Buddy sentado do seu lado esquerdo, use um petisco para fazê-lo sentar. Ajoelhe-se perto dele, com vocês dois olhando para a mesma direção.**

2. **Passando pelas costas do cão, coloque a mão esquerda atrás da pata dianteira esquerda, coloque a mão direita atrás da pata dianteira direita.**

CAPÍTULO 9 Dominando os Comandos Básicos: "Senta", "Deita", "Junto" e "Larga"   177

**FIGURA 9-2:** Levantando o cão na posição de pedir.

3. Mantenha os polegares para cima, para não apertar a perna do cão, pois ele pode não gostar e acabar resistindo.

4. Levante Buddy para a posição de pedir e, sem dizer nada, deite-o no chão.

Demora quatro semanas de treino para estabelecer o "Deita Longo" como rotina, mas vale o esforço. Veja o que fazer a cada semana:

» **Semana 1:** Três vezes por semana, pratique o exercício "Deita Longo" por 30 minutos de cada vez, da seguinte forma:

   1. Sente-se no chão ao lado do seu cão.

   2. Sem dizer nada, coloque-o na posição "Deita" (veja a Figura 9-3).

   3. Se ele levantar, coloque-o de volta sem dizer nada.

   4. Não ponha suas mãos nele quando ele estiver deitado.

   5. Fique parado.

   6. Depois de 30 minutos, libere-o, mesmo que ele tenha caído no sono.

DICA

Como regra, quanto mais agitado o cão, mais vezes ele vai levantar e mais importante se torna esse exercício. Mantenha a calma, toda vez que ele tentar levantar coloque-o de volta na posição. Se o cão for especialmente agitado, ponha a guia nele para que suas mãos fiquem livres para reposicioná-lo.

178   PARTE 3 **Adestramento Básico**

Alguns cães cooperam relativamente rápido, enquanto outros precisam de mais tempo. Se seu cão é mais teimoso, sua primeira tentativa com o "Deita Longo" será a pior (para você e para o cão). Conforme ele entender a ideia e gradualmente começar a aceitar (sem má vontade) o procedimento, cada nova repetição será mais fácil.

» **Semana 2:** Pratique três sessões de "Deita" de 30 minutos, enquanto você se senta em uma cadeira ao lado dele.

» **Semana 3:** Pratique três sessões de "Deita" de 30 minutos, enquanto você se senta do outro lado da sala.

» **Semana 4:** Pratique três sessões de "Deita" de 30 minutos, enquanto você se movimenta pelo ambiente, mas à vista do cão.

Depois da semana 4, pratique um "Deita Longo" pelo menos uma vez por mês.

## Ensinando a deitar sob comando

Seu cão já sabe como deitar depois de aprender o exercício do "Deita Longo", mas ele precisa aprender a deitar sob comando. "Deita" é o comando usado quando você quer que o cão deite onde está, imediatamente, e fique lá até que você o libere.

**FIGURA 9-3:** Deitando o cão gentilmente para a posição "Deita".

Os passos a seguir podem ajudar você a ensinar este comando para Buddy (com um cão pequeno, pode ser melhor fazer isso em cima de uma mesa):

1. **Com seu cão sentado do seu lado esquerdo e vocês dois olhando para a mesma direção, segure o petisco com a mão direita e passe um ou dois dedos através da coleira na lateral do pescoço do cão, com a palma da mão para cima.**

   Mostre o petisco ao cão, baixando a mão na frente do cão ao mesmo tempo que gentilmente puxa a coleira para baixo e diz "Deita".

2. **Quando ele deitar, dê o petisco e elogie.**

   Mantenha sua mão esquerda na coleira e a mão direita longe do cão, elogiando para que ele entenda que está sendo elogiado por se deitar.

Faça o cão deitar ao seu lado cinco vezes seguidas por cinco dias, ou até que ele faça isso com o comando ou com a mínima pressão na coleira. Elogie e recompense-o com um petisco todas as vezes.

Quando seu cão estiver deitando de modo consistente, diga o comando "Fica", dê dois passos para longe do cão e espere 30 segundos. Aumente gradativamente o tempo de espera até dois minutos. Se o cão se mover, volte para o lado dele, use dois dedos para aplicar uma pequena pressão para baixo e diga: "Deita." Depois que Buddy entender, aumente o tempo em que ele deve permanecer na posição.

DICA

Crie um jogo para ensinar o cão a deitar sob comando. Faça com que ele fique ansioso para ganhar o petisco e, com um tom de voz empolgado, diga: "Deita." Então, dê o petisco. Depois disso, quando ele se deitar ao receber um comando, você pode passar a recompensá-lo aleatoriamente.

## "Vai deitar!"

O comando "Vai deitar" é muito útil para fazer com que Buddy vá para determinado lugar e permaneça lá por um longo período até que você o libere. Use o comando sempre que não quiser que o cão fique no seu pé, como na hora das refeições ou quando estiver com visitas e não quiser que ele incomode.

Escolha um lugar para Buddy ficar nessas horas — na gaiola/caixa, na sua cama, no sofá ou seja lá onde for. Dependendo de suas necessidades, você pode usar um objeto móvel, como uma cama de cachorro, um colchonete ou uma manta, para que possa mudar de lugar quando precisar. Para os passos seguintes, vamos considerar que você escolheu uma cama de cachorro:

1. **Comece levando seu cão para a cama e diga a ele: "Vai deitar."**

   Você pode ter que induzi-lo com um petisco.

2. Quando ele deitar na cama, elogie-o, dê a ele o petisco, conte até cinco e o libere.

3. Repita até que ele deite imediatamente na cama ao ouvir o comando.

Depois que ele for até a cama quando você mandar, siga estes passos:

1. Comece a um metro de distância da cama, dê o comando "Vai deitar" e atraia o cão para a cama com o petisco.

2. Elogie o cão quando ele deitar, dê o petisco, conte até dez e o libere.

3. Repita várias vezes, aumentando gradualmente o tempo entre o elogio e a entrega do petisco, de dez para 30 segundos.

> Pare por ora — você está ficando entediado e Buddy também —, retome o exercício em outro momento.

Para sua próxima sessão, revise a última progressão duas ou três vezes e então mande Buddy para a cama dele de uma distância de 90cm, mas dessa vez fique parado e simplesmente indique a cama (junto com o comando "Vai deitar"). Ele pode surpreendê-lo e realmente ir para a cama dele e deitar. Se ele fizer isso, elogie-o de forma entusiasmada e dê um petisco. Se ele apenas ficar parado lá com um olhar confuso na cara, coloque um dedo pela coleira dele, guie-o até a cama e quando ele deitar elogie-o e dê o petisco. Você pode ter que repetir este processo diversas vezes até que ele responda ao comando.

Quando Buddy responder de forma confiável a uma distância de um metro, gradualmente e ao longo de várias sessões, aumente a distância em relação à cama, bem como o tempo — até 30 minutos — que você quer que ele fique lá. Se ele levantar sem ter sido liberado, apenas coloque-o de volta (puxando-o pela coleira). O comando "Vai deitar", embora prático, não é um dos mais empolgantes. Use o bom senso, e não o transforme em uma sessão de tortura.

LEMBRE-SE

Você deve liberá-lo do local quando ele puder se mover novamente. Se você se esquecer, ele criará o hábito de liberar a si mesmo e minará o propósito do exercício.

# Ficando no Lugar

Embora o comando "Senta–Fica" seja usado para períodos relativamente curtos, o "Deita–Fica" é usado para períodos mais longos. Tradicionalmente, o "Deita–Fica" é ensinado como um exercício de segurança, para fazer com que Buddy pare onde está e fique lá. Por exemplo, imagine que Buddy se solte e atravesse a rua. Ao ver que ele está prestes a atravessar a rua e um carro se aproxima, você precisa fazer com ele fique onde está até o carro passar.

**LEMBRE-SE**

O objetivo do comando "Deita-Fica" é fazer com que o cão responda ao comando estando perto ou longe de você. Apontar para o chão não funciona quando você está longe, então é preciso treinar o cão para atender ao comando verbal. E esse é o papel do comando "Deita-Fica" — considerando que é mais difícil para o cão se mover depois de deitar. Não é muito difícil de ensinar esse comando.

## O comando "Senta-Fica"

O comando "Senta-Fica" é um dos mais úteis. Ao receber visitas em casa, quando a campainha toca e Buddy corre latindo para a porta, para ele não disparar assim que você abre uma porta, esse exercício não é apenas seguro para o cão, mas ajuda você a manter a sua sanidade. Ele também é útil para ensiná-lo a se comportar em escadas e para que ele não saia do carro correndo assim que você abrir a porta (falamos sobre boas maneiras em portas e escadas mais adiante neste capítulo). De modo geral, use o comando "Senta-Fica" quando quiser que o cão permaneça quieto em algum lugar.

### Ensinando o comando "Senta-Fica"

Para ensinar o comando "Senta-Fica", Buddy precisa da coleira de adestramento e da guia de 1,80m (veja o Capítulo 5 para saber mais sobre equipamentos). Antes de seguir para o passo seguinte, certifique-se de que Buddy tenha dominado o passo anterior.

1. **Com o seu cão sentado do seu lado esquerdo, ambos de frente para a mesma direção (chamada de posição "Junto"), coloque os anéis da coleira de adestramento no topo do pescoço dele e prenda a guia na coleira.**

**PAPO DE ESPECIALISTA**

Tradicionalmente, os cães são adestrados do lado esquerdo do adestrador. O costume vem dos cães de caça: a arma fica na mão direita do caçador e o cão do lado esquerdo. Cães de serviço também costumam ser adestrados do lado esquerdo.

2. **Coloque a extremidade da guia em volta do seu polegar esquerdo e dobre-a como uma sanfona na mão, com a parte da guia que vai em direção ao cão saindo por baixo da sua mão.**

   Mantenha suas mãos o mais próximo da coleira que conseguir, em uma posição confortável. Quanto mais distante da coleira você colocar sua mão, menor será seu controle sobre o cão. Aplique um pouco de tensão para cima na coleira — apenas o suficiente para que o cão sinta, mas não o bastante para que ele fique desconfortável.

3. **Diga "Fica" e dê um passo para a direita, mantendo a tensão na coleira. Conte até dez, volte para o lado de Buddy, alivie a tensão da guia,**

elogie e libere-o com "Ok" (ou qualquer palavra que escolher), dando vários passos para frente.

4. Repita o Passo 3, só que desta vez dê um passo diretamente na frente do seu cão, vire de frente para ele, conte até dez, volte para o lado do cão, alivie a tensão da guia, elogie e o libere.

5. Com o cão do seu lado esquerdo, coloque o anel da coleira de adestramento embaixo do queixo do cão. Dobre a guia como uma sanfona na sua mão esquerda e apoie-a sobre a fivela do seu cinto, dando uma folga de 30cm na guia (veja a Figura 9-4).

6. Diga "Fica" e se posicione a 1m em frente ao cão, mantendo a mão esquerda apoiada sobre a fivela do seu cinto e sua mão direita espalmada na frente do cão.

7. Repita o exercício ao longo de várias sessões de adestramento até que o cão esteja respondendo bem a ele.

LEMBRE-SE

Quando você vir que o seu cão está se distraindo, há uma grande chance de que ele esteja prestes a se mover. Você sabe que o cão vai se mexer quando ele começar a olhar ao seu redor e a prestar atenção em outra coisa. Sempre que perceber esta falta de atenção, reforce o comando "Fica". Se ele pensar em se mexer ou tentar se mover, dê um passo na direção do cão com o pé direito e com sua mão direita levante a guia perpendicular à cabeça dele. Volte com a perna e com a mão para a posição anterior sem repetir o comando. Conte até 30 e volte para o lado do cão. Conte até cinco, elogie e o libere.

FIGURA 9-4:
O reforço
"Senta-Fica".

CAPÍTULO 9 Dominando os Comandos Básicos: "Senta", "Deita", "Junto" e "Larga"  183

**DICA**
Até que você descubra como reconhecer os sinais de que Buddy vai se mover, há chances de que você perca a oportunidade de reforçar o comando "Fica". Quando isso acontecer, sem dizer nada, coloque-o de volta no local onde deveria ter ficado, fique à frente dele, conte até dez, retorne para o lado dele, conte até cinco e o libere.

## O teste do "Senta-Fica"

Os seguintes passos servem para testar a compreensão do cão do comando "Senta–Fica", quando você aumenta o tempo e a distância durante o "Fica":

1. **Comece com Buddy do seu lado esquerdo e segure a guia na mão esquerda, apoiada sobre a fivela do seu cinto. Coloque a mão direita na sua lateral direita, com a palma aberta de frente para o cão, preparado para reforçar o comando conforme descrito anteriormente.**

2. **Diga "Fica" e afaste-se cerca de 1m do cão, sem nenhuma tensão na guia.**

3. **Quando estiver em frente ao cão, gire levemente a mão esquerda para baixo, na direção do seu corpo, para aplicar tensão na guia. Conte até dez. Alivie a tensão.**

   Mantenha a mão direita com a palma aberta na direção do cão (veja a Figura 9-5).

   Isso é chamado de teste "Senta–Fica". Se o seu cão se mover em direção a você, reforce o "Fica" com sua mão direita. Teste isso três vezes, aumentando a tensão até você obter resistência física por parte do cão.

**FIGURA 9-5:** O teste do "Senta-Fica".

184    PARTE 3 **Adestramento Básico**

**4.** Se Buddy se mover na sua direção, dê um passo na direção dele com a perna esquerda e, com a mão direita, levante a guia perpendicular à cabeça do cão. Não repita o comando "Fica".

> Faça o teste três vezes por dez segundos, aumentando a tensão até obter resistência física do cão. Depois, alivie a tensão. Volte para o lado do cão e o libere no final do exercício.

Depois de concluir o teste do "Senta–Fica", diga "Fica" e se afaste cerca de 1,5m do cão com a guia frouxa. Quando estiver a 1,5m de distância, seu objetivo é que o cão fique parado por um minuto. Se ele se mover, reforce o "Fica". Quando chegar a 1,8m de distância, Buddy deve estar suficientemente adestrado para que você possa deixá-lo por mais tempo. Gradualmente aumente o tempo até alcançar três minutos. Volte para o lado do cão e libere-o com um elogio. Se a qualquer momento Buddy se mover, volte um passo e repita até que ele volte a obedecer. Depois, siga para o próximo passo.

Pratique o "Senta–Fica" com regularidade. Depois que Buddy entender o que você quer, varie entre o "Senta–Fica" e o "Deita–Fica" em dias alternados (veja a seção anterior "Ensinando a deitar sob comando"). Comece com o teste "Senta–Fica" para refrescar a memória de Buddy do que você espera dele.

DICA

Quando Buddy estiver confiável com a guia, tente fazer isso sem a coleira, em um local seguro. Se tiver um quintal cercado, lá é um bom lugar. Quando levar Buddy para um local diferente, comece este exercício com o teste "Senta–Fica", antes de tirar a guia. Sempre treine sem a guia em locais seguros. Primeiro pratique a 1m de distância. Depois, gradualmente aumente a distância e o tempo que espera que ele fique.

Como parte da educação de Buddy, ele tem que aprender a ficar em uma das duas posições, sentado ou deitado. O "Senta–Fica" é usado para períodos relativamente curtos, enquanto o "Deita–Fica", para períodos mais longos, como quando você está jantando. Se já ensinou o exercício "Deita Longo", descrito neste capítulo, ensinar o "Senta–Fica" deve ser rápido.

Quanto tempo você deve gastar em qualquer sessão? Recomendamos duas sessões de cinco a dez minutos por dia. Sessões de adestramento curtas tendem a manter o cão interessado e querendo mais. Lembre-se de que o exercício "Deita Longo" deve ser treinado separadamente e por 30 minutos.

## Acabando com hábitos desagradáveis do seu cão: Boas maneiras em portas e escadas

Quase tão irritante quanto o comportamento irrefreável de saudação, mas bem mais perigoso, é o hábito do cão de sair em disparada pelas portas, só pelo fato de elas estarem abertas, correndo para cima ou para baixo em escadas — à sua frente ou por trás de você — e pulando para dentro ou para fora do carro sem permissão. Estes comportamentos são perigosos para o seu cão, pois ele pode acabar no meio da rua e ser atropelado. Eles também são perigosos para você, porque o seu cão pode derrubá-lo.

LEMBRE-SE

Evite esses potenciais acidentes ensinando Buddy a ficar enquanto você abre a porta, e esperar até que você diga que ele pode sair. Para este exercício, Buddy não precisa sentar, mas muitos cães acabam sentando por conta própria depois de algumas repetições. Se você já lhe ensinou o comando "Senta", use-o para ensiná-lo a esperar em portas e escadas.

## Ensinando boas maneiras em portas

Este exercício não requer nenhum adestramento prévio e é uma boa atividade introdutória. Ele é divertido de ensinar, porque dá para perceber o que o cão está pensando. O cão aprende rapidamente que a única forma de sair pela porta é ouvindo a palavra de liberação, como "Ok".

As sequências a seguir presumem o uso da guia. Se você já fez o exercício de iniciação do Capítulo 1 ou já ensinou o "Senta–Fica" deste capítulo, este exercício será moleza. Veja o que fazer:

1. **Com Buddy na guia e do seu lado esquerdo, segure a guia o mais próximo possível da coleira, em uma posição confortável para você (quanto mais perto da coleira você segurar, maior o controle).**

   Não deve haver tensão na coleira.

2. **Escolha uma porta que abra para o lado de fora (se possível) e aproxime-se até bem perto do limiar. Diga "Fica" e com a mão direita abra um pouco a porta. Quando Buddy se mover, feche-a. Comece novamente: diga "Fica", abra a porta um pouco e quando ele se mover a feche.**

   Se o seu cão é muito agitado, pode ser preciso aplicar uma pequena tensão para cima na coleira para impedir que ele avance. Depois de algumas tentativas, Buddy vai olhar para você intrigado. As engrenagens na cabeça dele estão tentando entender. Tente novamente, e dessa vez ele deve ficar. Quando ele ficar, feche a porta e o elogie.

3. **Repita este processo várias vezes, aumentando gradualmente a abertura da porta.**

   A sequência toda deve levar de três a cinco minutos. Você pode terminar a sessão aqui e retomar em outro momento (depois de praticar os primeiros três passos, é claro), ou, se o cão ainda estiver interessado, continue com a aula.

4. **Abra a porta e pise no limiar com o pé direito, mantendo o pé esquerdo onde estava. Quando Buddy se mover, volte, feche a porta e comece novamente. Quando Buddy ficar parado, coloque os dois pés no limiar da porta. Se ele se mover, volte, feche a porta e comece novamente.**

Ao pisar no limiar da porta, você precisa liberar a guia o suficiente para que ele não a puxe sem querer, fazendo com que Buddy se mova. Lembre-se de elogiar todas as respostas corretas. Neste ponto, muitos cães começam a sentar por conta própria ao se aproximar de portas (veja a Figura 9-6).

Quando Buddy ficar parado depois que você passar pela porta, elogie, dê uma pausa e o libere com o "Ok"; depois deixe-o sair. Lembre-se, o elogio não é um convite para que ele se mova!

5. **Aproxime-se da porta, diga "Fica", saia e feche a porta.**

   Você decide quando Buddy pode segui-lo ou quando tem que ficar. Depois disso, seu sucesso dependerá da sua consistência. Depois que Buddy se tornar confiável no comando, revise a sequência inteira sem a guia.

O tempo total investido é de 30 a 45 minutos — mas vale a pena considerando a aplicação do exercício em outras situações, como em escadas e no carro. O exercício também se aplica ao entrar em casa, se isso for importante para você. Não faz diferença se você prefere passar primeiro pela porta ou deixar que o cão passe primeiro, desde que ele fique até que você autorize. Treine nas portas pelas quais o seu cão passa com frequência.

CUIDADO

Movimento significa mais do que palavras para os cães, então certifique-se de ficar parado ao liberar seu cão. Você não quer que ele associe o movimento à liberação. Lembre-se também de que o cão tem um senso de tempo apurado. Se normalmente você espera dois segundos antes de liberá-lo, ele pode começar a se antecipar e a se liberar sozinho, arruinando a finalidade do exercício. Você precisa variar o tempo que demora para abrir a porta e para liberar o cão para que ele aprenda a esperar o seu comando.

**FIGURA 9-6:** Praticando boas maneiras nas portas.

CAPÍTULO 9 Dominando os Comandos Básicos: "Senta", "Deita", "Junto" e "Larga"     187

## Ensinando boas maneiras em escadas

Se você tem escadas, comece ensinando Buddy a ficar embaixo enquanto você sobe. Primeiro, faça com que ele se sente e diga para ele ficar. Quando ele tentar segui-lo, coloque-o de volta e comece novamente. Pratique até que você possa subir toda a escada com ele esperando no início dela antes de você liberá-lo para seguir. Repita o mesmo procedimento para descer a escada.

Depois que Buddy for treinado para esperar em uma das extremidades da escada, você descobrirá que ele começa a antecipar a liberação. Ele vai se levantar quando você ainda estiver pensando em liberá-lo. Em pouco tempo, ele vai ficar apenas um breve período e depois liberará a si mesmo quando quiser. Coloque-o de volta no lugar e comece novamente. Para nós, poucas coisas são mais irritantes, e potencialmente mais perigosas, do que um cão que passa correndo quando estamos descendo escadas, especialmente se estamos carregando alguma coisa.

LEMBRE-SE

Tudo isso pode parecer muito trabalhoso. No começo, demora um pouco, mas você se surpreenderá com a rapidez com que essa rotina se tornará um hábito para Buddy. A melhor parte é que você está ensinando Buddy a olhar para você. Achamos, também, que é importante que todas as pessoas da casa sigam esse procedimento de modo consistente. É mais fácil para Buddy entender se todos aplicarem as mesmas regras.

# Larga: Ensinando o Cão a Deixar as Suas Coisas em Paz

Quando levamos nossos cães para passear na floresta ou no campo, não ficamos felizes quando eles querem comer cocô de cavalo ou de ganso. Nem ficamos satisfeitos de ter que retirar essas coisas da boca deles. Para dizer a verdade, preferiríamos que eles não achassem esse tipo de coisa comestível. Em um parque de cachorros perto de casa, muitos cães acabaram seriamente doentes depois de ingerir salsichas envenenadas. O comando "Larga" ou "Solta" é uma maneira para lidar com essas situações.

Ensinar este comando é uma oportunidade maravilhosa de descobrir mais sobre como o pensamento do seu cão funciona. Dependendo da rapidez com que ele aprende, pode ser melhor treinar esse exercício ao longo de várias sessões. Faça sessões curtas — não mais do que cinco minutos por vez — e siga estes passos (você pode se sentar ou ficar de pé):

1. Na sua mão esquerda, segure o petisco entre o dedo indicador e o dedo do meio e cubra-o com o polegar. Mantenha a mão apoiada em sua perna.

2. **Com a palma da mão para cima, mostre o petisco ao cão. Quando ele tentar pegar, diga "Larga", feche a mão e vire-a com a palma para baixo.**

A Figura 9-7 mostra um cão aprendendo o comando "Larga".

**FIGURA 9-7:** O comando "Larga".

3. **Observe a reação do cão.**

Ele pode encarar fixamente a sua mão, ele pode tentar pegar o petisco, enfiando o focinho ou mordiscando sua mão, ou pode começar a latir. Ignore esses comportamentos e *não* repita o comando. Você deve esperar pela primeira brecha na atenção do cão em sua mão. A maioria dos cães neste ponto começa a olhar para um dos lados.

4. **No instante em que Buddy desviar a atenção da sua mão, diga "Bom" e lhe dê o petisco.**

A parte mais difícil de ensinar este exercício é você se manter calado e não repetir o comando. Seja paciente e espere a resposta correta.

5. **Repita os passos anteriores até que o cão desvie o olhar da sua mão ou olhe diretamente para os seus olhos quando você der o comando.**

Você está ensinando Buddy que olhar para outra coisa ou para você — e não para a sua mão — é recompensado com o petisco.

CUIDADO

O seu cão pode pensar que você está tentando ensiná-lo a virar a cabeça — ele rapidamente começará a olhar para o lado e depois para a sua mão novamente. Ele quer acelerar o processo para receber o petisco e agora está tentando adestrar você. Espere até que ele olhe para outra coisa ou para você antes de elogiar e recompensá-lo.

CAPÍTULO 9 Dominando os Comandos Básicos: "Senta", "Deita", "Junto" e "Larga"  189

6. **Para descobrir se Buddy está respondendo ao comando ou ao movimento da sua mão, repita o Passo 1 sem virar a mão.**

Se ele responder, elogie e o recompense. Se não, feche a mão em punho e espere que ele desvie a atenção. Repita até que ele atenda apenas ao comando.

7. **Sente-se confortavelmente no chão. Mostre o petisco, coloque-o no chão e cubra-o com sua mão. Quando a atenção do cão estiver na sua mão ou caso ele tente pegar o petisco, diga "Larga". Espere até que ele desvie a atenção e elogie e o recompense.**

8. **Repita o Passo 7, mas agora cubra o petisco apenas com o dedo indicador. Depois, repita-o colocando o petisco entre seu dedo indicador e dedo do meio.**

Se conseguir, coloque o petisco a 2cm da sua mão. Aqui você precisa ter cuidado: Buddy pode ser mais rápido e roubar o petisco antes que você consiga cobri-lo.

9. **Coloque Buddy na guia e fique de pé perto dele, dobre a guia na sua mão esquerda sem a tensionar. Você precisa garantir que a folga da guia seja curta o suficiente para que a boca do cão não alcance o chão.**

10. **Segure o petisco na mão direita e mostre-o para o cão. Depois, casualmente derrube o petisco e diga "Larga". Se ele obedecer, elogie, pegue o petisco e dê outro do seu bolso (não aquele que você mandou que ele não pegasse). Se ele não obedecer, puxe a guia verticalmente para cima, pegue o petisco e tente novamente. Dê o comando imediatamente depois de soltar o petisco no chão, e antes que ele faça o movimento para pegá-lo. Repita até que ele obedeça ao comando.**

Teste a resposta de Buddy retirando a guia, derrubando o petisco e dizendo "Larga". Se ele tentar pegá-lo, não tente segurá-lo e não grite "Não". Ele está lhe dizendo que precisa trabalhar mais na guia.

Agora, o grande teste. Escolha um petisco que você possa ver facilmente na grama ou no chão, como pipoca ou biscoito. Saia e jogue alguns pedaços no chão. Coloque alguns petiscos comuns no seu bolso e leve Buddy para um passeio na guia no local em que deixou a comida. Assim que ele aproximar o focinho da comida, diga: "Larga." Se ele atender, elogie-o com entusiasmo, pegue a comida do chão e recompense o cão com o outro petisco (não recompense com o mesmo objeto que mandou ele largar). Se ele não obedecer, dê um tranco na guia para cima. Repita até que ele ignore a comida com o comando. Quando várias tentativas não produzirem resultado, experimente rever o equipamento de adestramento que está usando (veja o Capítulo 5).

Se Buddy conseguir pegar o biscoito ou a pipoca, você foi muito lento na reação. Treine andando perto da comida até que ele a ignore com o comando.

Buddy agora deve responder ao comando "Larga". Teste sem a guia para ver se ele aprendeu o comando ou precisa de mais treino. Assim como em qualquer outro comando, é preciso revisar o exercício periodicamente.

Se o seu cão for parecido com os nossos, ele não fica longe da cozinha quando você está preparando comida. A presença dele ali é uma ótima oportunidade de adestramento. Derrube um pedaço de comida casualmente no chão — um pequeno pedaço de queijo ou pão, um pedaço de cenoura ou qualquer outra coisa de que ele goste. Quando ele tentar pegar, diga: "Larga." Se ele obedecer, pegue a comida e recompense-o com alguma outra coisa. Se ele roubar a comida, ponha-o na guia e tente novamente.

Depois que Buddy estiver confiável com o "Larga" em casa, leve-o para o mundo real. Vá ao parque e teste a resposta dele na guia jogando um petisco na frente dele. Quando ele tentar pegar, diga: "Larga." Se ele atender, recompense-o com outra coisa (não com aquilo que estava no chão). Se não obedecer corretamente, ele está lhe dizendo que precisa de mais treinamento. Neste caso, revise o comando em circunstâncias semelhantes em outro momento, mas com a guia, para que você possa reforçar o comando.

Ensinar Buddy a ter uma resposta confiável ao "Larga" também se aplica a outras situações, como pular nas pessoas e protegê-lo de objetos. Você pode usar o "Larga" ou "Para" para latidos excessivos. Lembre-se de recompensar as respostas corretas com elogios e petiscos.

192    PARTE 3 **Adestramento Básico**

**NESTE CAPÍTULO**

Controlando um cão que nasceu para puxar

Ensinando os comandos "Vem" e "Toque"

# Capítulo 10

# Controle Canino: Andando na Guia e Vindo Quando Chamado

Levar o seu cão para um longo e agradável passeio é um bálsamo para a alma e um bom exercício para vocês dois — desde que o cão não arraste você pela rua. Ensinar Buddy a andar com a guia frouxa transforma seu passeio em um prazer e não em uma árdua tarefa.

Ainda melhor, da perspectiva do cão, é uma boa corrida no parque ou pelo bosque. Porém, para ter esse privilégio, Buddy precisa aprender a vir quando chamado. Você pode ensiná-lo a atender ao comando "Vem" com uma brincadeira.

Nas seções seguintes, mostramos tudo o que você precisa saber para fazer caminhadas agradáveis ou passeios no parque, incluindo como acabar com os puxões de Buddy na guia e como familiarizá-lo com o comando "Vem".

# Passeando com o Seu Cão

Estudos mostram que pessoas que passeiam regularmente com seus cães fazem mais exercícios do que aquelas que vão à academia. É senso comum que, se acompanhar Buddy nos passeios diários, você também se beneficiará. Estes passeios devem ser um verdadeiro prazer para vocês dois, mas se Buddy puxar a guia, eles vão se transformar em uma tarefa desagradável.

Para acabar com esses puxões, você precisa ensinar Buddy a andar com a guia frouxa. Para isso, você precisa do equipamento correto. Há muitas opções de coleiras para a finalidade que você deseja. Suas escolhas são um enforcador de mosquetão ou um enforcador de pinos (veja o Capítulo 5 para descrições destes equipamentos). A resposta de Buddy à coleira que você escolher é o fator determinante, juntamente com o Perfil de Personalidade e o limiar de desconforto do cão (veja os Capítulos 2 e 3). Para a guia, nossa preferência é uma de lona de algodão de 1,80m.

O objetivo é ensinar Buddy que é responsabilidade dele prestar atenção em você, e não o contrário. Apesar de estar alguns metros à sua frente perseguindo um cheiro, ele deve sempre estar atento a você sem que precise puxá-lo pela guia. Ele não tem que prestar atenção exclusivamente a você — apenas o suficiente para "ficar de olho" em você.

LEMBRE-SE

Cães puxam a guia porque estão mais interessados nos cheiros e no que estão vendo ao redor deles do que em você. Seu trabalho é ensinar Buddy a estar atento à sua existência na outra ponta da guia e respeitar sua presença.

## Nascido para puxar: Ensinando Buddy a respeitar a guia

Pare ensinar Buddy a não puxar, você precisa da coleira de adestramento e da guia. Leve Buddy para uma área com que ele esteja familiarizado e que não tenha distrações — o seu quintal ou uma rua calma são bons lugares.

1. **Enrosque seu polegar direito no laço da extremidade da guia e feche a mão sobre ela.**

   A Figura 10-1 mostra a posição.

2. **Coloque a sua mão direita imediatamente abaixo da mão esquerda e feche o punho ao redor da guia. Segure a guia com ambas as mãos**

como se fosse um taco de beisebol. Apoie ambas as mãos firmemente sobre a fivela do seu cinto.

**FIGURA 10-1:** Como segurar a guia.

3. **Diga "Vamos" ou qualquer outro comando que escolher, e comece a andar.**

4. **Um pouco antes de Buddy esticar toda a guia, diga: "Vamos." Sem virar a cabeça para olhar para o cão, dê meia-volta para a sua direita e caminhe no sentido contrário.**

   Mantenha suas *duas* mãos firmes na fivela do seu cinto. Quando Buddy não o seguir, ele receberá um tranco na guia.

CUIDADO

   Como medida de precaução, não coloque a mão inteira no laço da extremidade da guia nem a enrole em sua mão. Se o seu cão o pegar distraído e sair em disparada, ele pode derrubá-lo. Com o laço da extremidade da guia apenas no seu polegar, é fácil para ele se soltar dela rapidamente.

5. **Conforme Buddy corre para acompanhar você, elogie-o com entusiasmo. Antes que você perceba, ele vai estar novamente à sua frente e você terá que repetir o procedimento.**

   Quando você der meia-volta, faça-o com determinação. Dê a meia-volta e continue andando na nova direção. Não olhe para trás, e não se preocupe com Buddy; ele pegará o ritmo rapidamente. Lembre-se de elogiar e recompensar o cão quando ele acertar. Depois de várias repetições, Buddy deve responder ao comando "Vamos" e rapidamente mudar de direção. Quando ele fizer tudo certo, finalize a sessão.

LEMBRE-SE

   As primeiras vezes que você tentar este exercício, Buddy já estará se apoiando na guia e tentando brincar de cabo de guerra com você. Concentre-se em Buddy e aprenda a antecipar o momento que você terá que dar meia-volta.

CAPÍTULO 10 **Controle Canino: Andando na Guia e Vindo Quando Chamado** 195

Sempre dê uma chance para atender ao comando dizendo "Vamos" antes de fazer a meia-volta.

6. **Pratique esta sequência ao longo de diversas sessões até que Buddy responda de modo confiável ao comando "Vamos".**

Faça sessões curtas — não mais do que cinco a dez minutos.

A maioria dos cães aprende rapidamente a respeitar a guia e, com um lembrete ocasional, eles se tornam uma companhia agradável para um passeio. Alguns cães, por outro lado, parecem não entender. Se Buddy parecer particularmente relutante em relação a este simples conceito, você pode ter que mudar de equipamento. Se começou usando uma coleira de fivela e ela não está funcionando, experimente um enforcador com mosquetão ou um enforcador de pinos (veja o Capítulo 5). Tente fazer o exercício de modo que o cão consiga entender e acertar, para que você possa elogiá-lo. Seu cão ficará agradecido pela sua atitude positiva.

Quando Buddy atender ao comando "Vamos" de modo confiável em um ambiente sem distrações, você estará pronto para a próxima sequência. Lembre-se, o objetivo é ensinar a Buddy que é responsabilidade dele prestar atenção em você. Veja os passos para a próxima sequência.

1. **Comece a sessão, ainda sem distrações, revisando a resposta dele ao comando "Vamos" com duas ou três meias-voltas.**

2. **Elimine o comando "Vamos" ao fazer a meia-volta.**

Nas primeiras tentativas, Buddy provavelmente vai receber trancos na guia antes de virar para o seguir. Porém, depois de várias tentativas, ele vai pegar o ritmo e responder assim que você fizer a meia-volta. Quando ele conseguir acompanhá-lo, elogie-o com entusiasmo e finalize a sessão. Revise esta sequência ao longo de várias sessões.

3. **Quando ele estiver confortável com a rotina e conseguir acompanhar sem hesitar quando você mudar de direção, você pode começar a introduzir distrações.**

Veja a próxima seção para saber mais detalhes sobre como introduzir distrações.

# Tornando real: Acrescentando distrações

No mundo real, Buddy encontrará todos os tipos de distrações — crianças, esquilos, pássaros, ciclistas, corredores, carros e, é claro, outros cães. Sua tarefa é ensiná-lo que você ainda deve ser o centro das atenções, não importa o que mais esteja acontecendo ao redor.

Para esta sequência, você precisa de um ajudante — um amigo ou um familiar disposto a ficar de pé parado por tempo suficiente. A tarefa do ajudante é distrair Buddy com um objeto que possa despertar o interesse dele. Petiscos normalmente funcionam. É claro que o ajudante não vai dar o objeto para Buddy, pois isso arruinaria o propósito do exercício. A Figura 10-2 mostra um ajudante distraindo um cão.

O ajudante segura o objeto — vamos considerar que seja um petisco — perto do corpo, sem mostrar para o cão ou falar com Buddy. Como o exercício é novo para o cão, comece desde o princípio: reintroduza o comando "Vamos".

De uma distância de cerca de 3m, aproxime-se do ajudante. Quando Buddy estiver interessado no petisco, diga "Vamos" e dê meia-volta. Quando Buddy não lhe atender, ele receberá um tranco na guia. Repita o procedimento até que Buddy responda, seguindo você ao ouvir o comando. Quando ele acertar, elogie-o bastante e finalize a sessão. Na próxima sessão, revise a sequência anterior; quando Buddy responder corretamente, pare a sessão. Depois, siga a mesma sequência sem o comando "Vamos".

LEMBRE-SE

Buddy deve agora ter uma boa ideia do que fazer, assim você está pronto para levá-lo a novos lugares. Provavelmente, em um passeio no parque, você encontrará inúmeras distrações, incluindo outros cães. Expor Buddy a uma variedade de novas circunstâncias é uma ótima oportunidade de aprendizado para ele. Pratique nesses locais tudo que você ensinou a ele.

**FIGURA 10-2:** Ensinando o comando "Vamos" com distrações.

Para descobrir se Buddy aprendeu, experimente este teste final: dê o comando "Vamos" sem a guia. Leve-o para uma área segura, preferencialmente cercada, e tire a guia. Deixe que ele perambule um pouco e depois diga "Vamos". Vire de costas para o cão e se afaste. Se ele vier até você, elogie-o com bastante entusiasmo. Se não, vai precisar praticar mais.

# Ensinando a Vir Quando Chamado

Uma das grandes alegrias de se ter um cão é ir passear em um parque ou no bosque e deixá-lo correr, sabendo que ele virá quando chamado. Um cão que não vem quando chamado é um prisioneiro da guia e, se ficar solto, é um perigo para si mesmo e para os outros.

LEMBRE-SE

Algumas raças precisam de mais adestramento do que outras. Com reforço suficiente ao redor de distrações (e com o equipamento correto), a maioria dos cães pode ser ensinada a vir quando chamada. Pode ser necessário usar um enforcador de pinos (veja o Capítulo 5 para saber mais sobre equipamentos de adestramento).

Siga estas regras básicas para incentivar seu cão a ir até você quando chamado:

>> **Exercício, exercício.** Muitos cães não vêm quando chamados porque não se exercitam o suficiente. Toda vez que eles têm uma chance, fogem e correm para aproveitar o máximo que podem esta liberdade inesperada ficando longe por horas.

DICA

Considere a função para a qual o seu cão foi selecionado, isso lhe dirá de quanto exercício ele precisa. Apenas deixar o cão no quintal não é o suficiente. Você tem que participar. Pense desta forma: o exercício é tão bom para você quanto para ele. Uma boa fonte para quanto exercício cada raça precisa é o livro *The Roger Caras Dog Book: The Complete Guide to Every AKC Breed*, 3ª Edição, M. Evans & Co., (conteúdo em inglês).

>> **Quando seu cão vier até você, seja gentil com ele.** Uma das formas mais rápidas de ensinar seu cão a não vir até você é chamá-lo para puni-lo ou para fazer algo que ele considere desagradável. A maioria dos cães considera desagradável ser chamado para em seguida ser deixado sozinho em casa quando você sai ou para tomar remédios. Nestas circunstâncias, vá e pegue Buddy em vez de chamá-lo até você.

Outro exemplo de ensinar seu cão a não vir é levá-lo para correr em um parque e chamá-lo somente quando for voltar para casa. Repetir esta sequência várias vezes ensina ao seu cão que a festa acabou. Logo, ele vai ficar relutante para retornar para você quando chamado porque ele não quer acabar com a diversão. Você pode evitar este tipo de adestramento não intencional chamando o cão até você várias vezes durante suas saídas, às vezes dando a ele uma recompensa, às vezes apenas uma palavra de elogio. E então deixe-o fazer bagunça novamente.

>> **Ensine o comando "Vem" assim que o cão chegar na sua casa.** Idealmente, você adquiriu seu cão ainda filhote, que é o melhor momento

de ensiná-lo a vir quando chamado. Comece de imediato. Mas lembre-se, em algum momento entre os quatro e os oito meses de idade, seu filhote vai começar a perceber que há um grande e vasto mundo lá fora (veja o Capítulo 6). Enquanto ele estiver nesta fase, mantenha-o na guia para que ele não aprenda que pode ignorá-lo quando você o chama.

» **Quando ficar na dúvida, mantenha-o na guia.** Aprenda a prever as situações em que o cão não vai lhe obedecer. Você pode jogar com a sorte tentando chamá-lo depois que ele tiver visto um gato, outro cão ou um corredor. Mas é claro que haverá momentos em que você dá bobeira e o solta justamente quando outro cão aparece do nada.

LEMBRE-SE

Resista à tentação de fazer papel de bobo gritando "Vem" um milhão de vezes. Quanto mais você gritar "Vem", mais rápido ele aprenderá que pode ignorar você quando ele estiver sem a guia. Em vez disso, vá até ele pacientemente e coloque-o na guia. Não fique nervoso com ele depois de pegá-lo ou isso fará com que ele fique com medo de você, e fugirá quando você tentar pegá-lo da próxima vez.

» **Certifique-se de que seu cão sempre vá até você e deixe você tocar a coleira, antes de recompensá-lo.** Tocar a coleira dele evita que o cão crie o hábito irritante de brincar de "pega-pega" — vindo em sua direção e depois dançando de um lado para o outro, longe do seu alcance. Ensine-o a deixar você tocar na coleira dele antes de oferecer uma recompensa ou um elogio. Discutimos o comando "Toque" mais adiante neste capítulo.

## Ensinando o comando "Vem"

É melhor ensinar o comando "Vem" usando um jogo. O "Jogo do Vem" requer duas pessoas, um cão com fome, uma guia de 1,80m, muitos petiscos pequenos e dois apitos (opcional). Algumas pessoas preferem ensinar o cão a vir com um apito em vez de usar o comando "Vem". Outras ensinam o cão a obedecer aos dois.

O que funciona melhor depende do cão e você pode querer experimentar. Considere tentar o comando verbal primeiro, porque haverá vezes em que você terá que chamar seu cão, mas estará sem o apito. Então, repita os passos utilizando um apito, Buddy deve entender bem rápido porque já terá uma ideia do que fazer.

Para este exercício, você precisa estar dentro de casa com seu cão em uma guia de 1,80m. Você e seu parceiro estão sentados no chão, a uma distância de 1,80m, um de frente para o outro, e seu parceiro, gentilmente, segura o cão, enquanto você segura a outra ponta da guia. A Figura 10-3 mostra o jogo.

**FIGURA 10-3:** Aprendendo o "Jogo do Vem".

Veja como ensinar o comando "Vem" com o "Jogo do Vem":

1. **Chame o seu cão dizendo: "Buddy, vem" e use a guia para conduzi-lo até você.**

   Evite a tentação de tentar pegar o cão.

2. **Quando Buddy vier até você, passe a mão através da coleira dele, dê um petisco, acaricie e elogie-o com entusiasmo.**

   Você pode — e deve — acariciar Buddy quando ele vier até você para que ir até você seja uma experiência agradável para ele. Esta situação é diferente de ensinar os comandos "Senta" ou "Deita" do Capítulo 9, nos quais você quer que ele fique em um lugar e acariciá-lo faria com que ele levantasse.

3. **Segure na coleira de Buddy e passe a guia para o seu parceiro, que deve dizer: "Buddy, vem", conduzir o cão, colocar a mão através da coleira, dar a ele uma recompensa e elogiá-lo.**

LEMBRE-SE

   Continue trabalhando nesse exercício até que seu cão responda por conta própria ao ser chamado e não precise mais ser direcionado com a guia.

4. **Repita o exercício com Buddy sem a guia, aumentando, gradualmente, a distância entre você e seu parceiro para 3,60m.**

5. **Peça ao seu parceiro para segurar Buddy pela coleira enquanto você vai para outro cômodo e então chame seu cão.**

6. **Quando ele encontrar você, coloque sua mão através da coleira, dê a ele uma recompensa e o elogie.**

   Se ele não conseguir encontrar você, lentamente vá até ele, pegue-o pela coleira e leve-o até o ponto em que você o chamou. Recompense e o elogie.

7. Peça ao seu parceiro que vá para outro cômodo e então chame o cão.

8. Repita o exercício até que Buddy não hesite em encontrar você ou seu parceiro em qualquer cômodo da casa.

9. Leve Buddy para fora, mas para uma área confinada, como um quintal cercado ou uma quadra de futebol, e repita os Passos 1, 2 e 3.

Agora, você está pronto para praticar sozinho. Com Buddy na guia, leve-o para uma caminhada. Deixe que ele cheire ao redor e, quando não estiver prestando atenção em você, chame-o. Quando ele for até você, dê a ele uma recompensa e faça uma grande festa. Se ele não for, dê um tranco na guia, puxando-a na sua direção e então recompense e o elogie. Repita até que ele venha toda vez que o chamar. Depois que Buddy estiver adestrado, você não terá que recompensá-lo toda vez, mas faça isso aleatoriamente.

## Adicionando distrações

A maioria dos cães precisa ser adestrada para vir em meio a distrações, como outros cães, crianças, corredores, comida ou pessoas estranhas amigáveis. Pense nas situações mais irresistíveis para seu cão e então pratique nestas circunstâncias.

Coloque uma guia de 3,60m no seu cão (você pode amarrar duas guias de 1,80m) e leve-o para uma área em que seja provável encontrar a distração favorita dele. Quando ele visualizar a distração (corredor, bicicleta, outro cão, o que quer que seja), deixe-o ficar completamente concentrado, seja assistindo ou puxando a guia, e então o chame. Muito provavelmente, ele vai ignorar você. Dê um puxão rápido na guia e puxe-o até você. Elogie e acaricie o cão com entusiasmo. Repita três vezes por sessão até que o cão vire e venha até você imediatamente quando for chamado. Se ele não vier, pode ser preciso mudar o equipamento de adestramento.

Alguns cães aprendem rapidamente a evitar a distração ficando perto de você, o que não tem problema. Diga a ele o quanto ele é um bom garoto, e então tente com uma distração diferente em outro momento.

DICA

Repita isso em diferentes locais com a maior variedade de distrações que encontrar. Experimente pedir que alguém ofereça ao cão um petisco como distração (a pessoa não pode deixar o cão pegar a recompensa), acaricie ou faça qualquer outra coisa que possa distraí-lo. Use sua imaginação. Seu objetivo é fazer com que Buddy responda de modo confiável toda vez que você o chamar. Até que ele fique estável na guia, ele com certeza não virá sem ela.

## Distrações sem guia

A forma como você incorpora novas distrações sem a guia depende das suas circunstâncias específicas. Por exemplo, leve seu cão para uma área em que seja improvável encontrar distrações, na forma de outros cães ou pessoas. Deixe-o sem a guia e permita que ele se distraia, cheirando a grama ou as árvores. Mantenha uma distância de 3m entre você e ele. Chame-o e, se ele responder, elogie com entusiasmo e o recompense. Se ele não vier, evite a tentação de chamá-lo novamente. Não se preocupe: ele ouviu, mas escolheu ignorá-lo. Em vez disso, ande até ele devagar, pegue-o firmemente pela coleira, por baixo do queixo, com as palmas para cima, e volte de costas até o ponto em que você o chamou. Então elogie e o recompense.

Quando ele estiver confiável neste exercício, experimente fazê-lo em uma área com outras distrações. Se ele não lhe obedecer, pratique a resposta correta com uma guia de 3,60m antes de tentar sem coleira novamente.

Agora você pode confiar nele para vir até você em uma área não confinada? Isso depende de quão bem você fez sua tarefa de casa e o que seu cão pode encontrar no mundo "real". Compreender seu cão e o que desperta o interesse dele ajuda você a saber quando é provável que ele não atenda ao comando "Vem".

LEMBRE-SE

Deixe o bom-senso ser seu guia. Por exemplo, quando você estiver viajando e tiver que levá-lo para fora para se aliviar em uma parada em uma rodovia interestadual, seria imprudência deixá-lo correr solto. Na dúvida, mantenha-o na guia.

## Adicionando o comando "Toque"

Nos esforços para fazer com que os cães vão até eles, muitos donos inadvertidamente ensinam seus cães a fazerem exatamente o oposto: o jogo do "Você Não Me Pega". É mais ou menos assim: o dono chama o cão, o cão vai; o dono se inclina para o cão com os braços esticados, a guia na mão e tenta agarrar o cão. O cão começa a dançar na frente do dono longe apenas o bastante para que ele não possa pegá-lo. Frustrado, o dono avança na direção do cão, piorando a situação. Não é uma visão agradável. O comando "Toque" resolve o problema ou evita que isso aconteça. Veja a Figura 10-4 para visualizar o comando em ação.

Um amigo querido, Desmond O'Neill, que há muitos anos é supervisor de adestramento em uma renomada escola para cães guias, nos apresentou o comando "Toque". Cães guias aprendem a tocar a mão dos donos cegos sob comando. Agora, o dono sabe onde o cão está e pode colocar a guia ou o peitoral de trabalho. Nós modificamos este exercício e o ensinamos para que o cão venha até bem perto para o mesmo objetivo: colocar a guia sem ensinar ao cão a brincar de pega-pega.

202 PARTE 3 **Adestramento Básico**

Veja os passos para apresentar o comando "Toque" para Buddy:

1. **Coloque a guia no cão e segure-a na mão esquerda. Segure um petisco na mão direita. Diga "Vamos" (ou qualquer outro comando que escolher) e comece a caminhar.**

   Não faz diferença se ele andar perto de você, um pouco na sua frente ou puxar a guia.

2. **Depois de avançar de seis a dez passos, diga "Toque", dê um tranco na guia e ande de costas de seis a dez passos com o braço direito esticado para o lado direito, para que Buddy possa vê-lo.**

3. **Pare, de frente para Buddy, em um ângulo de 45 graus, colocando seu pé direito para trás e o pé esquerdo para frente. Coloque a mão direita colada na sua perna direita e dê um petisco para Buddy quando ele alcançar sua mão. Estique o braço esquerdo e pegue a coleira de Buddy.**

**FIGURA 10–4:** Ensinando o comando "Toque".

Repita os passos anteriores de três a quatro vezes ao longo de várias sessões até que Buddy se vire e venha até a sua mão ao ouvir o comando.

4. **Peça a um ajudante (um familiar ou um amigo) para distrair Buddy. Certifique-se de que o ajudante tenha um petisco na mão e comece pelo Passo 1. Aproxime-se do ajudante a uma distância de cerca de 10 passos. Quando Buddy se aproximar do ajudante, peça que ele ofereça um petisco, mas deixe que o cão o pegue. Agora diga "Toque"; quando Buddy não responder, dê um tranco na guia, ande de costas e finalize a sequência como no Passo 3.**

   Repita até que Buddy responda apenas ao comando.

## 5. Comece novamente, com Buddy sem a guia.

Primeiro escolha um local relativamente sem distrações. Quando ele estiver respondendo ao comando de modo confiável, reintroduza o ajudante, como no Passo 4. A resposta de Buddy é que vai dizer se ele precisa de mais repetições na guia.

LEMBRE-SE

Ensine novos comandos em ambientes sem distrações. Apenas quando Buddy responder de modo confiável você pode introduzir distrações.

Gostamos de usar o comando "Toque" durante nossas saídas com um grupo de amigos com seus cães, todos sem a guia, apenas como um lembrete, para que Buddy saiba que ainda esperamos que ele obedeça quando está se divertindo.

| **NESTE CAPÍTULO** |
| --- |
| **Entendendo a prevenção de problemas comportamentais típicos** |
| **Analisando as opções para lidar com problemas de comportamento** |
| **Como lidar com cães que pulam nas pessoas, sobem em bancadas e latem sem parar** |
| **Sobrevivendo aos hábitos de mastigação, escavação e demarcação de território** |

Capítulo 11

# Lidando com os Comportamentos Indesejados Mais Comuns

ocê acha que seu cão tem um problema de comportamento? Buddy late incessantemente, mas em geral é um cão modelo? Ele pula nas pessoas, mas é perfeitamente bem-comportado no restante do tempo? Buddy mastiga suas coisas favoritas quando fica sozinho?

Cães podem apresentar um ou dois comportamentos irritantes que não são necessariamente problemas "comportamentais". Alguns podem ser resolvidos com pouco adestramento; outros requerem mais tempo e esforço de sua parte.

A primeira linha de defesa é um pouco de adestramento básico (veja o Capítulo 9). Os chamados "problemas comportamentais" são mais difíceis de administrar quando Buddy não sabe os comandos básicos. É muito mais fácil lidar com comportamentos indesejados depois que você conseguir estabelecer uma linha de comunicação com Buddy.

Se você ainda não praticou o exercício "Deita Longo", pode ser uma boa ideia começar por ele. A finalidade desse exercício é ensinar a Buddy de um modo não violento que é você quem manda. Por essa razão, ele é a base de todo adestramento futuro. Adestrar seu cão é quase impossível, a menos que ele aceite que é você quem toma as decisões. Demora cerca de quatro semanas para estabelecer o "Deita Longo" como parte da rotina. Mas, assim que você conseguir, será de grande ajuda para estabelecer seu papel como líder.

A maioria dos comportamentos indesejados dos cães são problemas de relacionamento e não de comportamento. Esses comportamentos geralmente são resultado de insuficiência de exercícios, pouco tempo passado com o cão ou falta de adestramento. Neste capítulo, discutimos alguns dos comportamentos indesejados mais comuns e mostramos algumas soluções viáveis.

# Prevenindo Maus Hábitos

Muitos maus hábitos ou problemas comportamentais caninos têm uma causa comum ou uma combinação de causas. Em ordem de importância, elas incluem as seguintes:

» Tédio e frustração pela insuficiência de exercícios

» Estagnação mental devido à insuficiência de tempo proveitoso com você

» Solidão causada por excesso de isolamento da companhia humana

» Problemas relacionados à nutrição e saúde

LEMBRE-SE

A solidão talvez seja o problema mais difícil de superar. Por necessidade, muitos cães são deixados sozinhos em casa entre oito e dez horas por dia com absolutamente nada para fazer exceto travessuras. Felizmente, além de passar mais tempo proveitoso com seu cão, você pode fazer algumas coisas para ajudá-lo a superar a solidão.

Antes de tratar especificamente dos problemas comportamentais, nas seções seguintes, trazemos nossas recomendações para um bom comportamento.

## Exercícios

A necessidade de exercício varia dependendo do tamanho e do nível de energia do cão. Muitos cães precisam de muito mais exercícios do que os donos imaginam. Bull Terriers são um bom exemplo. Se o dono de um Bull Terrier Inglês mora em um apartamento em uma grande cidade e o cão não faz exercícios de corrida suficientes, ele acabará desenvolvendo problemas comportamentais. Esses problemas podem variar desde perseguir o rabo, que é um comportamento neurótico, até destruir os móveis. Esse tipo de cão não apresentaria esses comportamentos se vivesse em uma casa em que tivesse exercícios, físicos e mentais, suficientes.

LEMBRE-SE

Adestradores de cães têm uma máxima: "Cães cansados são cães felizes." Afinal, cães que praticam exercícios suficientes e podem gastar energia com corridas, busca de objetos, brincadeiras e adestramento raramente apresentam comportamentos indesejáveis. Cães que têm essas necessidades simples negadas frequentemente redirecionam a energia para comportamentos inaceitáveis. A Figura 11-1 mostra um cão bem exercitado.

**FIGURA 11-1:** Cães cansados têm donos felizes.

Quando seu cão adquire comportamentos que você considera inaceitáveis, isso pode ser um problema irritante. Às vezes, o comportamento é instintivo, como cavar. Às vezes, decorre do tédio, mas nunca porque o cão é temperamental. Antes de tentar lidar com o comportamento, você precisa descobrir a causa. O caminho mais fácil para parar um comportamento é lidar com a necessidade primária que o provocou em vez de tentar corrigir o comportamento em si. Se existisse uma única causa para problemas comportamentais, seria a falta de exercício adequado.

## Companhia

Muitos anos atrás, rotulamos uma série de comportamentos que costumávamos ver nas nossas classes de obediência, como a síndrome do cão único. Estes cães fogem dos donos com mais frequência do que aqueles cães que vivem em casas com mais cães. Eles rosnam perto das tigelas de comida, são exigentes na hora de se alimentar, são possessivos em relação aos brinquedos e muito mais incontroláveis que cães que vivem em casas com outros cães. Em outras palavras, é mais fácil ter dois cães do que um.

Se você não quer nem pensar em ter dois cães, a companhia é ainda mais importante. E companhia não significa apenas você fazer companhia para seu cão, mas também que ele conviva com outros cães tanto quanto possível. Algumas possibilidades incluem levá-lo para passeios regulares em parques em que ele possa encontrar outros cães; participar de um clube canino, em que ele possa participar de atividades, ou colocar o seu filhote em uma creche alguns dias por semana. A socialização do seu filhote é um processo contínuo. Se puder, adote outro cão para fazer companhia para Buddy. Cães são animais de matilha e são muito mais felizes na companhia de outros cães.

## Boa saúde

Manter a boa saúde de Buddy não é tão fácil como era 50 anos atrás. Parece que com o avanço da ciência em muitos campos relacionados aos cães, eles deveriam ser mais saudáveis do que nunca. Mas não é isso que está acontecendo. Em razão de práticas ruins de procriação, baixa nutrição e excesso de vacinas, a saúde dos cães está mais ameaçada do que nunca.

LEMBRE-SE

Ter um cão com problemas de saúde constantes — desde condições simples, como irritação de pele, pulgas, mau cheiro e infecções de ouvido até problemas mais sérios que afetam seus órgãos internos, como os rins, o coração, o fígado e a tireoide — não é divertido! Não se sentir bem pode causar muitos problemas comportamentais ao seu cão. Problemas de saúde frequentemente são confundidos com problemas comportamentais. Buddy pode ter comido algo que irritou o estômago, provocando acidentes indesejados pela casa. Ele pode ter uma desordem musculoesquelética, fazendo com que as mudanças de posição sejam dolorosas e causem irritabilidade, e, às vezes, mordidas. Estas preocupações são obviamente incompatíveis com as soluções de adestramento — e certamente com a disciplina. Para saber mais sobre a saúde do seu cão, veja o Capítulo 4.

## Boa nutrição

O ditado popular "Você é o que você come" aplica-se igualmente a cães e a pessoas. A alimentação adequada do seu cão faz a diferença entre a saúde e a doença, e tem um profundo efeito no seu comportamento. E, com a enorme variedade de comida para cães no mercado, descobrir o que é melhor para o seu cão pode ser difícil.

Há inúmeras maneiras de alimentar corretamente o seu cão:

» Escolha uma ração comercial que contenha duas proteínas animais entre os primeiros três ingredientes. Você pode adicionar um pouco de carne crua e vegetais frescos. A ração permanece no estômago entre 15 e 16 horas antes de ser digerida, mas a adição de uma boa fonte de proteína (hambúrguer cru, pedaços de carne, peixe enlatado, frango cozido ou cordeiro cru) e de alguns vegetais frescos como cenouras, brócolis ou vagens à ração do seu cão diariamente diminui o tempo de digestão em várias horas. Esses alimentos funcionam oferecendo as enzimas digestivas adequadas para que o estômago de Buddy possa digerir seus alimentos. Oferecer apenas ração cozida para Buddy fornece poucos nutrientes porque o processo de cozimento elimina a maioria das vitaminas dos minerais e altera a composição de gorduras e proteínas. Você não quer que o estômago de Buddy fique cheio de ração seca o dia todo; isso pode causar todo tipo de problemas digestivos; dentre eles, a distensão abdominal, que pode ser fatal.

» Compre uma versão desidratada de uma dieta natural para cães, na qual você adiciona água e carne crua. Visite o site `www.volhard.com` para nossa fórmula desidratada (conteúdo em inglês).

» Faça a comida do seu cão. O Capítulo 4 traz orientações se quiser optar por essa rotina.

Sua escolha depende no nível de conforto e do tempo que você tem para se dedicar ao seu cão. Se tiver dúvidas sobre o tipo de alimentação que está oferecendo ao seu cão e quiser mais informações sobre as necessidades nutricionais dele, veja o Capítulo 4.

## Adestramento

Os problemas comportamentais não aparecem porque seu cão é teimoso ou mau, e disciplina raramente é a resposta. A estagnação mental pode com frequência ser a causa de um comportamento indesejado. Adestrar o seu cão em uma rotina diária, ou pedir que ele faça algo para você, faz com que seu cão se sinta útil e dá o estímulo mental de que ele precisa (para começar com o adestramento básico, veja o Capítulo 9).

LEMBRE-SE

Use sua imaginação para fazer com que o seu cão seja útil. Você ficará surpreso com o quanto ele pode ajudá-lo. Se você ensinou Buddy a buscar, ele pode ajudar a carregar as compras do carro. Ele pode carregar uma embalagem de comida congelada, uma caixa de cereais ou qualquer coisa que ele consiga segurar na boca. Incentive-o a carregar as coisas até a cozinha. Você pode usar Buddy para levar a roupa suja até a máquina de lavar. Ele pode carregar a guia dele até o carro (o

Capítulo 15 mostra como ensinar Buddy a buscar objetos). Buscar e carregar objetos são considerados pelo cão como uma recompensa — ele adora trabalhar —, por isso não é preciso dar um petisco todas as vezes. No entanto, lembre-se de elogiá-lo bastante.

# Lidando com os Comportamentos Indesejados do Seu Cão

Como a beleza, o comportamento indesejado está nos olhos do observador. Mordidinhas de brincadeira podem ser aceitáveis para alguns e não para outros. Ademais, há níveis diferentes de comportamentos indesejados. Afinal, subir no sofá na sua ausência não é uma ofensa tão séria quanto destruir os móveis.

Tendo trabalhado com cães uma vida inteira, talvez sejamos mais tolerantes em relação a comportamentos irritantes que a maioria das pessoas. Sabemos também que cães gostam de agradar e que a maioria dos comportamentos podem ser mudados com um pouco de adestramento. Conhecer o Perfil de Personalidade do seu cão (veja o Capítulo 2) ajuda a entender porque seu cão age de modo irritante. Consideramos um comportamento indesejado, por exemplo, quando visitamos amigos e seus cães não adestrados pulam e nos arranham. Outros padrões críticos de comportamento negativo incluem cães que:

» Não vêm quando chamados, o que pode ser perigoso (veja o Capítulo 10 para saber mais sobe o comando "Vem")

» Não ficam quando mandados (veja o Capítulo 9 para descobrir como ensinar o comando "Fica")

» Perseguem gatos, esquilos, corredores, ciclistas ou, pior ainda, carros (veja como lidar com esses comportamentos motivados pela caça no Capítulo 16)

» Latem sem parar (discutido mais adiante neste capítulo)

Todos esses comportamentos irritantes podem ser eliminados com o investimento de apenas dez minutos por dia, cinco vezes por semana, por aproximadamente quatro semanas. Depois disso, revisar os exercícios várias vezes por semana em diferentes locais pela vida toda do cão mantém os comportamentos desejados afiados. Adestrar é um processo para a vida toda. Envolve uma pequena quantidade de tempo e energia para ter um cão maravilhoso do qual se orgulhar. Cães adestrados são cães felizes — você pode levá-los para qualquer lugar, e eles são sempre bem-vindos.

210    PARTE 3 **Adestramento Básico**

LEMBRE-SE

Se acha que seu cão tem um problema comportamental, você tem as seguintes opções:

» Pode tolerar o comportamento

» Pode treinar o cão na tentativa de mudar o comportamento

» Pode encontrar um novo lar para o cão

» Pode levar o cão para um abrigo, mas saiba que essa pode ser uma viagem só de ida para ele

Falamos desses tópicos nas seções seguintes.

## Tolerando os problemas de comportamento do seu cão

Ao considerar a quantidade de tempo e energia que pode ser necessária para tornar Buddy o cão que você sempre quis, você pode acabar decidindo que é mais fácil viver com suas travessuras irritantes do que tentar mudá-lo. Você o tolera do jeito que ele é porque não tem tempo, energia ou vontade para fazer o esforço necessário para mudá-lo.

DICA

Uma ferramenta que ajuda a suportar todo tipo de comportamento indesejado é a gaiola/caixa. Deixar Buddy na gaiola/caixa quando estiver no trabalho evita preocupações com o adestramento sanitário, mastigação de objetos e escavações. Quando adestrado adequadamente para ficar na gaiola/caixa, Buddy pensará que está na sua "toca". Ele estará sempre seguro (e se sentirá seguro) ali. Com a gaiola/caixa, ele pode ir para todos os lugares com você, andar de carro e visitar um amigo. Hoje, existem gaiolas/caixas leves mesmo para os cães bem grandes. Você pode até levá-lo na sua viagem de férias. Ele ficará mais confortável sempre que tiver que ficar no veterinário, onde os cães normalmente ficam em gaiolas/caixas durante o tratamento (veja o Capítulo 8 para saber mais sobre o adestramento com a gaiola/caixa de transporte).

CUIDADO

Comportamentos que você não deve tolerar são aqueles que ameaçam a sua segurança e a dos outros, como morder pessoas ou agressividade. A agressão real é definida como a mordida imprevisível — sem aviso — e sem motivo (veja o Capítulo 16 para saber mais). Você também não deve tolerar comportamentos que ameacem a segurança do seu cão, como perseguir carros (veja o Capítulo 16) ou roubar e defender brinquedos e tigelas (veja a seção "Combatendo a Mastigação de Itens Não Comestíveis", mais adiante, para inibir esse comportamento).

## Tentando resolver os problemas de comportamento do seu cão

Você decidiu que não consegue viver com os comportamentos irritantes do seu cão e que irá trabalhar com ele para que seja o animal de estimação que você espera e sempre quis. Você entende que para fazer isso precisa investir seu tempo (dez minutos por dia, cinco vezes por semana), esforço e talvez ajuda profissional, mas está disposto a trabalhar para atingir esse objetivo — um relacionamento mutuamente recompensador e duradouro. Bom para você! Este livro pode ajudá-lo.

O adestramento de obediência, por si só, não é necessariamente a resposta para seus problemas. Ainda assim, quando você adestra seu cão, está passando um tempo significativo com ele, o que em muitos casos é metade da batalha. Muito depende da causa do problema (veja a seção anterior "Prevenindo Maus Hábitos", para mais informações).

LEMBRE-SE

Para a maioria das pessoas, ter um cão é um compromisso entre tolerar e trabalhar com ele. Muitas pessoas consideram certos comportamentos indesejados, mas não querem fazer nada a respeito. Desde que as alegrias de ter um cão superem os problemas, as pessoas conseguem conviver com esses comportamentos.

### INDO DIRETO À FONTE

Se quiser parar o comportamento negativo ou irritante, você deve lidar com a necessidade que o provocou. Quando o cão troca os dentes, por exemplo, você precisa oferecer brinquedos mastigáveis adequados. Quando seu cão faz as necessidades fora do lugar, pergunte-se primeiro se não o deixou dentro de casa tempo demais ou se o cão pode estar doente (e, neste caso, uma visita ao veterinário é necessária). Se o cão é deixado sozinho no quintal e late incessantemente por causa de tédio, não o deixe lá fora. Quando seu cão precisar de mais exercícios do que você pode oferecer, considere um passeador de cães ou uma creche canina.

Todo comportamento tem um período de tempo e uma certa quantidade de energia vinculada. Esta energia precisa ser gasta de uma forma natural. Ao tentar suprimir essa energia ou quando não há tempo suficiente para dissipá-la, você ajuda a causar a maioria dos problemas de comportamento.

Ao utilizar o Perfil de Personalidade do Capítulo 2, você pode facilmente descobrir onde se concentram as energias do seu cão. Por exemplo, o impulso de caça dele é alto? Estes cães precisam de mais exercícios do que cães com outros impulsos. Eles são atraídos e gostam de perseguir coisas que se movam rapidamente. Encontrar um escape para estes comportamentos, como jogar bola, jogar gravetos ou esconder os brinquedos e fazer Buddy encontrá-los, é um bom modo de exaurir as energias deste impulso.

## Quando todo o resto falha: Encontrando um novo lar para o seu cão

Às vezes, o temperamento de um cão pode ser inadequado para o estilo de vida do dono. Um cão tímido ou com limitações físicas, por exemplo, pode nunca se desenvolver para ser um companheiro de brincadeiras para crianças. Um cão que não goste de ser deixado sozinho não é adequado para uma pessoa que fica fora o dia todo. Um cão pode necessitar de muito mais exercício do que o dono é capaz de dar, e, como resultado, pode desenvolver certos comportamentos. Embora alguns comportamentos possam ser modificados com o adestramento, outros não — o esforço necessário seria simplesmente estressante demais para o cão (ou talvez para seu dono).

Em alguns casos, o cão e o dono não combinam e precisam se divorciar. Seja qual for o motivo, em algumas circunstâncias, alocar o cão em um novo lar em que as necessidades dele sejam atendidas é a melhor opção tanto para o cão quanto para o dono.

HISTÓRIA DE SUCESSO

Nos recordamos de um incidente envolvendo um Bull Terrier Inglês que foi deixado sozinho por muito tempo e começou a perseguir a própria cauda. O comportamento chegou ao ponto que o cão se tornou um neurótico completo. Naquele ponto, nós sugerimos uma nova casa para o cão e encontramos uma fazenda. O cão passou a ter exercícios diários ilimitados e, depois de poucas semanas, o comportamento de perseguir a cauda desapareceu completamente.

Se todos os esforços de recuperação falharem — você não consegue viver com o cão e ele não pode ser realocado —, a sua opção final é levá-lo para um abrigo ou para um veterinário para sacrificá-lo. Esta opção não é para ser considerada de modo leviano, e você deveria seguir por esse caminho apenas se realmente já tentou resolver o problema e não teve outras alternativas. Se você escolher levá-lo para o abrigo, não se engane, a maioria dos abrigos está sobrecarregada com o número de cães indesejados e só consegue encontrar novas casas para uma pequena porcentagem desses cães. O restante é sacrificado.

# Ensinando Buddy a Manter as Quatro Patas no Chão

Em muitos casos, os cães são sistematicamente recompensados por pular nas pessoas. Quando os cães são filhotes fofinhos, por exemplo, recebem mimos o tempo todo; as pessoas os agradam e lhes dão atenção sem parar, deixando-os animados. Naturalmente, ele pula para receber toda a atenção. Quando Buddy fica mais velho, parentes e amigos acabam reforçando esse comportamento com carinhos, especialmente no topo da cabeça, o que faz com que o cão pule. Ele rapidamente aprende a antecipar esse ritual de cumprimento e a pular em todo mundo que chega à porta. A Figura 11-2 mostra um cão pulando para receber atenção.

**FIGURA 11-2:** O seu cão pula nas pessoas?

Agora, com um ano de idade e 25Kg (ou mais!) de puro vigor e entusiasmo, esses pulos não são mais aceitáveis. Estabelecer uma linha de comunicação ativa com o cão deve ser sua primeira providência. No entanto, se o comportamento já estiver bastante arraigado, pode ser preciso assumir o controle. Ambas as situações são explicadas nas seções seguintes.

## Tentando algumas das abordagens básicas

Várias abordagens diferentes são recomendadas para parar com o comportamento de pular. Algumas delas funcionam com alguns cães, mas infelizmente não com todos. Apesar de não acharmos que essas abordagens funcionem (e de não gostarmos delas), você pode tentar usá-las se quiser.

LEMBRE-SE

Antes de experimentar quaisquer das sugestões a seguir, lembre-se de que Buddy pula em você para dizer "olá" e cumprimentá-lo. A intenção dele é boa, então ajuste seu método para adequá-lo à sua personalidade, e não exagere.

Veja as abordagens mais comuns:

214  PARTE 3 **Adestramento Básico**

» **A abordagem do joelho:** Quando Buddy tentar pular em você, coloque o joelho no peito dele. Não recomendamos usar essa abordagem porque ela pode machucar o cão, especialmente um cão pequeno.

» **A abordagem do mata-mosquito:** Quando Buddy tentar pular em você, bata no topo da cabeça dele (gentilmente) com o mata-mosquito. Entretanto, se fizer isso com frequência, você terá um cão que se encolhe toda vez que chega perto de você. E isso acaba arruinando o relacionamento que está tentando construir.

» **A abordagem do saco plástico:** Quando Buddy se aproximar de você, chacoalhe um saco plástico, o que irá assustá-lo, mas não o machucará. Mas, é claro, isso pode fazer com que ele fique com medo de sacos plásticos.

» **A abordagem do spray:** Encha um recipiente com spray de água e borrife o cão sempre que ele tentar pular em você. Borrife a cara dele e mande-o sentar (veja o Capítulo 9 para saber mais sobre o comando "Senta").

» **A abordagem de ignorar:** Ignore o cão e vire-se de costas para ele por alguns minutos até que ele tenha se acalmado. Você pode encarar o cão com os braços cruzados sobre o peito. Fique parado até que ele pare de pular. Não o empurre. Mesmo empurrar o cão para longe é uma forma de atenção para ele e reforça o comportamento indesejado.

Uma das muitas desvantagens de algumas dessas soluções é que você precisa dos objetos adequados sempre à mão. Elas também podem arruinar o seu relacionamento com o cão. É melhor seguir as orientações das próximas seções.

## Usando os Comandos "Senta" e "Fica"

Se nenhuma das abordagens funcionar, ensine Buddy a sentar sob comando e faça na sequência o exercício "Senta–Fica" (veja o Capítulo 9). Depois que o cão estiver confiável com o comando "Senta–Fica", encontre um ajudante e siga estes passos:

**1.** Antes que seu ajudante chegue à porta, instrua-o a evitar contato visual com Buddy e a ignorá-lo quando você abrir a porta.

**2.** Peça ao seu ajudante para tocar a campainha ou bater.

**3.** Coloque Buddy na guia, dê o comando "Senta" e "Fica" e, então, abra a porta.

Provavelmente, Buddy irá levantar para cumprimentar seu ajudante. Reforce o comando "Fica", puxando a guia verticalmente para cima para obrigar Buddy a sentar novamente. Se ele não atender, revise o equipamento de adestramento que estiver usando (veja o Capítulo 5).

CAPÍTULO 11 **Lidando com os Comportamentos Indesejados Mais Comuns** 215

**LEMBRE-SE**

A resposta de Buddy ao tranco na guia depende do grau de distração e do limiar de desconforto do cão (veja o Capítulo 3 para mais informações).

4. **Repita os passos anteriores até que Buddy fique na posição na guia frouxa quando você abrir a porta, o que pode precisar de várias repetições.**

   Assim que ele obedecer, pare a sessão.

5. **Antes da próxima sessão de adestramento, lembre ao ajudante de ignorar Buddy e evitar contato visual. Comece o exercício do início e convide o ajudante a entrar em sua casa.**

   Quando Buddy ficar, calmamente o elogie e finalize a sessão. Se ele não obedecer, reforce o "Senta" com um tranco na guia.

Você precisa manter essa rotina até que Buddy sente educadamente quando alguém chegar à sua porta. Quando ele sentar e ficar de modo confiável, experimente o exercício sem a guia. A resposta do cão lhe dirá se ele precisa ou não de mais adestramento. Lembre-se de que adestrar é uma questão de quem é mais persistente: você ou o cão.

# Acabando com o Assaltante de Bancadas

Buddy é um assaltante de bancadas quando tem o hábito de colocar as duas patas dianteiras em cima da bancada ou da mesa da cozinha para roubar algo para comer. Quando você está presente, pode retirá-lo, fisicamente. Se já ensinou o comando "Larga" ou "Para" (veja o Capítulo 9), você pode usá-los para sabotar as tentativas dele enquanto ainda estiver pensando em subir na bancada. Em ambos os casos, você precisa estar presente.

No entanto, se você estiver ausente, qualquer coisa deixada na bancada ou na mesa vai virar um alvo. A menos que você seja perfeccionista e mantenha tudo sempre em ordem e arrumado, sem alimentos expostos quando não há ninguém na cozinha, vai ter que lidar com Buddy assaltando a mesa e a bancada da cozinha atrás de um lanchinho.

Se você não consegue manter as bancadas limpas quando ninguém estiver na cozinha, um bom desencorajador é um mata-mosquito colocado em um ângulo que o próprio cão derrube ao subir na bancada, o que vai assustá-lo. Apesar de essa tática ser eficaz com alguns cães, outros simplesmente a ignoram. Além do mais, você precisa se lembrar de colocar o mata-mosquito sobre a bancada — e, neste caso, poderia simplesmente retirar a comida da bancada.

**FIGURA 11-3:** Meigs demonstrando sinais precoces de assalto à bancada e a mesas.

DICA

Um pequeno truque que ajuda Buddy a pensar que você é clarividente, e a reforçar o comando "Larga" ou "Para", é colocar um espelho de modo que você possa ver a bancada de outro cômodo. Coloque algum alimento como isca, vá para o outro cômodo e espere que Buddy suba na bancada. Quando disser "Larga", Buddy ficará surpreso com sua habilidade de dar o flagrante. E para um assaltante de bancada dedicado e persistente, considere a utilização de um sistema de contenção interno para resolver o problema (veja o Capítulo 5).

# Calando o Latidor Inveterado

Por um lado, poucas coisas são mais reconfortantes do que saber que seu cão dará o alarme quando um estranho se aproximar. Por outro, poucas coisas são tão irritantes quanto o latido incessante de um cão. Cães latem por três razões:

» Em resposta a um estímulo

» Porque estão entediados e querem atenção — qualquer atenção —, mesmo que essa atenção envolva uma punição (verbal ou física)

» Quando alguém chega à sua porta

Aqui mora o dilema: você quer que o cão lata, mas apenas quando você acha que é adequado. Tratamos dessas situações nas seções seguintes.

DICA

Uma forma de parar com o latido incessante é a coleira antilatido, que dá um pequeno choque elétrico toda vez que o cão late. Outra alternativa é a coleira de citronela, que borrifa citronela na direção do focinho do cão quando ele late. Essas ferramentas funcionam bem em uma casa com apenas um cão (veja o Capítulo 5 para saber mais sobre essas coleiras).

## Latindo como resposta a um estímulo

Seu cão está lá fora no quintal, e algumas pessoas passam por perto, talvez com um cão na coleira, então ele late. Latir é uma resposta natural para defender o território dele. Depois que os potenciais intrusos passam, ele fica quieto novamente. Pessoas e cães caminhando perto de sua casa são o estímulo que provoca o latido e, depois que ele desaparece, o cão para.

Se as pessoas parassem perto de sua cerca para conversar, seu cão teria continuado a latir. Para fazê-lo parar, você tem que remover o estímulo de perto do cão ou o cão de perto do estímulo. Se você mora em uma área movimentada por onde passam muitas pessoas, pode precisar mudar o ambiente do cão. Em outras palavras, você não poderá deixar o cão no quintal por períodos prolongados. Se quiser manter o cão do lado de fora, pode precisar construir um canil ou um cercado, ou colocá-lo em uma gaiola/caixa dentro de casa para poder retirá-lo de perto do estímulo.

## Latindo por atenção

Às vezes, é como se o cão latisse sem motivo aparente. Entretanto, mesmo que não fique claro para você, seu cão sempre late por um motivo. Pode ser:

» Ansiedade

» Tédio

» Procurando atenção porque ele está solitário

Embora os latidos de Buddy possam ser inaceitáveis para você, para ele é a única forma de expressar sua infelicidade ou frustração.

LEMBRE-SE

Teoricamente, nenhuma dessas razões é difícil de ser superada se você trabalhar para eliminar as possíveis causas. Passe mais tempo exercitando e adestrando o seu cão. Não o deixe sozinho por muito tempo nem com tanta frequência.

Na prática, porém, superar esses motivos não é assim tão fácil. A maioria das pessoas trabalha para viver e deixa seus cães sozinhos por períodos prolongados. Se você mora em um apartamento, seu cão, certamente, não poderá latir o dia todo. O estresse é terrível sobre Buddy, sem mencionar o fato de que seus vizinhos vão odiar você e seu cão barulhento (o Capítulo 17 mostra o que fazer em caso de ansiedade de separação).

## Latindo quando chega alguém à porta

A maioria dos cães late quando alguém chega à porta. Apesar de você até poder gostar de ser alertado sobre a presença de pessoas, provavelmente preferiria que ele parasse assim que você dissesse: "Obrigado. Pode deixar comigo." Alguns cães não param de latir, o que pode ser muito embaraçoso. Os donos parecem ter tentado de tudo, e nada funciona.

Para essa situação, nossa ferramenta favorita é o clicker (veja o Capítulo 5). Veja como adestrar Buddy usando o clicker:

**1. Acostume Buddy ao clicker.**

Com vários petiscos pequenos na mão, sente-se confortavelmente em sua poltrona favorita com Buddy por perto. Clique e dê um petisco para Buddy. Repita várias vezes até que ele associe o clique ao petisco.

LEMBRE-SE

O momento do clique é importante — ele tem que acontecer quando o cão estiver quieto, e deve ser acompanhado do petisco.

**2. Peça a um ajudante que chegue à sua porta. Quando a pessoa chegar e Buddy começar a latir, preste atenção aos pequenos intervalos entre os latidos. No instante em que ele parar de latir, diga "Obrigado" ou qualquer outro comando que quiser, clique e recompense.**

Continue até que Buddy perceba que ficar quieto é mais vantajoso do que latir. Pare a sessão neste ponto.

**3. Repita o processo ao longo de diversas sessões de adestramento até que Buddy responda de modo confiável ao comando que você escolheu.**

# Combatendo a Mastigação de Itens Não Comestíveis

Os cães mastigam por duas razões: fisiológica e psicológica. A primeira é compreensível; pode ser a troca de dentição. A segunda nem tanto. Ambas são um transtorno. Nas seções seguintes, explicamos as duas razões e trazemos algumas orientações para problemas com mastigação.

Cães que mastigam objetos podem apresentar deficiência nutricional, então pode ser necessário mudar a dieta ou fazer uma visita a um veterinário para um exame de sangue. Nós fomos nomeados membros honorários do *Bull Terrier Club of America* por salvar muitos Bull Terriers que comeram o controle remoto da TV. Depois de sugerir para os donos uma dieta natural balanceada (veja o Capítulo 4), os cães ficaram nutricionalmente satisfeitos e não demonstraram mais interesse em mastigar os controles novamente.

## Troca de dentição: Analisando a necessidade fisiológica de mastigar

Como parte do processo de troca de dentição, filhotes precisam mastigar. Eles não conseguem evitar. Para atravessar esse período, ofereça ao seu cão brinquedos macios e duros e bonecos de lona. Ossos de verdade são ótimos. Brinquedos de borracha dura da marca Kong (www.kongcompany.com — conteúdo em inglês) recheados com um pouco de manteiga de amendoim também mantêm o cão entretido por um bom tempo. Não dê a ele algo que possa ser despedaçado ou ingerido, a não ser que seja comestível. Cenouras, maçãs, biscoitos para cães ou cubos de gelo são ótimos para aliviar a monotonia; de outro modo, ele pode escolher outras coisas mais interessantes para mastigar, como aqueles sapatos novos que você deixou jogados.

Quando seu cão estiver passando pela fase de mastigação psicológica, certifique-se de que ele não tenha acesso aos seus artigos pessoais, como sapatos, meias e toalhas. Pense em não deixar as coisas jogadas pela casa como um bom adestramento. Um cão sozinho pode mastigar qualquer coisa no caminho. Tenha certeza de que seu cão receba atenção suficiente de você — e que ele tenha alguns brinquedos resistentes para morder! Quando não puder supervisioná-lo, ponha-o na gaiola/caixa (veja o Capítulo 8).

## Tédio: Reconhecendo as razões psicológicas para a mastigação

A mastigação após a fase de troca de dentes é normalmente um sinal de ansiedade, tédio ou solidão. Este hábito oral não tem nada a ver com ser mau. Se o seu cão ataca os móveis, os rodapés e as paredes, derruba a lata de lixo ou embarca em uma outra atividade de mastigação destrutiva, não fique bravo. Reconheça que você provavelmente não está oferecendo estímulos suficientes e ofereça alguns brinquedos resistentes.

Use a gaiola/caixa para confinar Buddy quando não puder supervisioná-lo. O confinamento economiza um bocado de dinheiro e evita que você perca a paciência e fique bravo com o pobre coitado. Mais importante ainda, ele não conseguirá fazer coisas potencialmente perigosas para ele.

Queremos enfatizar que o confinamento é uma abordagem de solução de problemas de última instância. O ideal é que o cão não seja deixado sozinho por tanto tempo e com tanta frequência a ponto de sentir necessidade de mastigar para aliviar o tédio. Seu cão não precisa de você para entretê-lo o tempo todo, mas um longo tempo sozinho pode deixar o seu filhote neurótico.

# Lidando com um Escavador

Um dos passatempos favoritos dos nossos Dachshunds é cavar, ou a "jardinagem", como costumamos chamar. Eles se dedicam a essa atividade em toda oportunidade e com grande entusiasmo. Os Dachshunds foram selecionados para caçar texugos que se escondem em tocas, por isso esse comportamento é instintivo. Isso significa que temos que nos acostumar com um quintal que parece um campo minado? Não mesmo, mas temos que assumir a responsabilidade por:

» Dissipar a energia de escavação, que envolve exercitar o cão

» Oferecer um escape para esse impulso, o que significa dar ao cão um lugar para que ele possa cavar o quanto quiser

» Supervisionar os peludinhos para que eles não se metam em confusão

LEMBRE-SE

A boa notícia é que a maioria dos chamados problemas de comportamento está sob seu controle direto; a má notícia é que você deve se envolver. É claro, você sempre pode cimentar seu quintal.

Reconheça que a escavação é parte do impulso de caça (veja o Capítulo 2 para saber mais sobre os impulsos). E por ser parte do impulso de caça, todas as dicas que demos sobre exaurir o comportamento se aplicam aqui. Você não pode obrigar um cão a cavar até a exaustão, mas pode cansá-lo, jogando bolinhas ou correndo com ele para que fique cansado demais para cavar.

## COMPREENDENDO AS RAZÕES PARA A ESCAVAÇÃO

Embora algumas raças, como os pequenos Terriers, tenham uma propensão para cavar, todos os cães fazem isso uma vez ou outra. Dê uma olhada em algumas das razões mais normais e até engraçadas pelas quais os cães cavam:

- Comportamento de imitação. No adestramento, esta prática é útil, mas pode gerar problemas para suas atividades de jardinagem. Você planta, seu cão cava. Talvez você devesse fazer seu jardim longe do seu cão.

- Para fazer ninhos para filhotes reais ou imaginários (isto se aplica às fêmeas).

- Para enterrar ou desenterrar um osso.

- Para ver o que tem lá, porque é divertido, ou para encontrar um espaço fresco para se deitar.

- Para aliviar o tédio, o isolamento ou a frustração.

**DICA**

Ou, se você tem Dachshunds de Pelo Duro, como os nossos, pode oferecer um local seguro para eles cavarem e onde não escavem crateras no gramado. Crie uma pequena área cercada onde eles possam cavar. No nosso caso, passeamos com eles em bosques e permitimos que eles cavem ali. O interessante é que nossos garotos cavam abaixo de tipos específicos de gramas para chegar até as raízes e a terra. Isto obviamente satisfaz alguma necessidade nutricional e nós atribuímos o fato de que eles nunca tiveram vermes a essa ingestão diária daquele tipo de terra. Uma pequena quantidade de terra pode limpar o intestino grosso, que é o local favorito dos vermes. Tenha cuidado para não deixar seu cão cavar em terra que contenha pesticidas e fertilizantes.

# Controlando o Comportamento de Demarcação

A *demarcação* é uma forma do seu cão deixar um cartão de visita, depositando uma pequena quantidade de urina em um ponto específico para demarcá-lo como território dele. A frequência com que os cães conseguem demarcar um território nunca para de nos surpreender. Os machos, invariavelmente, preferem superfícies verticais, cercas ou hidrantes. Os machos tendem a ser mais inclinados a este tipo de comportamento do que as fêmeas.

Estudiosos do comportamento explicam que a demarcação é a forma de o cão estabelecer seu território, e isso também é uma maneira de ele achar seu caminho de volta para casa. Eles também dizem que os cães são capazes de distinguir a hierarquia, o sexo e a idade — se é filhote ou adulto — cheirando a urina de outro cão.

As pessoas que levam seus cães para passeios regulares pela vizinhança rapidamente descobrem que a demarcação é um ritual, com pontos preferenciais que precisam ser molhados. É uma forma de o cão manter sua hierarquia na matilha, que consiste de todos os cães da vizinhança ou do território que compõe a sua rota.

Cães machos adultos levantam a perna traseira, assim como algumas fêmeas. Para o macho, o objetivo é deixar um cartão de visita mais chamativo que o cartão de visita anterior. Isso pode levar a alguns resultados cômicos, como um Daschshund ou um Yorkshire tentando encobrir o cartão de visita de um Wolfhound Irlandês ou de um Dogue Alemão. É uma competição.

Por mais irritante que esse comportamento possa ser, é perfeitamente normal e natural. Às vezes, ele pode ser também vergonhoso, como quando Buddy levanta a pata na perna de uma pessoa, uma ocorrência não tão incomum. O que ele está tentando comunicar aqui deixaremos para outras pessoas explicarem.

Quando esse comportamento acontece dentro da casa, isso se torna um problema. Felizmente, este comportamento é raro, mas acontece.

Estas são as circunstâncias que demandam vigilância especial:

» Quando você tem mais de um animal na sua casa — outro cão (ou outros cães) ou um gato

» Ao levar Buddy para a casa de amigos ou parentes para uma vista, especialmente se eles possuem cães ou gatos

» Depois de redecorar a casa com novos móveis ou cortinas

» Depois de mudar para uma casa nova

DICA

Distraia o seu cão ao perceber que ele está prestes a demarcar um local inapropriado. Chame-o pelo nome e leve-o para um local em que ele possa se aliviar. Ao levar Buddy para a casa de alguém, fique de olho nele. Ao menor sinal de que ele está pensando nisso, interrompa o pensamento dele batendo palmas e chamando-o até você. Leve-o para fora e espere que ele tenha uma oportunidade de se aliviar. Se o comportamento persistir, você precisa retomar os princípios do adestramento sanitário, como usar a gaiola/caixa ou cercado, até que possa confiar nele novamente (veja o Capítulo 8 para saber mais sobre adestramento sanitário).

PARTE 3 **Adestramento Básico**

# 4
# Treinamento Avançado

## NESTA PARTE . . .

Esta parte apresenta o mundo dos eventos de obediência do *American Kennel Club* (AKC), dos básicos aos mais avançados. Você e seu cão podem conquistar títulos e nós mostramos como o adestrar. Por exemplo, para demonstrar que ensinou ao seu filhote boas maneiras básicas, você pode participar do programa S.T.A.R para Filhotes ou do programa do Bom Cidadão Canino (*Canine Good Citizen*). Mostramos ainda como passar do aprendizado dos exercícios básicos e ensinar alguns exercícios avançados de obediência, incluindo aqueles necessários para o título de Cão de Companhia. Você ainda pode querer ensinar ao seu cão como buscar objetos, então incluímos um capítulo para ajudá-lo nesta tarefa.

**NESTE CAPÍTULO**

Analisando o Programa S.T.A.R. para Filhotes e seus requisitos

Entendendo o que é preciso para ser um Bom Cidadão Canino

# Capítulo 12

# Participando dos Programas do AKC S.T.A.R. para Filhotes e Bom Cidadão Canino

O *American Kennel Club* (AKC) administra e supervisiona, entre outras coisas, uma variedade de eventos de performance com diversos graus de dificuldade. Estes eventos são projetados para demonstrar diferentes níveis de adestramento. Um bom lugar para começar é o programa S.T.A.R. para filhotes do AKC. O próximo nível de adestramento é o programa Bom Cidadão Canino (*Canine Good Citizen* — CGC).

Estes programas são baseados na premissa de que todos os cães devem ser adestrados. Eles também englobam programas destinados a motivar e estimular donos de cães a avançar no adestramento. O programa do Bom Cidadão Canino, em especial, é uma janela de oportunidade para uma variedade de esportes caninos.

Idealmente, todo cão deveria ser adestrado para ser um Bom Cidadão Canino. Quanto mais cães forem bons cidadãos, maiores as chances dos donos de combater o crescente sentimento anticães em muitas comunidades. A posse irresponsável de cães tem sido a causa para este sentimento, então apenas o crescimento do número de donos responsáveis pode reverter esse quadro.

Este capítulo mostra os detalhes sobre estes dois tipos de testes. Ainda que não existam estes testes em sua região, você pode adestrar seu cão com base no programa de adestramento destes programas. Está pronto para o desafio?

# Começando com a Pata Direita no Programa S.T.A.R para Filhotes do AKC

O programa S.T.A.R. para filhotes do AKC é uma ótima maneira de acertar o passo de seu filhote para um bom comportamento. S.T.A.R. significa Socialização, Treinamento, Atividade e Responsabilidade. Muitos clubes de cinofilia e de adestramento, assim como organizações privadas, oferecem esse programa nos Estados Unidos. A Figura 12–1 mostra um filhote do programa S.T.A.R.

De acordo com o AKC: "Aulas de adestramento ensinam a você como se comunicar melhor com seu filhote. Os cursos de adestramento organizados também oferecem uma oportunidade para o cão se socializar com outros cães... O adestramento do programa S.T.A.R. para filhotes do AKC é o caminho natural para o programa Bom Cidadão Canino do AKC."

**FIGURA 12-1:** Seu cão pode se tornar um filhote S.T.A.R.

Nas seções seguintes, explicamos os aspectos principais do programa, incluindo as aulas de adestramento e os requisitos necessários.

## O adestramento para filhotes ao estilo do programa S.T.A.R.

As aulas do programa exigem que o filhote:

- » Não seja agressivo em relação às pessoas durante o adestramento
- » Não seja agressivo com outros filhotes durante o adestramento
- » Tolere a coleira ou o peitoral escolhidos pelo dono
- » Mostre que seu dono pode abraçá-lo ou carregá-lo (dependendo do tamanho)
- » Permita que o dono retire um petisco ou brinquedo dele

Depois de seis semanas de adestramento, você e seu filhote devem estar craques no programa. Neste ponto, ele deve ser capaz de demonstrar boas maneiras. Especificamente, ele deveria saber:

- » Permitir (em qualquer posição) carinhos de pessoas que não sejam o dono
- » Permitir que o dono manuseie e examine-o rapidamente (orelhas e patas, por exemplo)
- » Andar na guia, seguindo o dono em uma linha reta por 15 passos

- Andar na guia passando por pessoas a 1,5m de distância
- Sentar sob comando (o dono pode usar um petisco como atrativo)
- Deitar sob comando (o dono pode usar um petisco como atrativo)
- Ir até o dono de uma distância de 1,5m quando o nome dele é chamado
- Reagir adequadamente às distrações a 4,50m de distância
- Ficar na guia com outra pessoa (o dono se afasta dez passos e volta)

**LEMBRE-SE**

Embora não possa fazer o teste para o programa S.T.A.R. no Brasil, você pode ensinar ao seu filhote a ser um legítimo filhote S.T.A.R. Esta tarefa pode parecer difícil no começo, mas não se preocupe. Os capítulos deste livro já devem ser uma boa partida para o adestramento.

# Usando o Programa do Bom Cidadão Canino do AKC para Aprimorar as Habilidades do Seu Filhote

O teste do Bom Cidadão Canino (CGC) usa uma série de exercícios para verificar a habilidade do seu cão para se comportar de maneira aceitável em público. O objetivo deste programa é demonstrar que o cão é um ótimo companheiro que pode ser um membro respeitado da comunidade e pode ser treinado e condicionado para sempre se comportar em casa e em locais públicos e na presença de outros cães.

Para ser um Bom Cidadão Canino, seu cão precisa demonstrar, por meio de um breve teste, que ele atende a determinados requisitos. Nas seções seguintes, explicamos os requisitos para que o seu cão seja considerado um Bom Cidadão Canino.

## Exercícios exigidos

Para se tornar um Bom Cidadão Canino, um cão deve passar em um teste que demonstre a habilidade dele de se comportar de maneira aceitável em público. O teste consiste em dez exercícios seguintes, nos quais se pontua em um sistema de aprovado/reprovado:

- Aceitar um estranho amigável
- Sentar educadamente para ser acariciado
- Andar com a guia frouxa

- » Andar em meio à multidão
- » Sentar, deitar e ficar no lugar
- » Ir quando chamado
- » Reagir adequadamente a outro cão
- » Reagir adequadamente perto de distrações
- » Conseguir executar a separação supervisionada

**LEMBRE-SE**

Estes são exercícios práticos que determinam quanto controle você tem sobre o seu cão. Durante o teste, você pode repetir os comandos várias vezes, encorajar e elogiar seu cão. Repetir comandos frequentemente, entretanto, demonstra uma falta de controle e pode levá-lo à reprovação. Você também não tem permissão de dar comida a seu cão durante o teste. Todos os testes são feitos com guia e os cães precisam colocar uma coleira de fivela ou ajustável de couro, tecido ou corrente. Outras coleiras, como cabrestos e peitorais, não são permitidas. A guia pode ser tanto de couro como de tecido.

Para que você possa adestrar seu cão com base no programa do Bom Cidadão Canino, discutimos cada teste brevemente nas seções seguintes, inclusive o que esperar durante o teste.

## Teste 1: Aceitando um estranho amigável

Este teste demonstra que o cão permite que um estranho amigável se aproxime e fale com o condutor em uma situação natural e cotidiana.

O avaliador aproxima-se do cão e cumprimenta o condutor de forma amigável, ignorando o cão. O avaliador e o condutor se cumprimentam com um aperto de mãos e trocam amenidades. O cão não pode demonstrar nenhum sinal de raiva, agressividade ou timidez. Ele não pode sair da posição, pular no avaliador nem tentar ir até ele. Se o condutor tiver que segurar o cão para controlá-lo, o cão é reprovado neste exercício.

## Teste 2: Sentando educadamente para ser acariciado

Este teste demonstra que o cão permite que um estranho amigável o toque durante um passeio com o adestrador/dono (veja a Figura 12–2). Com o cão sentado ao lado do adestrador (qualquer lado é admitido) durante o exercício, o avaliador acaricia o cão na cabeça e no corpo, somente. O dono pode falar com o cão durante o exercício.

Depois de acariciar, o avaliador circula o cão e o adestrador, completando o teste. O cão não pode mostrar irritação ou timidez, ele deve permanecer parado, enquanto está sendo acariciado, mas não deve se debater ou puxar, evitando a carícia, e não deve empurrar ou pular no avaliador.

## Teste 3: Ter uma boa aparência e se comportar durante os cuidados de higiene

Este teste demonstra que o cão recebe bem os cuidados e permite que um estranho, como um veterinário, um tosador ou um amigo do dono realize esses cuidados. Isso também demonstra o cuidado, a preocupação e a responsabilidade do dono.

**LEMBRE-SE**

Para o teste de aparência e cuidados, certifique-se de que Buddy esteja o mais bonito possível. Se ele precisar de um banho antes do teste, dê um.

O avaliador examina o cão e determina se ele está limpo e bem cuidado. O cão deve aparentar estar saudável — peso apropriado, limpo, saudável e alerta. Traga o pente ou a escova que você normalmente utiliza em seu cão. O avaliador gentilmente penteia ou escova o cão e, de uma maneira natural, examina as orelhas e levanta cada uma das patas dianteiras do cão.

O cão não precisa permanecer em uma posição específica durante o exame e o adestrador pode conversar, elogiar e encorajar o cão ao longo do exercício. Um cão que precise de contenção durante o exame é reprovado no teste.

**FIGURA 12-2:** Sentando educadamente para ser acariciado.

232　PARTE 4 **Treinamento Avançado**

## Teste 4: Andando na guia frouxa

O quarto teste demonstra que o dono está no controle. A posição do cão não deve deixar nenhuma dúvida de que o cão está atento ao adestrador e respondendo a seus movimentos e mudanças de direção.

**LEMBRE-SE**

Uma tensão ocasional na guia é permitida, mas puxar ou mantê-la esticada o tempo todo é inaceitável. Da mesma forma, um cão que cheira demais o chão, demonstrando que não está atento ao dono, também é inaceitável

Durante o teste, você deve fazer curvas para a esquerda, para a direita e dar uma meia-volta com pelo menos uma parada no meio e outra no final. O adestrador pode conversar com o cão durante o exercício para elogiá-lo ou dar comandos em um tom de voz normal.

## Teste 5: Andar no meio da multidão

Este teste demonstra que o cão pode se mover de forma educada em meio ao trânsito de pedestres e está sob controle em locais públicos. O teste é um grande incentivo para adestrar Buddy quanto a distrações.

O cão e o dono andam de um lado para outro e passam perto de várias pessoas (pelo menos três). O cão pode demonstrar algum interesse nos estranhos, mas deve continuar a andar com o dono, sem nenhuma evidência de agitação em excesso, timidez ou irritação. O dono pode falar com o cão e encorajá-lo ou elogiá-lo durante o teste. O cão não deve esticar a guia, pular nas pessoas da multidão ou tentar se esconder atrás do seu dono.

**LEMBRE-SE**

Crianças podem ser membros da multidão no teste, assim como no teste de distração, que discutiremos posteriormente neste capítulo. Outro cão com guia e bem-comportado também pode estar na multidão.

## Teste 6: Ficar no lugar

Este teste demonstra se o cão responde aos comandos do adestrador de "Senta" e "Deita". Durante o teste, o cão precisa permanecer no lugar determinado pelo adestrador.

Antes deste teste, a guia do cão é substituída por uma guia de seis metros. O adestrador pode levar um tempo razoável e utilizar mais que um comando para fazer o cão sentar ou deitar. O avaliador deve determinar se o cão responde aos comandos do adestrador. O adestrador não pode forçar o cão a nenhuma das posições, mas pode tocá-lo para lhe oferecer um direcionamento sutil.

Quando instruído pelo avaliador, o adestrador diz para o cão "Fica" e, com a guia de metros em mãos, anda à frente, até a ponta da guia, vira e volta até o cão em um passo normal (a guia de seis metros não é removida ou largada). O cão deve permanecer no lugar no qual foi deixado (embora o cão possa mudar de posição, como ficar de pé), até que o avaliador instrua o adestrador a liberar o cão. Ele pode ser liberado pela frente ou pelo lado.

## Teste 7: Vindo quando chamado

Este teste demonstra se o cão vai quando o adestrador o chama. O cão permanece com a guia de seis metros utilizada no Teste 6. O adestrador se afasta 3m do cão, vira de frente para ele e o chama. O adestrador pode utilizar linguagem corporal e encorajamento ao chamar o cão. Ao deixar o cão, o adestrador pode dizer ao cão "Fica" ou "Espera" ou pode apenas se afastar dele. O cão pode ser deixado sentado, deitado ou em pé. Se o cão tentar seguir o adestrador, o avaliador pode distrai-lo (por exemplo, acariciando) até que o adestrador esteja a 3m de distância.

O objetivo do teste é determinar se o cão vai quando chamado e se fica, e o exercício é completado quando o cão vai até o adestrador e ele coloca a guia no cão.

## Teste 8: Reagindo adequadamente a outro cão

Este teste demonstra se o cão se comporta educadamente perto de outros cães. Durante o teste, dois adestradores e seus cães se aproximam um do outro a partir de uma distância de 9m, param, se cumprimentam com um aperto de mãos, conversam um pouco e continuam caminhando, por cerca de 4,5 metros.

LEMBRE-SE

Os cães agora não devem mostrar nada mais do que um interesse casual um pelo outro. Nenhum dos cães deve ir até o outro cão ou o outro adestrador. Veja a Figura 12–3 para visualizar como os cães devem se comportar durante o teste.

**FIGURA 12-3:** Reagindo adequadamente a outro cão.

## Teste 9: Reagindo adequadamente a distrações

Este teste demonstra se o cão é confiável em qualquer momento quando se depara com situações de distração comum. O avaliador seleciona apenas duas da lista a seguir. (**Observação:** Devido a alguns cães serem sensíveis ao som e a outras distrações visuais, a maioria dos testes envolve um som e uma distração visual.)

» Uma pessoa utilizando muletas, cadeira de rodas ou andador.

» Uma porta fechando ou abrindo de forma repentina.

» Largar um livro grosso, uma panela, uma cadeira dobrável ou algo assim, a uma distância de pelo menos 1,5m atrás do cão.

» Um corredor passando na frente do cão.

» Uma pessoa empurrando um carrinho de supermercado ou puxando um carrinho de mão, passando a uma distância de 1,5m a 3m.

» Uma pessoa passando de bicicleta a cerca de 3m de distância.

Os amantes de gatos não precisam se preocupar. Gatos não são utilizados como distração.

LEMBRE-SE

O adestrador pode conversar e elogiar o cão durante o teste. Em uma situação similar na vida real, você provavelmente conversaria com seu cão de forma encorajadora. O cão pode mostrar um interesse natural e uma curiosidade, e pode parecer levemente assustado, mas não ficar em pânico, tentar correr ou exibir agressividade. Um latido isolado é aceitável (um só), mas um latido contínuo faz com que o cão seja reprovado.

## Teste 10: Executando a separação supervisionada com sucesso

Este teste demonstra que o cão pode ser deixado com outra pessoa e manter seu adestramento e boas maneiras enquanto o dono sai do seu campo de visão. O avaliador diz algo como: "Você gostaria que eu desse uma olhada no seu cão?" O dono coloca no cão uma guia de 1,80m, assim como a guia do cão, dá a ponta da guia para um avaliador e vai para um lugar fora da visão do cão por três minutos. O cão não pode latir continuamente, chorar, uivar, se mexer sem necessidade ou mostrar algo mais do que uma leve agitação ou nervosismo. Este teste não é um exercício "Fica"; os cães podem ficar em pé, sentados, deitados e mudar de posição durante o teste. Os cães são testados individualmente e não como um grupo; porém, mais de um cão pode ser testado ao mesmo tempo.

## Preparando-se para o teste

Se você já fez o adestramento básico, já está na metade do caminho para transformar seu cão em um Bom Cidadão Canino. Os exercícios nos quais você precisa trabalhar são aqueles que acrescentam distrações, incluindo as seguintes:

- » Aceitar um estranho amigável
- » Sentar educadamente para ser acariciado
- » Ter uma aparência limpa e se comportar durante os cuidados de higiene
- » Reagir adequadamente a outro cão
- » Reagir adequadamente a distrações
- » Separação supervisionada

Discutimos como ensinar cada um desses exercícios nas seções seguintes.

Devido à habilidade de Buddy em Sentar–Ficar ser tão crítica para o sucesso em muitos dos testes, certifique-se de que ele tenha domínio neste exercício (veja o Capítulo 9 para saber como ensinar este comando a Buddy).

### *Adestrando para aceitar um estranho amigável e sentar educadamente para ser acariciado*

Comece ensinando seu cão o exercício "Sentar para Ser Examinado" (veja o Capítulo 14 para saber mais sobre como concluir este exercício) e seguir a partir daí. O comando "Senta" (Capítulo 9) é a base para todos os testes de distrações. Você precisa de um ajudante para estes exercícios.

Se o seu cão foi classificado no impulso de fuga ou luta (veja o Capítulo 2), lembre-se de que isso determina a resposta dele a outras pessoas, neste caso, o ajudante. Por exemplo, se o ajudante for um estranho e seu cão for altamente impulsionado por luta, ele pode mostrar sinais de proteção. Por outro lado, se ele tem baixo impulso de luta e alto de fuga, Buddy pode tentar se esconder atrás de você ou mostrar sinais de timidez quando o ajudante se aproximar.

O objetivo do exercício a seguir é que o cão permita que um estranho se aproxime e o toque. Para a maioria dos cães, este exercício não é particularmente difícil, mas requer um pouco de prática. Siga estes passos:

**1. Com Buddy sentado ao seu lado, comece como no exercício do "Senta–Fica".**

Se você precisar de ajuda neste passo, veja o Capítulo 9.

2. Diga "Fica" e peça ao ajudante para se aproximar do cão a uma distância de 1,80m, a um ângulo de 45 graus pelo lado esquerdo.

3. Peça ao ajudante para se aproximar do cão de uma maneira amigável e não ameaçadora, sem se debruçar sobre ele.

Quando o ajudante se aproximar do cão, peça para que ele mostre a palma da mão esquerda e continue a se aproximar. Se Buddy ficar, elogie e o libere. Se seu cão quiser levantar, puxe a guia diretamente para cima com sua mão esquerda, diga "Fica" e depois tente novamente.

A resposta de Buddy determina o quão perto o ajudante pode chegar no início. Se ele ficar apreensivo com a aproximação do ajudante e tentar se mexer, peça que a pessoa passe por Buddy a uma distância de 60cm sem fazer contato visual ou olhar para o cão. Buddy pode perceber o contato visual como uma ameaça. Conforme Buddy se acostumar com a manobra, peça que o ajudante lhe ofereça um petisco, colocado na palma da mão, ao passar pelo cão, ainda sem manter contato visual com ele. Não importa se Buddy pega ou não o petisco — é o gesto que conta. Quando seu cão aceitar que o ajudante passe por ele e ofereça o petisco, pare a sessão.

Na próxima sessão, primeiro siga os passos anteriores e depois passe para os seguintes:

1. Peça ao ajudante para que primeiro ofereça um petisco e depois toque gentilmente a cabeça do cão, ainda sem fazer contato visual, continuando seu caminho.

2. Peça ao ajudante para tentar olhar para Buddy ao tocá-lo e continuar passando.

Para este teste em especial, o contato visual junto com o toque é a parte mais difícil do exercício e pode precisar de muitas sessões até que o cão fique confiante.

## Adestrando para aparência e cuidados

Você pode introduzir o exercício de aparência e cuidados assim que o filhote aceitar ser tocado por um estranho. Peça que o ajudante penteie ou escove delicadamente Buddy, com você ao lado ou em frente ao cão. O ajudante examina as orelhas e pega cada uma das patas dianteiras. Se o seu cão achar isso difícil, peça ao ajudante que dê ao cão um petisco ao mesmo tempo que toca a sua pata. Condicione o cão a aceitar ter os pés manuseados usando elogios e recompensas.

O teste de aparência e cuidados é um dos que mais reprovam, principalmente porque o cão não permite que o avaliador mexa na sua pata. Se você acostumar o cão a ter as patas manuseadas quando ele ainda for filhote (e fizer com que seus amigos peguem na pata dele também), ele não ficará nervoso com esta atitude quando adulto.

Se seu filhote ou cão não gostar que toquem nas suas patas, experimente ensinar os truques "Dá a pata" e "Toca Aqui" (veja o Capítulo 23). Ele logo vai entender que permitir que suas patas dianteiras sejam tocadas pode ser divertido e é recompensado.

## Adestrando para que o cão reaja adequadamente a outro cão

Seu cão pode ficar de pé ou sentado para este teste. É menos provável que ele tente iniciar contato com o outro cão se estiver sentado. Pratique este exercício com alguém que tenha um cão bem treinado. Com seus cães aos seus lados, aproximem-se de uma distância de cerca de 6m e parem próximos apenas o suficiente para que vocês possam apertar as mãos. Ao parar, diga a Buddy para sentar e ficar.

Caso ele queira dizer "Olá" para o outro cão, reforce o comando "Fica". Certifique-se de instruir seu parceiro de treinamento para não deixar o cão dele dizer "Olá" para Buddy.

## Adestrando para reagir adequadamente a distrações

Dê uma outra olhada na lista de distrações na seção "Teste 9: Reagindo adequadamente a distrações", anteriormente neste capítulo. Se acha que seu cão pode se assustar demais com qualquer uma delas, você precisa praticar e condicioná-lo para ignorar tais distrações.

Tendo em vista que o Perfil de Personalidade do seu cão (veja o Capítulo 2) determina como ele reage a uma distração em particular, exponha-o a diferentes distrações para ver como ele lida com elas. Alguns cães pegam tudo rápido e outros necessitam de várias exposições para se acostumar com a distração. A melhor base é um "Senta–Fica" eficaz.

## Adestrando com sucesso para a separação supervisionada

Embora este teste não lide diretamente com distrações, ele avalia a resposta do cão a imprevistos, por isso se assemelha aos outros testes. Ele mostra que o cão pode ser deixado com outra pessoa, o que demonstra um bom adestramento e boas maneiras.

Para adestrar o cão a ter sucesso na separação supervisionada, deixe-o na posição "Senta" ou "Deita" ao se afastar dele. Ele não precisa ficar na posição até que você volte; ele simplesmente tem que se controlar para não choramingar, latir ou andar de um lado para outro desnecessariamente. Ao fazer com que Buddy se concentre para ficar no lugar, você reduz a probabilidade de que ele lata, chore ou fique agitado demais. Cães preferem receber orientação e não ter que tomar as próprias decisões.

## O que fazer e o que não fazer no teste

LEMBRE-SE

Sua atitude e seu estado de espírito são a influência mais decisiva no resultado do teste do Bom Cidadão Canino. Se você ficar excessivamente nervoso, seu cão também ficará. Donos estressados às vezes se comportam de maneira que nunca fariam em outra circunstância. Se você agir de modo diferente como normalmente age, seu cão perceberá e ficará confuso a ponto de não conseguir um bom resultado. Mantenha uma atitude positiva e confie no seu adestramento. As dicas a seguir podem ajudar você a se preparar e a participar do teste do Bom Cidadão Canino.

Veja o que você deve fazer ao se preparar para o teste:

» Pratique o teste completo com um ajudante e amigos antes de realmente participar dele. Isso é mais para você do que para o cão. Ao se familiarizar com o teste, você deixa de lado um pouco do nervosismo. Isso também serve para identificar as fraquezas de Buddy e lhe dá um tempo adicional para trabalhar nisso.

» Dê um banho no seu cão e faça toda sua rotina de cuidados de higiene antes do teste.

» Use o equipamento adequado para o teste — uma coleira de fivela bem ajustada ou um enforcador de corrente, tecido ou couro e uma guia de couro ou de tecido.

» Exercite Buddy ante do teste. Se seu cão fizer as necessidades durante o teste, ele será reprovado.

» Aqueça seu cão antes do teste para que você e ele estejam o mais relaxados possível.

» Use um segundo comando para qualquer exercício, se necessário.

» Converse com o cão durante um exercício para manter a atenção dele em você, se necessário.

» Peça explicações ao avaliador se não entender um procedimento ou uma instrução.

» Mantenha a guia frouxa durante todo o teste, mesmo entre os exercícios, sempre que possível. Embora uma tensão ocasional da guia não seja considerada uma falta, fica a critério do avaliador considerá-la ou não na hora de analisar o seu controle sobre o cão. Não dê chance para que isso aconteça.

CAPÍTULO 12 **Participando dos Programas do AKC S.T.A.R. para Filhotes...**    239

>> Mantenha uma conduta esportiva o tempo todo.

>> Tenha em mente que o objetivo de ser um Bom Cidadão Canino é se tornar um embaixador da boa vontade e de boas maneiras para todos os cães.

CUIDADO

A seguir, mostramos o que você não deve fazer ao se preparar para o teste.

>> **Perder a paciência ou o senso esportivo se seu cão falhar em algum exercício.** Se você repreender seu cão, vai arruinar o ânimo dele por toda a experiência. Desapontamento e frustração são normais, mas você precisa controlar suas emoções. Quanto mais você trabalhar com seu cão, mais focado ele estará em seus sentimentos. Ele associará essas emoções com as circunstâncias e não com a falha no exercício.

>> **Mudar sua atitude em relação ao cão depois que ele falhar em um exercício.** Sua correção não deve deixar o cão ansioso. Em vez disso, revise o seu adestramento, trabalhe no exercício mais difícil e tente outra vez. Se você sabotar a confiança do seu cão, o adestramento vai demorar mais e vai se tornar uma experiência menos recompensadora do que se você perceber que sua função é apoiar e estimular seu cão em cada etapa.

LEMBRE-SE

Se você vai participar do teste do Bom Cidadão Canino, obviamente quer que Buddy seja aprovado. Mesmo que ele não seja, você ainda pode se sentir bem a respeito de si mesmo e do seu cão. Você está fazendo um esforço para adestrar seu cão para ser um membro modelo da comunidade. Dessa forma simples, você está fazendo um serviço para todos os cães e para os seus donos.

## NESTE CAPÍTULO

**Preparando-se para as Classes Pré-Iniciante e Iniciante**

**Trabalhando com o comando "Pronto"**

**Ajudando o cão a ficar junto perto de distrações**

**Mostrando ao cão como ficar junto em curvas e mudanças de passo**

**Desenhando o oito**

**Reforçando o adestramento com recompensas**

# Capítulo 13

# Adestramento para Diversão e Competição

S e você e Buddy gostam de trabalhar juntos, o céu é o limite. Vocês podem participar de diversos eventos de performance. É muito divertido e vocês conhecem uma porção de gente. Mas precisamos avisá-lo: depois de começar, você vai se viciar e sua vida nunca mais será a mesma.

Quase todo final de semana do ano, você pode ir a algum evento e mostrar o que vocês dois alcançaram juntos. Eventos e competições caninas são classificados como exposições de conformação, em que o seu cão é julgado pela aparência, ou competições de performance, em que o seu cão e você são julgados pela habilidade. Estes eventos podem ocorrer juntos ou separadamente.

Diferentes organizações possuem exibições licenciadas, incluindo aquelas das quais cães híbridos podem participar. Neste livro, nos concentramos nas exibições realizadas sob a autorização do *American Kennel Club* (AKC), a maior e mais antiga organização de licenciamento de tais eventos. Embora no Brasil a diversidade não seja a mesma de países como os Estados Unidos, estes tipos de eventos vêm crescendo.

O AKC concede três títulos básicos de obediência:

» Cão de Companhia, ou CC, para a Classe Iniciante

» Cão de Companhia Experiente ou CCE para a Classe Aberta

» Cão Funcional ou CF para a Classe Funcional

O nível de dificuldade aumenta a cada classe, desde comandos básicos como buscar e pular, até trazer obedecer a sinais e direcionamentos. As classes são projetadas para que qualquer cão possa participar e ganhar títulos. Depois que o seu cão conquistar o título de Cão de Trabalho, você então estará qualificado para competir por títulos de obediência especiais como o Campeão de Prova de Obediência e o Cão de Companhia Experiente. Não nos aprofundamos nestas competições avançadas, se quiser saber mais, visite `www.akc.org` (conteúdo em inglês). No Brasil, a maior instituição de cinofilia é a Confederação Brasileira de Cinofilia, visite `www.cbkc.org`.

Todas as três classes e níveis de competição têm um exercício em comum: ficar junto. Isto quer dizer que você e Buddy precisam de uma base firme e têm que praticar, praticar e praticar. E mesmo que você não pretenda competir, ensinar o comando "Junto" ainda é importante.

Neste capítulo, falamos sobre a Classe Iniciante do AKC e seu objetivo, o título de Cão de Companhia. Mostramos os seis exercícios que fazem parte do programa e os pontos necessários para conquistar o título. No Capítulo 14, revisamos os exercícios dos quais você e o seu cão precisam para o título de Cão de Companhia.

# Entendendo o Sistema: O Mapa para o Título de Cão de Companhia

Se estiver interessado em ajudar seu cão a conquistar o título de Cão de Companhia, você precisa saber por onde começar. Esta seção traz as informações de que precisa.

Se você já assistiu a uma competição de performance, ainda que pela TV, já deve ter pensado: "Meu cão nunca conseguiria fazer isso.". Pode até ser, mas lembre-se de que cada um dos participantes começou treinando o seu primeiro cão.

242    PARTE 4 **Treinamento Avançado**

Para começar, você e Buddy podem treinar os exercícios das Classes Pré-Iniciante ou Iniciante. Os exercícios necessários para ambas as classes demonstram a utilidade do cão de raça como companhia, e ainda ajudam você a preparar seu cão para conquistar o título de Cão de Companhia. Nas seções a seguir, explicamos cada uma dessas classes e seus requisitos e características.

## Requisitos para a Classe Pré-Iniciante

A Pré-Iniciante é uma classe não regular, como o programa do S.T.A.R. para filhotes e o Bom Cidadão Canino do AKC (veja o Capítulo 12), e serve como introdução para o mundo dos eventos de obediência (classes não regulares são aquelas em que não se outorga títulos do AKC).

DICA

Para a Classe Pré-Iniciante, não há pontuação mínima necessária como qualificação, e aquele que obtiver a maior pontuação vence. É a categoria ideal para pessoas e cães que nunca participaram de eventos caninos.

O fundamento da Classe Pré-Iniciante e de todas as outras classes de obediência é ter um cão que:

» Preste atenção em você

» Saiba ficar junto

Mais adiante neste capítulo, tratamos destes dois conceitos.

A Classe Pré-Iniciante consiste de seis exercícios, cada um com uma pontuação específica. Seu cão deve responder ao primeiro comando, e você é penalizado por comandos adicionais. Todos os exercícios são executados na guia. Antes de cada exercício, o juiz pergunta: "Está pronto?" Você diz que sim e o juiz ordena que você comece. Os exercícios são sempre feitos na ordem mostrada na Tabela 13-1.

**TABELA 13-1  A Classe Pré-Iniciante**

| Exercícios Exigidos | Pontuação Possível |
|---|---|
| "Junto" na Guia | 45 |
| Desenho do Oito | 25 |
| Parar para Exame | 30 |
| Chamar de Volta | 40 |
| Sentar Longo (um minuto) | 30 |
| Deitar Longo (três minutos) | 30 |
| **Pontuação Máxima Total** | **200** |

CAPÍTULO 13 **Adestramento para Diversão e Competição**    243

> ## PARA MAIS INFORMAÇÕES SOBRE ORGANIZAÇÕES
>
> Para mais informações sobre cães e competições caninas, pesquise nas seguintes organizações e seus respectivos sites:
>
> - **Confederação Brasileira de Cinofilia** (www.cbkc.org): Traz informações sobre quase tudo a respeito de cães. Em seu site você encontra links para outras organizações e eventos e informações sobre as raças e de como registrar seu cão.
>
> - **Comissão Nacional de Cães de Utilidade e Competição** (www.adestramentobr.com.br): A CNCUC trabalha a difusão do adestramento no país. Seja com a divulgação da Posse Responsável e dos Serviços de Utilidade Pública, ou dos esportes com cães, o trabalho tem enfoque em todos os regulamentos oficiais CBKC/FCI. A entidade oferece informações a respeito de como auxiliar a levar essa bandeira para todos os cantos do Brasil.
>
> - **AGILITY BRASIL (www.agilitybr.com.br):** Aqui você encontra informações sobre eventos e dicas de onde treinar em seu estado.

Os exercícios listados na Tabela 13-1 são uma extensão dos exercícios exigidos para o certificado de Bom Cidadão Canino e são uma prévia dos exercícios da Classe Iniciante (que discutimos na próxima seção "A Classe Iniciante: O que é esperado de você e do cão").

## A Classe Iniciante: O que é esperado de você e do cão

A Classe Iniciante consiste de seis exercícios, cada um com uma pontuação específica (veja a Tabela 13-2). Os seis exercícios são sempre executados na ordem mostrada na tabela, e são exercícios de comportamento de matilha. Para uma pontuação de qualificação, você e Buddy têm que conseguir mais de 50% dos pontos possíveis para cada exercício e uma pontuação final de mais de 170 dos 200 pontos totais.

Uma pontuação de qualificação em uma competição de obediência é chamada de etapa. Seu cão precisa de três etapas para conquistar o título de Cão de Companhia do AKC.

**TABELA 13-2**  A Classe Iniciante

| Exercícios Exigidos | Pontos Possíveis |
|---|---|
| Exercício 1: Ficar na Guia e Desenho do Oito | 40 |
| Exercício 2: Parar para Exame | 30 |
| Exercício 3: "Junto" Livre | 40 |
| Exercício 4: Chamar de Volta | 30 |
| Exercício 5: Senta-Fica (um minuto) | 30 |
| Exercício 6: Deita-Fica (três minutos) | 30 |
| **Pontuação Máxima Total** | **200** |

Assim como nos exercícios da Classe Pré-Iniciante, os exercícios da Classe Iniciante são uma extensão dos exercícios exigidos no teste de Bom Cidadão Canino (veja o Capítulo 12). O exercício Parar para Exame, por exemplo, é uma forma de teste de temperamento similar aos exercícios "aceitando um estranho amigável" e "sentando educadamente para receber carinho" do teste do Bom Cidadão Canino.

Entretanto, há algumas diferenças e acréscimos importantes nos exercícios da Classe Iniciante:

» Buddy tem que responder ao primeiro comando.

» Andar com a guia frouxa (veja o Capítulo 12) é agora chamado de Junto e consiste em andar junto com e sem guia, e inclui Desenhar o Oito na guia (Veja a seção "Desenhando o Oito" para mais informações). É também mais exigente.

» O teste de temperamento requer que o cão fique parado e sem guia a uma distância de 1,80m na frente do condutor. Quando você estiver em posição, o juiz se aproximará do seu cão pela frente e tocará a cabeça, o corpo e a parte traseira de Buddy.

» O Ir Quando Chamado (veja o Capítulo 8) é agora chamado Chamar de Volta (veja o Capítulo 14). Ele é feito sem guia e requer que Buddy fique, vá quando chamado e sente na sua frente e depois vá para a posição "Junto" sob comando.

» As posições "Senta-Fica" e "Deita-Fica" (veja o Capítulo 14) são feitas sem guia por um e três minutos, respectivamente.

A Classe Iniciante é feita sob medida para o cão com comportamento altamente motivado por matilha. Para o cão que tem um comportamento muito motivado

CAPÍTULO 13 **Adestramento para Diversão e Competição**  245

por caça, esta classe é um pouco mais difícil por causa da probabilidade de o cão se distrair pelos sons, cheiros e cenários (veja o Capítulo 2 para ver o que os diferentes comportamentos significam).

LEMBRE-SE

Ao analisar os exercícios da Classe Iniciante mostrados na Tabela 13-2, você observa que 120 pontos dependem da habilidade do seu cão em Parar para Exame, Atender ao Chamado, Sentar-Ficar e Deitar-Ficar; daí a importância do comando "Fica". Saiba mais sobre como ajudar Buddy com o comando "Fica" no Capítulo 9.

# Começando do Princípio: Ensinando o Comando "Pronto!"

O primeiro exercício, seja na Classe Pré-Iniciante ou na Iniciante, é o "Junto na Guia" e gostamos de ensinar aos nossos cães um comando que indique que a partir dali iremos nos mover juntos. O comando que escolhemos foi "Pronto!". Note que o comando inclui um ponto de exclamação e não um de interrogação. Você o pronuncia com um tom de voz baixo, mas ainda assim empolgado — quase um sussurro. A razão pela qual escolhemos este comando é simples: em uma prova de obediência, o juiz pergunta: "Você está pronto?" antes de dar o comando "Em Frente" (ou qualquer outro comando).

Quando o juiz faz essa pergunta, naturalmente, espera que você dê algum sinal de que ambos estão prontos. Nós respondemos: "Pronto!", e Buddy já sabe que é hora de começar. O juiz então diz: "Em Frente", e neste ponto dizemos "Buddy, junto!" e começamos o exercício.

LEMBRE-SE

Sem dúvida alguma você está pensando por que tudo isso é necessário quando, na verdade, tudo que Buddy tem que fazer é simplesmente responder ao comando "Junto" e se mover com você. A razão para isso é que quando você dá o comando "Junto", você quer ter certeza de que a atenção de Buddy está em você e em nada mais que possa ter atraído a atenção dele. De outra forma, ele pode apenas se sentar ali como uma estátua, totalmente fascinado pelo que estará acontecendo na pista ao lado, e, quando você começar a andar, ele terá que brincar de pega-pega.

## DICAS DE COMPETIÇÕES

O termo competição canina é muito abrangente. Ele pode significar exposição de raças, em que os cães são julgados pela conformação física — o quanto o cão se aproxima dos padrões da raça. E pode ser um evento de exposição de raças que inclui competições de performance, como obediência, *agility* ou funcionalidade. Para integrar um evento canino, os participantes têm que se registrar com cerca de três semanas de antecedência.

Para evitar este cenário, ensine o comando "Pronto!". Além disso, você precisa decidir qual a perna guia — a que indica ao cão quando ele deve segui-lo. Se você for destro, é mais confortável usar a perna direita como guia, mas você pode começar com qualquer uma das pernas, desde que seja consistente. Sugerimos que experimente para ver qual funciona melhor.

Nas seções seguintes, mostramos como posicionar Buddy perto de você na guia antes de começar a ensinar o comando "Pronto".

## Utilizando a Posição de Controle

Antes de começar a ensinar o comando "Pronto!", você precisa posicionar o cão de uma forma que facilite o processo. Você precisa segurar a guia em uma *Posição de Controle*, que deixa mais claro para o cão que ele precisa prestar atenção em você e ficar na posição "Junto", caso ele se distraia (veja a Figura 13–1).

**FIGURA 13-1:** Utilizando a Posição de Controle.

Para segurar a guia em Posição de Controle, siga os seguintes passos:

1. **Coloque a guia na coleira de adestramento.**
2. **Coloque os dois anéis da coleira debaixo do queixo dele.**
3. **Coloque a extremidade da guia sobre o polegar da sua mão direita.**

CAPÍTULO 13 **Adestramento para Diversão e Competição**    247

4. Dobre a guia em forma de sanfona, na sua mão direita, com a parte que vai para o cão indo por baixo do seu dedo mindinho.

5. Coloque sua mão direita em frente à sua perna, com a palma virada para sua perna.

6. Com sua mão esquerda, segure a guia em frente à sua perna esquerda, com a palma virada para sua perna.

LEMBRE-SE

Mantenha ambas as mãos abaixo de sua cintura a todo momento e seus ombros relaxados e perto do seu corpo. Dê uma folga na guia suficiente para que a pressão fique paralela ao chão.

## Trabalhando nas sequências do comando "Pronto!"

A maioria dos comandos que você ensina ao cão consiste em vários passos, chamados de *sequências*. Cada sequência aumenta a compreensão do cão do comando. As seções a seguir mostram as seis sequências usadas para ensinar o comando "Pronto!".

### Focando a atenção de Buddy em você

O objetivo da Sequência 1 é ensinar sistematicamente o cão a se concentrar e prestar atenção em você.

1. **Coloque a guia na coleira de adestramento e sente seu cão na posição "Junto".**

   Seu cão está na *posição "Junto"* quando a área da cabeça e dos ombros do cão está alinhada com seu quadril esquerdo e você e o cão estão virados na mesma direção.

2. **Segure a guia em Posição de Controle e olhe para seu cão mantendo seu ombro esquerdo completamente reto.**

   Não se esqueça de sorrir e relaxar. Falamos da Posição de Controle na seção anterior "Utilizando a Posição de Controle".

3. **Diga o nome do seu cão, libere-o com um entusiasmado "Ok" e dê cinco passos rápidos para frente, mantendo suas mãos em Posição de Controle.**

   Não se preocupe com o que Buddy está fazendo; apenas concentre-se na sua parte.

4. **Repita várias vezes.**

## Apresentando o comando "Pronto!" para Buddy

Na Sequência 2, você apresenta o comando "Pronto!" para Buddy. Pratique o exercício mostrado nesta seção durante várias sessões.

LEMBRE-SE

Ao ensinar o comando "Pronto!", mantenha as mãos na Posição de Controle e seus ombros absolutamente retos. Você quer usar sua linguagem corporal para comunicar o movimento para frente ao seu cão. Deixar seu ombro esquerdo cair ou apontá-lo para trás comunica justamente o oposto.

1. **Coloque a guia na coleira de adestramento e sente seu cão na posição "Junto".**
2. **Mantenha-se na Posição de Controle e olhe para seu cão, mantendo o ombro esquerdo absolutamente reto.**
3. **Com um tom de voz baixo e empolgado, diga: "Pronto!"**
4. **Diga: "Buddy, junto", ande rapidamente cinco passos e o libere.**

LEMBRE-SE

Espere até o fim do comando para começar a se mover. Caso contrário, estará ensinando seu cão a se mover ao ouvir o nome, o que não é uma boa ideia.

5. **Repita a sequência diversas vezes.**

Ignore o que Buddy está fazendo no exercício. Concentre-se na sua parte, mantenha suas mãos na posição, comece o exercício e libere o cão com a perna guia. Tente manter o exercício divertido e empolgante para o cão.

## Fazendo Buddy responder ao "Pronto!"

O objetivo da Sequência 3 é ensinar o cão a responder ao comando "Pronto". Veja o que fazer:

1. **Coloque a guia na coleira de adestramento e sente seu cão na posição Junto.**
2. **Mantenha-se na Posição de Controle e olhe para seu cão, mantendo o ombro esquerdo absolutamente reto.**
3. **Com um tom de voz baixo e empolgado, diga: "Pronto!"**
4. **Diga: "Buddy, junto", comece a se movimentar rapidamente, o mais rápido possível por dez passos, e então o libere.**
5. **Repita várias vezes.**

Seguem algumas dicas úteis para as primeiras vezes que realizar esta sequência:

» **Espere até ter terminado o comando antes de começar a correr.** Não seria justo com o seu cão partir sem dizer para ele o que você quer. Você pode sentir um pouco de tensão na guia antes de Buddy entender que você quer que ele se mova junto com você.

» **Resista à tentação de deixar sua mão esquerda ficar para trás de você ao sentir um pouco de tensão na guia, e resista à vontade de relaxar o seu ombro.** Prenda o polegar da sua mão esquerda abaixo da cintura e segure firme, concentre-se em manter o ombro esquerdo reto.

Depois de quatro ou cinco tentativas, você perceberá que Buddy está de fato respondendo quando você diz "Pronto!" e está mais atento ao comando.

## Recompensando a resposta de Buddy

A Sequência 4 recompensa os cães que respondem ao comando "Pronto!" e ajuda aqueles que são um pouco lentos para entender:

1. Com seu cão sentado em posição "Junto", gentilmente dobre a coleira na sua mão esquerda, que deve ser mantida na altura da fivela do seu cinto.

2. Segure uma recompensa na sua mão direita.

3. Olhe para seu cão, sorria e diga: "Pronto!"

4. Siga um dos próximos passos:
   - Se ele olhar para você, diga a ele o quanto é esperto, lhe dê a recompensa e então o libere.
   - Se ele não olhar para você, coloque a recompensa na frente do nariz dele e mova-a na direção da sua face. Quando ele seguir a recompensa, diga a ele o quanto é esperto, lhe dê a recompensa e o libere.

5. **Repita até que o cão responda sem hesitar ao comando "Pronto!"**

## Reforçando o comando "Pronto!"

Eventualmente, Buddy vai se distrair a ponto de não responder ao comando "Pronto!". Para estas ocasiões, você precisa estar apto a reforçar o comando para que ele aprenda que quando você disser a palavra mágica, ele tem que prestar atenção, não importa o que esteja acontecendo. Siga a Sequência 5 para reforçar o comando "Pronto!":

1. **Coloque a guia na coleira de adestramento e sente seu cão na posição "Junto".**

2. **Segure a guia na Posição de Controle e olhe para seu cão, mantendo o ombro esquerdo absolutamente reto.**

3. **Dê o comando "Pronto!"**

4. **Siga um dos próximos passos:**

   - Se ele olhar para você com expectativa, elogie e então o libere.

   - Se ele não olhar para você, dê um puxão na direção daquilo que você quer que ele focalize — geralmente o seu rosto. Quando ele olhar para cima, elogie e o libere.

   Ficar irritando o cão incessantemente com puxões na guia não é uma boa técnica de adestramento. Obtenha uma resposta na primeira vez para que possa elogiá-lo e liberá-lo. Se repetidamente não houver uma resposta, revise as sequências anteriores.

5. **Repita até que seu cão esteja sólido como uma rocha para responder ao comando "Pronto!"**

## Convencendo Buddy a ignorar as distrações

A Sequência 6 serve para revisar o progresso do exercício inteiro. O objetivo desta sequência é ajudar o cão a ignorar as distrações. Durante esta sequência, comece trabalhando com a ajuda de uma pessoa para distrair o cão. O ajudante pode ser um amigo ou familiar. As três principais distrações são.

» **Visuais, ou de primeiro grau:** O ajudante se aproxima e apenas permanece ali.

» **Auditiva, ou de segundo grau:** O ajudante se aproxima e tenta distrair Buddy falando com ele. O ajudante não deve usar o nome do cão.

» **Objeto de atração, ou terceiro grau:** O ajudante se aproxima e oferece a Buddy um brinquedo ou uma recompensa.

Quando fizer os seguintes passos, pratique com o primeiro grau até que seu cão ignore a distração, então vá para o segundo grau e o terceiro grau, respectivamente.

1. **Gentilmente, dobre a guia na sua mão direita e coloque sua mão esquerda ao redor da guia diretamente abaixo de sua mão direita, como se estivesse segurando um bastão de beisebol.**

   Permita cerca de 5cm de folga na guia e coloque ambas as mãos na altura da fivela do seu cinto.

CAPÍTULO 13 **Adestramento para Diversão e Competição**    251

2. **Dê o comando "Pronto!"**

3. **Peça ao ajudante que se aproxime de uma maneira não ameaçadora.**

Quando você estiver trabalhando no adestramento com distrações, peça ao ajudante que se aproxime do cão em um ângulo de 45 graus e não de frente ou de lado. O ajudante começa a se aproximar do cão a partir de 3m e para a 60cm do cão.

4. **Siga um dos próximos passos:**

   - Se seu cão mantiver a atenção dele em você, elogie e o libere.
   - Se ele se deixar distrair, reforce, elogie e o libere.

Você precisa revisar este exercício com Buddy regularmente.

# O Comando "Junto" Apesar das Distrações

Depois de ensinar Buddy a prestar atenção em você sob comando enquanto ele está sentado na posição "Junto" (veja a seção anterior "Trabalhando nas sequências do comando "Pronto!"), você tem que ensiná-lo a prestar atenção durante a posição "Junto". Até agora, a maioria das vezes que usou o comando "Junto" provavelmente foi em áreas relativamente livres de distrações, talvez até sempre no mesmo local. Chegou a hora de expandir os horizontes de Buddy. Você precisa levá-lo a novos lugares.

Para Buddy, qualquer local novo é uma forma de adestramento com distração. Tudo parece diferente e mais importante, há novos cheiros. Quando você o levar a um novo lugar, deixe-o se aclimatar primeiro — olhar e cheirar tudo à sua volta. Dê a ele uma chance para ele se aliviar também.

Quando você participa de uma prova de obediência, defecar ou urinar no ringue é uma desqualificação automática, então você precisa ensinar a Buddy que quando ele está trabalhando não é hora nem lugar para a pausa do banheiro.

As seções a seguir trazem informações necessárias para se ter sucesso com o comando "Junto" perto de distrações.

## Ajudando o seu cão a obedecer ao comando "Junto" em locais novos

Ao chegar a um lugar novo com o seu cão, e depois que ele teve a chance de reconhecer o terreno e se aliviar, pratique um pouco o comando "Junto" com ênfase especial em fazer o cão prestar atenção em você. Sempre que ele se distrair — ele pode querer cheirar o chão ou apenas olhar ao redor —, lembre-o com um pequeno tranco na guia que ele deve prestar atenção em você. Quando ele o fizer, elogie e o libere.

Puxe a guia na direção que quer que o cão se concentre — algum ponto em você. Dependendo do tamanho do cão, esse ponto pode ser seu tornozelo, canela, coxa, dorso ou rosto. O ideal é que o cão se concentre no seu rosto, e alguns cães aprendem isso rapidamente; outros são estruturalmente incapazes de fazer isso.

DICA

Ao liberar o cão com um "Ok", dê cinco passos rápidos para frente. Mantenha ambas as mãos na guia. Você quer que ele fique animado com a ideia de segui-lo. Se ele ficar empolgado demais e começar a correr na sua frente, libere-o com um pouco menos de entusiasmo. Depois de um puxão na guia para focar a atenção do cão em você, o libere. Isso faz com que seja divertido para o cão prestar atenção em você.

## Usando uma distração durante o comando "Junto"

O propósito do comando "Junto" com distrações é que seu cão as ignore, concentre-se no que deve e aprenda a prestar atenção em você. A maneira exata de ele alcançar esse objetivo não é importante, desde que ele o faça. Cães têm uma visão periférica excelente e podem obedecer ao comando "Junto" e segui-lo sem precisar olhar diretamente para você.

Agora você precisa de um ajudante para o auxiliar. Faça seu cão obedecer ao comando "Junto" ao passar pelo ajudante, que pode estar em pé, sentado, ou agachado, sempre sorrindo de modo convidativo para o cão. Se o cão se deixar distrair, dê um tranco na guia para que ele foque a atenção em você. Quando ele o fizer, elogie e o libere. Repita até que seu cão ignore seu ajudante e preste atenção em você ao passar pela distração.

Depois que o cão aprender a ignorar o seu ajudante, peça que o seu ajudante converse com seu cão (mas sem usar o nome dele), e, depois, que ofereça um petisco para o cão. Você quer ensinar ao seu cão a ignorar essas distrações e se manter atento a você. Quando ele o fizer, elogie e o libere. Depois que Buddy tiver compreendido o conceito de que ele tem que prestar atenção em você não importa o que aconteça, utilize a liberação com menos frequência.

# Vamos Dançar, Buddy: "Junto" na Guia

O comando "Junto" é como dançar com o seu cão, e é você que tem que conduzi-lo. Se você sabe alguma coisa sobre dançar, provavelmente sabe que o seu trabalho é o mais difícil. O cão seguirá apenas sua liderança e você precisa dar a ele as pistas necessárias para mudar a direção e o ritmo. Lembre-se: o "Junto" na guia é um requisito tanto da Classe Pré-Iniciante quanto da Iniciante (veja a seção anterior, "Entendendo o Sistema: O Mapa para o Título de Cão de Companhia" para saber mais sobre essas classes).

DICA

O exercício "Junto" tem impulso de matilha (veja o Capítulo 2). Antes de dar o comando "Junto", ponha o cão no impulso de matilha, sorrindo para ele e tocando gentilmente a lateral do focinho. Em competições de obediência, você pode fazer isso antes de dizer ao juiz que está pronto para começar, mas não depois.

Na seção anterior, "O Comando 'Junto' Apesar das Distrações", mostramos como ensinar a Buddy para seguir você perto de distrações. Para dominar o exercício "Junto" na Guia, você precisa rever regularmente o exercício mostrado nessa seção. Além disso, é preciso trabalhar em curvas perfeitas e mudanças de ritmo. Falamos sobre o "Senta Automático" e essas curvas e mudanças de ritmo nas seções seguintes.

De acordo com os Regulamentos de Obediência do AKC, o juiz de uma competição de obediência indicará uma série a ser seguida durante a execução do comando. A série tem que incluir — além do passo normal — um passo rápido, um passo lento e uma curva para a esquerda, para a direita e uma meia-volta. Essa série é o mínimo exigido. Uma série de "Junto" simples pode ser: para frente, rápido, normal, curva à esquerda, meia-volta, pausa, para frente, curva à direita, lento, normal, meia-volta, pausa.

Se você mantiver a atenção do seu cão, e se não o confundir acidentalmente com pistas incorretas, vocês devem se sair razoavelmente bem. Ainda assim, você precisa encarar cada manobra nesta seção como um exercício separado que você e Buddy devem praticar — assim como os passos de uma dança.

LEMBRE-SE

Se você precisar aplicar uma correção (um tranco na guia), libere o cão com o "Ok" depois da correção. E quando o seu cão estiver fazendo o exercício corretamente, ou tentando, recompense-o com um petisco ou elogio.

DICA

Uma vez por semana, teste a compreensão do cão do comando "Junto", fazendo uma pequena série com ele, de modo semelhante ao que faria em uma competição. Apenas lembre-se de que na competição não é permitido aplicar a correção na guia e que não pode haver tensão nela. O único teste real é executá-lo sem a guia, mas usar a técnica do cordão umbilical lhe dará uma boa ideia do que

254 PARTE 4 **Treinamento Avançado**

precisa praticar mais (o Capítulo 14 explica a técnica do cordão umbilical em mais detalhes). A finalidade de testar essa compreensão do cão ao comando "Junto" é observar o que precisa ser mais praticado. A maior parte do seu tempo deve ser gasta praticando. Teste a cada quatro ou cinco sessões.

## A pausa

Na pausa, espera-se que o cão se sente em posição "Junto" sem nenhum comando ou sinal. Esta manobra é chamada de "Senta Automático", porque a dica para o cão sentar é você parar. De acordo com o Regulamento de Obediência, você é penalizado se utilizar um comando ou sinal para fazer o cão sentar. O cão deve fazer isso por conta própria.

Para ensinar a Buddy o "Senta Automático", siga os seguintes passos:

1. **Coloque os anéis da coleira de adestramento no topo do pescoço do cão.**

2. **Ao parar, dê um pequeno tranco na guia com a mão esquerda levantada.**

LEMBRE-SE

   Tenha cuidado para não puxar a guia inadvertidamente na direção do seu corpo, pois isso fará com que o cão sente com a traseira longe de você e não de modo alinhado com seu corpo. Isso resulta em penalização.

3. **Pratique dois ou três comandos "Senta Automático" com um puxão na guia e depois experimente um sem puxá-la.**

   Seu cão lhe mostrará imediatamente como vocês estão se saindo neste exercício.

## Mudanças de ritmo e curvas

Para as mudanças de ritmos e curvas, treinamos os cães para seguir a perna guia. Usamos três técnicas para ensinar este conceito.

» A liberação

» Um objeto de atração, que pode ser um petisco ou o brinquedo favorito

» Um tranco na guia

## Mudança de ritmo

Esta seção contém um exemplo de mudança de passo: suponha que você queira ensinar seu cão a acompanhar você à medida que muda de um ritmo lento para normal. Faça o seguinte:

**1. Libere o cão de um passo lento com um "Ok" em sua perna guia.**

A ideia é fazer com que seu cão fique empolgado em acelerar o ritmo com você do passo lento para o normal.

**2. Enquanto muda o seu ritmo de lento para normal, utilize uma recompensa para atrair o cão para frente assim que a perna guia fizer a transição.**

Segure a guia em sua mão esquerda e a recompensa na direita. Mostre ao cão a recompensa somente quando estiver prestes a fazer a mudança e então atraia-o para frente com sua mão direita à medida que a perna guia acelera para um passo normal.

**3. Segure a guia na Posição de Controle e, ocasionalmente, e somente quando necessário, dê um pequeno puxão para frente ao mesmo tempo que a perna guia fizer a transição.**

O puxão ensina ao cão que é responsabilidade dele, com ou sem a guia, acelerar quando você muda de passo. Leia mais sobre a Posição de Controle anteriormente neste capítulo, na seção "Utilizando a Posição de Controle".

LEMBRE-SE

A maioria das repetições dos componentes do comando "Junto" deve incluir a liberação e a recompensa.

## Fazendo curvas

Seu cão precisa aprender três tipos diferentes de curvas: à direita, à esquerda e meia-volta. Ao fazer quaisquer dessas curvas, tente manter seus pés juntos para que seu cão possa acompanhá-lo.

Para a curva à direita e a meia-volta, Buddy precisa aprender a acelerar e a manter-se ao seu lado à medida que você faz a curva. Você pode ensiná-lo utilizando as seguintes técnicas:

» A liberação assim que você sai da curva
» Uma recompensa para guiá-lo de um lado para outro
» Se necessário, um pequeno puxão ao sair da curva

Quando utilizar uma recompensa, faça o seguinte:

> » Gentilmente, dobre a guia na sua mão esquerda e coloque-a contra seu quadril direito. Isso ajuda a manter o ombro na direção correta.
>
> » Segure a recompensa na sua mão direita ao seu lado.
>
> » Antes de fazer a curva, mostre ao seu cão a recompensa e use-a para guiá-lo na curva.
>
> » Segure a recompensa o mais próximo da sua perna que puder para que seu cão aprenda a fazer curvas fechadas.

Para a curva à esquerda, Buddy primeiro precisa aprender a diminuir a velocidade (para que você não tropece nele) e então a acelerar novamente. Recue a guia um pouco antes de fazer a curva, e depois utilize a mesma técnica que utilizaria para a curva à direita e a meia-volta.

Você não precisa praticar essas manobras em sequência desde que pratique duas ou três vezes cada uma durante uma sessão de adestramento.

# Desenhando o Oito

O *Desenhando o Oito* é um exercício divertido. Na pista, ele é feito entre duas pessoas chamadas de *stewards* ("mordomos", em tradução livre), que ficam a cerca de 2,5m de distância e agem como postes. Você e seu cão começam em pontos equidistantes no meio deles e devem completar duas voltas inteiras ao redor e entre eles. Na prática, você pode utilizar cadeiras como postes. Para ficar na posição "Junto", o seu cão tem que acelerar na volta externa e diminuir na interna, enquanto você mantém um passo rápido e contínuo ao longo do exercício.

Uma reclamação que ouvimos com frequência é: "Ele faz em casa, mas quando vamos para qualquer lugar, esqueça!'" Para resolver esse problema, procure locais novos para treinar, primeiro sem e depois com distrações, para ver como Buddy se sai.

Até que seu cão tenha aprendido este exercício, ele terá a tendência de avançar ou se amontoar na volta interna e se atrasar ou sair da trajetória na volta externa. Ao ensinar este exercício, utilize seu corpo como sua principal ferramenta de comunicação. Ao girar a parte superior do seu corpo na direção do cão ou girar para frente na direção oposta a ele, você fará com que ele diminua ou aumente a velocidade, respectivamente. Seu ombro esquerdo será a dica para o cão, indicando o que você quer que ele faça. Quando o ombro esquerdo aponta para trás, o cão diminui a velocidade; quando aponta para frente, ele a aumenta. Assim como os cães se comunicam entre si com linguagem corporal, você também pode fazê-lo.

Vá em frente e experimente. Gire a parte superior do corpo primeiro para a esquerda e depois para a direita. Use esse movimento para controlar o impulso do cão.

Nas seções seguintes, apresentamos um conjunto de sequências para mostrar como começar a adestrar Buddy para o exercício de desenhar o oito. Lembre-se: o oito é uma exigência das Classes Pré-Iniciante e Iniciante (veja a seção anterior "Entendendo o Sistema: O Mapa para o Título de Cão de Companhia" para saber mais sobre essas classes).

## Preparando Buddy para desenhar o oito

Antes de começar a praticar dando volta em postes, ensine a Buddy que ele tem que acelerar o passo quando você virar para a direita e diminuir quando você virar para a esquerda.

Para a curva interna, em que vocês viram para a esquerda, siga os seguintes passos:

1. **Comece com seu cão sentado na posição "Junto", com a guia em Posição de Controle.**

   Veja mais sobre a Posição de Controle na seção anterior "Utilizando a Posição de Controle".

2. **Diga: "Buddy, junto", e ande um círculo para a esquerda, cerca de 1,20m de diâmetro, com passos lentos.**

3. **Gire para a esquerda à medida que você anda.**

4. **Libere o cão com um "Ok" depois de ter completado o círculo.**

DICA

Depois de duas ou três tentativas, você perceberá como o seu cão responde às suas dicas corporais. Se nada acontecer, exagere no movimento corporal.

Para a curva externa, na qual você vira para a direita, siga os seguintes passos:

1. **Comece com o cão sentado na posição "Junto", com a guia gentilmente dobrada na sua mão esquerda.**

2. **Coloque sua mão esquerda sobre o lado direito da sua cintura.**

   Fazer isso mantém seu ombro esquerdo apontado para frente.

3. **Tenha uma recompensa na sua mão.**

4. Diga: "Buddy, junto", e faça um círculo para a direita, com cerca de 1,20m de diâmetro, com um passo normal, mas ágil.

5. Use a recompensa, que é mantida na frente do nariz do cão, para guiá-lo de um lado para o outro e dê a recompensa depois de ele ter completado o círculo.

Os Regulamentos de Obediência são bastante específicos quanto à posição das suas mãos. Para o "Junto" na guia, você pode segurar a guia em quaisquer das mãos ou em ambas, desde que elas estejam em uma posição natural. Para a posição "Junto" Livre, seus braços devem poder se movimentar naturalmente ao seu lado, ou você pode deixar o braço direito livre do seu lado e colocar sua mão esquerda sobre a fivela do seu cinto.

Ao fazer a curva externa, você deve observar um esforço visível do seu cão para acelerar. Repita estes passos várias vezes para que você fique confortável com esta manobra. Depois, tente mais rápido.

## Apresentando Buddy ao Desenho do Oito

O objetivo da Sequência 2 é ensinar a seu cão o Desenho do Oito. A seguir mostramos uma revisão da progressão deste exercício:

1. Coloque duas cadeiras separadas por 3,60m.

2. Comece com seu cão sentado na posição "Junto" a 60cm da linha do centro, equidistante entre as cadeiras.

3. Gentilmente, dobre a guia na sua mão esquerda e a apoie sobre a fivela do seu cinto; segure uma recompensa na sua mão direita.

4. Diga: "Buddy, junto" e comece a andar em um passo lento ao redor das cadeiras à sua esquerda, girando a parte superior do seu corpo para a esquerda.

5. Quando você chegar ao centro entre as duas cadeiras, mostre a seu cão a recompensa e guie-o ao redor da cadeira à sua direita trotando, mantendo seu ombro esquerdo apontando para frente.

6. Pare no centro e sente o seu cão; então elogie e libere-o.

Buddy deveria agora sentar sem um comando ou elogio.

DICA

Mantenha a recompensa do seu lado direito e fora da vista de Buddy até que você chegue ao centro e queira que ele acelere. Então mantenha a recompensa o mais próximo possível da sua perna esquerda para que ele aprenda a ficar próximo ao seu lado. Não mostre a recompensa para ele na curva interna, ou ele tentará pegá-la em vez de diminuir a velocidade. Seu sucesso em manter Buddy na posição de "Junto" sem se amontoar ou se atrasar depende de uma boa utilização dos seus ombros para se comunicar com ele.

## Desenhando o oito perfeito

O objetivo da Sequência 3 é desenhar um oito perfeito — da forma como ele precisa ser executado em uma competição de obediência. A Figura 13-2 mostra um cão trabalhando em um oito. Veja como fazer:

1. **Pratique a revisão da progressão (veja a seção anterior), fazendo dois desenhos de oito completos.**

2. **Comece do centro e complete um oito em passo normal, utilizando seus ombros para dar dicas para o cão.**

    Pare no centro. Buddy deve sentar por conta própria sem nenhuma ajuda sua. Repita a revisão da progressão com frequência para manter o entusiasmo do seu cão.

3. **Ao longo de várias seções, coloque as cadeiras mais próximas uma da outra em aumentos de 30cm até que elas estejam a uma distância de 2,40m uma da outra.**

4. **Pratique o Desenho do Oito com a técnica do cordão umbilical, concentrando-se na direção dos seus ombros.**

    Mantenha sua mão esquerda na fivela do seu cinto. Veja o Capítulo 14 para saber mais sobre a técnica do cordão umbilical.

5. **Tente desenhar o oito sem a guia.**

    Embora o Desenho do Oito seja feito com a guia na Classe Iniciante, praticá-la sem a guia é um bom teste. Você rapidamente verá em que o seu cão precisa de mais prática.

**FIGURA 13-2:** O oito perfeito.

**DICA**

Em um momento ou outro, pode ser que você precise usar um pequeno tranco na guia na curva externa para enfatizar para Buddy a importância de acelerar o passo.

# O Seu Cão Não É um Elefante: Reforçando o Adestramento

Verdadeiro ou falso? Depois de adestrar o meu cão, eu nunca mais terei que praticar as lições com ele novamente.

Resposta: Falso.

Seu cão não tem a memória de um elefante, então você precisa revisar suas lições com regularidade. Por exemplo, se já utilizou o Jogo da Chamada (veja o Capítulo 10) para ensinar Buddy a ir quando chamado, você precisa recompensá-lo aleatoriamente quando ele obedecer ao seu chamado e vier até você. Se você relaxar demais, a associação entre o comando e a recompensa ficará enfraquecida. Isso é fácil de identificar: primeiro, Buddy não vem imediatamente, ele continua o passeio ou faz mais um xixi antes de obedecer. Depois, você precisa chamá-lo novamente. E, finalmente, ele o ignora quando você implora para ele vir.

**PAPO DE ESPECIALISTA**

O princípio das repetições sucessivas sem reforço parece mais complicado do que na verdade é. Essas repetições são respostas a um comando sem nenhum reforço, como, por exemplo, quando você não o recompensa com um petisco quando ele vem até você quando chamado.

Toda vez que seu cão responder a um comando sem reforço, o que pode ser uma recompensa ou um pequeno puxão, dependendo de como você tenha ensinado o comando para o cão, é uma repetição sem reforço. O número dessas repetições é finito e depende do quanto cada comportamento está em harmonia com os instintos ou impulsos do cão. Depois que um Labrador Retriever aprender a buscar coisas, ele as buscará alegre e indefinidamente com pouco reforço. Um Afghan Hound provavelmente levará o que você quer apenas algumas vezes sem reforço. O Labrador foi selecionado para buscar; o Afghan não.

**LEMBRE-SE**

Cada comando que você ensina a seu cão precisa ser reforçado aleatoriamente, ou a associação entre o comando e o reforço enfraquece.

Há muitos anos, tivemos uma demonstração maravilhosa deste princípio quando visitamos amigos em Terra-Nova, que tinham dois lindos Whippets. Toda manhã, nossos amigos iam até o parque local para sua caminhada e deixavam os cães correrem. Naturalmente, nós nos juntamos a eles.

O parque cobre uma região de 100 acres, com trilhas maravilhosas para caminhadas, bastante vida selvagem e um lago enorme e habitado por uma variedade de aves. Depois que estávamos dentro do parque, para nossa surpresa, nossos amigos soltaram os cães. Quando nós falamos em surpresa, é porque Whippets são caçadores visuais, extremamente motivados por caça, que amam perseguir qualquer coisa que se mova. Eles também são incrivelmente rápidos e podem cobrir uma grande distância em segundos. Nós estávamos imaginando como nossos amigos conseguiriam fazer os cães voltarem.

Para encurtar uma longa história, quando os cães iam um pouco longe demais ou começavam a perseguir algo, nossos amigos os chamavam de volta. Para nosso espanto, os cães voltavam instantaneamente todas as vezes e em todas as vezes eles ganhavam alguma recompensa. A resposta era reforçada!

DICA

Qualquer resposta ensinada precisa ser reforçada. Você não precisa se preocupar com a quantidade correta de repetições sem reforço que seu cão armazenará de um dado comportamento. Tudo que você precisa saber é que ela é finita. Para manter o seu cão afiado, reforce aleatoriamente — independentemente de pensar se ele precisa ou não.

Dar desculpas e culpar seu cão é fácil, mas seu cão não é um elefante, e precisa de lembretes ocasionais.

**NESTE CAPÍTULO**

O exercício "De Pé" para exame

Trabalhando para o "Junto" sem Guia

Aperfeiçoando o exercício de Chamar de Volta

Aprimorando-se nos exercícios de grupo

Capítulo 14

# Obtendo o Título de Cão de Companhia

O Capítulo 13 apresenta a Classe Iniciante do *America Kennel Club* (AKC) e seu objetivo — o título de Cão de Companhia. O capítulo é uma revisão de seis exercícios exigidos para o título e os pontos necessários para conquistá-lo. Ele ainda traz os detalhes para completar o primeiro exercício — "Junto" com e sem a guia. Este capítulo abrange os exercícios restantes para o título de Cão de Companhia.

- » Ficar "De Pé" para Exame
- » "Junto" sem a Guia
- » Chamar de Volta
- » Exercícios em Grupo
  - "Senta Longo"
  - "Deita Longo"

A vantagem de conquistar o título de Cão de Companhia é saber que você tem um cão bem adestrado, que vocês podem trabalhar juntos como uma equipe, e que passam um tempo de qualidade juntos. Também traz uma maravilhosa sensação de conquista.

Durante uma sessão de adestramento, pratique diferentes exercícios e varie a ordem. Comece com alguns exercícios rápidos de "Junto" como um aquecimento, incluindo partidas rápidas e mudanças de passo. Mantenha o adestramento interessante e divertido para ambos.

# A Hora da Avaliação: Preparando para o "De Pé" para Exame

O "De Pé" para exame é uma exigência para a Classe Iniciante, mas também é um comando prático e útil para ser ensinado ao cão. Escovar, tratar, limpar as patas, bem como visitar o veterinário são certamente mais fáceis com um cão que já foi adestrado para permanecer parado enquanto alguém fica em contínuo movimento.

Na competição, o "De Pé" para exame é mais ou menos assim:

1. Você entrega a guia para o auxiliar e o juiz diz: "Coloque o cão em posição e saia quando ele estiver pronto."

2. Você coloca o cão na posição "Junto" (veja o Capítulo 13), diz: "Fica", caminha cerca de 1,80m em frente ao cão, se vira e para de frente para ele.

3. O juiz se aproxima do cão, toca a cabeça, o dorso e os quadris do cão com uma das mãos. Depois, o juiz diz: "Volte para junto do seu cão."

4. Você caminha de volta, passando por trás do cão e volta para a posição "Junto".

LEMBRE-SE

Ao começar a ensinar este exercício para seu cão, ajoelhe-se sobre o joelho direito ou sobre ambos, ou coloque o cão sobre uma mesa, dependendo do tamanho dele. Evite se debruçar sobre ele, pois isso fará com que ele queira se afastar de você — especialmente se ele tiver baixo impulso em comportamentos de defesa (veja o Capítulo 2 para saber mais sobre personalidade).

Para preparar Buddy, você precisa ensiná-lo algumas sequências — sete para ser exato. Primeiro, você precisa ensiná-lo a ficar sob comando, embora você possa fisicamente colocá-lo na posição. Depois, é preciso ensiná-lo a ficar de pé parado e finalmente ensiná-lo a parte do exame. Revisamos cada uma dessas sequências nas seções seguintes.

## Introduzindo o comando "De Pé"

O objetivo da Sequência 1 é ensinar o comando "De Pé". Veja como ele funciona:

1. **Comece com Buddy sentado ao seu lado esquerdo, sem a guia, com vocês dois olhando para a mesma direção.**

2. **Coloque o polegar da sua mão direita na coleira por baixo do queixo do cão com os dedos apontando para o chão, a palma aberta e rente ao peito dele.**

3. **Aplique um pouco de pressão de cima para baixo na coleira, diga: "De pé", e, ao mesmo tempo, aplique uma pressão de trás para frente no joelho traseiro do cão com as costas da sua mão esquerda.**

    A Figura 14-1 mostra como suas mãos devem ser posicionadas neste passo.

4. **Mantenha as mãos paradas e no mesmo lugar — a mão direita através da coleira e a mão esquerda contra os joelhos — e conte até dez.**

5. **Elogie e o libere.**

Repita este exercício de três a cinco vezes por sessão ao longo de várias sessões.

**FIGURA 14-1:** Este peludo muito bem-comportado fica de pé para exame.

## Ensinando Buddy a ficar "De Pé" parado

O objetivo da Sequência 2 é ensinar Buddy a ficar "De Pé" parado enquanto suas mãos ainda o seguram no lugar. Buddy terá que ficar "De Pé" parado enquanto o juiz o examina. Siga estes passos:

1. Coloque o cão na posição "De Pé" (veja a seção anterior).
2. Com as duas mãos no cão, mantenha-o parado e conte até 30.
3. Ao longo de várias sessões, aumente o tempo que você o mantém de pé parado para um minuto. Elogie e o libere.

## Mostrando a Buddy como ficar "De Pé" parado sem segurá-lo na posição

O objetivo da Sequência 3 é fazer com que o seu cão fique parado sem ter que segurá-lo na posição.

1. Coloque Buddy na posição "De Pé".
2. Tire sua mão esquerda do joelho do cão.
3. Conte até 30 e o reposicione se ele se mexer.
4. Elogie e o libere.

LEMBRE-SE

O elogio é verbal — não um carinho. Ao elogiar Buddy, certifique-se de que ele permaneça na posição. Elogios dizem ao cão que ele fez algo corretamente e não são um convite para que ele se mexa. Não confunda o elogio verbal com a liberação.

5. Quando ele estiver estável sem que você tenha que segurá-lo com a mão esquerda no Passo 3, tire a mão direita da coleira.

Buddy levará algumas sessões para dominar esta sequência.

## Trabalhando no comando "De Pé–Fica"

O objetivo da Sequência 4 é ensinar a Buddy o comando "De Pé-Fica". Veja como fazer:

1. Coloque o cão na posição "De Pé", conforme descrito na seção anterior "Introduzindo o comando 'De Pé'".
2. Tire ambas as mãos do seu cão e levante-se, mantendo seus ombros alinhados.

3. Diga "Fica".

4. Conte até 30, elogie e o libere.

5. Pratique até que você consiga permanecer perto dele por um minuto sem ele se mover.

DICA

Aprender o comando "De Pé-Fica" (ou "Senta" ou "Deita-Fica") não é empolgante para o seu cão, então depois do exercício faça algo de que ele goste muito. Depois de liberá-lo, brinque com uma bola ou jogue um graveto. Dê a ele algo pelo que ansiar.

## Deixando Buddy no comando "De Pé-Fica"

Na Sequência 5, o objetivo do progresso é deixar Buddy na posição "De Pé-Fica". Estes passos mostram como:

1. Fique na posição "Junto" ao lado do seu cão sentado.

2. Passe o polegar da sua mão direita pela coleira, como na Sequência 1 (veja "Introduzindo o comando 'De Pé'" anteriormente neste capítulo).

DICA

Dependendo do tamanho do seu cão, você pode ter que se ajoelhar para não ficar em cima dele.

3. Com um pouco de pressão de cima para baixo na coleira, diga: "De pé."

Ele agora já deve estar apto a ficar de pé sem que você precise tocar os joelhos dele. Caso contrário, ajude-o, colocando a sua mão esquerda atrás dos joelhos dele.

4. Tire sua mão direita da coleira e fique de pé, com as costas eretas.

5. Diga "Fica" e dê um passo diretamente para a frente dele.

6. Conte até 30, volte para a posição "Junto", elogie e o libere.

Reposicione-o se ele se mover.

7. Gradualmente, aumente a distância entre você e ele até chegar a 1,80m à frente dele.

8. De agora em diante, quando ele for até você, caminhe 1,80m na frente do cão, vire-se de frente para ele (não ande de costas), conte até 30, volte, elogie e o libere.

## Familiarizando Buddy com o retorno

Depois que deixar o cão na posição "De Pé-Fica", você, é claro, tem que retornar até ele. E, quando você retornar, terá que fazer isso dando a volta por trás do cão até a posição "Junto". O objetivo da Sequência 6 é introduzir o retorno na sequência. Os passos a seguir podem ajudá-lo:

1. Deixe o seu cão de pé e caminhe 1,80m para frente (veja a seção anterior).

2. Volte para o seu cão, coloque dois dedos da sua mão esquerda na cernelha (a parte mais alta das costas entre as omoplatas) para estabilizá-lo e caminhe em volta dele até a posição "Junto".

3. Pare, certificando-se de que ele não se mova, elogie e então o libere.

4. Quando ele entender que você dará a volta por trás dele, não toque o cão ao voltar para a posição "Junto".

Em uma competição de obediência, não é permitido tocar o cão ao retornar para a posição.

## Preparando Buddy para o verdadeiro exame

O objetivo da Sequência 7 é ensinar a Buddy a parte do exame do exercício. Para esta sequência, você precisa de um ajudante. Neste momento, o ajudante pode ser um membro da família. Eventualmente, entretanto, Buddy terá que ser examinado por um estranho e, tendo em vista que o juiz possa ser tanto um homem quanto uma mulher, você precisa praticar com ambos.

Para apresentar ao seu cão este exercício, comece com o "Senta" para exame, que é quase idêntico ao exercício "Sentando educadamente para ser acariciado" no teste do Bom Cidadão Canino (veja o Capítulo 12). Faça o seguinte:

1. Coloque os anéis da coleira no topo do pescoço do seu cão.

2. Coloque a guia na coleira.

3. Sente seu cão na posição "Junto".

4. Dobre a guia na sua mão esquerda, segure-a acima da cabeça do cão e diga "Fica".

5. Peça ao ajudante que se aproxime e ofereça ao cão a palma da mão.

DICA

Se Buddy tentar dizer "Oi" para o ajudante, reforce o comando "Fica" com um tranco vertical na guia.

6. Peça ao ajudante que toque levemente a cabeça e as costas de Buddy.

7. Elogie e o libere.

8. **Repita os Passos de 1 a 7 até que ele prontamente permita o exame.**

   Pratique o exame ao longo de várias sessões.

9. **Repita os passos sem a guia com seu cão de pé em posição "Junto", então com você de pé diretamente à frente, depois 90cm à frente e, finalmente, a 1,80m na frente.**

Antes de cada exercício, o juiz pergunta: "Você está pronto?" Nós respondemos com: "Pronto!", para os exercícios com o comando "Junto", e, "Sim", para todas as outras coisas, incluindo o "De Pé" para exame (veja o Capítulo 13 para saber como preparar o seu cão para o comando "Pronto!").

# "Junto" sem Guia

O "Junto" sem guia é, na verdade, apenas uma extensão do "Junto" com guia, mas não é exatamente igual. Buddy sabe quando está com ou sem a guia. Quando ele está na guia, pode parecer perfeito. Depois, você tira a guia e ele age como se não tivesse ideia de que exercício é aquele. A razão é simples — ele sabe que está sem a guia.

Se esta situação acontecer com você, revise o "Junto" com guia (veja o Capítulo 13), e reforce o comando "Junto" com um petisco ou um tranco quando ele precisar. Para o ritmo normal, ele normalmente não precisa de nenhum reforço, mas ele provavelmente vai precisar para as curvas e mudanças de ritmo.

Lembre-se de que o "Junto" sem guia é o teste final do seu adestramento. Com um pouco de prática, Buddy vai pegar o jeito. Para ter certeza de que o cão entenda, 90% do seu treino deve ser feito na guia, para que você possa lembrá-lo do que você espera dele.

DICA

Você pode lembrar o cão da responsabilidade de permanecer na posição "Junto" pegando-o pela coleira, da mesma forma que o "Junto" com a técnica do cordão umbilical (veja a próxima seção).

## A transição para o "Junto" sem guia

Para fazer a transição do "Junto" com guia (tratado no Capítulo 13) para o "Junto" sem guia, usamos a técnica chamada de cordão umbilical. Essa manobra permite a você e ao cão experimentarem a sensação do "Junto" sem guia, mas ainda presos um ao outro.

A técnica do cordão umbilical, que mostramos na Figura 14-2, ensina ao seu cão que é responsabilidade dele permanecer na posição "Junto". A menos que ele aprenda a aceitar essa responsabilidade, ele não será confiável sem a guia.

Você pode ajudar no processo sendo consistente e recordando-lhe desta responsabilidade. Toda vez que você fizer um movimento para reposicioná-lo no "Junto", faça a correção até o fim. Se Buddy se desviar e você for até a guia, mas ele se corrigir e você não fizer nada, ele não aprenderá nada.

Veja como funciona a técnica do cordão umbilical:

1. Com o cão sentado na posição "Junto" e a guia presa na coleira, segure a extremidade da guia na mão direita e passe-a por trás de você para sua mão esquerda.

2. Com a mão direita, solte a guia da coleira, passe o mosquetão pelo laço da extremidade da guia e prenda-a novamente na coleira.

3. Puxe a guia para apertar o laço em volta da sua cintura, na lateral esquerda.

4. Coloque a sua mão esquerda sobre a fivela do seu cinto, e deixe a mão direita naturalmente livre ao lado do seu corpo.

5. Diga: "Buddy, junto" e comece a andar com um passo normal, mas ágil.

Se seu cão se mover da posição "Junto", lentamente alcance a coleira. Passe dois dedos da sua mão esquerda pela coleira, com a palma da mão virada para você, do lado do pescoço do cão e coloque-o de volta na posição "Junto". Continue andando, solte-o da coleira e elogie.

FIGURA 14-2: Usando a técnica do cordão umbilical.

LEMBRE-SE

Quando você pegar o cão pela coleira, faça movimentos lentos e cuidadosos para não assustar o cão. Lembre-se, ele ainda está na guia e não vai fugir. Se você der um bote, ele vai se assustar e tentar correr. Para Buddy, essa lição é importante. Ele aprende a aceitar que você alcance a coleira, assim poderá fazer isso quando ele estiver sem a guia.

DICA

Se você tiver dificuldades em passar dois dedos pela coleira — porque o cão é pequeno ou tem pelo longo —, use o mosquetão da guia para levá-lo de volta para a posição "Junto". Quando chegar na parte sem a guia, use um pequeno penduricalho na coleira para que possa pegá-lo facilmente.

A princípio, seja breve e use distâncias curtas para que tenha mais chances em manter a atenção e o interesse do cão. Ao treinar com a técnica do cordão umbilical, aumente gradualmente o número de passos, faça uma curva à direita, dê mais dez passos e pare, depois elogie e o libere. Comece novamente e incorpore uma meia-volta, usando o nome do cão antes de virar. Incorpore, também, mudanças de ritmo. (Veja o Capítulo 13 para saber mais sobre mudanças de rimo.)

À medida que você e o seu cão se aperfeiçoarem, acrescente distrações na mesma ordem que fez no Capítulo 13. Você também precisa gradualmente aumentar o tempo e a distância percorrida no "Junto" antes da pausa. Qual é o total de tempo gasto nesse exercício? Depois de um aquecimento de dois minutos do "Junto" na Posição de Controle (veja o Capítulo 13) em um grande círculo ou linha reta com muitas liberações, você não deve gastar mais do que um a dois minutos em cada sessão de adestramento.

## Tirando a guia

Quando sentir que vocês estão prontos para o "Junto" sem Guia, pode começar a praticar. Se tiver alguma dúvida sobre como Buddy vai se comportar, pratique em um local seguro, como o quintal. Veja como fazer:

1. **Comece com um aquecimento de dois minutos na Posição de Controle (veja o Capítulo 13).**

   Caminhe em um grande círculo ou uma linha reta. Esqueça as curvas e concentre-se em manter a atenção dele em você. Agora é hora de reforçar a atenção do cão em você. Dê um tranco na guia se precisar e depois elogie e o libere.

2. **Prepare-se para a técnica do cordão umbilical, pratique o "Junto" por dez ou 15 passos e o libere.**

   Prepare-se novamente e pratique o "Junto" pela mesma distância, e depois faça uma pausa (tratamos da técnica do cordão umbilical na seção anterior).

3. Na pausa, coloque sua mão direita no peito do cão, coloque-o sentado e levante-se.

4. Solte a guia da coleira e coloque o mosquetão no seu bolso esquerdo, para que um laço fique pendente do seu lado.

5. Diga "Buddy, junto" e comece com um passo rápido e normal.

   Se precisar reforçar, muito lentamente tente alcançar a coleira e traga-o de volta, solte a coleira e o elogie.

6. Pause depois de dez passos e sente o cão.

7. Coloque a guia de volta no cão e o libere.

8. Continue com outro exercício ou finalize a sessão.

LEMBRE-SE

O domínio do exercício surge aos poucos e não de uma só vez. Acrescente algo de novo ao exercício "Junto" sem guia em cada sessão, como uma curva (use o nome do cão) ou uma mudança de ritmo. Mantenha tudo ágil e curto, para que fique divertido e empolgante. Ao longo de várias sessões, vocês dois ficarão mais confiantes e começarão a trabalhar como um time. Resista à tentação de ir além da habilidade dele.

Quando você e o seu cão estiverem confortáveis fazendo este exercício em uma área relativamente livre de distrações, você pode praticar o "Junto" sem guia com distrações. Use a mesma ordem de distrações usada no "Junto" com guia — ou seja, aumente gradativamente a dificuldade (veja o Capítulo 13).

# Chamar de Volta

O exercício Chamar de Volta é diferente do comando "Vem" tradicional, no qual a única preocupação é fazer com que o cão venha até você (veja o Capítulo 10 para saber mais sobre o "Vem"). O Chamar de Volta consiste em quatro componentes, que discutimos nas seções seguintes:

» Fica
» Vem
» De frente
» Finalização

O Chamar de Volta é realizado de uma extremidade da pista até a outra. O juiz lhe diz para deixar o seu cão em "Senta–Fica" e ir para o outro lado da pista. Ele então lhe diz para chamar seu cão. Você dá o comando "Vem", Buddy vem e espera-se que ele se sente na sua frente. O juiz então diz: "Finalizar", e você diz: "Buddy, junto" e Buddy vai para a posição "Junto".

## "Fica"

A primeira parte do exercício Chamar de Volta requer que o seu cão domine o comando "Fica". O Capítulo 9 trata do básico deste comando. O treinamento do "Fica" com distrações é mostrado na seção "Treinando para os Exercícios em Grupo", mais adiante neste capítulo.

## "Vem" com distrações

Embora Buddy já saiba o comando "Vem", você ainda precisa trabalhar no adestramento com distrações — para o qual um ajudante será necessário. Deixe Buddy em "Senta–Fica" e caminhe aproximadamente 6m em frente ao cão. Peça ao seu ajudante que fique em uma posição equidistante entre você e Buddy — a cerca de 60cm da linha de percurso prevista para Buddy. De frente para Buddy, o ajudante se agacha e sorri.

Chame o seu cão e, assim que ele passar pela distração, libere-o antecipadamente. Para isso, levante os braços de modo empolgado e dê uns passos para trás, com um "Ok" entusiasmado. Então dê um petisco quando ele vier até você. Se ele for até o ajudante, sorria e aproxime-se de Buddy lentamente. Coloque a guia no anel inativo da coleira de adestramento e, com um pouco de tensão na guia, mostre a ele exatamente o que ele deveria ter feito voltando rapidamente de costas para o lugar de onde você o chamou. Elogie e libere quando o cão chegar ao ponto em que você o chamou. Você pode ter que mostrar isso algumas vezes até que ele entenda. Depois que ele conseguir, finalize a sessão. A Figura 14–3 mostra um cão indo até o condutor no meio de distrações.

Se o cão se desviar do seu ajudante, use duas pessoas, a cerca de 3m de distância um do outro, e ensine o cão a passar entre as duas. À medida que Buddy progride no adestramento, trabalhe com distrações de segundo e terceiro graus (mostradas no Capítulo 13).

A finalidade do adestramento com distração é aumentar sua confiança e a do cão de que ele é capaz. Também o ensina a se concentrar no que deve fazer. Se a qualquer momento você sentir que o exercício é demais para ele, pare. Retome a aula em outra sessão.

**FIGURA 14-3:** Vindo com distrações.

## De frente

O objetivo dos exercícios De Frente e Finalização (veja a seção seguinte) é ensinar ao cão os posicionamentos, e você pode praticar ambos os exercícios em uma área interna na forma de um jogo. O De Frente é similar ao "Senta Automático" no "Junto" (veja o Capítulo 13) no qual o cão deve vir até você e sentar na sua frente sem o comando para sentar. Nós gostamos de utilizar uma estrutura para ensinar ao cão exatamente onde queremos que ele se sente quando ele vem até nós. Usamos calhas plásticas, posicionadas de acordo com o tamanho do cão. Elas devem ser do comprimento do cão. Coloque-as no chão, a uma distância suficiente para que o cão possa sentar confortavelmente entre elas.

DICA

Ao praticar o De frente, mantenha a parte superior do seu corpo ereta. Se você se curvar sobre ou na direção do cão, ele não virá perto o suficiente. Se precisar se abaixar até o nível dele, ajoelhe-se.

As seções seguintes trazem uma série de sequências para ajudar você a ensinar ao cão o exercício De Frente usando as calhas. Primeiro, familiarize o cão com as calhas e depois atraia-o para elas.

### *Acostumando Buddy com as calhas*

O objetivo da Sequência 1 é acostumar Buddy com as calhas. Isso é importante, pois ensina o cão a sentar bem na sua frente. Essa é a melhor maneira de familiarizar Buddy às calhas:

1. Coloque as partes da estrutura no chão a 60cm de distância uma da outra.

2. Ande com seu cão ao longo das calhas algumas vezes.

3. Coloque o seu cão na posição "Junto" e faça-o sentar entre elas.

4. Repita os Passos 1 até 3 até que ele se sente entre as calhas de imediato.

Se Buddy estiver desconfortável em passar entre elas, aumente a distância entre elas.

## Ensinando Buddy a ir até as calhas e o De Frente

O objetivo da Sequência 2 é ensinar seu cão a ir até as calhas e executar o De Frente (veja a Figura 14–4). Tente os passos a seguir:

1. Coloque o seu cão na posição "Junto" entre as calhas e diga ao cão para ficar.

2. Caminhe pelas calhas e fique de frente para o cão.

3. Segure uma recompensa em ambas as mãos abaixo de sua cintura e permaneça com as costas eretas.

4. Chame o cão e, à medida que ele se aproxima, traga suas mãos para a cintura — usando o petisco para fazê-lo sentar diretamente em sua frente.

   Você quer ensinar Buddy a sentar o mais perto possível à sua frente sem encostar em você. Usar um petisco ajuda a atraí-lo. Apenas dê o petisco quando ele sentar imediatamente. Se ele não lhe obedecer, tente novamente.

5. Dê a ele a recompensa, elogie e o libere antecipadamente.

   Veja a seção "'Vem' com distrações", anteriormente neste capítulo, para informações sobre liberação antecipada.

6. Pratique os Passos 1 a 5 por cerca de cinco vezes.

7. Quando seu cão entender esta parte, deixe-o na posição "Fica" a cerca de 1m da entrada das calhas e chame-o até você para o De Frente.

8. Aumente em intervalos de 60cm de cada vez a distância em que você deixa ele em frente à entrada das calhas, até que ele fique a uma distância de 10m da entrada.

Assim que o cão estiver confortável com este exercício, use petiscos para praticar a sequência sem as calhas.

LEMBRE-SE

Na pista, você não tem permissão de carregar comida ou dar um segundo comando. Você pode dar um comando ou um sinal, mas não ambos. A exceção é o comando "Fica", que pode ser acompanhado do sinal.

A esta altura, Buddy tem que se sentar na sua frente, com você parado com as mãos naturalmente ao lado do corpo, então você precisa desacostumá-lo de ver suas mãos na sua frente. Ao praticarem, continue recompensando-o quando ele fizer o exercício corretamente.

FIGURA 14–4: Usando calhas para ensinar o exercício De Frente.

## Finalização

Depois que o seu cão vier até você e sentar à sua frente, o juiz diz: "Finalização." Você diz: "Buddy, junto", e seu cão vai para a posição "Junto". Ele pode tanto ir diretamente para a posição "Junto" à esquerda quanto para a direita e andar atrás de você na posição "Junto". Nós gostamos de ensinar ambos, para obrigar o cão a esperar.

LEMBRE-SE

Para ambas as finalizações, você pode usar um comando ou um sinal. Preferimos usar um sinal, pois o cão entende o sinal mais rápido do que um comando — e o sinal indica ao cão de modo mais claro o lado para o qual você quer ele vá. Veja uma lista dos comandos e os sinais que usamos para cada Finalização:

» **Finalização para a esquerda:** Use o comando "Junto" e como sinal use a mão esquerda para indicar a direção para a qual quer que ele vá.

» **Finalização para a direita:** Use o comando "Local" e como sinal use a mão direita para indicar a direção para a qual ele deve ir.

DICA

A resposta do seu cão para a Finalização para a direita ou para a esquerda vai lhe mostrar qual é a melhor direção para ele. Via de regra, cães de corpo longo se saem melhor indo para o lado direito.

Nas seções seguintes, mostramos as sequências para ensinar Buddy a Finalização sob comando ou sinal para o lado direito ou esquerdo.

## Introduzindo a Finalização para a esquerda e para a direita

O objetivo da Sequência 1 é apresentar a Buddy a finalização para a esquerda. Siga estes passos:

1. **Sente seu cão na posição "Junto", diga "Fica" e dê um passo diretamente em frente dele.**

2. **Diga "Buddy, junto" e então dê um passo para trás com sua perna esquerda, mantendo a perna direita firmemente posicionada, à medida que você o orienta com uma recompensa mantida na sua mão esquerda em um semicírculo na posição "Junto".**

   Faça o semicírculo grande o suficiente para que ele vá para a posição correta.

3. **Dê a ele a recompensa e libere-o.**

4. **Repita os Passos de 1 a 3 até que ele vá para a posição "Junto" rapidamente.**

Você verá rapidamente que a orientação da sua mão esquerda se torna o sinal para o "Junto".

A Finalização para a direita usa os mesmos passos que a finalização para a esquerda, exceto que você dá um passo para trás com a perna direita e direciona Buddy por trás de você para a posição "Junto". Quando estiver usando um petisco, é preciso mudá-lo da mão direita para a esquerda nas suas costas. O mesmo se aplica com a guia.

## Ensinando a Finalização com um comando ou sinal

O objetivo da Sequência 2 é ensinar a Buddy a Finalização para a esquerda sob comando ou um sinal. Veja como:

1. **Coloque a guia na coleira de adestramento.**

2. **Dobre a guia na sua mão esquerda.**

3. Dê um passo à frente, diga: "Buddy, junto", e volte para a posição com a perna esquerda, usando a guia para direcionar o cão para a posição "Junto".

   O sinal é o mesmo movimento direcional usado na Sequência 1 (veja a seção anterior).

4. Recompense o cão com um petisco, elogie e o libere.

5. Pratique os Passos 1 a 4 até que o cão vá para a posição "Junto" sem nenhuma tensão na guia.

6. Agora elimine o passo para trás com a perna esquerda e experimente usar o comando ou o sinal.

# Treinando para os Exercícios em Grupo

O exercício em grupo é a última parte do teste da Classe Iniciante para o título de Cão de Companhia. Ele consiste de um "Senta Longo" e um "Deita Longo" por um e três minutos respectivamente, e é feito sem a guia e em grupo. O número de times de cães e adestradores em um grupo depende do número de competidores na classe e do tamanho da pista. Veja como os exercícios em grupo funcionam:

1. O juiz diz às equipes para se alinharem em uma das extremidades da pista.

1. Ele ou ela instrui os condutores a dar o comando "Senta-Fica", em seguida os condutores vão para a outra extremidade da pista e se viram de frente para os cães.

2. Depois de um minuto o juiz dá a ordem para retornar e os condutores voltam até os cães, passando por trás deles até a posição "Junto" (veja a seção anterior "Familiarizando Buddy com o retorno" para saber mais).

O mesmo procedimento é seguido para o "Deita" de três minutos. Um cão que deita durante o "Senta Longo", senta durante o "Deita Longo" ou sai da posição é desqualificado.

LEMBRE-SE

Ao adestrar seu cão, altere apenas uma variável por vez. Ao ensinar qualquer tipo de "Fica", por exemplo, altere a distância ou o tempo, mas não treine os dois juntos. Aumente um e só aumente o outro quando Buddy estiver estável (veja o Capítulo 9 para saber mais sobre o comando "Fica").

Encare os exercícios de "Fica" de uma perspectiva de tempo ou distância. Ensine Buddy a ficar no lugar por um período específico de tempo com você a cerca de

278   PARTE 4 **Treinamento Avançado**

90cm à frente dele. Então, a primeira vez que você aumentar a distância do seu cão, diminua o tempo que fica longe dele.

Embora você possa dar um comando e/ou sinal para qualquer exercício de "Fica", o Perfil de Personalidade do seu cão (veja o Capítulo 2) influencia se você deve ou não usar um sinal. Qualquer "Fica" é um exercício com impulso de matilha, então é bom que o cão esteja neste impulso. Para cães com baixo impulso de defesa por luta, um sinal de "Fica" os coloca em um impulso de defesa no qual eles ficam desconfortáveis. Usar um sinal para o "Fica" pode fazê-lo desobedecer ao comando — ou choramingar e ficar agitado.

Como ele está competindo para o Título de Cão de Companhia, Buddy já sabe o básico do "Senta" e do "Deita–Fica" (caso contrário, veja o Capítulo 9). Você só precisa preencher as lacunas, o que significa que precisa praticar:

- Com distrações
- Sem guia
- Na distância certa
- Pela duração de tempo requisitada mais um minuto
- Em locais e superfícies diferentes

A prova dos nove para qualquer exercício de "Fica" é o teste "Senta–Fica" (veja o Capítulo 9).

## Introduzindo distrações voluntárias

Para introduzir distrações voluntárias (que você mesmo cria), coloque a guia na coleira com os anéis embaixo do queixo dele. Então, diga e sinalize: "Fica" e caminhe 1m à frente. Coloque sua mão esquerda sobre a fivela do seu cinto e segure sua mão direita pronta para um reforço. Pule para a direita, para o meio, para a esquerda, para o meio, para frente e para trás. Sempre que Buddy quiser se mover, reforce o "Fica" (veja o Capítulo 9). A intensidade dessas distrações depende do Perfil de Personalidade de Buddy (veja o Capítulo 2) e do seu condicionamento físico. Assim que ele aprender, adicione palmas e gritos. E periodicamente revise estas distrações no seu adestramento.

## Aumentando o nível de dificuldade

Pratique com distrações voluntárias sem guia a cerca de 1m e depois a 1,80m na frente de Buddy para aumentar o nível de dificuldade. Quando Buddy estiver sem a guia e você precisar reforçar o "Fica", aproxime-se lentamente dele e coloque-o de volta no lugar passando dois dedos de cada mão pela coleira na lateral do pescoço dele. Se ele estiver vindo para você, coloque-o de volta na frente — ou seja, guie-o de volta ao ponto onde você o deixou de forma que fique de frente ao reforçar o "Fica". Não repita o comando.

LEMBRE-SE

Sempre que você se aproximar do seu cão, o faça de uma maneira não ameaçadora para que ele não fique ansioso. Você nunca vai querer que seu cão fique assustado quando você se aproximar dele.

Gradualmente, aumente o tempo para dois minutos para o "Senta–Fica" e quatro minutos para o "Deita–Fica". Embora práticos, estes exercícios são chatos tanto para você quanto para o seu cão. Normalmente, não é preciso praticá-los em todas as sessões. Uma ou duas vezes por semana é suficiente. Após esses exercícios, recompense o cão com algo de que ele goste, como jogar um frisbee ou um graveto.

Quando Buddy ficar pelo tempo necessário, gradualmente aumente a distância até 10m. O aumento de distância deve ocorrer rápido, pois o exercício não é novo para ele. Lembre-se de praticar em locais e superfícies diferentes.

DICA

Tendo em vista que Buddy precisa permanecer sentado ou deitado até que o juiz libere o grupo, não é incomum que os cães antecipem a liberação assim que o dono retorna. Uma boa maneira de impedir esse comportamento é ocasionalmente retornar para a posição afastada sem parar.

## OPA: BRINCANDO DE IÔIÔ

Alguns adestradores ensinaram seus cães, ou vice-versa, sem querer, o que chamamos de jogo do ioiô. O cenário é mais ou menos assim:

1. Buddy está na posição "Senta-Fica" com o seu adestrador a uma distância de 10m.

2. Buddy deita e o adestrador se aproxima para reforçar o "Senta–Fica".

3. Buddy senta sozinho e o adestrador recua.

Este cenário pode, e geralmente o faz, descambar em um jogo de ioiô. Buddy deita, o adestrador se aproxima, Buddy se senta, o adestrador recua, e Buddy não aprende nada — exceto talvez quantas vezes ele consegue brincar.

Moral da história? Quando você fizer algum movimento para reforçar um comando, é preciso ir até o fim, mesmo que Buddy se corrija antes que tenha a chance de reforçar o comando. Depois que começar a se dirigir até ele, continue lentamente sem dizer uma palavra e quando chegar até ele, faça-o deitar usando os dedos na lateral da coleira e puxando-o para baixo. Quando ele estiver na posição "Deita", inverta o procedimento e levante-o para a posição "Senta". Solte a coleira, vire-se e retorne. Mas sempre com um sorriso.

**NESTE CAPÍTULO**

**Exercícios de buscar objetos**

**Aprimorando as habilidades do seu cão em buscar objetos**

Capítulo 15

# Buscando Objetos

Muitos cães gostam de buscar, ou pelo menos perseguir, uma variedade de objetos. Para eles, essa é uma atividade prazerosa. Eles fazem isso porque gostam. Alguns deles até trazem a bola, o frisbee ou o graveto de volta para que você os jogue novamente. Eles continuam fazendo isso enquanto continuar divertido. Por exemplo, seu cão pode buscar alegremente um graveto, mas ignorar totalmente se você jogar uma bola.

O cão bem adestrado foi ensinado a buscar e tem aprendido a fazer isso por você e não só por ele. Claro, ele pode se divertir no processo, desde que compreenda que isso não é uma questão de escolha.

Para muitos donos, a distinção entre "fazer isso por ele" e "fazer isso por você" só se torna importante quando o dono tem pretensão de participar de eventos de performance que exigem buscar objetos — como o flyball, entre outros. Veja o Capítulo 21 para saber mais sobre eles. Entretanto, muitas pessoas gostam de ensinar o cão a buscar objetos mesmo quando não participam de eventos; veja mais adiante a história de sucesso de Sunny. Depois que o seu cão aprender a buscar sob comando, ele pode buscar praticamente qualquer coisa.

Nossa preferência é ensinar sistematicamente nossos cães a buscar sob comando. O sistema que usamos requer que o cão faça duas coisas: entregue o objeto na mão ou solte-o aos nossos pés e largue o objeto quando mandado em vez de termos que arrancá-lo da boca deles.

Neste capítulo, mostramos os passos necessários para fazer do seu cão um buscador confiável. A maioria dos cães sabe vários dos componentes do comportamento de buscar, mas poucos sabem todos eles e conseguem fazer tudo junto. Ainda que Buddy saiba como buscar, pode não entregar o objeto depois que o trouxer. Então, você ainda precisa passar por todos os passos para ensinar este exercício a ele para garantir que ele saiba todas as partes.

HISTÓRIA DE SUCESSO

Existe um lado prático em ensinar o seu cão a buscar. Uma de nossas alunas queria que seu Golden Retriever, Sunny, trouxesse o jornal da manhã, preferencialmente em condições de ser lido. Então, primeiro tivemos que ensinar Sunny a buscar de modo formal. Depois pedimos que ela saísse com Sunny, pedisse que ele pegasse o jornal, levasse até a casa e recompensasse Sunny com um petisco. Sunny precisou de apenas duas repetições para entender o exercício. A partir daí, toda manhã ele buscava o jornal. Depois de alguns dias, recebemos uma ligação da dona de Sunny. O cão estava se mostrando bastante empreendedor, e passou a buscar o jornal dos vizinhos também, para ganhar mais petiscos. Felizmente, o problema foi facilmente resolvido — ele recebia um petisco apenas para o primeiro jornal. Quando ele entendeu a regra, parou de buscar os jornais dos vizinhos.

# "Pega!" Explicando os Passos para uma Busca de Sucesso

O comando "Pega" parece simples, mas consiste de muitos comportamentos separados que o cão precisa aprender:

- » Pegar o objeto
- » Segurá-lo
- » Andar carregando o objeto
- » Pegar o objeto do chão
- » Trazer o objeto para você
- » Entregar o objeto

LEMBRE-SE

Para o cão que já sabe buscar sozinho, ensiná-lo a fazer isso sob comando é moleza. Para aqueles cães que não sabem buscar, você precisa ter um pouco mais de paciência. A vontade do seu cão de aprender a buscar depende da vocação da raça e de quantos comportamentos de impulso de caça ele exibe (veja o Capítulo 2).

Para começar, você precisa do seguinte equipamento:

- » Um adestrador empolgado e paciente
- » Um cão com fome
- » Uma pequena lata de comida de gato
- » Uma colher de metal
- » Um haltere de madeira
- » Uma cadeira

O objeto que usamos para ensinar o comando "Pega" é um haltere de madeira. Você pode comprar um na sua loja local de produtos de animais de estimação ou pela internet. Você precisa adquirir um que seja proporcional ao tamanho do seu cão e do formato da boca dele. Você quer que os halteres sejam grandes o suficiente para que seu cão possa pegá-los do chão sem arrastar o queixo, e com um diâmetro de barra grosso o suficiente para que ele possa carregá-los confortavelmente. A largura da barra deve ser de um tamanho que ele carregue sem que os lados do haltere toquem os seus bigodes.

Você também pode adquirir um haltere de plástico; eles duram muito mais que os de madeira. Porém, descobrimos que, no processo de adestramento, os cães reagem mais prontamente aos halteres de madeira do que aos de plástico.

DICA

Por alguma razão, os cães não conseguem resistir à comida de gato; ela funciona bem como recompensa. Pelo fato de muitos cães não gostarem de buscar objetos de metal, use uma colher de metal para que eles se acostumem à sensação do metal. Nós deixamos que o cão lamba e brinque com latas vazias para que aprenda a buscar objetos de metal. Antes de dar a lata ao cão, certifique-se de que não haja bordas afiadas; caso contrário, ele pode cortar a boca.

## Ensinando o comando "Pega"

Embora muitos cães busquem uma variedade de objetos por conta própria, eles não o fazem necessariamente sob comando. Para ensiná-los a buscar sob comando, começamos criando uma associação com o comando e o que queremos que o cão faça — pegue um objeto com a boca. Um objeto a que poucos cães conseguem resistir é a comida — especialmente comida de gato —, então é assim que começamos.

DICA

A hora ideal de começar a ensinar Buddy é quando ele está com fome, antes de você alimentá-lo.

Siga estes passos para começar a ensinar Buddy o comando "Pega":

1. Coloque a comida de gato, a colher e o haltere em uma cadeira.
2. Com Buddy sentando do seu lado esquerdo, vire-se de frente para a cadeira.
3. Coloque uma pequena porção de comida na colher e ofereça a ele com o comando "Pega" (ou qualquer comando que preferir usar).

   Buddy pode pegar a colher inteira; entretanto, alguns cães no começo podem lamber a colher antes de conseguir entender a ideia.

4. Dê o comando com um tom de voz empolgado e entusiasmado para trazer à tona o comportamento motivado por caça.

   Veja o Capítulo 2 para informações sobre os impulsos básicos dos comportamentos.

5. Repita este exercício dez vezes ou até Buddy abrir a boca prontamente para pegar a comida da colher.

## Mostrando a Buddy os comandos "Segura" e "Dá"

Assim que Buddy tiver uma leve ideia do que o comando "Pega" significa, você estará pronto para apresentar a ele o haltere. Entretanto, ir da comida para o haltere é uma grande transição, então você precisa ser paciente com ele.

Quando você estiver ensinando Buddy quaisquer dos comportamentos associados à busca, sua postura corporal é importante. Você deve estar do lado direito dele sem se debruçar ou se curvar sobre ele porque essa postura corporal o colocaria em modo de impulso de defesa quando ele deveria estar no impulso de caça.

Veja os seguintes passos para introduzir Buddy ao haltere usando os comandos "Segura" e "Dá":

1. Com Buddy sentado do seu lado esquerdo, novamente de frente para a cadeira, coloque a palma da sua mão esquerda levemente em cima do focinho dele e coloque o seu dedo indicador esquerdo atrás do seu dente canino esquerdo (veja a Figura 15-1).

Coloque cães pequenos sobre uma mesa para este exercício. Isso ajuda você a não se debruçar sobre o cão. Isso também evita dores nas costas!

284 PARTE 4 **Treinamento Avançado**

**FIGURA 15-1:** Gentilmente abra a boca do seu cão.

2. **Gentilmente abra a boca do seu cão e com a sua mão direita coloque o haltere na boca dele com o comando "Pega"**

   Segure o haltere pelas extremidades para que você possa colocar a barra na boca do cão.

3. **Mantenha o seu polegar direito no focinho dele, os dedos debaixo do queixo, e envolva o focinho do cão com a mão, mantendo a boca fechada (veja a Figura 15-2).**

   O objetivo deste passo é que o cão aceite o haltere na boca voluntariamente. É apenas uma apresentação, então você não quer que ele feche a boca ao redor do haltere por mais de um segundo.

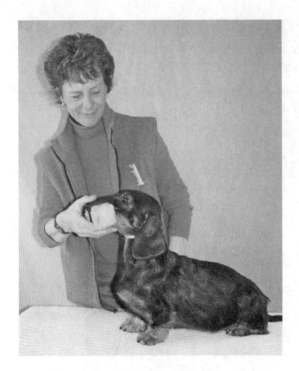

**FIGURA 15-2:** Colocando o haltere na boca do seu cão.

4. **Elogie-o em um tom empolgado e diga, imediatamente: "Dá" (ou qualquer comando que preferir), e pegue o haltere da boca do cão.**

5. **Recompense-o com a comida de gato.**

6. **Repita este processo dez vezes cada por cinco sessões.**

Depois que Buddy prontamente aceitar o haltere de modo consistente, você pode continuar o exercício na próxima seção.

LEMBRE-SE

Quando ensinamos um dos nossos cães a buscar, praticamos este exercício uma vez por dia em dias seguidos. Se você é do tipo ambicioso, pratique com mais frequência, desde que o seu cão permaneça interessado e trabalhe ativamente pela recompensa. Além disso, praticar esporadicamente não é uma boa ideia, pois seu cão esquecerá o que aprendeu na última sessão, e você terá que recomeçar.

## Ajudando o seu cão a buscar sob comando

Depois que Buddy se acostumar a ter o haltere na boca (veja a seção anterior), você está pronto para o próximo passo. O objetivo é Buddy pegar o haltere voluntariamente com a boca quando você der o comando. Veja o que fazer.

1. Com Buddy sentado do seu lado esquerdo, coloque a comida de gato na cadeira no mesmo lugar e passe dois dedos da sua mão esquerda pela coleira do cão, de trás para frente, com a palma da mão virada para você, do lado do pescoço do cão.

2. Com a sua mão direita, coloque a barra do haltere diretamente na frente da boca dele, tocando os pequenos bigodes.

3. Diga: "Pega", e, quando ele pegar, feche a boca do cão brevemente e diga o quanto ele é inteligente.

4. Diga: "Dá", tire o haltere e recompense-o com comida.

Neste momento do adestramento, seu cão pode ainda não ter pegado o haltere, mas abrirá a boca. Neste caso, apenas coloque o haltere na boca dele, feche-a, e assim por diante.

Se ele simplesmente ficar lá parado, atente para os sinais de comportamentos de intenção. Comportamentos de intenção são aquelas ações que dizem o que o cão está pensando (veja o Capítulo 2 para saber mais). Eles variam de sutis, como ficar com o bigode apontado para frente, para os visíveis, como cheirar o haltere, lamber os lábios ou encarar o haltere com atenção. Buddy está pensando em pegar o haltere, mas não tem tanta certeza disso.

Quando você notar um comportamento de intenção, tire a sua mão da coleira, abra a boca do cão, coloque o haltere e feche a boca do cão delicadamente. Elogie-o, tire o haltere da boca dele e recompense-o com o petisco. Repita este processo até que Buddy abra a boca prontamente e aceite o haltere sob comando. Elogiá-lo enquanto ele está com o haltere na boca é importante.

DICA

Seja paciente. Às vezes, leva alguns minutos para que o cão faça qualquer movimento. Se absolutamente nada acontecer e as pequenas engrenagens mentais parecerem travadas, reveja o passo anterior cinco vezes e tente novamente. Alguns cães parecem ser particularmente relutantes em pegar o haltere voluntariamente sob comando, mas, com repetições suficientes, eles acabam entendendo.

## Aprendendo a segurar e ir até o objeto

Antes de continuar com a parte da busca deste exercício, você precisa ensinar a Buddy o que você quer que ele faça com o haltere depois que o cão o segurar na boca. O objetivo é que o cão segure o haltere na boca e não o solte antes de você dar o comando "Dá". Você pode pensar que este conceito é óbvio, mas não é para Buddy até que você o ensine.

Seu objetivo é fazer com que Buddy segure o haltere firmemente até que você diga "Dá". Siga estes passos:

1. **Comece na posição de costume, com Buddy à sua esquerda, de frente para as recompensas na cadeira.**

2. **Coloque o haltere na boca dele, e diga: "Segura."**

   Para evitar que ele morda o haltere com os dentes de trás, mantenha a cabeça do cão paralela ao chão. Mantenha a parte superior do seu corpo reta para que você não debruce ou se curve sobre ele.

3. **Coloque o dorso da sua mão direita embaixo do queixo do cão (veja a Figura 15-3).**

   Se Buddy decidir soltar o haltere neste momento, ele abrirá a boca, relaxando a mandíbula inferior. Manter o dorso da mão debaixo da boca do cão impede que ele faça isso. Se você segurar a palma da sua mão debaixo do queixo dele, Buddy pode deduzir que você quer que ele solte o haltere.

4. **Sorria e conte até cinco.**

5. **Elogie, remova o haltere e recompense-o com comida.**

**FIGURA 15-3:** Mantendo o dorso da sua mão embaixo do queixo do cão.

6. **Repita estes passos 20 vezes, aumentando gradualmente o tempo que ele segura o haltere em intervalos de cinco segundos até o total de 30 segundos.**

Se Buddy começar a rolar o haltere na boca ou parecer que vai abrir a boca para cuspi-lo, dê uma batidinha gentil debaixo do queixo dele, dizendo: "Segura." Então, remova o haltere com "Dá", elogie e o recompense.

Assim que Buddy entender que ele tem que segurar o haltere, a próxima sequência é ensiná-lo a ir até o haltere. Siga os seguintes passos:

1. Com dois dedos da sua mão esquerda na coleira, do lado do pescoço, de trás para frente, com a palma da mão virada para você, segure o haltere 5cm à frente da boca do seu cão.

2. Diga: "Pega."

3. Se ele o fizer, envolva a boca dele com a mão, dizendo: "Segura", conte até cinco, elogie-o, remova o haltere com "Dá" e recompense-o com comida.

4. Se ele não pegar o haltere, puxe delicadamente a cabeça do cão para frente pela coleira na direção do haltere até que ele vá até o haltere e o pegue. Segure a boca do cão com a mão, mantendo-a fechada, dizendo: "Segura", conte até cinco, elogie-o e retire o haltere da boca dele, dizendo: "Dá", e recompense-o com comida.

5. Repita os Passos 1 e 2 até que o cão vá até o haltere e o pegue voluntariamente.

Aumente a distância que Buddy tem que se mover para alcançar o haltere, em intervalos de 5cm até a distância de um braço.

## Andando enquanto segura o haltere

O próximo passo nas progressões de busca é ensinar Buddy a segurar o haltere na boca enquanto estiver andando. Ok, você provavelmente está dizendo para si mesmo: "Isso tudo é necessário?" A resposta? Depende do seu cão. Neste ponto do adestramento, a maioria dos cães entende o conceito e consegue segurar o haltere na boca e andar ao mesmo tempo. (Ei, até algumas pessoas têm dificuldade de andar e mastigar um chiclete ao mesmo tempo, então dê um tempo para o seu cão.) Se o seu cão entender, você pode pular este passo. Nós temos visto cães, incluindo alguns dos nossos, que não conseguiam fazer a transição entre apenas segurar o haltere e ter que andar ao mesmo tempo. Então tivemos que ensiná-los. Quando criamos esta abordagem de ensinar a buscar, nós incluímos a sequência andar–enquanto–segura apenas para nos certificar de que todas as possibilidades foram abordadas.

Siga os próximos passos para ensinar Buddy a andar enquanto segura o haltere:

**1.** **Com Buddy sentado do seu lado esquerdo, de frente para a cadeira, com as recompensas e a colher, a cerca de 1,80m de distância, coloque o haltere na boca dele, dizendo: "Pega", e depois: "Segura."**

Encoraje-o a andar em direção à cadeira.

**2.** **Para dar confiança a Buddy, coloque sua mão direita debaixo do queixo dele quando ele começar a se mover.**

Sua mão impede que Buddy relaxe a mandíbula inferior enquanto caminha, mantendo a boca fechada segurando o haltere.

**3.** **Quando ele chegar até a cadeira, elogie-o, remova o haltere com o comando "Dá" e o recompense.**

**4.** **Repita até que Buddy ande com o haltere sem que você precise segurar embaixo do queixo dele.**

Então, gradualmente aumente a distância até vinte passos, cinco de cada vez.

## Ensinando Buddy a ir buscar

Você e Buddy estão chegando perto da progressão final para ensiná-lo a buscar. Agora, você está pronto para que ele vá buscar o objeto. Resista à tentação de apenas jogar o haltere e esperar que Buddy entregue-o de volta. Ele tanto pode ir naturalmente buscar o objeto, quanto não. Ele pode apenas perseguir o objeto e depois ficar diante dele, sem saber o que fazer. Certifique-se de que o cão entenda o que você espera que ele faça. Veja o que fazer:

**1.** **Com Buddy sentado do seu lado esquerdo, coloque a cadeira com a recompensa e a colher atrás de você.**

**2.** **Com seus dedos na coleira, segure o haltere a cerca de 5cm da boca de Buddy, e diga: "Pega."**

**3.** **Quando ele o fizer, elogie-o de forma empolgada, diga "Dá", remova o haltere da boca dele e o recompense.**

Seu objetivo com os Passos 2 e 3 é colocar o haltere cada vez mais baixo, na direção do chão, em intervalos de 5cm e fazer com que Buddy pegue-o na sua mão.

**4.** **Quando você chegar no chão, coloque a extremidade do haltere no chão e o segure-o em um ângulo de 45 graus.**

**5.** **Diga: "Pega", e, quando Buddy pegar o haltere, tire sua mão da coleira e diga "Segura", e recue dois passos.**

290    PARTE 4 **Treinamento Avançado**

Ele rapidamente irá até você para pegar a recompensa.

6. **Elogie-o, remova o haltere e o recompense.**

7. **Repita até que ele esteja confortável recolhendo o haltere com você segurando-o neste ângulo.**

## Aprendendo a trazer de volta

Buddy descobriu como ir até o haltere e recolhê-lo do chão enquanto ele ainda está na sua mão. Agora é hora de ir para a fase de recolher o haltere sozinho e levá-lo de volta para você. Veja como ensinar esta parte:

1. **Coloque o haltere no chão, mas mantenha a sua mão nele.**

2. **Peça que Buddy busque o haltere várias vezes enquanto a sua mão está no haltere.**

3. **Mantenha sua mão a 5cm, depois a 15cm e então a 30cm de distância do haltere, até que você possa deixá-lo no chão e ficar de pé com a postura ereta.**

4. **Cada vez que ele buscar o haltere, recue vários passos, elogie-o, remova e o recompense.**

5. **Se o seu cão não recolher o haltere do chão, coloque-o na boca de Buddy e se afaste, elogiando-o.**

LEMBRE-SE

Não recompense Buddy quando o estiver ajudando; você apenas o recompensa quando ele faz o que você mandou.

Se esta sequência se tornar um problema e seu cão continuar se recusando a pegar o haltere, revise as progressões anteriores. Certifique-se de que você as seguiu categoricamente e que o seu cão aprendeu cada progressão antes de você ir para a próxima.

6. **Diga: "Fica", e coloque o haltere 30cm à frente do seu cão.**

7. **Diga: "Pega", e, quando ele o levar de volta, elogie-o, remova e o recompense.**

8. **Repita primeiro colocando o haltere a 90cm, e então a 1,80m na frente do seu cão.**

O seu cão irá lhe dizer quantas vezes seguidas você pode pedir para ele buscar. Se ele tiver muitos comportamentos motivados por caça, você consegue o que quer em poucas repetições. Se não, ele rapidamente perderá o entusiasmo. Você se sairá melhor se parar depois de cinco repetições e continuar com o jogo novamente na próxima sessão.

**LEMBRE-SE**

Para o cão, pegar um haltere que você deixou no chão não é absurdamente empolgante e, se não fosse pela recompensa, isso seria um tédio absoluto. Ainda assim, esta sequência é necessária porque você quer que o seu cão aprenda que deve fazer isso por você e não por ele mesmo.

## Juntando tudo

Agora vem a parte divertida, na qual você joga o haltere e Buddy tem que ir buscar e levá-lo de volta. Siga estes passos:

1. **Jogue o haltere a alguns centímetros de distância, e, ao mesmo tempo, mande o cão até o haltere com o comando "Pega".**
2. **Assim que ele pegar o haltere, diga "Vem", e o elogie.**
3. **Quando ele voltar até você, pegue o haltere, dizendo "Dá", e recompense-o com um petisco.**

**DICA**

Às vezes, os cães se deixam levar pela diversão e não voltam imediatamente com o haltere. Eles podem resolver dar um passeio ou apenas correr um pouco para se divertir. Se isso acontecer, diga "Vem", assim que ele pegar o haltere. Então, elogie e recompense Buddy quando ele voltar até você.

4. **Gradualmente, aumente a distância que você arremessa o haltere, e, conforme o cão ganha confiança, introduza o "Senta" com o "Segura".**

Quando ele voltar até você, diga "Senta" e "Segura". Como ele nunca fez essa tarefa antes, pode ser preciso colocar a mão debaixo da boca do cão para evitar que ele derrube o haltere. Quando ele conseguir, elogie, remova o haltere e recompense o cão. A partir daí, peça que ele sente e segure o haltere toda vez que ele voltar até você.

Parabéns! Agora você tem um cão que sabe buscar sob comando — pelo menos o haltere. Porém, para brincar de buscar, a maioria das pessoas usa um frisbee, uma bola ou um graveto. Poucos cães têm dificuldade em fazer a transição do haltere para qualquer outro objeto. Geralmente, é o contrário. O cão busca a bola alegremente, mas não se interessa pelo haltere.

**DICA**

Você também pode utilizar o comando "Busca" para fazer Buddy levar o jornal, carregar a guia e — se o tamanho dele permitir — carregar sua bolsa ou procurar as chaves perdidas. Nós ensinamos um de nossos cães a abrir a geladeira e pegar uma lata de refrigerante. Infelizmente, nós não conseguimos ensiná-lo a fechar a porta, e tivemos que abandonar este truque.

# Aprimorando e Aperfeiçoando a Busca

Nesta seção, mostramos como juntar as peças do exercício "Busca". Agora você vai incorporar o comando "Fica" ao arremessar o haltere. Depois de esperar por um breve período, diga a Buddy: "Pega." Alguns cães respondem bem ao comando de voz; outros respondem melhor ao sinal com a mão esquerda na direção do haltere. Pratique com Buddy para ver a qual deles o seu cão responde melhor.

## Esperando: Testando a paciência do seu cão

Buddy também precisa aprender a ficar enquanto você arremessa o haltere e até que lhe seja permitido pegá-lo. Fazer ele esperar o deixa ainda mais empolgado para pegar o haltere. Tentar ensinar o seu cão a ser paciente é quase como ensinar seu filho de dois anos de idade a ter paciência, mas você consegue. Siga os seguintes passos:

1. **Comece com Buddy do seu lado esquerdo.**

2. **Coloque dois dedos da sua mão esquerda na coleira, diga: "Fica", e arremesse o haltere a uma distância aproximada de 5m.**

3. **Muito, muito cuidadosamente, solte a coleira, conte até cinco, e diga: "Pega."**

4. **Quando ele levar o haltere, elogie-o, remova o haltere e o recompense.**

5. **Repita estes passos até que o seu cão permaneça parado sem ter que segurá-lo pela coleira.**

LEMBRE-SE

Dê o comando "Pega" com um tom de voz empolgado e entusiasmado para colocar o seu cão em um impulso de caça. Nunca utilize um tom de voz rude ou ameaçador, porque o seu tom de voz pode colocar o seu cão no impulso errado e dificultar o seu aprendizado. Um sinal com a mão pode ser melhor para um cão com alto impulso de caça. Sinalize movendo a mão do lado esquerdo do seu corpo na direção do haltere. Se a qualquer momento o seu cão precisar de algum impulso, arremesse o haltere ao mesmo tempo em que diz "Pega", deixando-o correr atrás do objeto.

# Buscando com distrações

Depois que Buddy souber como buscar, ele está pronto para o adestramento com distrações. Apresente o seu cão às distrações da seguinte forma (você precisa de um ajudante para esta sequência):

**1.** **O ajudante fica de pé a cerca de 60cm do haltere.**

O ajudante assume uma postura amigável, não ameaçadora para o cão.

**2.** **Mande Buddy buscar o haltere e, assim que ele o pegar, elogie-o com entusiasmo.**

Este exercício estará completo tão logo o seu cão consiga pegar o haltere.

**3.** **À medida que o cão ganha confiança, peça ao ajudante que fique um pouco mais perto e depois em cima do haltere.**

Também peça ao ajudante para esconder o haltere, ficando diretamente na frente dele com as costas para o cão. Você pode utilizar uma cadeira como distração colocando o haltere debaixo dela e depois em cima.

Continue a usar comida para recompensar Buddy de forma aleatória, ou seja, em vez de usar a recompensa toda vez em um padrão previsível, use apenas o suficiente para manter o impulso.

Durante o adestramento de distração, você pode ver as seguintes respostas ou variações:

» **Ele hesita e não busca o objeto.** Ele começa a ir na direção do haltere, mas depois recua e não o pega, o que significa "Eu não tenho confiança para me aproximar do ajudante para buscar o meu haltere."

Sem dizer uma palavra, lentamente se aproxime do cão, passe dois dedos da sua mão esquerda pela coleira, de trás para frente, com a palma da mão de frente para você, do lado do pescoço do cão, e leve-o até o haltere. Se ele pegar o haltere, afaste-se, elogie-o, remova o haltere e o recompense; se ele não o pegar, coloque o haltere na boca dele, afaste-se e depois o elogie, remova e recompense. Não repita o comando.

Continue tentando e lembre-se do estilo de aprendizado do seu cão e de quantas repetições ele precisa para aprender. Você pode achar que tem que ajudá-lo muitas vezes antes que ele tenha confiança para fazer tudo sozinho. Assim que ele fizer tudo sozinho, pare a sessão.

» **Ele desiste.** Ele abandona tudo e não busca, querendo dizer: "Não consigo lidar com isso." Nesse caso, use a solução da resposta anterior.

» **Ele não faz nada.** Em outras palavras, ele está pensando: "Se eu não fizer nada, tudo vai acabar." Se o cão não tomar atitude alguma, use a mesma solução da primeira resposta.

» **Ele se distrai.** Ele se permite se distrair, o que significa: "Eu prefiro passear do que pegar o meu haltere." Se você obtiver essa resposta, use a solução da primeira resposta.

» **Ele leva o haltere para o seu ajudante.** Lentamente, aproxime-se do seu cão sem dizer nada, coloque a guia no anel inativo da coleira de adestramento e, com um pouco de tensão na coleira, mostre a ele exatamente o que ele deve fazer, guiando-o até você. Não dê mais comando algum.

» **Ele antecipa a busca sem esperar que você dê o comando.** Em outras palavras, ele desobedece ao "Fica" e tenta buscar o haltere sem o comando. Ele está pegando o jeito e quer mostrar a você como ele é esperto.

Sem dizer nada, lentamente se aproxime dele, retire o haltere da boca do cão e coloque-o no chão, onde ele pegou, volte para o ponto de partida e então dê o comando. Faça o que fizer, não grite "Não" ou faça qualquer coisa que o desencoraje a buscar o haltere depois de trabalhar tanto para que ele o pegue.

» **Ele faz tudo certo.** Neste ponto, encerre a sessão de adestramento.

Quando o seu cão buscar com confiança com as distrações de primeiro grau, comece o próximo nível. Distrações de segundo grau, que são visuais e auditivas, consistem em pedir ao ajudante que se agache perto do haltere ao mesmo tempo que tenta distraí-lo, dizendo "Vem cá, garoto." O ajudante não deve usar o nome do cão. Depois que Buddy superar a distração de segundo grau, você pode aumentar o nível de dificuldade para o terceiro grau, que usa comida ou brinquedo. Peça ao ajudante para oferecer um petisco, uma bola ou um brinquedo para Buddy a cerca de 30cm de distância do haltere. É claro que o ajudante não deve deixar que o cão pegue essas "iscas" (veja a Figura 15–4). Se Buddy for até o ajudante ou tentar pegar a comida, siga as orientações anteriores até que Buddy faça tudo corretamente. Depois, encerre a sessão de adestramento.

CAPÍTULO 15 **Buscando Objetos** 295

**FIGURA 15-4:** Buscando com distrações de terceiro grau.

**PAPO DE ESPECIALISTA**

Distrações acrescentam uma nova dimensão e levam o adestramento a um outro nível. Desafiar Buddy a usar a cabeça com o adestramento com distrações ajuda a construir a confiança do seu cão e o ensina a se concentrar no que está fazendo. Esse tipo de adestramento é especialmente importante para cães tímidos, fornecendo a confiança de que ele precisa para responder corretamente em diferentes situações.

Durante o adestramento com distrações, tenha em mente que, em qualquer momento que você mudar a complexidade do exercício, ele se transforma em um novo exercício para Buddy. Se o cão for pegar a comida, lide com a resposta dele do mesmo jeito que você fez ao introduzir o adestramento com distração. Não, seu cão não é teimoso, desafiador ou burro. Ele apenas está confuso com o que deve fazer e você precisa ajudá-lo.

**LEMBRE-SE**

Ao usar o adestramento com distração, dar a Buddy uma chance para entender a situação por si mesmo é importante. Não o ajude rápido demais. Seja paciente, e deixe que ele tente entender por conta própria como lidar com a situação. Depois que ele conseguir, você ficará surpreso com a intensidade e a confiabilidade das respostas dele.

Agora você está pronto para trabalhar com diferentes objetos para que Buddy busque. Ao fazer isso, pode ser preciso rever as primeiras sequências. Só porque Buddy busca um objeto não quer dizer necessariamente que ele buscará outros. Pode ser que ele precise se acostumar com eles primeiro.

# 5

# Lidando com Situações Especiais

## NESTA PARTE . . .

Esta parte trata das situações especiais, tais como administrar comportamentos agressivos, ajudar o cão a lidar com barulhos altos e trovões e reduzir a ansiedade de separação e a urina de submissão. Também inclui um capítulo sobre as necessidades e o adestramento dos cães mais velhos, assim como um capítulo sobre como procurar ajuda profissional.

> **NESTE CAPÍTULO**
>
> Reconhecendo a agressividade e as suas causas
>
> Convivendo com cães com impulso de caça, de defesa e de matilha
>
> Lidando com um cão agressivo por causa da tigela de comida
>
> Cuidando de um mordedor por medo

Capítulo 16

# Lidando com a Agressividade

O termo *agressividade* significa coisas diferentes para pessoas diferentes. Por exemplo, um transeunte pode considerar agressivo um cão que corre junto à cerca latindo e rosnando furiosamente. Mas se o cão é seu, você pode considerar esse comportamento uma reação perfeitamente normal: o cão está protegendo seu território, que é o que esperamos dele.

Muitos donos de cães querem uma certa quantidade de proteção ou "agressividade" dos seus companheiros caninos — mas apenas nos momentos corretos e nas circunstâncias adequadas. Para o cão, determinar a hora e a circunstância certa pode ser difícil. Este capítulo ajuda você a lidar com a questão da "agressividade" em uma variedade de situações.

LEMBRE-SE

Dos muitos comportamentos apresentados pelos cães, talvez o mais incompreendido seja a agressividade. Para alguém que conhece cães, um rosnado ou um mostrar de dentes em determinadas situações são perfeitamente esperados. Mas, para alguém sem muita intimidade com eles, isso pode ser assustador. Então, essa chamada agressividade é o comportamento que causa a maior ansiedade por parte dos proprietários. Geralmente, a agressividade é tratada de forma incorreta e frequentemente termina com o cão indo parar em um abrigo para nova adoção ou para ser sacrificado. Como a agressividade pode ser provocada pelo tratamento equivocado e pela incompreensão do comportamento do cão por parte do dono, explicamos neste capítulo o que provoca a "agressividade" no ambiente doméstico e de adestramento.

# Entendendo a Agressividade

Os termos agressividade e ferocidade são usados incorretamente para comportamentos que não são verdadeiramente agressivos. Eberhard Trumler, o notório estudioso alemão do comportamento, define a verdadeira agressividade como "a mordida imprevisível e sem provocação — sem aviso — com a intenção de tirar sangue". Se aceitarmos essa definição, a grande maioria dos incidentes chamados agressivos ocorre com suficiente aviso por parte do cão e é previsível e/ou provocada.

Por exemplo, você está passeando com seu cão quando um estranho se aproxima e ele começa a rosnar, talvez porque esteja com medo (chamado de defesa por fuga) ou talvez porque queira protegê-lo (chamado de defesa por luta). Em ambos os casos, não é uma agressão verdadeira, porque o cão está lhe dando amplo aviso de suas intenções. Agora é seu trabalho lidar com a situação da forma correta (veja o Capítulo 2 para saber mais sobre impulso de defesa).

LEMBRE-SE

Para lidar com essa situação, você pode atravessar a rua, dar meia-volta e ir em outra direção ou pode dar o comando "Junto" e passar pelo estranho, mantendo-se entre o estranho e seu cão. Exercícios de adestramento básico, como o "Junto" ou "Senta", podem ajudá-lo a lidar com a situação, dando ao cão um novo foco. Sob nenhuma circunstância você deve fazer qualquer tentativa de acalmar seu cão acariciando-o e dizendo a ele em tom suave: "Pronto, pronto, está tudo bem." Buddy interpretará sua voz suave como: "Bom garoto. Eu quero que você rosne." Bem, talvez você queira, mas se não quiser, esses tipos de reafirmação reforçam o comportamento.

Nas seções a seguir, trazemos informações para ajudar você a determinar o que é um comportamento agressivo e por que ele ocorre.

## O que é comportamento agressivo?

O comportamento agressivo pode ser direcionado para um ou todos estes:

- » Dono
- » Família
- » Estranhos
- » Outros cães e animais

300   PARTE 5 **Lidando com Situações Especiais**

## UMA BOA RAZÃO PARA SER "AGRESSIVO"

Um amigo nosso, que cresceu em uma grande fazenda, lembra de um acidente envolvendo dois de seus irmãos mais novos, de dez e oito anos. Uma manhã, os garotos avisaram que estavam indo para o lago pescar, e, assim, foram com a cadela da família, Lucy, como companhia. Pouco tempo depois, eles voltaram chorando e soluçando: "Lucy não nos deixa cavar para pegar minhocas. Ela rosnou para a gente e mostrou os dentes." Devido a este comportamento ser tão atípico de Lucy, a mãe deles resolveu investigar. Ela achou Lucy sentada na beira do lago onde os garotos tentaram cavar procurando minhocas, intencionalmente encarando uma pedra. Assim que a mãe se aproximou, Lucy ficou agitada e começou a latir. A mãe então chamou um dos ajudantes da fazenda. Com a ajuda de um ancinho, ele girou a pedra e eles encontraram um ninho de cobras venenosas.

Sinais de agressão incluem:

- » Rosnado profundo e com tom grave
- » Mostrar os dentes e encarar
- » Orelhas e bigodes apontando para frente, com o cão ficando em pé, em postura ereta, com os pelos eriçados do pescoço até os ombros e a cauda levantada
- » Morder

LEMBRE-SE

Quando o comportamento agressivo é direcionado para você, analise se a questão de quem é o líder da matilha foi decidida entre vocês. Geralmente não foi e o cão está convencido que é o Número Um ou pensa que pode se tornar o Número Um. Ele não é um cão malvado; ele é um animal de matilha e está procurando desesperadamente por liderança. Se esta liderança não for ativa de sua parte, ele preencherá o vácuo. Cães são felizes e satisfeitos quando conhecem sua hierarquia na matilha.

## Analisando as causas da agressividade

O comportamento agressivo pode ser provocado por diversos fatores, incluindo hereditariedade, problemas de saúde ou do ambiente. A agressividade hereditária, a menos que o cão tenha sido selecionado para esse fim, é relativamente rara, porque isso contradiz todo o conceito de domesticação. O comportamento agressivo é mais frequentemente resultado de um cão que não se sente bem, que está desconfortável ou mesmo com dor. Nestes casos, as ações do cão não são um problema comportamental, mas de saúde.

A causa mais comum para cães morderem é contextual — resultado de um equívoco por parte do cão ou do seu manejo inadequado. O equívoco pode ocorrer quando o filhote ou o cão adulto mordisca a mão do dono durante uma brincadeira ou quando o filhote/cão está brincando de buscar e acidentalmente morde a mão quando o dono tenta pegar o graveto ou o brinquedo. A maioria dos donos de cães consegue reconhecer quando uma mordida aconteceu por engano — neste caso, os cães normalmente ficam tão horrorizados quanto o dono.

Mordidas que ocorrem por causa do manejo inadequado são uma questão diferente. Por exemplo, as crianças estão brincando até que Buddy fique exausto e se recolha para debaixo da cama. Quando uma das crianças rasteja debaixo da cama atrás de Buddy e tenta arrastá-lo para fora, Buddy morde a mão da criança e pode até feri-la. Não é um cenário incomum e certamente não é uma agressão. Apesar de o cão não ter dado nenhum aviso, seu comportamento era previsível — o fato de Buddy se recolher debaixo da cama deveria ter deixado claro para a criança que ele já estava cansado. Da mesma forma, quando você coloca a mão dentro da gaiola/caixa de um cão que não é o seu, e ele rosna, você deveria saber que precisa tirar a mão. Se persistir, pode ser mordido e o cão já deixou isso bastante claro.

Um cenário frequente é o cão que rosna para o dono quando é mandado sair do sofá ou da cama. Quando perguntamos ao dono se o cão tem qualquer adestramento básico, a resposta invariavelmente é "nenhum" ou "muito pouco". Neste caso, a primeira providência deve ser ensinar ao cão exercícios básicos de controle de impulsos — os comandos "Senta", "Fica" e "Larga" (veja o Capítulo 9) e o exercício inicial do Capítulo 1. Para aqueles que não quiserem ter o trabalho de adestrar seus cães ou que simplesmente não têm tempo, sempre há a opção do tapete de choque ou do sistema de contenção interno (veja o Capítulo 5 para saber mais detalhes sobre esses produtos).

LEMBRE-SE

A agressão é um fenômeno natural e até necessário. No caso de agressão indesejada, erros humanos e mal-entendidos são geralmente o caso. O dono pode estar intencionalmente recompensando o comportamento indesejado, fazendo com que ele se repita, ou pode não ter socializado o cão de forma apropriada. Apenas quando você não é capaz de lidar com a agressividade ou não entende a origem dela isto se torna um problema.

CUIDADO

Manter o cão dentro de casa até que tenha tomado todas as vacinas aos seis meses de idade impede a socialização adequada com pessoas e outros cães e pode ser a causa da agressividade. Durante o período crítico de socialização e a primeira infância, Buddy aprende a linguagem canina com outros cães, o que permite que ele se comporte de maneira adequada. Depois que Buddy tomar as primeiras doses de vacinas (contra parvovirose e cinomose), é perfeitamente seguro para ele sair de casa. É essencial que ele seja levado para lugares variados durante a infância, para que aprenda a aceitar diferentes ambientes. O adestramento em locais diferentes ajuda o filhote a perceber que o adestramento não é exigido só em casa, mas em qualquer lugar em que ele esteja (veja o box "Socializando o seu filhote enquanto ele ainda é jovem" para mais informações").

## SOCIALIZANDO O SEU FILHOTE ENQUANTO ELE AINDA É JOVEM

Há alguns anos, ficamos sabendo que vários Rottweilers tinham mordido o veterinário quando levados para o ckeck-up aos seis meses de idade. Aparentemente, a situação ficou tão ruim que muitos veterinários não queriam ter esta raça como clientes. Neste ponto, o Clube de Rottweiler da Inglaterra nos consultou. Descobrimos que a mesma comunidade de veterinários que não queriam mais ter esta raça como clientes havia aconselhado os proprietários de cães que não os deixassem sair em público até que tivessem todas as vacinas, isto é, até que eles tivessem seis meses de idade. Aqueles donos que seguiram este conselho acabaram tendo cães totalmente não socializados.

Este exemplo é um clássico caso de agressão em larga escala causado pela falta de compreensão de comportamento. A socialização é uma necessidade constante ao longo da vida do seu cão. Se você não socializar Buddy, terá problemas à medida que ele crescer. Leve este conselho a sério, e faça com que Buddy frequente um bom curso para filhotes assim que possível. E continue levando-o para passear para conviver com outros cães à medida que ele amadurece (veja a Parte 2 para mais informação sobre o adestramento de filhotes).

# Lidando com a Agressividade do Seu Cão: Impulso de Caça, Matilha, Fuga e Luta

Esta seção examina os gatilhos para agressão no contexto dos três impulsos — caça, matilha e defesa (que se divide em fuga e luta). Os gatilhos são diferentes em cada impulso, bem como o modo de lidar com eles. O Perfil de Personalidade do seu cão (veja o Capítulo 2) mostra os prováveis gatilhos, para que você possa prever o que Buddy fará sob certas circunstâncias. Descobrir como antecipar a reação do seu cão sob certas circunstâncias é parte do controle do comportamento dele.

Além de ignorar ou tolerar este comportamento, você tem três opções básicas:

» **Gastar a energia:** Cada comportamento tem um intervalo de tempo, ou energia, que pode ser controlado pelo exaurimento dessa energia, o que significa fazer exercícios especialmente focados nela. O exercício pode ser jogar bola, correr, jogar cabo de guerra ou qualquer outra coisa. O adestramento básico é sempre crucial.

CUIDADO

» **Suprimir a energia:** Esta opção significa que o cão não tem oportunidade de extravasar a energia. A supressão pode ser uma solução temporária eficiente, desde que o cão tenha oportunidades periódicas para gastá-la.

A supressão absoluta pode ser perigosa. É como chacoalhar uma garrafa de refrigerante com bastante força. Ao tentar abri-la, você terá uma pequena explosão. Da mesma forma, um cão selecionado para correr (por exemplo, um Whippet ou um Galgo Italiano), mas impedido de fazê-lo, na primeira oportunidade correrá sem parar e pode não voltar mais. Cães de trabalho que vêm de gerações de cães que têm que trabalhar para viver não são bons animais de estimação se os seus comportamentos naturais forem suprimidos. A menos que tenham um escape para suas habilidades, podem se tornar ranzinzas, irritados e obsessivos com seus brinquedos. Adestrar e trabalhar esses cães com regularidade é uma necessidade.

HISTÓRIA DE SUCESSO

Um amigo nosso, também adestrador profissional de cães, recentemente teve como aluno um cão que mordia os donos e costumava fugir. O cão era uma fêmea de Pastor-Belga de Malinois, que é uma raça selecionada para o trabalho. Quando o adestrador perguntou sobre a quantidade de exercícios e adestramento que essa cachorra recebia, a resposta foi: "Praticamente nenhum. Apenas um passeio pelo quarteirão duas vezes por dia." Nosso amigo descobriu facilmente a solução, exercitando a cachorra em seu campo de adestramento. Ele caminhava por todo o perímetro e mostrava à cachorra onde tinha escondido vários brinquedos. Depois a levava de volta para a entrada do campo e a mandava encontrar um brinquedo. A cachorra demorou cerca de 20 minutos para encontrar todos, mas a atividade serviu para gastar a energia e ela estava calma e feliz pelo resto do dia. Ela nunca demonstrou nenhuma tendência para morder.

» **Mudar o impulso:** Quando Buddy rosna para outro cão, por exemplo, ele está motivado por defesa. Para lidar com essa situação, troque o impulso para matilha. Diga com entusiasmo algo como: "Você deve estar brincando", e ande na direção oposta.

Dependendo da situação, você usará uma combinação das três opções como estratégia. Nas seções seguintes, focamos os gatilhos e o controle da agressividade provocada pelos três diferentes impulsos.

## Lidando com a agressividade de cães com alto impulso de caça

Você não deveria se surpreender ao saber que comportamentos de caça, aqueles associados a perseguir e matar uma presa, são as principais causas de agressividade. De certa forma, a agressividade decorrente deste impulso é a mais perigosa, porque há muitos estímulos diferentes que podem acioná-la.

Cães com alto impulso de caça são estimulados por sons, odores e objetos em movimento. O Capítulo 2 pode ajudar a reconhecer um cão com alto impulso de caça.

## Gatilhos

Qualquer coisa que se mova aciona comportamentos de caça. Cães com alto impulso de caça perseguem carros, bicicletas, corredores, gatos, outros cães, esquilos, coelhos etc., você escolhe. Se eles alcançam o que estão perseguindo, é aí que o problema começa. Correr atrás de carros, por exemplo, pode terminar com o seu cão morto. Perseguir um gato é perigoso se o gato resolver atacar o seu cão. Ele pode perder um olho nesta batalha. Correr atrás de esquilos e outras criaturas também deve ser evitado. Imagine que você esteja viajando e pare em uma área de descanso com esquilos, árvores e pessoas. Se Buddy fugir e perseguir o esquilo, você estará em apuros. Se tiver sorte, o esquilo subirá na árvore e Buddy não conseguirá pegá-lo. Mas a perseguição em si já pode provocar um rebuliço danado e Buddy pode acabar no meio da rodovia.

O impulso de caça pode ser acionado em uma situação de aulas de adestramento, quando os cães estão praticando o exercício "Junto". Alguns cães iniciantes ficam superagitados e começam a latir para os outros cães. Este comportamento torna impossível para o instrutor orientar seus alunos, e faz com que os outros cães na aula fiquem nervosos e agitados também. Isso é comum em cães com pouca socialização e em alguns cães de resgate.

Para acabar com essa situação, é prudente que o instrutor peça aos donos que sentem com seus cães nas laterais durante os exercícios com movimento e pratiquem o "Senta–Fica" (veja o Capítulo 9). Se você é o aluno nesta situação, sente-se nas laterais ou ponha o cão no carro se não conseguir controlá-lo. Pratique em casa até que o cão tenha se tornado mais confiável e possa se juntar ao grupo.

## Como lidar

Faça brincadeiras de buscar regularmente e certifique-se de que o cão faça exercícios suficientes. Quando você o levar para passear e ele focar a atenção em um gato ou esquilo, distraia-o e redirecione sua atenção para você, e vá para a direção oposta. O comando "Larga" (veja o Capítulo 9) deve ser suficiente ou você pode dar um tranco na guia para direcionar o foco para você. O adestramento básico é imprescindível para controlar este tipo de comportamento em longo prazo. Veja a Figura 16–1.

**FIGURA 16-1:** Dissipando a energia do impulso de caça.

LEMBRE-SE

Se ele não responder de forma confiável ao comando "Vem", não o deixe solto em situações nas quais ele possa sair correndo. Melhor ainda, adestre-o para ir obedientemente sob comando. Faça o que fizer, não deixe Buddy perseguir carros, corredores e ciclistas.

## Lidando com a agressividade de cães com impulso de defesa

Sobrevivência e autopreservação governam o impulso de defesa, que consiste em comportamentos de luta e fuga. O impulso de defesa é mais complexo do que o impulso de caça ou de matilha porque os mesmos estímulos que causam agressão (luta) podem também causar comportamentos de evasão (fuga).

Depois de um pouco de adestramento básico, cães com alto impulso de luta são companheiros e protetores maravilhosos, ótimos competidores e cães de exposição e uma alegria de se ter. Quando jovens, eles começam a buscar por uma promoção. Você pode ver sinais de agressividade direcionada a você, quando quiser que o cão saia de cima do sofá ou da cama ou em situações semelhantes quando ele não quiser fazer o que você quer que ele faça.

LEMBRE-SE

Se um filhote tiver permissão de fazer tudo o que quiser, sem receber parâmetros para o que ele pode ou não fazer, ele provavelmente não será um animal de estimação agradável. Afinal, ele terá a sensação de que não pode fazer nada do que gosta.

Sinais de agressividade evidentes não acontecem de repente. Eles começam com pequenos avisos, desde rosnados a torcer de lábios até encarar você. Se você relevar esses comportamentos e evitar lidar com eles, seu cão estará a meio caminho de se tornar agressivo.

Buddy pode ficar agressivo perto de outros cães também. Quando encontrar outro cão, ele tentará dominá-lo. O sinal clássico é colocar a cabeça sobre o ombro do outro cão. O cão de posição inferior na hierarquia abaixará sua postura corporal, sinalizando que ele reconhece a dominância do outro cão.

Entretanto, quando dois cães se percebem como da mesma hierarquia, uma luta está para acontecer. Deixados por conta própria (isso é, sem guia), provavelmente eles acabarão decidindo que é melhor manter a compostura. Ambos sabem que não há vantagens em brigar. Eles lentamente se separam e seguem seus caminhos.

Uma briga de verdade entre cães é uma experiência angustiante e horrenda, e a maioria das pessoas prefere evitá-la. Descubra como ler os sinais e tomar as precauções necessárias mantendo os cães separados. Cães não são diferentes de pessoas. Nem todos se dão bem.

CUIDADO

Alguns donos inadvertidamente provocam a briga entre dois cães ao manter a guia tensa. A tensão na guia altera a postura do cão, e às vezes transmite um sinal não intencional de agressividade para o outro cão. Mantenha a guia frouxa quando encontrar outros cães, evitando assim distorcer a postura de seu cão. E, ao menor sinal de problemas, como um contato visual intenso, um rosnado ou um avanço, chame o cão em um tom alegre e vá embora. O tom alegre ao chamar o cão é importante, pois você quer amenizar a situação, e não a agravar, deixando-o mais agitado. Você quer trocar o impulso de luta pelo de matilha.

LEMBRE-SE

As fêmeas têm o direito de dar um "chega pra lá" em um macho que esteja fazendo avanços indesejados. Ela pode retorcer os lábios, um sinal para o macho se afastar. Se o cão não entender a dica, ela pode rosnar ou avançar. Este comportamento não é uma agressão, mas algo perfeitamente normal para eles.

## TIRANDO ALGO DA BOCA DE BUDDY

Às vezes você precisa tirar alguma coisa da boca de Buddy. Pode ser um osso de galinha que ele pegou no lixo ou qualquer coisa inapropriada. Não grite com ele ou o persiga. Ele redobrará os esforços de comer o que quer que tenha na boca. Tente usar o comando "Larga" (veja o Capítulo 9). Se isso não funcionar, tente uma troca. Ofereça a ele uma troca justa, tal como um pedaço de queijo ou carne crua. Quando ele tentar pegar o que você estiver oferecendo, o osso de galinha, ou seja o que for, vai cair da boca dele. Lembre-se: nunca persiga Buddy e o deixe encurralado. Assim, você destruirá o relacionamento que tem trabalhado para alcançar.

## Gatilhos

Cães com impulso de defesa (luta ou fuga) podem apresentar comportamentos agressivos em decorrência de diversos gatilhos. Alguns dos mais comuns são:

- » Aproximar-se de maneira ameaçadora
- » Inclinar-se ou debruçar sobre o cão
- » Encarar o cão
- » Provocar o cão
- » Mandar que o cão saia do sofá ou da cama
- » Tentar tirar algo de sua boca (veja o box "Tirando algo da Boca de Buddy")

Você pode evitar definitivamente alguns desses gatilhos — como o de provocar, encarar ou se debruçar sobre o cão. Não faça nada disso. Outros gatilhos, porém, você vai ter que enfrentar.

## Como lidar

Se você identificou que a agressividade do seu cão é desencadeada pelo impulso de defesa, há quatro maneiras de lidar com ela. Discutimos os métodos nas seções a seguir.

### OFEREÇA ADESTRAMENTO E EXERCÍCIOS

Uma forma de lidar com o comportamento agressivo é fornecendo bastante exercícios e adestramento. O exercício cansa fisicamente o corpo e o adestramento cansa o cérebro. Assim, a falta de estímulo mental faz com que o cão arranje confusão. Tente fazer duas sessões de adestramento por dia, cada uma com pelo menos dez minutos de duração. Se você mantiver sempre o mesmo horário, terá um filhote feliz.

LEMBRE-SE

O adestramento não para só porque Buddy está crescido. Ele adora exercitar o cérebro durante toda a vida. Exercitar o cérebro mantém o cão jovem. Seja criativo nos seus ensinamentos. Faça com que ele ajude nos afazeres de casa — ele pode levar a roupa suja até a máquina de lavar ou ajudar você a carregar as compras até a cozinha. Ele vai adorar o desafio. Revise as boas maneiras em portas e escadas, como entrar e sair do carro e o exercício de chamar de volta periodicamente. Uma rotina breve de exercícios de obediência é sempre agradável e ensinar truques pode ser divertido (veja o Capítulo 23 para uma lista de truques e jogos que você pode praticar com Buddy).

## BRINQUE DE CABO DE GUERRA

Outra forma de lidar com a agressividade é gastar a energia no impulso de luta com um bom jogo de cabo de guerra. Essa brincadeira permite que o cão use sua vontade de rosnar, puxar e morder. Em vez de tentar suprimir este comportamento, dissipe a energia. A ausência de um escape para essa energia ou o esforço para suprimi-la só pioram o problema. A Figura 16-2 mostra um jogo de cabo de guerra.

**FIGURA 16-2:** O jogo do cabo de guerra.

Reserve dez minutos algumas vezes por semana para brincar de cabo de guerra, sempre no mesmo horário. Veja o que fazer:

1. **Pegue um brinquedo de puxar, um pedaço de pano ou uma meia com um nó para ser utilizada na brincadeira.**

2. **Permita que seu cão rosne, morda e chacoalhe o objeto enquanto você o segura. Depois de um pouco de disputa, deixe que Buddy fique com o brinquedo.**

CUIDADO

Tenha cuidado para não puxar muito forte; você pode machucar a boca do cão ou amolecer um dente.

3. **Deixe-o trazer o objeto de volta para você, para brincar de novo.**

4. **Certifique-se de deixá-lo vencer todas as vezes e levar o objeto para a cama dele ou para onde ele quiser.**

Algumas pessoas não concordam com a abordagem de deixar o cão "vencer". Mas na verdade ele não está vencendo. Foi você quem começou e terminou a brincadeira. É você quem está tomando todas as decisões.

**5. Quando você se cansar, termine a sessão com o cão ficando com o brinquedo.**

Lembre-se de que tudo pertence a você, especialmente o afeto, a atenção e o tempo que ele quer. Se seu cão for atrás de você querendo brincar mais, simplesmente vire de costas e o ignore (veja o Capítulo 2).

LEMBRE-SE

A brincadeira descarrega a energia e a disposição para este impulso de modo eficaz. Ela deve ser feita fora da sessão normal de adestramento e quando você e seu cão estiverem sozinhos e sem distrações. Este é o tempo dele e somente dele. Você ficará maravilhado ao ver como a brincadeira é satisfatória para seu cão e o efeito calmante que ela tem sobre ele.

## PRATIQUE O "DEITA LONGO"

Uma terceira forma de lidar com este tipo de agressão de alto impulso de luta e fuga é o exercício "Deita Longo" (veja o Capítulo 9). Nós não nos cansamos de enfatizar a importância dele. Este é um exercício muito benéfico que estabelece de forma bem clara quem está no comando (ou seja, você) de uma forma não punitiva. Para cães que demonstram algum tipo de comportamento agressivo, volte a este exercício e faça um "Deita" por 30 minutos. Faça isso como a última coisa do dia, e repita duas ou três vezes por semana. O "Deita Longo" e a brincadeira de cabo de guerra são soluções simples para o bom cão que se torna controlador demais.

## UTILIZE UMA FOCINHEIRA

Se a sua situação chegou ao ponto de você ter medo do seu cão, ele tenta mordê-lo ou você não consegue fazê-lo ficar na posição "Deita Longo", utilize uma focinheira. Você também pode pedir ajuda profissional (veja o Capítulo 19). Buddy pode precisar visitar um quiroprático ou um veterinário se sente dores ao ser tocado. A agressividade dele pode estar relacionada a um problema físico. Veja o box "Quando a agressividade em uma situação de adestramento é decorrente de um problema físico" para mais informações.

Quando você estiver nervoso ou ansioso sobre o que seu cão pode fazer ao encontrar outro cão ou uma pessoa, suas emoções vão direto para a guia, o que pode fazer com que seu cão reaja de uma maneira agressiva. De certa forma, suas preocupações fazem com que a profecia se cumpra. Você pode resolver este problema com uma focinheira.

LEMBRE-SE

Usar uma focinheira é uma solução simples para um problema complexo. Uma focinheira permite que você saia em público com seu cão sem ter que se preocupar com ele. Algo estranho acontece com o cão enquanto ele está usando uma focinheira. Depois que você tira dele a opção de morder, ele nem tenta mais. É quase como se ele estivesse aliviado por esta opção ter sido tirada dele. Melhor ainda, isso permite que você relaxe. Por outro lado, embora o seu cão se comporte de maneira diferente, as pessoas ao redor dele terão uma reação negativa — um cão com focinheira faz com que as pessoas fiquem apreensivas. A focinheira deve ser o último recurso e não substitui a ajuda profissional.

O adestramento com focinheira deve ser feito de forma lenta e gentil, porque, a princípio, muitos cães ficam em pânico de ter algo prendendo o seu focinho. Mas, com empenho, bom senso e um pouco de compaixão pelo cão, você pode adestrá-lo de forma bem simples para aceitá-la. Veja o que fazer:

1. **Coloque a focinheira no seu cão por alguns minutos, e então a retire.**
2. **Dê a ele uma recompensa e elogie-o bastante.**
3. **Repita os Passos 1 e 2 ao longo de vários dias, gradualmente aumentando o tempo que seu cão fica com a focinheira.**
4. **Quando ele estiver confortável ao utilizar a focinheira em casa, você pode utilizá-la quando estiver com ele em público.**

Em algumas cidades europeias e brasileiras, também, leis foram aprovadas exigindo que certas raças utilizem focinheiras em público. Temos visto muitos desses cães acompanhando, felizes, seus donos em passeios. Eles se comportam bem e parecem bastante confortáveis com as focinheiras.

LEMBRE-SE

Muitos donos relutam em utilizar a focinheira por causa do estigma que ela carrega. Você precisa fazer uma escolha — estigma ou paz de espírito? Uma outra coisa para se pensar: suponha que seu cão de fato morda alguém. Quando você tem uma opção tão simples, por que correr o risco?

## Controlando a agressividade de cães com impulso de matilha

O impulso de matilha consiste em comportamentos associados com a reprodução e com fazer parte de um grupo. Acreditar que um cão com alto impulso de matilha possa ser agressivo é difícil de engolir, mas este cão pode:

» Mostrar sinais de agressividade direcionada às pessoas

» Atacar outros cães sem razão aparente

» Não encerrar o ataque depois que o outro cão mostrar submissão

> ## UM CASO DE CABO DE GUERRA
>
> Quando criamos o conceito "cabo-de-guerra-é-bom", estávamos dando uma aula para uma classe de estudantes que eram bastante avançados em adestramento. Muitos deles estavam treinando seu segundo ou terceiro cão e todos eram competidores experientes. Eles haviam escolhido cães com um impulso de luta razoavelmente alto porque sabiam o quanto esses cães eram bem adestráveis e como ficavam bem em um ringue de exibição — fortes e bonitos. Mas eles tinham que conviver com a tendência dos cães em direção ao comportamento agressivo e sempre tinham que ter cuidado em uma situação de classe ou exibição — quando o cão estava ao redor de outros cães.
>
> Durante todo o período de oito semanas, eles receberam instruções para reservar um tempo diário para brincar de cabo de guerra com seus cães. Na terceira semana, nós já havíamos percebido uma grande diferença no temperamento dos cães. Quando juntos na sala de aula, os cães se tornaram amigáveis uns com os outros, brincavam mais, treinavam melhor e estavam perfeitamente bem-comportados longe de casa.

## *Gatilhos*

O problema com esse tipo de agressividade é que ela parece ter poucos gatilhos óbvios. É frequentemente observada em cães que são tirados da sua ninhada e da mãe antes das sete semanas de idade. Entre cinco e sete semanas, um filhote aprende a inibir as mordidas (veja o Capítulo 6). Ele também aprende a linguagem corporal canina neste período. Resumindo, ele aprende a ser um cão. Filhotes que não aprenderam estas lições tendem a ser superprotetores de seus donos e podem se tornar agressivos com outras pessoas e cães. Eles não conseguem interpretar linguagem corporal e não aprendem a inibir as mordidas.

CUIDADO

Em uma casa com mais de um cão, enquanto um cão está sendo acariciado e o outro buscando sua atenção ao mesmo tempo, o cão sendo acariciado pode agredir o outro. Este excesso de possessividade não é incomum em cães adotados mais velhos e em cães resgatados.

A falta de socialização adequada com pessoas ou outros cães antes de seis meses de idade pode causar comportamentos de agressividade. Tivemos inúmeros casos de mulheres que nos procuraram porque o cão estava sendo agressivo com homens. A causa em todos esses casos era a falta de socialização ou exposição a homens. Desde que o cão não se aproximasse de nenhum homem, não havia problema. Uma mudança das circunstâncias, como um namorado, entretanto, fez com que a agressividade se tornasse um problema.

## Como lidar

Você pode resolver o problema da falta de socialização com outras pessoas fazendo com que o cão se acostume a aceitar outra pessoa gradualmente. Como sempre, o trabalho fica mais fácil quando o cão possui algum adestramento básico e sabe comandos simples como "Senta" e "Fica" (descritos no Capítulo 9). Veja o que fazer:

1. **Comece com Buddy sentado na posição "Junto", na Posição de Controle (sem tensão na guia e com apenas 1cm de folga).**

    Você pode ler mais sobre a Posição de Controle no Capítulo 13.

2. **Peça que a pessoa ande passando pelo cão a uma distância de 1,80m, sem olhar para ele.**

3. **Um pouco antes de a pessoa passar pelo cão, peça que ela jogue um pedaço de salsicha para Buddy ou outro petisco qualquer.**

4. **Repita os Passos 1 a 3 cinco vezes por sessão — não mais do que isso.**

5. **Quando Buddy não mostrar mais sinais de agressividade a 1,80m, diminua a distância.**

6. **Continue diminuindo a distância até que Buddy aceite a recompensa da palma da mão da pessoa.**

LEMBRE-SE

A pessoa não deve olhar para o cão. Ela deve parar apenas para dar o petisco, e depois continuar.

A agressividade direcionada a outros cães, especialmente se o agressor já teve alguns sucessos em sua carreira de ataques, não é tão simples de resolver. A prevenção aqui é o melhor remédio: mantenha o seu cão na guia e não dê a ele a oportunidade de morder outro cão quando estiverem longe de casa.

DICA

Para acalmar cães com tendências agressivas, compre um óleo com essência de lavanda em uma loja de alimentos naturais. Coloque apenas algumas gotas em um pequeno lenço e passe-o no nariz e ao redor do focinho do seu cão. A lavanda tem um efeito calmante e nós já tivemos grandes sucessos com ela em situações de aula, quando um cão agride outro. Ela faz com que o cão se concentre no trabalho. Nós também utilizamos o óleo em um frasco borrifador (quatro gotas de óleo para 240ml de água) e borrifamos no ambiente antes de os cães entrarem. Isto realmente faz maravilhas com os cães e acalma até aos donos. Alguns dos nossos alunos que já participaram de competições de *agility* e possuem cães que não conseguem se concentrar por causa do número de cães e pessoas ao redor deles descobriram que passar o óleo no focinho e no nariz de seus cães proporcionou uma melhora incrível em suas performances.

> ## QUANDO A AGRESSIVIDADE EM UMA SITUAÇÃO DE ADESTRAMENTO É DECORRENTE DE UM PROBLEMA FÍSICO
>
> Demi era uma maravilhosa Dachshund de Pelo Duro que estava pronta para competir pelo título de Cão de Companhia (veja os Capítulos 13 e 14 para saber mais sobre este título). Ela começou a mexer a pata no exercício "De Pé para Exame", no qual as quatro patas devem ficar imóveis quando o juiz está examinando o cão. Esta inquietação chegou ao ponto de que quando alguém se aproximava para examiná-la ela se encolhia e tentava fugir. Se a pessoa insistisse em tocá-la, ela dava um bote e tentava morder. Isso não era normal para Demi, que sempre foi uma cachorra muito dócil. A dona a levou para uma consulta com o veterinário, que descobriu que Demi estava com infecção renal. Os rins ficam logo abaixo da vértebra lombar e toda vez que alguém tocava naquele ponta, doía muito. A única coisa que ela sabia fazer para evitar a dor era morder. Depois de um breve tratamento com antibióticos e de uma visita ao quiroprático para realinhar aquela região da coluna, ela conseguiu conquistar seu título de Cão de Companhia e nunca mais teve problemas com pessoas tocando em suas costas.

# Lidando com a Agressividade perto da Tigela de Comida

Seu cão pode rosnar quando você se aproxima da tigela de comida dele. Do ponto de vista dele, ele está guardando a comida — uma reação instintiva e nada incomum. A questão é a seguinte: você deve tentar fazer alguma coisa quanto a isso? Em caso afirmativo, o que fazer?

Alguns donos inconscientemente exacerbam o comportamento ao tentar tirar a tigela de comida do cão enquanto ele está comendo. Isso, definitivamente, não é uma boa ideia. Por que criar problemas desnecessários? Não tente usar a técnica de tirar a comida dele e então colocar de volta. Imagine como você se sentiria se alguém ficasse tirando seu prato de comida e colocando de volta. Em pouco tempo, você se tornaria paranoico toda vez que fosse comer. Este tipo de coisa cria apreensão e faz a guarda e o rosnado ficarem pior.

LEMBRE-SE

Nosso conselho para os donos que têm este tipo de problema é mudar o ambiente. Certifique-se de alimentar Buddy em um lugar em que crianças ou outros cães não possam chegar até a comida dele. Um bom lugar para alimentá-lo é na gaiola/caixa. Dê a ele ossos e a comida na gaiola/caixa e deixe-o em paz. Certifique-se de que, enquanto ele estiver ali, todos o deixem em paz. Veja o Capítulo 8 para saber como treinar seu cão na gaiola/caixa. Siga as orientações e o problema da agressividade perto da tigela de comida vai se resolver.

Há muitos conselhos conflitantes sobre como alimentar Buddy. Podemos lhe dizer, depois de 40 anos de criação, exposições e convívio com cães e de ensinar milhares de pessoas a viver com seus cães, que seguir o conselho anterior tem funcionado. Nunca será suficiente enfatizar a importância de deixar Buddy em paz na hora das refeições. Ofereça um local em que ele possa ficar tranquilo, desfrutar e — o mais importante — digerir sua comida, sem o estresse de crianças, pessoas ou outros animais perto da sua tigela. Respeite o espaço dele. Se insistir em colocar a mão na comida dele ou retirar a tigela, estará ensinando seu cão a ser neurótico. Isso destruirá a relação que está tentando construir e é o primeiro passo na direção da agressividade.

PAPO DE ESPECIALISTA

Um estudo recente realizado na Holanda discute se o tipo de alimento dado ao cão pode causar problemas de comportamento, especialmente, agressividade. Veja o estudo em `journals.cambridge.org/action/displayFulltext?type=1&fid=1452588&jid=NRR&volumemeld=20&issueld=02&aid=1452580` (conteúdo em inglês).

# Lidando com Mordedores por Medo

O termo agressividade para mordedores por medo é na verdade um nome indevido. Estes cães não agridem — eles apenas se defendem. Quando eles de fato mordem, é por causa do medo, por isso são chamados de mordedores por medo. A qualquer momento que este tipo de cão se sentir encurralado e incapaz de escapar, ele pode morder. Para ele, morder é um ato de último recurso. Ele preferiria fugir da situação.

LEMBRE-SE

Evite colocar esse cão em uma situação em que ele pense ser necessário morder. Utilize uma abordagem similar àquela descrita no Capítulo 17 para a urina por submissão. Mordedores por medo ficam mais confortáveis quando sabem o que é esperado deles, como no adestramento. O comportamento tímido pode ressurgir quando eles são deixados à própria sorte e não recebem instruções claras de como se comportar.

Cães com alto impulso de fuga podem parecer tímidos perto de estranhos, outros cães ou situações novas. Eles podem se esconder atrás dos donos e precisam de espaço. Mantenha-os a uma boa distância das pessoas e de outros cães, e não os encurrale por motivo algum. Use sua postura para dar segurança ao cão; desça ao nível dele, de joelhos, e não se inclinando sobre o cão, e tente atraí-lo até você com um petisco. Seja paciente para ganhar a confiança dele, e nunca tente agarrá-lo.

## SENDO ATACADO POR OUTRO CÃO

O que fazer quando você está passeando com seu cão na guia e outro cão surge do nada e ataca o seu cão? Faça o seguinte:

- Não importa a situação, não grite ou berre. Lembre-se, o impulso de caça é estimulado por sons — especialmente agudos. Gritar apenas aumenta a intensidade de uma briga de cães. Tente manter a calma o tempo todo.

- Enquanto estiver segurando a guia, seu cão estará à mercê do outro cão. Solte-o para que ele possa escapar ou se defender.

- Para sua própria segurança, não tente separar os cães, ou você pode ser mordido. Na grande maioria de incidentes como este, um cão desiste e o outro vai embora.

- Procure nas redondezas pelo dono do cão. Depois visite a pessoa de modo cordial e avise que o cão dela está solto, assustando (ou ameaçando) seu cão. Talvez vocês possam chegar a um acordo para que no horário em que você passeie com seu cão o outro fique preso. Em nenhuma circunstância tente ver se o cão tem uma coleira de identificação. Você pode acabar se inclinando sobre o cão, provocando mais agressividade. Se conversar com o dono não adiantar, experimente carregar um Pet Convincer (spray de ar, veja o Capítulo 5).

DICA

O que esse cão precisa é ganhar confiança. Adestrar com insistência serena e encorajamento é uma forma de obter um cão mais confiante. Para acostumar o cão a pessoas e outros cães, matricule-o em um curso de obediência. Você precisa ser paciente com esse cão e descobrir lentamente como prosseguir. Se tentar forçar alguma coisa, você pode destruir os avanços que já conseguiu.

Esse cão precisa de um ambiente estruturado e previsível. Passeie, alimente e brinque em horários determinados para que o cão saiba o que vai acontecer em seguida. Cães têm um relógio biológico impressionante, e qualquer alteração na hora do passeio ou da alimentação pode fazer com que comportamentos indesejados ressurjam.

Cães resgatados — em particular, aqueles que já passaram por muitas casas — normalmente apresentam muitos comportamentos de fuga. Uma rotina rigidamente controlada ajuda na reabilitação deles.

> **NESTE CAPÍTULO**
>
> **Resolvendo questões como fobias e outros problemas**
>
> **Deixando o seu cão mais feliz em situações desconfortáveis**

# Capítulo 17
# Ajudando o Seu Peludo a Lidar com Situações Especiais

Os cães podem ter uma variedade de fobias e outros problemas — alguns deles são relacionados ao adestramento e outros não. Dependendo da gravidade, estes problemas podem ser resolvidos com sua ajuda. Neste capítulo, listamos alguns dos problemas mais comuns e as abordagens que funcionam para resolvê-los.

# Medo de Barulhos Altos e Trovão

Alguns cães têm o sentido da audição mais apurado que outros, a ponto de barulhos altos literalmente machucarem os ouvidos deles. Por exemplo, um de nossos Landseers saía da sala toda vez que ligávamos a TV. O medo de trovões também pode ser o resultado deste tipo de sensibilidade ao som.

Em circunstâncias normais, a sensibilidade ao som não é um problema, mas ela pode afetar a capacidade de concentração do cão na presença de barulhos moderados e altos. Um estouro de um escapamento pode deixar esse cão apavorado, enquanto vai apenas despertar a curiosidade de outro.

Cães que têm medo de trovão e relâmpago ficam agitados e apreensivos quando percebem uma tempestade se aproximando. Eles podem tentar sair de casa, se esconder embaixo da cama, apresentar comportamentos destrutivos ou sinais de neurose. Tentativas de consolar o cão apenas reforçam seus medos.

Um produto que promete uma taxa de sucesso de 85% no controle destes sintomas é a Thundershirt — uma "roupa" para envolver o cão, que aplica uma pressão suave e constante no torso dele. Para mais informações, veja o site www.bitcao.com.br/thundershirt-camisa-calmante.html. O remédio homeopático Aconite também ajuda alguns cães (o Capítulo 4 traz mais informações sobre remédios homeopáticos).

# Lidando com a Ansiedade de Separação

Os comportamentos relacionados à separação, também chamados de ansiedade de separação, deixam seu cão ansioso e estressado quando fica sozinho. Ele está respondendo emocionalmente à separação física da pessoa a quem ele é apegado. Cães que sofrem de ansiedade de separação normalmente têm alto impulso de matilha e baixo impulso de defesa (luta). Veja o Capítulo 2 para mais informações sobre os impulsos dos cães.

As dúvidas mais frequentes sobre ansiedade de separação vêm de pessoas que acabaram de adotar um cão resgatado. Com estes cães, uma certa quantidade de ansiedade é compreensível. Tudo é novo, incluindo as pessoas, o ambiente, a rotina. Nós normalmente aconselhamos o dono a dar ao cão uma semana ou duas para se acomodar antes de se preocupar demais.

Em alguns casos, um dono extremamente ansioso só piora o problema. Ao se preparar para sair de casa, o dono ou a dona faz uma cena com o cão: "Não se preocupe. A mamãe/o papai vai voltar logo, mas tem que sair para trabalhar agora." Essa tentativa de tranquilizar o cão só aumenta a ansiedade do cão na expectativa de ser deixado sozinho.

O dono então faz outra cena ao retornar: "Coitadinho. Sentiu minha falta? Eu também senti saudades. Você ficou bonzinho?" Este discurso aumenta a agitação do cão na expectativa do retorno do dono.

Os sinais mais típicos e óbvios da ansiedade de separação são os comportamentos destrutivos (arranhar, mastigar e, em casos mais severos, a automutilação), vocalização (chorar, latir ou uivar), fazer as necessidades pela casa, andar sem parar e babar em excesso.

Uma solução para o tédio e a solidão de Buddy é adquirir outro cão. Eles podem se manter entretidos e dois cães são o dobro da diversão, mas fique ciente que dois cães também podem significar um problema dobrado.

Se você não quiser outro cão, experimente as abordagens discutidas nas seções a seguir. Uma delas pode ser a ideal para deixar Buddy mais confortável em casa sem você.

## Testando a abordagem da dessensibilização

As pessoas são criaturas que criam hábitos tanto quanto os cães, e tendem a seguir um padrão específico antes de deixarem a casa. Este padrão se torna a pista para o cão de que você está prestes a sair de casa. Faça uma lista da sua rotina antes de sair de casa. Por exemplo, colocar maquiagem, pegar sua bolsa ou pasta, pegar as chaves do carro, colocar seu casaco, desligar as luzes e reconfortar e acariciar seu cão.

Em intervalos aleatórios, várias vezes durante o dia, faça sua rotina exatamente como faria antes de sair, e então se sente em uma cadeira e leia um jornal ou assista à TV, ou apenas fique ocioso pela casa. Ao seguir este procedimento, você começará a dessensibilizar o cão em relação às pistas de que você está prestes a sair.

Quando seu cão ignorar as pistas, saia de casa sem prestar atenção no cão. Saia por cinco minutos e depois retorne. Ao voltar, não preste atenção nele por cinco minutos. Depois desse período, interaja de modo normal com o cão.

Repita o processo ao longo de vários dias, ficando fora por tempos progressivamente mais longos. Ligar o rádio ou a TV e oferecer brinquedos apropriados para seu cão também podem ajudar. O que quer que você faça, certifique-se de ignorar seu cão por uns cinco minutos depois que você voltar. Com esse processo, o objetivo é remover o elemento emocional de suas idas e vindas, para que seu cão veja a separação como uma parte normal do dia e não um motivo para ficar apreensivo.

## Experimentando a abordagem do F.A.C.

Outra maneira de lidar com a ansiedade de separação é usar o Feromônio Apaziguador Canino (F.A.C.), um produto desenvolvido por veterinários que imita as propriedades de feromônios naturais da fêmea lactante. Depois de dar à luz, a mãe canina produz feromônios que dão aos filhotes uma sensação de bem-estar e segurança.

O F.A.C. é um difusor elétrico que libera o feromônio, que pode ser captado pelo sentido olfativo do cão. Veja a Figura 17–1 para visualizar um difusor de F.A.C. O feromônio lembra o bem-estar que o cão sentiu quando era filhote. Em testes clínicos, o F.A.C. se mostrou eficiente em cerca de 75% dos casos para melhorar comportamentos relacionados à separação. Para ser eficiente, o difusor deve permanecer plugado 24 horas por dia. O F.A.C. está disponível em pet shops e pela internet.

## Analisando algumas outras opções

Considere matricular o seu cão em uma creche em que ele possa se encontrar e brincar com outros cães enquanto você está fora. Isso pode desviar a atenção do cão sobre onde você está. Para saber mais sobre as necessidades sociais dos cães e os prós e contras de uma creche para cães, veja o Capítulo 3.

Para casos relativamente leves de ansiedade de separação, uma visita de um cuidador durante o período em que ele está sozinho pode ser o suficiente para aliviar a ansiedade.

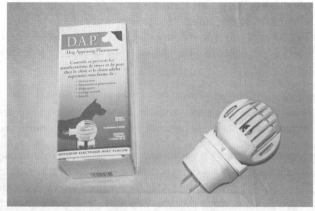

**FIGURA 17-1:** Um difusor F.A.C.

# Necessidades pela Casa

Quando o cão faz as necessidades fora do lugar depois de receber educação sanitária e este não é um comportamento de demarcação (veja o Capítulo 11), pode haver diversas outras causas que não a ansiedade de separação. As causas mais comuns são:

» **Você deixou seu cão por tempo demais sem lhe dar uma chance de se aliviar.** Como diz o ditado, acidentes acontecem, e foi apenas isso, um acidente. Você conhece a resistência e a rotina do seu cão, então não o culpe quando, por alguma razão, você não foi capaz de segui-la. Você pode ter tido que trabalhar até mais tarde ou outro evento não previsto pode tê-lo impedido de chegar em casa no horário. Desde que isso não se torne uma ocorrência regular de sua parte, o comportamento não será um problema contínuo.

» **Seu cão pode estar com o estômago irritado.** Alterações abruptas na dieta, como mudar a ração, são as causas mais comuns para indisposições estomacais. Toda vez que você mudar a dieta de seu cão, faça isso gradualmente, misturando a comida nova com a antiga por um período de vários dias para que o organismo dele se acostume com a novidade.

Outra causa de distúrbios estomacais é o cão ter comido algo que não lhe fez bem. Petiscos e comidas da época das festas, que o cão não está acostumado a comer, como peru, molhos ou pizza, podem provocar um belo estrago no sistema digestivo do seu cão.

» **Seu cão pode estar com *cistite* ou infecção na bexiga.** Esta condição é mais comum entre fêmeas do que machos e pode provocar gotejamentos de urina. A cistite é uma inflamação da bexiga que pode ser provocada por infecção bacteriana. O cão pode sentir uma pressão constante na bexiga e achar que precisa urinar a toda hora, mesmo depois que acabou de fazê-lo. Ao urinar, ele pode sentir um ardor, que por sua vez faz com que o cão passe muito tempo se limpando.

LEMBRE-SE

Embora não seja perigosa por si só, a cistite pode provocar uma série de problemas se deixada sem tratamento, pois a bactéria pode se espalhar para os rins. Se perceber esses sintomas, é preciso consultar um veterinário. Um tratamento curto com antibióticos cura rapidamente este tipo de inflamação.

» **Se seu cão é mais velho, ele pode ter desenvolvido incontinência urinária.** O afrouxamento dos músculos do esfíncter responsáveis pela retenção da urina na bexiga pode provocar incontinência, o que é frequente quando o cão envelhece. Muitos cães são sacrificados depois que o problema é identificado. Embora não seja fácil de conviver com esta situação, ela pode ser resolvida de diversas maneiras, incluindo tratamento com medicação e remédios homeopáticos.

> A acupuntura, de que tratamos no Capítulo 4, é provavelmente o melhor tratamento e é muito eficaz. Se você puder encontrar um veterinário especialista em acupuntura, submeter o cão a uma série de tratamentos pode resolver o problema. Muitos veterinários hoje têm treinamento em acupuntura e encontrar um que possa ajudá-lo não é muito difícil. Uma mudança para uma dieta mais natural normalmente resolve o problema (veja o Capítulo 4). Existem também inúmeros remédios fitoterápicos e homeopáticos no mercado especialmente formulados para os rins e as bexigas de cães mais velhos. Um bom veterinário holístico pode ajudar você a escolher a melhor opção para seu cão.

DICA

Enquanto procura um veterinário para ajudar seu cão, você ainda terá que conviver com o problema. Coloque uma toalha de mesa que seja de plástico de um lado e deixe o verso macio debaixo da manta ou da cama do seu cão. Fazer isso poupa seus móveis e o chão, e ambos são fáceis de lavar e manter limpos. Você pode levar em consideração as fraldas, mas apenas como último recurso, pois a urina pode assar a pele do cão. Não desista do seu velho amigo — explore as alternativas e veja como você pode ajudar Buddy na velhice. O Capítulo 18 traz mais informações sobre cuidados com cães mais velhos.

## Driblando a Urina por Submissão

Cães que são muito impulsionados por defesa de fuga e pouco impulsionados por defesa de luta são famosos por seu comportamento de urinar por submissão (veja o Capítulo 2 para mais informações sobre os impulsos do seu cão). Este comportamento geralmente ocorre quando você encontra o cão pela primeira vez. Ele irá se agachar ou rolar de barriga para cima e urinar, voltando aos seus dias de filhote, quando sua mãe o limpava.

LEMBRE-SE

Quando Buddy se urinar, não brigue com ele, porque isso só reforça o comportamento e o torna pior. Ao repreendê-lo, você só faz com que ele aja ainda mais submissamente, o que faz com que ele urine. Inclusive não se incline ou fique por cima do seu cão nem tente pegá-lo, porque isso também faz com que ele aja com submissão e urine.

Felizmente, urinar por submissão não é difícil de resolver. Siga estes passos:

1. **Quando chegar em casa, ignore seu cão.**

   Não se aproxime do seu cão; em vez disso, deixe que ele venha até você.

2. **Cumprimente seu cão sem fazer contato visual, oferecendo a ele a palma de sua mão.**

Este passo é importante. O dorso da sua mão transmite energia negativa, e a palma de sua mão transmite energia positiva.

3. **Fique calado e deixe que ele cheire sua mão.**

4. **Acaricie-o gentilmente por baixo do queixo e não em cima da cabeça.**

   Certifique-se de acariciar o cão no queixo e não no topo da cabeça, pois os cães normalmente não gostam de ser acariciados na cabeça. Isso é o equivalente canino a beliscar as bochechas de uma criança.

5. **Não alcance ou tente agarrar o cão.**

   Tentar agarrar o cão ou ir até ele pode deixá-lo com medo de você e piorar o problema.

Ao receber visitas, aproveite a oportunidade para lidar com o comportamento de urinar do seu cão. Peça aos convidados que ignorem o cão ao chegar e deixem que ele vá até eles. Instrua-os quanto a oferecerem a palma da mão e a não tentar fazer carinho no cão.

# Levando Buddy para uma Viagem de Carro

Sempre que possível, levamos nossos cães conosco quando viajamos. Não gostamos de deixá-los em hotéis e eles são ótimas companhias de viagem. Viajar com um cão bem adestrado é um verdadeiro prazer, pois você sabe que ele irá se comportar perto de outros cães e de outras pessoas.

Se você também gosta de viajar com seu cão, precisa garantir que Buddy tenha a oportunidade de esticar as pernas em intervalos de algumas horas, assim como você. As mesmas regras de adestramento sanitário se aplicam nas viagens. Se ele ainda é filhote, prepare-se para parar de duas em duas horas mais ou menos. Um cão mais velho pode conseguir se segurar por um tempo maior.

No carro, coloque Buddy na gaiola ou caixa de transporte para sua segurança e para a dele. Por razões que não são claras para nós, muitas pessoas dirigem com o cão solto dentro do carro. O problema com essa situação é quando você precisa frear de repente — Buddy pode ser arremessado e se machucar ou machucar os outros passageiros. Se você dirige um sedan que não consegue acomodar uma gaiola ou caixa do tamanho apropriado para seu cão, pelo menos use um peitoral com cinto de segurança no cão (veja os Capítulos 7 e 8 para mais informações sobre o adestramento com gaiola/caixa de transporte e o peitoral com cinto de segurança).

Comece com uma revisão da aula de boas maneiras em portas (veja o Capítulo 9). Depois, faça as mesmas progressões usadas para ensinar Buddy a entrar e sair do carro com ênfase especial na saída. A menos que Buddy esteja na gaiola/caixa, veículos cujo porta-malas pode ser acessado facilmente pelo banco traseiro são um desafio especial, pois não dá para ver o que ele está fazendo.

Ao ter uma chance, muitos cães adoram viajar de carro e colocar a cabeça para fora da janela. Não deixe que ele faça isso — é perigoso! Ele pode ser atingido por uma pedra lançada por outro carro. Ele também pode ferir os olhos.

Quando viajamos com um ou mais cães, fazemos questão de manter a rotina de alimentação e exercícios a mais parecida possível. Manter a rotina diária no ritmo habitual previne distúrbios digestivos que podem provocar "acidentes".

## Acostumando o cão a entrar no carro

Primeiro, pratique com o cão na garagem ou em frente de casa. Coloque a coleira de adestramento em Buddy e prenda a guia no anel ativo (veja o Capítulo 5 para saber qual é o anel ativo). Dê os comandos "Senta" e "Fica" e abra a porta do carro. Se ele se mover, reforce o comando "Fica". Neste ponto, Buddy deve sentar sob comando; se ele não souber o comando ainda, veja o Capítulo 9. Conte até cinco e diga a ele para entrar no carro com o comando que preferir. Nós usamos "Suba". Depois que ele entrar no carro, tire a guia e feche a porta. Se estiver usando uma gaiola ou caixa e o cão foi ensinado a ficar nela no carro, siga o mesmo procedimento, mandando ele entrar na gaiola/caixa. Apenas lembre-se de fechar a porta dela para não atrapalhar o fechamento da porta do carro.

A princípio, alguns cães podem ficar relutantes em subir no carro ou entrar na gaiola/caixa; neste caso, você terá que colocá-lo. Com algumas repetições (e desde que Buddy seja fisicamente capaz de subir no carro ou entrar na gaiola/caixa), ele passará a entrar sozinho. Nossos Dachshunds, embora queiram, são muito pequenos para conseguir subir no carro sem ajuda. As rampas são ótimas para esses casos nos quais o cão não consegue subir no carro ou na gaiola/caixa por limitações físicas. Veja o Capítulo 18 para mais informações.

## Esperando para sair do carro

Ao levar Buddy para uma viagem de carro, um exercício especialmente importante para ensiná-lo é esperar no carro enquanto você abre a porta. Assim, você pode prender a guia antes de deixá-lo sair. Se estiver usando uma gaiola/caixa ou um peitoral com cinto de segurança, você pode pular essa etapa.

Depois que Buddy estiver no carro, entre e feche a porta. Diga a Buddy para ficar, saia do carro e feche sua porta. Pelo lado de fora, abra a porta da qual quer que Buddy saia e repita o comando "Fica". Quando Buddy ficar, prenda a guia na coleira de adestramento, conte até cinco e libere-o com um "Ok" para sair do carro.

Se Buddy tentar se mover para sair do carro, feche a porta (com cuidado para não prender o rabo ou uma pata na porta). Repita, abrindo e fechando a porta até que ele fique e você possa prender a guia na coleira. Depois conte até cinco e libere-o com um "Ok".

LEMBRE-SE

Revise essas sequências ao longo de várias sessões até que ambos estejam confortáveis com o procedimento e as regras. Quando Buddy começar a obedecer ao "Fica" no carro de modo confiável, comece a praticar perto de distrações. Em um final de semana, vá até um parque local, cheio de pessoas e cães. Antes de sair do carro, diga: "Fica." Saia do carro, abra um pouquinho a porta pela qual ele vai sair e repita: "Fica." Abra totalmente a porta e ele vai lhe dizer se precisa de mais prática.

## Preparando-se para uma viagem de carro

Na preparação de sua viagem de carro, você precisa ensinar Buddy a andar de carro e a entrar e sair conforme descrevemos nas seções anteriores. Você não quer ter que parar em uma área de descanso para que o cão faça as necessidades e ele acabe fugindo.

Se Buddy está acostumado a fazer as necessidades sem a guia, pode ser preciso ensiná-lo a fazer o que ele precisa na guia e sob comando (usamos o comando "Anda Logo"). Afinal, quando você para durante uma viagem em uma área de descanso lotada e não há muita área verde é melhor não deixar Buddy sem a guia.

Leve todos os apetrechos do cão na viagem, como a coleira, a guia, água e comida, mantas, tigelas, brinquedos, toalhas para secá-lo caso se molhe, material para limpeza caso ele vomite ou tenha algum acidente, sacos plásticos para lixo e quaisquer remédios que ele esteja tomando. Faça uma lista para não esquecer nada.

Se está planejando visitar parentes ou amigos e Buddy ficará na casa deles, uma semana antes da viagem, comece a rever os exercícios básicos — "Senta" e "Fica" (para não pular nas pessoas), "Deita", "Vem" (você pode usar o comando "Toque") e "Larga". Leia mais sobre estes exercícios nos Capítulos 9 e 10. Seus anfitriões ficarão impressionados (e admirados) com o bom comportamento de Buddy.

Ao chegar ao seu destino e terminar as saudações, leve Buddy imediatamente para uma área em que ele possa fazer as necessidades. Se necessário, limpe a sujeira. Acima de tudo, tente manter a rotina diária do cão a mais próxima possível da habitual, especialmente a alimentação e a rotina sanitária. Seria muito embaraçoso se acontecesse um acidente.

## Aliviando o enjoo no carro

Alguns cães enjoam no carro, os sintomas envolvem babar em excesso ou vomitar e isso pode ser atribuído a:

» Enjoo de movimento real (cinetose)
» Uma associação negativa com a viagem de carro

Cães que têm a tendência de passar mal no carro normalmente não são levados em viagens de carro com frequência. E quando eles andam de carro, costuma ser para ir ao veterinário. Compare essa reação à de uma criança que, toda vez que anda de carro, vai ao médico para tomar uma injeção. Não é preciso muitas repetições antes que o cão faça uma associação negativa com o carro.

Alguns cães passam mal porque não conseguem olhar pela janela e outros justamente porque conseguem ver pela janela. Neste último caso, cobrir a gaiola/caixa pode resolver o problema.

LEMBRE-SE

Seja qual for o motivo para a reação do cão, você pode criar uma associação positiva com o carro. Ao trabalhar com o cão para tornar o passeio de carro uma experiência positiva, avalie como ele está encarando a experiência e quanto tempo você precisa gastar em cada sequência.

Ao longo do exercício a seguir, mantenha uma atitude leve e alegre. Evite um tom de voz apreensivo e frases como: "Está tudo bem. Não se preocupe. Nada vai acontecer com você." Essas tentativas de reconfortar validam as preocupações do cão e reforçam sua fobia do carro. Veja o que fazer:

1. **Abra todas as portas e, com o motor desligado, atraia o cão para entrar no carro ou coloque-o na gaiola/caixa, que está dentro do carro (veja o Capítulo 8 para saber mais sobre o adestramento com a gaiola/caixa). Você também pode dar comida para o cão dentro dela.**

   Quando ele estiver na gaiola/caixa (não importa como ele chegou lá), dê um petisco, elogie e imediatamente deixe-o sair. Repita este passo até que ele esteja confortável na gaiola/caixa.

2. **Quando o cão estiver entrando confiante na gaiola/caixa, feche as portas de um lado do carro, com o motor ainda desligado.**

3. **Quando o cão estiver confortável com o Passo 2, diga a seu cão para entrar na gaiola/caixa, dê a ele um petisco e feche todas as portas.**

   Deixe-o sair novamente e dê um petisco. Repita até que ele entre de imediato na gaiola/caixa e você possa fechar todas as portas por até um minuto.

4. **Diga a seu cão para entrar na gaiola/caixa, feche todas as portas e ligue o carro.**

   Dê um petisco ao cão. Desligue o motor e deixe-o sair da gaiola/caixa.

5. **Agora é hora de um pequeno passeio, nada mais que uma volta ao redor do quarteirão.**

   Aumente a duração dos passeios, sempre começando e terminando com uma recompensa.

Quando Buddy estiver confortável no carro, leve-o para um passeio de carro regularmente. Como o passeio a pé pelo parque, o passeio de carro também precisa ser uma experiência agradável para o cão — não apenas a ida anual ao veterinário.

CUIDADO

Você precisa ter cuidado de não deixar o cão sozinho no carro por mais de dez minutos quando a temperatura externa estiver maior do que 15 graus Celsius ou se estiver sol. A temperatura dentro do carro, mesmo com as janelas parcialmente abertas, pode subir rapidamente.

Se você descobrir que o cão realmente sofre de cinetose, dê um biscoito de gengibre para ele quando viajar de carro — o gengibre acalma o estômago.

# Indo para a Creche Canina

Creches para cães se tornaram quase tão populares quanto creches para crianças e por uma boa razão. O cão não precisa ficar em casa sozinho o dia inteiro sem nada para fazer (exceto travessuras). Na creche ele pode brincar com outros cães e se divertir boa parte do dia. Quando o dono vai buscá-lo no fim da tarde, ele está cansado e não quer mais nada além do jantar.

Cães não precisam de adestramento para frequentar a creche, mas provavelmente eles precisam ser avaliados. Para facilitar o trato com o cão, a equipe da creche normalmente ensina ao cão pelo menos os comandos "Senta" e "Fica". O ambiente das creches varia muito; elas podem ser mais espartanas ou parecer mais um spa. A maioria tem uma área interna e uma externa. Algumas oferecem banho e tosa e adestramento. Outras têm até piscina.

LEMBRE-SE

Antes de se comprometer com uma creche em particular, permita-se um tempo para avaliar o local e o método, e a creche tem que ter a oportunidade de avaliar Buddy. Você precisa avaliar a limpeza, a supervisão, o número de cães em determinado espaço, as áreas interna e externa, a proporção do número de funcionários e o de cães, os tempos de descanso adequados para os cães e como eles são acomodados durante o período de descanso (normalmente eles ficam em gaiolas/caixas). Você e o seu cão precisam estar confortáveis com sua escolha, mas a opinião do cão é especialmente importante. Ele fica ansioso para ir para a creche ou se esconde? Preste atenção em como ele se sente.

# Boas Maneiras no Parque de Cães

Muitos bairros hoje têm parques de cães — áreas designadas para os cães correrem e brincarem livres. Alguns parques são cercados, outros não. Alguns parques são públicos, outros, particulares. Ambos podem restringir a entrada de cães ou cobrar taxas. Todos os parques de cães têm regras, que são listadas na entrada (se o parque é cercado).

LEMBRE-SE

As duas regras principais normalmente envolvem ter que recolher as fezes do cão e controlá-lo o tempo todo. Infelizmente, ambas as regras são frequentemente ignoradas. Nunca deixamos de nos impressionar com a quantidade de donos de cães que se dizem "conscientes" e parecem ignorar estas regras. Estamos convencidos de que a origem da crescente antipatia por cães resulta do fato de que muitos donos de cães não limpam a sujeira deixada por eles e não os controlam em locais públicos. As peripécias que alguns donos de cães têm que fazer para que os cães vão até eles na hora de ir embora são dignas de uma comédia pastelão.

Antes de levar Buddy para o parque de cães, certifique-se de tê-lo adestrado para vir até você mesmo com distrações. E tenha em mente que, ao levá-lo para o parque pela primeira vez, é melhor deixá-lo sem a guia; a maioria das brigas de cães ocorre quando um ou ambos os cães estão na guia. Os frequentadores habituais do parque formam uma matilha, que provavelmente vai perseguir Buddy, o novato, para uma "investigação". Apesar de perfeitamente normal, isso pode ser uma experiência um tanto assustadora para Buddy. Felizmente, isso raramente resulta em brigas desde que as pessoas mantenham a calma. Depois das saudações iniciais, todos seguem seu caminho.

Quase todo parque tem um "valentão", então é sua responsabilidade ficar de olho em Buddy para intervir, se necessário. O dono do "valentão" normalmente é especialmente distraído no que diz respeito ao comportamento do cão — e muito pouco interessado em corrigir comportamentos indesejados. Tendo em vista que valentões "ensinam" os outros cães a se comportar como valentões também, isso precisa ser corrigido pelo dono.

CUIDADO

Mesmo nas melhores circunstâncias, parques de cães representam alguns riscos. Os veterinários costumam chamá-los de "parques da parvo", por causa da quantidade de patógenos e parasitas aos quais os cães são expostos. Em áreas rurais com vida selvagem abundante, a giardíase, que pode ser transmitida para pessoas por cães contaminados, se tornou um problema tão grande que foi desenvolvida uma vacina. Os principais sintomas da giardíase são distúrbios gastrointestinais. Cães também costumam contrair a tosse dos canis, além de verminoses e viroses.

Recomendamos que depois de visitar um parque de cães você limpe os sapatos ou tire-os antes de entrar em casa. Nós temos um par de sapatos só para ir ao parque. E, antes de deixar o cão entrar em casa, limpe bem as patas dele (peça orientação do veterinário sobre um desinfetante seguro). Além disso, se você costuma visitar um parque de cães com regularidade, faça exames de fezes duas vezes por ano no seu cão.

# Mantendo o Seu Cão Calmo no Veterinário

A maioria dos cães não gosta de ir ao veterinário, seja para um exame de rotina, seja para algo mais grave. Nós passamos por uma experiência semelhante toda vez que temos que ir ao médico para um check-up de rotina.

Para um cão não adestrado, o nível de ansiedade de ir ao veterinário é aumentado pelo dono, que fica mexendo no cão, mandando parar de fazer isso ou aquilo e pedindo o tempo todo que ele se comporte, que se acalme, que pare de xeretar em tudo, e assim por diante. Por ainda não ter sido adestrado, ele não tem a menor ideia do que o dono quer, então acaba ficando mais apreensivo ainda.

Para o cão adestrado, a mensagem do dono é reconfortante — "Senta", "Deita", "Fica" e "Bom garoto!" são comandos aos quais ele está acostumado. Em vez de ouvir: "Pare de fazer isso", ou, "Pare de fazer aquilo", ele ouve: "Bom garoto!" (veja o Capítulo 9 para saber mais sobre o adestramento básico). E lembre-se de que a viagem de carro é tão traumática quanto a própria consulta quando o cão não está acostumado a andar de carro. Para evitar esse problema, veja a seção "Levando Buddy para uma Viagem de Carro".

# Sendo Paciente com o Cão Resgatado

Nós já tivemos diversos cães resgatados e todos os gatos que já tivemos foram resgatados. O cão resgatado mais difícil que tivemos foi um cão feroz, parecido com um Pastor-Alemão, e o mais fácil foi um Springer Spaniel que foi abandonado em nossa casa. Com paciência e persistência, o cão feroz se tornou um excelente cão de guarda e o Springer foi um excelente cão de obediência.

LEMBRE-SE

O principal problema com cães resgatados não é que eles são essencialmente diferentes dos filhotes que você adquire de um criador respeitável; o problema é que você não conhece o histórico do cão. Muitos cães são levados para os abrigos apenas porque deixaram de ser filhotes bonitinhos. Outros são abandonados porque se tornaram incontroláveis — o que significa que sofrem de "falta de adestramento básico". As razões variam, algumas são legítimas, mas a maioria não é.

Ao longo dos anos, trabalhamos com muitos cães resgatados, e a maioria deles se transformou em ótimos animais de estimação. Depois de várias semanas se acostumando ao novo lar, a maioria ficou feliz onde estava. Mesmo assim, alguns vieram com uma "bagagem" comportamental de causas desconhecidas. A mais comum é a ansiedade de separação, que varia de moderada a severa. Leia mais sobre ansiedade de separação na seção "Lidando com a Ansiedade de Separação". Outro comportamento comum é a agressividade sem motivo aparente (veja o Capítulo 16). Muitos destes "maus hábitos" dos cães resgatados podem ser resolvidos, mas a solução começa com o adestramento básico.

| NESTE CAPÍTULO |
| --- |
| **Determinando em que idade um cão é velho** |
| **Oferecendo a Buddy os exercícios de adestramento de que ele precisa para ficar sempre afiado** |
| **Prestando atenção às necessidades alimentares e de saúde dos cães mais velhos** |
| **Entendendo a importância dos cuidados de higiene dos cães mais velhos** |
| **Apresentando Buddy a um filhote para revigorá-lo** |
| **Pensando em carrinhos e cadeiras de roda para o cão idoso** |

Capítulo 18

# Ensinando Novos Truques para Cães Velhos: Mantendo o Seu Idoso Sempre Jovem

É formidável ter um cão mais velho por perto. Eles o conhecem há muito tempo, já partilharam muitas recordações, dividiram bons e maus momentos com você e conhecem cada movimento seu. Eles são bens valiosos e membros da família amorosos, e merecem o melhor que você puder oferecer. Algumas almas caridosas adotam cães mais velhos; eles são excelentes animais de estimação, também.

Neste capítulo, discutimos as melhores maneiras de adestrar esses cidadãos da terceira idade para que permaneçam saudáveis, felizes e jovens de espírito. Trazemos ainda recomendações sobre a importância de mantê-los bem cuidados e asseados. Se quiser apresentar um jovem amigo canino ao seu idoso, trazemos algumas dicas sobre a melhor forma de fazer isso.

LEMBRE-SE

Os cães mais velhos são felizes quando seguem uma rotina. Eles acordam em determinado horário e vão até a porta para sair para o passeio matinal. Eles gostam de comer nos horários estabelecidos. Na verdade, dá até para acertar o relógio pelos seus hábitos. Estabelecer uma rotina para Buddy é ainda mais importante se ele está perdendo a visão e/ou a audição. Se ele está ficando surdo, lembre-se de que ele não conseguirá ouvir você se aproximando. Evite assustá-lo, toque-o delicadamente ao se aproximar para que ele saiba que você está por perto, principalmente ao se aproximar por trás. Cães idosos se assustam com facilidade e podem ficar irritados quando acordados abruptamente. Mudar a rotina de Buddy pode criar uma ansiedade desnecessária para o seu velho amigo.

# Focinho Grisalho: Conhecendo os Sinais do Envelhecimento nos Cães

O que realmente significa "velho"? Em outras palavras, "velho" depende da raça; o processo de envelhecimento está relacionado ao tamanho do cão. A expectativa de vida das raças gigantes, como Mastiffs ou Terras-Novas, é geralmente de apenas sete a oito anos, enquanto que cães menores vivem bem até mais de 15 anos. Cães médios e grandes vivem de dez a 13 anos.

Diversos fatores afetam a expectativa de vida dos cães. O primeiro da lista é a alimentação, o que não deve ser uma surpresa. Um cão não fica com o focinho completamente branco a menos que haja um componente genético. Ele terá alguns pelos brancos, com certeza, mas se for bem alimentado e receber uma suplementação adequada, ele pode envelhecer sem parecer velho (a seção mais adiante neste capítulo "Cuidando das Necessidades Alimentares e da Saúde do Seu Cão Idoso" traz alguns indicadores).

Outro fator é a castração ou a esterilização. Estudos recentes mostram que fêmeas esterilizadas vivem mais entre cães que morrem de causas diversas, enquanto fêmeas não esterilizadas vivem mais entre os cães que morrem de causas naturais. Embora a esterilização proteja o cão macho contra o câncer de testículo, cães castrados têm uma expectativa de vida menor, provavelmente em decorrência do câncer de próstata.

Dependendo da raça do seu cão, é possível ver os sinais do envelhecimento a partir dos sete anos e às vezes até antes. Os sinais são o embranquecimento do focinho, a perda de audição e visão, artrite e problemas de locomoção, ganho de peso e diminuição da energia. Algumas dessas mudanças podem ser postergadas com os passos preventivos simples sugeridos neste capítulo.

# Ensinando Exercícios para Manter o Corpo e a Mente do Seu Cão Sempre Afiados

É impossível exagerar sobre a importância dos exercícios à medida que seu cão envelhece. Assim como nas pessoas, a energia diminui, a massa muscular diminui e menos capacidade e resistência eles têm conforme envelhecem. As pessoas podem se matricular em academias para preservar sua elasticidade, mas os cães precisam da sua ajuda.

Nas seções a seguir, mostramos alguns exercícios para seu cão, que envolvem o uso de grande parte dos músculos, tendões e ligamentos de Buddy. Lembre-se que os músculos mantêm os ossos no lugar. Então, manter os músculos de Buddy flexíveis fortalece o esqueleto assim como o coração e os pulmões, melhora a circulação e ajuda a manter o sistema imunológico forte. Fazemos sugestões para manter a mente do cão afiada, também. Adestrar seu velho amigo pode ser divertido para você e para ele, e pode acrescentar anos à vida dele.

Tenha cuidado de não exigir demais de Buddy. Se achar que ele está estressado ou não consegue fazer certo exercício porque é doloroso para ele, leve-o para uma consulta no veterinário.

Muitos desses exercícios requerem a utilização de petiscos como uma motivação. Os petiscos devem ser pequenos e não muito duros e não devem ser muito calóricos. Procure por petiscos que contenham apenas três ou quatro ingredientes. Para mais informações sobre petiscos, veja o Capítulo 5.

## Cumprimentar

O equilíbrio exigido neste exercício utiliza grande parte dos músculos das costas, abdominais e laterais. O equilíbrio fortalece o tronco de Buddy, os músculos do centro do corpo. A constituição física do seu cão determina se ele será capaz de manter o equilíbrio sozinho ou se você terá que apoiar as patas dianteiras dele. Ter músculos do tronco fortes ajuda Buddy a correr e a se virar com mais facilidade. Veja o que fazer:

1. **Com o cão sentado em sua frente, segure um petisco a cerca de 2cm do seu focinho.**

    Você pode descobrir mais sobre o comando "Senta" no Capítulo 9.

2. **Quando ele esticar o pescoço para pegar o petisco, lentamente suspenda-o, até que Buddy esteja sentado apenas nas patas traseiras.**

   Fazer com que ele consiga se equilibrar demora um tempo, então seja paciente. Depois que ele conseguir, dê o petisco.

3. **Aumente o tempo que Buddy tem que manter a posição de cumprimentar até que ele consiga sustentá-la por 15 segundos.**

   Repita quatro vezes em cada sessão.

## Rastejar

Rastejar fortalece os músculos do pescoço e das costas, o que ajuda na flexibilidade e na habilidade de olhar para cima, para baixo e para os lados. Pratique em uma superfície macia, para que Buddy não esfole os cotovelos e joelhos. Este exercício pode ser feito por quase todas as raças de cães. Siga estes passos para ajudar o cão com o exercício de rastejar:

1. **Com um petisco na mão direita, faça com que Buddy sente do seu lado esquerdo.**

2. **Coloque sua mão esquerda com a palma para baixo nos ombros de Buddy e lentamente abaixe o petisco entre as patas dianteiras dele. Quando Buddy seguir o petisco, lentamente, 1cm de cada vez, leve o petisco para frente com sua mão direita.**

3. **Quando ele baixar o corpo, mantenha a mão esquerda nos ombros de Buddy para que ele não se levante. Ele vai começar a rastejar atrás do petisco.**

LEMBRE-SE

Tenha cuidado para não aplicar muita pressão, pois isso pode impedir que Buddy consiga rastejar e pode machucá-lo.

Espere quatro movimentos para frente e depois recompense. Repita quatro vezes durante uma sessão, começando sempre com o cão sentado. Quando Buddy entender o exercício, você pode aumentar o número de movimentos antes de recompensá-lo.

## Andar de ré

Andar de ré fortalece os músculos das pernas traseiras. Como mencionado anteriormente, são os músculos que mantêm os ossos no lugar. Em cães idosos, os quadris e as pernas traseiras costumam desenvolver artrite (especialmente em cães castrados e esterilizados muito jovens). A artrite ocorre quando os ossos começam a roçar uns contra os outros e surge uma inflamação, causando dor e desconforto. Para ajudar Buddy em caso de artrite, ou para ajudar a preveni-la, manter os músculos das pernas traseiras em boa forma é uma excelente ideia (consulte o veterinário sobre a necessidade de medicação para aliviar a dor e o desconforto). Uma boa suplementação também é uma boa ideia. Os músculos e nervos desta parte do corpo controlam a bexiga e o reto. Mantê-los fortes ajuda a prevenir incontinência na velhice. Use os passos a seguir para ensinar Buddy a andar de ré:

1. **Com Buddy de pé na sua frente, pegue um petisco e segure-o na altura do focinho do cão.**

    Se precisar de ajuda com o comando "De Pé", veja o Capítulo 14.

2. **Lentamente, dê pequenos passos na direção do cão, e quando ele andar de ré, dê o petisco.**

    Repita o exercício e tente que ele dê dois passos. Recompense cada avanço. Seu objetivo é executar 25 passos por sessão de adestramento antes de recompensá-lo. Aumente até chegar aos cem passos, recompensando a cada 25. Tenha cuidado de manter suas mãos paradas e na mesma posição.

HISTÓRIA DE SUCESSO

Quando o nosso veterinário recomendou este exercício para a nossa fêmea de Labrador, Annabelle, pensamos: "Nossa, são passos demais!" Mas depois que Annabelle pegou o jeito, levou menos de cinco minutos para completar os cem passos com uma drástica melhora na sua mobilidade. Ela era recompensada a cada 25 passos. Veja a Figura 18-1 para visualizar Annabelle em ação.

**FIGURA 18-1:** Nossa fêmea de Labrador, Annabelle, andando de ré.

# Alongamentos de pescoço e cabeça

Os exercícios de alongamento de cabeça e pescoço ajudarão a manter os músculos da região da cabeça e do pescoço de Buddy flexíveis. A enervação das orelhas, olhos e boca está toda nessa região do corpo, então manter os músculos ao longo da coluna cervical alongados conserva a cabeça, o pescoço, a boca, os dentes e as gengivas em boa forma. Se você começar a praticar esses exercícios por volta dos oito anos, eles podem prevenir a perda de audição e de visão conforme Buddy envelhece. Se seu cão tiver mais de 12 anos quando você começar este exercício, provavelmente ele estará enferrujado no início, portanto, vá devagar. Se for persistente e fizer estes exercícios com Buddy diariamente, você ficará surpreso com a rapidez com que ele recupera a flexibilidade.

Veja o que fazer:

1. **Com Buddy sentado na sua frente, pegue um petisco e lentamente vá baixando para o meio das pernas dianteiras do cão.**

    Não deixe que ele deite, mas permita que alongue o pescoço o mais longe que conseguir para alcançar o petisco. Recompense-o quando ele chegar até o petisco.

2. **Pegue outro petisco e lentamente mova-o até o ombro do cão, primeiro para a direita e depois para a esquerda, para que Buddy estique o pescoço o máximo que puder.**

    Recompense cada alongada. Veja a Figura 18-2 para visualizar este passo.

3. **Pegue o petisco e segure-o logo acima da cabeça para que ele alongue o pescoço para cima.**

    Recompense o cão quando ele se esticar para pegar o petisco.

**FIGURA 18-2:** Alongar o pescoço para manter Buddy em forma.

## Usando a mesa para alongar

Este alongamento é importante porque ajuda a alongar a coluna de Buddy. Quando a coluna do cão está em boa forma, ele se move com mais liberdade e facilidade. Siga estes passos:

1. **Diga a Buddy para deitar a alguns centímetros da mesa de centro.**

   Para saber mais sobre o comando "Deita", veja o Capítulo 9.

2. **Coloque um petisco na beirada da mesa. Diga a Buddy para ficar de pé e esticar a coluna para alcançar o petisco.**

   Esta manobra ajuda a alongar a coluna. Mas tenha cuidado para não colocar o petisco muito longe. Você não quer que ele ande na direção do petisco; mas sim que ele fique de pé a partir da posição deitado e se alongue. Este exercício é lento no início, pois Buddy tem que entender o que você espera dele, mas seja paciente.

## Andar, sentar e deitar

Andar, sentar e deitar são ótimos exercícios para manter Buddy em forma. Por mais simples que essas atividades possam parecer, elas são bons exercícios para todos os músculos do corpo. Elas podem ser praticadas dentro de casa, mas é melhor se conseguir levar o cão para uma caminhada de dez minutos e praticá-las diariamente. Isso torna os passeios diários mais divertidos e é bom para você também. Encha o bolso de petiscos! Veja o que fazer:

1. **Com Buddy na guia do seu lado esquerdo, ande dez passos e diga: "Senta."**

   Se Buddy não sentar, use o petisco para fazê-lo sentar. Veja o Capítulo 9 para mais detalhes.

2. **Ande dez passos e diga: "Deita."**

   Se o cão não deitar, veja o Capítulo 9 para saber como ensinar o comando "Deita". Em cada sessão você pode alternar entre o senta e o deita, duas vezes cada. Lembre-se de elogiar bastante e recompensá-lo com o petisco quando ele acertar.

## Nadar

Um dos melhores exercícios para Buddy é nadar. Ele permite que Buddy movimente o corpo todo sem sobrecarregar as juntas. Hoje em dia, cada vez mais estabelecimentos oferecem hidroterapia e natação para cães. Algumas piscinas têm uma correnteza que pode ser ajustada. A Figura 18–3 mostra um cão idoso em uma piscina de hidroterapia. Se Buddy não souber nadar, procure por um local que tenha um instrutor qualificado o tempo todo com seu cão na piscina. Comece devagar, aumentando gradativamente a resistência de Buddy até 20 minutos, duas a três vezes por semana. A maioria dos estabelecimentos de natação insiste que o cão use colete salva-vidas, e há vários tamanhos à disposição. Este é um bom requisito de segurança.

LEMBRE-SE

Procure por locais apropriados na sua região na internet, busque por hidroterapia e natação para cães. Lembre-se de inserir sua cidade e bairro na pesquisa. Visite o local antes de marcar uma sessão para o seu cão. É bom certificar-se de que o local seja limpo e tenha uma equipe qualificada para acompanhar seu cão. Evite piscinas sujas ou em que os cães são deixados sozinhos. Evite também piscinas em que os cães fiquem amarrados para nadar no mesmo lugar. Esses equipamentos devem ser usados apenas por clínicas veterinárias e com supervisão qualificada para monitorar a frequência cardíaca dos cães.

Outra possibilidade é levar Buddy até um lago ou açude. Mas é preciso avaliar a qualidade da água antes de levá-lo para nadar. Muitos lagos e açudes servem como escoadouro de plantações em áreas rurais. Plantações usam muitos fertilizantes e pesticidas que acabam na água dos lagos. A contagem de bactérias em lagos e açudes também costuma ser alta, especialmente nas bordas lamacentas. Se Buddy começar a se coçar e/ou ficar com os olhos lacrimejantes depois de nadar, não o leve de novo. Dê um bom banho e leve-o ao veterinário para saber se ele contraiu alguma infecção.

Se você tem piscina em casa, com degraus para o cão entrar e sair, deixe que ele nade de vez em quando. Entretanto, tenha cuidado com a quantidade de cloro na piscina, pois pode irritar os olhos, deixando-os vermelhos e lacrimejantes.

**FIGURA 18-3:** Meigs nadando em uma piscina de hidroterapia.

## Usando estímulos mentais

Dispensadores de petiscos são uma ótima maneira de manter o cão entretido e mentalmente saudável. Estes brinquedos variam de quebra-cabeças a brinquedos de borracha simples com buracos para petiscos. A maioria se baseia no conceito de rechear o brinquedo com petiscos e deixar que o cão descubra como tirá-lo de lá. Seja empurrando o brinquedo pelo chão ou usando as patas, a atividade é muito divertida para os cães. Nossa única objeção a esse tipo de brinquedo é que eles podem ser bastante barulhentos quando são arrastados sobre determinados pisos.

Os cubos Buster são populares para esse tipo de brincadeira. Há diversos tipos de brinquedos interativos à sua escolha.

Jogos para dentro de casa são muito úteis para o estímulo mental do seu cão. Por muitos anos, moramos no Norte do estado de Nova Iorque. Por se tratar de uma região que neva muito, acabamos tendo que criar oportunidades de adestramento dentro de casa ao longo de vários meses do ano.

DICA

Para exercitar a mente de nossos cães, brincávamos do "Jogo de Encontrar", que é muito fácil de fazer. Siga estes passos:

1. **Mostre ao cão o brinquedo favorito dele, deixe-o na posição "Senta-Fica" e coloque o brinquedo perto da porta do cômodo.**

    Para ler sobre o "Senta-Fica", veja o Capítulo 9.

2. **Vá até o cão e aponte para o brinquedo com a sua mão esquerda, dizendo a ele para trazer o brinquedo até você.**

    Depois que ele aprender a encontrar, comece a colocar o brinquedo mais distante, logo depois da porta (longe da vista) e mande o cão ir buscá-lo. Gradualmente, aumente o nível de dificuldade colocando o brinquedo em lugares diferentes pela casa. Cães adoram essa brincadeira, e isso os mantém mentalmente estimulados.

Por último, mas não menos importante, leve Buddy para passear em uma nova área pelo menos uma vez por semana. Certifique-se de que é seguro deixá-lo sem a guia para sair por aí fazendo coisas de cachorro como cheirar e perambular. Se você tem um amigo que tenha um cachorro amigo do seu, marque de passearem juntos. Esses passeios semanais são algo para Buddy ansiar e os dois cães ficarão satisfeitos. Ser mentalmente estimulado e poder ser cachorro são as duas melhores coisas que você pode fazer pelo seu velho amigo.

# Cuidando das Necessidades Nutricionais e da Saúde do Seu Cão Idoso

Para entender por que uma boa nutrição é vital para a saúde e o bem-estar do seu cão (que por sua vez afeta a capacidade de aprendizado e sua habilidade para adestrá-lo), você precisa pensar no corpo de Buddy como uma máquina motorizada. Para que um motor funcione corretamente, todas as peças do motor devem estar em ordem. Ele deve receber o combustível adequado (alimento), por exemplo; se o combustível fornecido é uma mistura desbalanceada, o motor pode engasgar ou perder potência. Se o combustível for totalmente incorreto, o motor pode parar de funcionar completamente. Conforme o cão envelhece, o motor dele precisa receber o melhor combustível pelo qual você puder pagar. Nas seções seguintes, trazemos informações sobre alimentação de seu cão idoso e sobre como mantê-lo saudável com suplementos.

CUIDADO

Em muitos casos, cães idosos tomam doses menores do que a recomendada para seu peso. Se o seu amigo sênior tiver que tomar medicação por qualquer motivo, preste atenção aos efeitos colaterais. Se notar reações adversas, o veterinário reduzirá a dose ou mudará a medicação. Se Buddy toma medicação para a tireoide, por exemplo, pode ser que a dose precise ser reduzida conforme ele envelhece (mas não sempre).

## Mantendo Buddy em forma com uma dieta satisfatória

A quantidade e o tipo de comida que você dá ao seu cão conforme ele envelhece dependem de você. É você o responsável pela quantidade e pelo tipo de alimento que ele come. Manter Buddy magro a ponto de conseguir sentir as costelas dele (mas não ver) é a sua contribuição para a saúde do cão. Estudos mostram que uma diminuição na ingestão calórica pode acrescentar anos à vida do cão. Veterinários relatam que mais de 50% de todos os cães mais velhos parecem estar muito acima do peso. Assim como a obesidade em seres humanos acarreta em todos os tipos de riscos à saúde, o mesmo acontece com Buddy. Doenças cardíacas, diabetes, câncer e problemas nas articulações são todos associados com o sobrepeso de Buddy.

Buddy tem um conhecimento misterioso sobre o que é ou não é bom para ele. Se ele começar a ficar muito exigente com a comida que você está oferecendo, veja o Capítulo 4 e conheça algumas alternativas saudáveis. Se Buddy não está se exercitando o suficiente e está com sobrepeso, você precisa diminuir a quantidade de comida que oferece. Experimente diminuir a quantidade de comida em 10% por uma semana e veja se ajuda. Adicione um pouco de alimentos crus e frescos para satisfazer a fome do cão. Se ele mantiver o peso, é porque você está colocando mais calorias do que ele está queimando diariamente. Corte cerca de 25% e veja se ele emagrece.

LEMBRE-SE

Tenha cuidado para não oferecer petiscos muito calóricos. Use vegetais frescos como pedaços de cenoura, pepino ou brócolis. Frutas cruas podem ser usadas com moderação. Maçãs são as preferidas dos nossos cães, mas nós tiramos a casca, que pode conter pesticidas.

Esse é um dos nossos ditados favoritos: "Se seu cão está com sobrepeso, você não está se exercitando o suficiente." Ponha seu cão para se mexer para ajudar na perda de peso. Leve-o para passeios no parque e invente jogos e brincadeiras. Veja a seção "Ensinando Exercícios para Manter a Mente e o Corpo do Seu Cão Sempre Afiados" para algumas dicas.

Se você ainda não mudou a alimentação do cão para uma dieta balanceada de alimentos crus ou dieta comercial suplementada, este pode ser o momento para isso. Em termos de prolongar a expectativa de vida de Buddy, a melhor alimentação que você pode oferecer é uma dieta balanceada de alimentos crus. Eles são fáceis de digerir, e é fácil controlar a ingestão calórica de Buddy com essa dieta. Ela fornece todos os nutrientes necessários na velhice e se converte em energia.

A dieta que recomendamos se chama NDF2. Tudo que você tem que fazer é adicionar água e a carne que seu cão mais gosta. Essa dieta é usada por muitos cães campeões de exposição e cães de serviço. O Capítulo 4 traz informações sobre essa opção.

CUIDADO

As chamadas rações "diet" e de manutenção de peso para cães idosos, de acordo com um estudo feito pela Tufts University de cem alimentos disponíveis comercialmente, apresentaram uma ampla variação de calorias recomendadas. Na verdade, muitas delas recomendavam um consumo calórico superior às necessidades do cão idoso. Com a maioria desses alimentos, os animais na verdade ganham peso se os donos seguirem a dieta recomendada nos rótulos. Esses alimentos geralmente contêm muitos cereais indigeríveis. Isso obriga o corpo de Buddy a trabalhar mais para digerir o alimento do que a energia que recebe. E normalmente provocam gases no coitado. Não a recomendamos para o seu velho amigo.

Se você precisa usar ração seca, pelo menos acrescente alguns alimentos frescos e suplementos para melhorar a digestão e para que ele se sinta melhor. Se você alimentar Buddy corretamente, ele se sentirá um filhote novamente.

## Facilitando a vida na hora de escolher os suplementos

Conforme Buddy envelhecer, ele precisará de alguns suplementos para que consiga digerir e quebrar os alimentos e remédios. Por exemplo, é bem provável que ele precise de suplementos para fortalecer as articulações. Os suplementos também são bons para estimular o sistema imunológico e melhorar as capacidades cognitivas.

A indústria de suplementação movimenta US$5 bilhões por ano e produz milhares de produtos. É quase impossível para os donos comuns de cães tomar uma decisão bem informada. Nós facilitamos o seu trabalho, listando nas seções a seguir alguns tipos de suplementos que costumamos usar. Para saber qual é o melhor para o seu cão, consulte o veterinário.

## Enzimas digestivas

Para absorver os alimentos prontamente e revertê-los em energia, os cães sêniores (acima dos oito anos) precisam receber uma suplementação de enzimas digestivas. As enzimas ajudam praticamente o organismo todo a funcionar melhor. Elas ajudam a quebrar partículas específicas dos alimentos para serem armazenadas no fígado ou nos músculos e serem usadas quando o organismo necessitar. Essas enzimas são secretadas naturalmente ao longo do trato digestivo e ajudam na absorção dos nutrientes dos alimentos pela corrente sanguínea.

LEMBRE-SE

Conforme Buddy envelhece, a produção dessas enzimas diminui e os alimentos ingeridos não são bem absorvidos e transformados em energia. Suplementos de enzimas digestivas são especialmente úteis para cães com transtornos digestivos, como vômitos ou diarreia, e que sofrem com gases e problemas para manter o peso. As enzimas digestivas ainda ajudam os cães idosos que tomam medicação; elas facilitam a absorção e potencializam o efeito dos remédios.

## Reforço imunológico

Existem suplementos para fortalecer o sistema imunológico. Eles são uma mistura de vitaminas e minerais que contém colostro. O *colostro* é o fluído amarelado secretado pelas glândulas mamárias depois do parto. Ele contém altos níveis de proteínas e fatores imunológicos que protegem o recém-nascido contra infecções. A origem dos componentes dos suplementos normalmente são as vacas ou os porcos. O colostro ajuda a fortalecer o sistema imunológico, queima gordura e cria massa magra. Ele é especialmente útil para curar o corpo, então utilize em cães após cirurgias, doenças e qualquer tipo de trauma. Ele pode ser usado antes e depois de vacinas. O colostro funciona rapidamente, e recomendamos sua utilização por apenas três semanas.

## Suplemento para artrite

O *cetil miristoleato* é um ácido graxo contido nas camadas de gordura das membranas celulares. Costuma ser chamado de óleo lubrificante das articulações, por causa de suas propriedades. Suplementos que contenham esse componente ajudam a reduzir a dor e a inflamação provocada pelo atrito de osso contra osso. Em um período de cerca de um mês, a suplementação ajuda a reconstruir o fluido sinovial que impede o atrito dos ossos. Recomendamos este tipo de fórmula para cães com posteriores fracos, cães que manquem e cães idosos que sofram de artrite. Consulte o seu veterinário para saber qual suplemento de artrite ele recomenda.

## RNA

O *ácido ribonucleico (RNA)* é uma das substâncias usadas com sucesso no tratamento de doenças degenerativas e dos sinais de envelhecimento. O consumo diário, duas vezes por dia, aumenta a elasticidade da pele e dá energia. Tem efeitos antivirais e de aumento cognitivo. Usamos este tipo de suplemento por anos com nossos cães mais velhos e percebemos uma melhora na capacidade de recuperação, a não diminuição das funções cognitivas com a idade e os cães não perderam a audição ou a visão.

Fizemos um experimento com nosso Dachshund de 16 anos, alguns anos atrás, que havia comido petiscos mofados. Ele ficou extremamente doente e os exames de sangue mostraram um aumento nas enzimas hepáticas e níveis elevados de lipase e triglicerídeos. Em três meses de uso e sem mudar mais nada, tudo se normalizou, e ele viveu até os 18 anos.

A ideia por trás deste tipo de suplemento é fornecer às células os componentes básicos para reparar danos celulares causados pelo envelhecimento. Consulte um veterinário para sugestões de produtos.

## CUIDADO: CÃES IDOSOS PODEM SOFRER OVERDOSE COM MAIS FACILIDADE

Nosso Terra-Nova, Evo, havia machucado o dedo. Ele tinha 13 anos e estava ficando fraco. Nosso veterinário holístico recomendou antibióticos e um remédio homeopático chamado Natrum sulphuricum, específico para unhas. Nos primeiros dias, Evo estava bem, mas então parou de comer, ficou letárgico e esfregava a cabeça com as patas. Ele parecia à beira da morte. Ao ler a bula do antibiótico, notamos que os sintomas apresentados por Evo eram efeitos colaterais do antibiótico. Reduzimos a dose e ele imediatamente melhorou. Continuamos com o remédio homeopático e ele se recuperou.

Foi culpa de alguém? Evo era alérgico ao antibiótico? Achamos que não. Simplesmente ele estava fraco, velho e não tinha energia suficiente para lidar com uma alta dose de antibióticos.

# Cuidados de Higiene

Os cuidados de higiene conforme Buddy envelhece são críticos para o seu bem-estar. Quando ele se sente bem, é mais fácil adestrá-lo. Coisas simples, como manter as unhas curtas, o pelo escovado e as orelhas e os dentes limpos melhoram o seu bem-estar geral.

LEMBRE-SE

Conforme Buddy envelhece, não é tão fácil para ele ajudar na própria higiene. Cães mais velhos não são tão flexíveis como costumavam ser. Assim, alcançar as patas traseiras ou a barriga para limpeza pode não ser possível para alguns cães, especialmente se ele estiver acima do peso. Como resultado, a pelagem pode criar nós com facilidade. Examine as axilas do cão para ver se os movimentos não estão sendo impedidos por nós.

Veja um resumo das coisas que você deve incorporar na sua rotina semanal de cuidados:

» **Reserve um tempo para uma boa escovação no corpo todo.** A escovação estimula a pele, aumentando a circulação sanguínea e mantém os pelos saudáveis, removendo os pelos mortos. Só porque seu cão tem uma pelagem macia ou vai ao banho e tosa a cada seis semanas não significa que uma escovação semanal não seja necessária. Preste uma atenção especial à traseira, embaixo do rabo e na parte de trás das patas traseiras. Procure secreções dos órgãos genitais e nós de pelo que podem dificultar os movimentos de cães mais velhos. Ele pode ficar com fezes grudadas em volta do ânus ou urina nas patas traseiras, e lavar essas áreas com frequência ajuda a prevenir assaduras. Sugerimos usar um xampu de óleo de coco, que é mais suave e não remove a oleosidade natural dos pelos. Cortar os pelos destas áreas ajuda a mantê-las limpas.

» **Cheque as orelhas do cão para ver se estão limpas e sem cheiro.** Se tiverem um cheiro de bolor ele pode estar com infecção por leveduras, que pode ser dolorosa e, se não for tratada, pode provocar surdez. Se houver uma secreção escura, ele pode estar com sarna de ouvido. Peça orientação ao veterinário sobre o que usar. Para a limpeza semanal use um algodão embebido em uma mistura de metade vinagre e metade água. Ou, desde que Buddy não tenha pontos feridos, passar álcool com um chumaço de algodão é muito bom para uma limpeza geral.

CUIDADO

Tenha cuidado para não cutucar os ouvidos muito fundo — limpe apenas a parte que consegue ver. Evite usar cotonete ou enfiar o dedo no canal auditivo. Isso não só é doloroso como pode machucar o ouvido.

» **Corte as unhas regularmente.** As unhas não são usadas com a mesma frequência de quando ele era jovem, então não desgastam com a mesma facilidade. Deixar as unhas das patas dianteiras muito longas força o cão a andar sobre as unhas e desloca o peso do cão para os ombros, enfraquecendo-os. Como regra, se puder ouvir seu cão andando, as unhas precisam ser cortadas. Se acha que não consegue cortá-las sozinho, leve o cão ao tosador ou ao veterinário para aparar as unhas regularmente (veja o Capítulo 7 para dicas sobre como acostumar o seu cão a cortar as unhas). A Figura 18-4 mostra unhas bem cuidadas. Note que é difícil enxergar as unhas na pata de Annabelle. Se você conseguir ver as unhas saindo do pelo, elas devem estar longas demais.

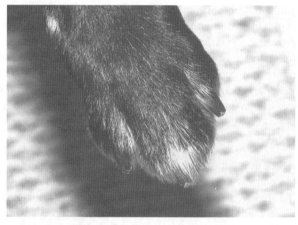

**FIGURA 18-4:** Manter as unhas do seu cão idoso curtas é imprescindível.

LEMBRE-SE

» **Verifique os dentes de Buddy.** A boca do cão é a porta para a saúde geral dele. Quando seus dentes ficam cobertos de tártaro, as gengivas se inflamam. Doenças gengivais produzem bactérias, que acabam no estômago e estão relacionadas a ataques cardíacos, derrames e alguns tipos de câncer. Para limpar os dentes, você pode usar uma escova e uma pasta de dentes própria para cães. Ambas são encontradas em qualquer pet shop. Um bom removedor de tártaro é o gel da marca Petzlife (www.petzlife.com.br), que deve ser passado nos dentes de Buddy diariamente. A Petzlife também fabrica um produto em spray. Ambos funcionam bem para dissolver o tártaro. Este produto é bem melhor do que precisar anestesiar o cão para a limpeza no veterinário.

Se os dentes do seu cão estão muito manchados e as gengivas estão inflamadas, a única alternativa é a limpeza feita pelo veterinário, que requer anestesia. A anestesia é perigosa para o cão em qualquer idade, mas ele pode ter uma reação adversa se for mais velho. Porém, nem sempre é possível evitar a limpeza profissional. Faça um exame de sangue em Buddy antes de submetê-lo à anestesia. Este exame mostra a saúde do fígado (que precisa expelir a anestesia), dos rins, do coração etc. Ele dirá se o procedimento é seguro para Buddy. Depois da limpeza, use a escovação ou os produtos em gel regularmente.

# Levando um Filhote para Casa para Ajudar Buddy a Rejuvenescer

Levar um cão jovem para casa e ensiná-lo sobre a vida na presença de seu cão mais velho pode ajudar Buddy a se manter jovem. Além do mais, filhotes criados com cães mais velhos são mais fáceis de adestrar, pois normalmente eles imitam o comportamento do cão mais velho.

Não espere muito tempo para apresentar um novo companheiro para Buddy. Arrume um companheiro quando o seu cão mais velho ainda for jovem o bastante para aproveitar a companhia. Se seu cão for bem alimentado, adestrado e exercitado ele não será tão velho até os 11 ou 12 anos. Essa é a época ideal para providenciar um companheiro jovem. Buddy ainda pode se locomover com certa facilidade, pode ensinar bons modos ao filhote e curtir o novo companheiro. Se seu cão já apresentar sinais de envelhecimento aos oito anos, não espere mais. Se o cão mais velho não estiver se sentindo bem, ele não gostará do filhote atrás dele o tempo todo.

LEMBRE-SE

A apresentação de um filhote ao novo lar que já tem um cão idoso pode ser feita de acordo com as sugestões do Capítulo 7. O ponto principal é lembrar que a casa é de Buddy, e é ele quem tem que convidar o mais jovem a entrar. A apresentação é melhor em um território neutro, como o jardim, a calçada ou algum lugar longe de casa. Deixe que os cães se cheirem. Buddy saberá ao cheirar o filhote que ele não é só um cão pequeno, mas um bebê que precisa de ajuda para aprender a ser um cão. Depois diga a Buddy para entrar e levar seu novo amigo para casa. Deixe que Buddy entre primeiro e faça com que o filhote o siga. Sempre alimente, escove e adestre Buddy primeiro. Ele é o número um, e a paz reinará se ele for tratado como tal.

Usar uma gaiola ou caixa para o filhote é a melhor maneira de impedir que ele incomode Buddy na hora da soneca (veja os Capítulos 7 e 8 para mais informações). Quando Buddy estiver ensinando bons modos ao filhote, pode ser que ele rosne de vez em quando. Isso é normal, e deixe que ele ensine o filhote sozinho. Entretanto, não deixe que o filhote abuse de Buddy, e coloque o pequenino em uma gaiola/caixa quando for óbvio que Buddy não está gostando da atenção.

HISTÓRIA DE SUCESSO

Fritz, nosso filhote de Dachshund, chegou quando Annabelle, nossa fêmea de Labrador, estava com 11 anos e começava a envelhecer. Ensinar Fritz a rejuvenesceu — ela fazia muito mais exercício tentando acompanhar o ritmo do filhote e parecia muito mais jovem do que era.

A Figura 18–5 mostra Annabelle com um amigo filhote de seis meses, chamado Felix. Annabelle adora ensinar filhotes e isso a ajuda a permanecer mentalmente alerta e feliz.

**FIGURA 18-5:** Brincar com Felix mantém Annabelle jovem.

# Examinando Camas, Rampas, Cadeiras de Rodas e Carrinhos para Cães

Conforme Buddy envelhece, você precisa providenciar uma cama macia para que ele não lesione os cotovelos, joelhos e outras articulações. Uma cama macia é especialmente importante se o cão estiver desenvolvendo artrite. E, se as patas traseiras estiverem fracas e ele tiver dificuldade de levantar e caminhar, você pode precisar comprar um produto para ajudá-lo a subir em locais altos ou se locomover. Nas seções seguintes, trazemos informações sobre produtos que recomendamos e usamos há anos.

## Deixando Buddy confortável: Camas

Com a infinidade de camas à disposição, você pode encontrar certa dificuldade para decidir qual é a melhor para Buddy. O principal é o tamanho. Mas também se certifique de que seja macia para proteger as articulações. Temos camas para os cães por toda a casa, e em diferentes horas do dia cada um se acomoda em uma delas para uma soneca. Compramos camas com capas laváveis, que são lavadas semanalmente. Nas gaiolas/caixas que usamos para viajar, usamos colchonetes com pele de carneiro com capas laváveis. Elas são recheadas com um colchonete de microfibra ou espuma em uma capa à prova d'água.

DICA

Há uma diferença de preços enorme nas camas dependendo da marca. Gostamos de pesquisar na internet antes de investir em camas novas.

O tipo de sabão que você usa para lavar a cama do seu cão é importante. Muitas marcas populares contêm substâncias sintéticas que podem provocar alergia de contato na pele e ao redor das juntas de cães mais velhos. Conforme envelhece, Buddy dorme mais e passa mais tempo na cama. Então, se Buddy apresentar vermelhidões na pele, experimente mudar o sabão usado para lavar as camas. Nós usamos sabão para bebês, que são mais suaves e hipoalergênicos.

## Rampas de acesso

Rampas não são tão importantes para cães menores quanto o são para cães com mais de 25Kg. Cães pequenos podem ser colocados no sofá ou na cama, no carro ou na banheira. No entanto, quanto maior o cão, mais fortes suas costas precisam ser. Com as raças gigantes, é quase impossível carregá-los sozinho.

DICA

Recomendamos o uso de rampas quando Buddy ainda estiver andando bem. Comece a usá-las por volta dos oito anos. Adestramos nossos cães a usar a rampa para entrar no carro e na banheira. É muito menos estressante para Buddy do que fazê-lo apoiar as patas dianteiras para que você suspenda as traseiras.

A rampa de que gostamos é leve e dobrável. Essas características facilitam o transporte no carro.

## Ajudando o cão deficiente: Cadeiras de rodas e carrinhos

Parte o coração ver seu amado cãozinho com as patas traseiras paralisadas e incapaz de se mover. Esta condição pode ser provocada por doenças ou traumas ou pela velhice. Isso não significa que a vida acabou para ele. Existem várias empresas que fabricam carrinhos ou cadeiras de rodas para apoiar a parte traseira dos cães.

Tivemos uma velha Pastora-Alemã que acidentalmente recebeu vacinas demais de um veterinário bem-intencionado ao fazer os exames anuais aos 14 anos de idade. Em 48 horas, nossa cachorra, que se locomovia perfeitamente, estava paralisada. Nunca desistimos dela e esse foi o nosso primeiro contato com os carrinhos. Ele foi feito sob medida para ela. A cachorra viveu mais dois anos usando o carrinho e teve uma vida muito feliz.

> **NESTE CAPÍTULO**
>
> **Conhecendo as opções de escolas de adestramento**
>
> **Contratando um adestrador de cães profissional**
>
> **Decidindo sobre um acampamento de adestramento**

# Capítulo 19

# Complementando o Seu Trabalho de Adestramento com Ajuda Profissional

Você tem diversas opções quando se trata da educação de Buddy. Obviamente, você escolheu adestrá-lo com a orientação de um livro (boa escolha!). Mas pode chegar um momento em que você vai precisar de ajuda profissional. Este capítulo descreve suas opções, incluindo frequentar cursos de adestramento de obediência, contratar um adestrador particular ou mandar Buddy para um acampamento. Cada uma das opções tem prós e contras, e a sua personalidade e o seu estilo de vida determinam qual é a melhor para você.

Não importa qual opção escolher, lembre-se de que há enormes diferenças de qualidade não apenas em termos de eficácia do adestramento, mas também na forma como os cães são tratados. A atividade de adestramento de cães não é regulamentada, e qualquer pessoa — sim, qualquer um — pode se dizer adestrador. Lembre-se também de que a habilidade para ensinar não é a mesma coisa que a habilidade para adestrar. Para ensinar as pessoas como adestrar os seus cães, um instrutor precisa saber se comunicar e lidar com pessoas além de ter um conhecimento profundo sobre adestramento de cães.

LEMBRE-SE

Ao tentar tomar uma decisão racional, lembre-se de que muitos caminhos podem resultar em um cão bem adestrado. Cuidado com profissionais que dizem que apenas os seus métodos são corretos. O sucesso no adestramento não depende tanto do *como*, mas do *porquê*. Os cães não são uma mercadoria homogênea e a abordagem de adestramento tem que levar em conta o Perfil de Personalidade do cão (veja o Capítulo 2), assim como a sua própria personalidade.

# Frequentando Cursos de Adestramento de Obediência

Se você achar que precisa de ajuda profissional, recomendamos cursos de adestramento de obediência, nos quais você aprende como adestrar seu cão. Ministramos cursos de adestramento de obediência há 30 anos, portanto, somos naturalmente mais favoráveis a essa opção. Um curso básico, normalmente, abrange suas preocupações mais imediatas, como não puxar a guia, ensinar os comandos "Senta–Fica" e "Deita–Fica" e dominar o comando "Vem". Há ainda cursos destinados ao adestramento de filhotes e ao adestramento avançado para eventos e competições quando Buddy estiver pronto.

LEMBRE-SE

Ao participar de um curso de adestramento de obediências, não espere que o instrutor adestre o seu cão. Esse não é o trabalho dele. A finalidade desses cursos é mostrar a você o que fazer, deixar que você pratique algumas vezes para saber se está correto e depois você deve praticar em casa. Esteja preparado para frequentar as aulas uma vez por semana e praticar em casa pelo menos cinco vezes por semana.

Consideramos que levar Buddy para a escola seja talvez uma das melhores coisas que você pode fazer por vocês dois. Veja o porquê:

» Vocês saem de casa e vão para uma atmosfera nova em que podem passar um tempo de qualidade juntos e fortalecer o vínculo entre vocês dois.

» Ambos se divertem aprendendo coisas úteis que facilitam o convívio.

» É uma maneira excelente de conhecer pessoas com os mesmos interesses e para socializar Buddy com outros cães.

- » Os cursos são normalmente opções mais baratas e estabelecem um roteiro para o adestramento ao longo das sessões semanais.
- » Um profissional com conhecimento adequado lhe diz o que você está fazendo de errado e pode ajudá-lo a ter sucesso.

CUIDADO

Alguns pontos negativos a serem considerados são:

- » A maioria das aulas é sequencial. Então, se você perder uma aula, ficará para trás e poderá ter dificuldade em acompanhar. Isso desestimula e pode fazer com que você acabe abandonando o curso.
- » O horário e o local do curso podem não ser convenientes.
- » O instrutor é quem determina como, o que e quando.
- » O método de adestramento pode não ser o mais correto para você e seu cão.

As seções a seguir ajudam a evitar esses equívocos e a encontrar o curso de adestramento certo para você e para o seu cão.

## Critérios para escolha de um curso de adestramento de obediência

Existem cursos de adestramento de obediência em quase todas as localidades. Até bem recentemente, clubes de cinofilia e de obediência organizavam a maior parte destes cursos. Hoje, porém, escolas e adestradores particulares também oferecem esse tipo de curso. A diferença não tem nada a ver com a qualidade, mas sim com a finalidade de lucro. Clubes de cinofilia são organizações não lucrativas e os instrutores — geralmente membros que treinaram e exibiram seus cães — normalmente prestam serviços voluntários. Escolas de adestramento e adestradores particulares exercem essa atividade com a finalidade de lucrar. Algumas das grandes cadeias de lojas também oferecem cursos de adestramento de obediência.

Para encontrar um curso, procure no guia de serviços da sua cidade ou na internet. Provavelmente você encontrará várias opções.

DICA

Ligue para os estabelecimentos para saber onde e quando são as aulas. Pergunte se pode observar uma aula de iniciantes. Se você não puder assistir a uma aula, o que é muito incomum, procure outro estabelecimento. Quando for observar uma aula, deixe o cão em casa para que ele não interfira na aula e não distraia a sua atenção.

Quando você estiver na aula, analise os seguintes aspectos do curso a que está assistindo:

» **Qual é a sua primeira impressão da aula?** Você está procurando por uma atmosfera amigável, prazerosa, tranquila e positiva. A área de adestramento deve ser limpa.

» **Os cães parecem estar se divertindo?** Você poderá dizer rapidamente se os cães estão se divertindo ou se prefeririam estar em casa roendo o osso favorito.

» **Como o instrutor lida com os participantes da aula?** Você quer que o instrutor seja encorajador e prestativo, especialmente para aqueles que parecem estar tendo dificuldades.

» **Como o instrutor lida com os cães?** Você quer que o instrutor seja gentil com os cães, não grite com eles ou crie ansiedade e medo.

» **O instrutor parece ter um bom conhecimento?** Como aluno, você não estará apto a dizer se o seu instrutor realmente tem um bom conhecimento, mas pelo menos ele precisa dar a impressão que sim.

» **Qual é a proporção de instrutores em relação aos alunos?** Nós sempre procuramos ter uma proporção de um para cinco, com um limite de 15 alunos para um instrutor com dois assistentes.

» **O espaço é adequado para a quantidade de cães?** Espaço insuficiente pode causar agressividade e frustração em uma situação de aula.

Se você não gostar do que vir e ouvir, encontre outro estabelecimento. Se ficar satisfeito com o que está vendo, esse pode ser o curso certo para você e para Buddy. Mas, em sua visita para conhecer o local, você precisa descobrir mais algumas informações:

» **O custo da aula e o que está incluído:** Por exemplo, nosso curso básico de adestramento — ou Nível 1, como chamamos — consiste de oito sessões de 50 minutos, e incluem uma coleira de adestramento e uma guia, uma lição de casa semanal e um livro para referência de nossa autoria, como parte do investimento. O que cada estabelecimento inclui no valor do curso varia. No mínimo, você deveria receber tarefas para fazer em casa como reforço das lições aprendidas na aula e nas quais precisará trabalhar durante a semana.

» **O programa das aulas, o nível das aulas, a taxa e a duração do programa:** Para a conveniência dos participantes, a maioria dos cursos de adestramento é realizada à noite ou aos finais de semana. Um curso para iniciantes pode ter entre quatro e dez semanas de duração com preços bastante variados, dependendo do local onde você mora e de quem é o instrutor. O preço necessariamente não é um indicador de qualidade, tampouco a duração, um indicador do quanto se aprende. A maioria dos cursos para iniciantes consiste de seis a oito sessões de mais ou menos uma hora.

» **O objetivo do programa:** O que você pode esperar do seu cão depois de concluir o curso? Isso depende principalmente de você, pois o adestrador será você. Para ser bem-sucedido, você precisa estar preparado para praticar com o seu cão cinco vezes por semana. Duas sessões curtas por dia são preferíveis a uma sessão longa, mas para a maioria das pessoas isso é impossível. Em um curso básico de adestramento de obediência, a maioria dos estabelecimentos ensina o "Junto" na guia, o "Fica" (sentado e deitado) e o "Vem". A duração da sessão de adestramento depende da sua aptidão e do Perfil de Personalidade do seu cão (veja o Capítulo 2). Ainda assim, mais do que 20 minutos é desnecessário.

## Cursos para filhotes

Levar Buddy para um curso de obediência para filhotes é o melhor investimento no futuro dele que você pode fazer. As vantagens de um curso para filhotes são que ele pode socializar com outros cães jovens e se divertir ao mesmo tempo que aprende boas maneiras e a forma adequada de interagir com outros da sua espécie. O cérebro de Buddy neste ponto da sua jovem vida é como uma esponja, e ele irá se lembrar de quase tudo que aprender agora para o resto da vida. Ele aprenderá todas as lições que farão dele o cão ideal.

DICA

Procure por um estabelecimento que ofereça cursos para filhotes, preferencialmente um que ensine controle básico em vez de apenas jogos e socialização. Não há nada de errado com socialização e jogos; ambos são necessários, mas no momento e no contexto certo. Procure por um curso no qual as pessoas se divirtam com seus cães e o instrutor seja gentil e profissional com os alunos. Acima de tudo, você quer ver os cães felizes.

Você quer que Buddy associe o encontro com outros cães a uma experiência prazerosa, mas controlada, não a um momento de brincar sem limites e de fazer arruaça. Conforme ele fica mais velho, isso deixa de ser bonitinho e dificulta o controle sobre o cão ao redor de outros cães.

O curso ideal para filhotes permite que os eles interajam uns com os outros por até três minutos antes de as aulas começarem — e nas duas primeiras aulas somente. Depois disso, é permitido que os filhotes brinquem durante três minutos depois das aulas. Desta forma, Buddy aprende que ele deve obedecer primeiro a você e que a recompensa é poder brincar depois de trabalhar — isso é um hábito que deve ser criado quando ele ainda é jovem.

CUIDADO

Fique longe de cursos que lhe dizem que Buddy é jovem demais para aprender exercícios de obediência. Este tipo de estabelecimento demonstra falta de conhecimento sobre o comportamento canino.

Você pode esperar que o seu filhote aprenda os comandos "De Pé", "Senta", "Deita", "Fica" e "Vem"; ele também aprende a passear com a guia frouxa. Um programa excelente, com instrutores de qualidade, também exigirá que Buddy faça os mesmos exercícios sem a guia e com sinais. Para Buddy, estes exercícios são fáceis.

## Cursos avançados

A maioria das pessoas que continua o adestramento até o nível avançado começa pelo adestramento em um curso para iniciantes. Eles, então, descobrem que as organizações oferecem adestramentos mais avançados, bem como diferentes atividades. Por exemplo, você pode descobrir que, além das aulas de adestramento de obediência, a instituição oferece *agility* e até cursos de rastreamento. Ou pode descobrir ainda que alguns dos membros possuem cães de terapia e outros. O adestramento pode se tornar uma nova paixão e, se você e Buddy estiverem se divertindo, vá em frente.

Para treinar para participar de eventos de performance, filie-se a uma organização que ofereça adestramento desse nível. Os instrutores dessas instituições podem treinar você e o seu cão nos detalhes dos exercícios exigidos.

# Contratando um Adestrador Particular

Você pode ter sérias limitações de horários que impeçam você de frequentar cursos com o seu cão; neste caso, considere um adestrador particular. Eles não são baratos, mas é melhor do que não adestrar o seu cão.

As aulas particulares podem ser na sua casa ou em algum outro local. Nesse tipo de serviço, o instrutor lhe ensina o que fazer, e espera que você pratique com o cão entre as aulas. Em termos de tempo e esforço, esse é o arranjo mais eficiente.

Ao escolher um adestrador particular, seja criterioso. Essa pessoa terá um grande impacto na construção das habilidades do seu cão. Peça referências — e ligue para ele. Pergunte sobre a experiência do adestrador. Certifique-se de que o método de ensino é aquele que você quer para o seu cão. Por exemplo, fique longe de métodos de adestramento abusivos.

Depois de encontrar um adestrador em que confie, descubra onde será o adestramento. A maioria dos adestradores vai até a sua casa, o que é uma vantagem, porque o adestrador tem a oportunidade de ver onde e em que condições Buddy vive, para que possa elaborar um programa que atenda às necessidades especiais do cão. Mas, antes de assinar o contrato, observe como o adestrador interage com Buddy e especialmente como trabalha com ele. Antes de se comprometer em longo prazo, pergunte ao adestrador se ele pode trabalhar com Buddy primeiro. Se gostar do trabalho, então você poderá se comprometer com mais sessões.

Em algum momento, você terá que se envolver e aprender os vários comandos que Buddy aprendeu e como reforçar estes comandos. Afinal, o objetivo é que Buddy obedeça a você também, não apenas ao adestrador. Espera-se que você trabalhe com Buddy com a orientação do adestrador para que você possa aprender o que e o como do adestramento.

# Curtindo uma Boa Aventura em um Acampamento de Adestramento para Cães

A maioria dos acampamentos caninos tem um toque de colônia de férias, em que você e o seu cão podem se divertir ao mesmo tempo que um instrutor o ajuda a adestrar o seu cão (veja a Figura 19-1). Se você achar que pode curtir uma semana de férias com Buddy, na qual poderá se divertir e aprender mais sobre cães, adestramento ou uma atividade específica, o acampamento para cães é o lugar ideal.

**FIGURA 19-1:** Labradores e seus donos, felizes, em um acampamento para cães.

Acampamentos caninos existem há muito tempo. Quando começamos a levar a sério o adestramento e a competição com os nossos cães, o acampamento canino foi a nossa escolha. Eles eram divertidos e proporcionavam experiências de aprendizado inestimáveis. Em 1977, começamos os nossos próprios acampamentos, e desde então já conduzimos mais de cem nos Estados Unidos, nas Bermudas, no Canadá, na Inglaterra e em Porto Rico.

A maioria dos acampamentos caninos dura de quatro a cinco dias e o número de participantes pode variar de 20 a mais de cem. Veja algumas das poucas diferenças:

» Alguns são bem estruturados, com cada hora do dia preenchida por atividades específicas, enquanto outros são organizados de forma mais descontraída.

» Alguns acampamentos são direcionados a programas específicos, com participantes aprendendo uma determinada abordagem de adestramento; outros são direcionados para atividades e expõem os participantes a uma variedade de atividades que podem ser praticadas junto com o cão.

» Alguns são projetados para uma atividade em particular, como competição de *agility* ou de obediência, e outros são mais gerais.

» Alguns requerem experiência em adestramento anterior e outros não.

» Alguns incluem a acomodação nas taxas; outros apenas as aulas.

» Alguns são realizados em centros de conferências com toda a pompa, oferecendo todo o conforto concebível, outros têm instalações mais espartanas.

Um bom ponto de partida para mais informações sobre um acampamento canino é a internet.

# 6

# A Parte dos Dez

## NESTA PARTE . . .

Esta parte é composta de listas para leitura rápida. Aqui você encontra dez armadilhas de adestramento e como evitá-las; dez atividades esportivas para fazer junto com Buddy; dez motivos pelos quais os cães fazem o que fazem e dez truques para se divertir e maravilhar. Divirta-se!

**NESTE CAPÍTULO**

Reconhecendo e ficando atento às armadilhas de adestramento

Sabendo o que fazer quando uma armadilha de adestramento se tornou um problema

# Capítulo 20

# Dez Armadilhas de Adestramento e Como Evitá-las

Uma das definições de armadilha é "um truque pelo qual alguém é ludibriado a agir contra os seus interesses ou intenções". Esta definição diz respeito à interação entre as pessoas e entre elas e os animais. No mundo do adestramento de cães, algumas dessas armadilhas são criadas pelos próprios donos, outras, pelos cães. Às vezes, essas armadilhas não são significativas, mas em outras, sim. Então, neste capítulo, exploramos essas armadilhas de adestramento, como reconhecê-las e como evitá-las.

# Procrastinar o Adestramento Básico

Assim que adotar um filhote ou um cão mais velho, você precisa começar a adestrá-lo imediatamente. Normalmente, os donos pensam em várias razões para adiar o adestramento básico. Quando é um filhote, alegam que ele é muito novo, fofinho ou pequeno para começar a ser adestrado. Costumamos ouvir o refrão: "Deixe que ele viva a infância." Mas na verdade o adestramento não interfere na infância do cãozinho — quanto muito, a intensifica. Os seus pais esperaram até que você fosse um adolescente para começar a educá-lo? Claro que não. Pense da seguinte forma: seu filhote começará a adestrá-lo no minuto que ele chegar à sua casa. O mesmo se aplica quando você adota um cão mais velho. Então não tenha medo de começar a adestrá-lo. Adquira o hábito de enxergar suas interações com Buddy como oportunidades de aprendizado.

Além do adestramento sanitário, você pode começar com o adestramento com a gaiola/caixa, o adestramento de guia, reconhecer o nome, o exercício do "Deita Longo" e o comando "Toque" (veja mais informações sobre adestramento sanitário e o adestramento com gaiola/caixa de transporte no Capítulo 8). Informações sobre outros tópicos podem ser encontradas nos capítulos da Parte 2. *Lembre-se:* Todos esses exercícios devem ser ensinados em um local sem distrações. Sem a presença de outras pessoas ou cães. Depois que Buddy compreender um comando, você pode começar a acrescentar distrações.

# Responder a Comportamentos para Chamar a Atenção

Latir por atenção, pelo menos para nós, é a forma mais irritante de comportamento para chamar a atenção. O mesmo se aplica a pular nas pessoas. O dilema é que em suas tentativas de parar o comportamento, você acaba dando a atenção que ele quer. Para um cão, a atenção negativa — como gritar para que ele pare — ainda é atenção.

Ao lidar com comportamentos para chamar a atenção, lembre-se de que tudo pertence a você, inclusive a sua atenção. É você quem decide quando oferecer ou não sua atenção. A primeira regra é ignorar o cão — dê as costas para ele e saia de perto. Esta abordagem requer um bocado de paciência, mas a maioria dos cães percebe rapidamente que esse comportamento não produz o resultado desejado e para.

Este conselho não significa que você deva negligenciar o cão. É o oposto — dê ao cão bastante atenção adotando um plano de adestramento básico. A diferença é que você decide quando iniciar e quando terminar a interação, e não Buddy. E não esqueça que é preciso saber diferenciar quando os latidos ou pulos de Buddy são por outra razão, como precisar sair.

# Esquecer de Liberar o Cão Depois do "Fica"

A maneira mais rápida de arruinar seus esforços para ensinar e manter um comando "Fica" confiável é esquecer de liberar o cão. Você libera o cão dizendo "Pode sair" ou "Ok". Quando você esquecer de liberar o cão, ele começará a se liberar sozinho, o que não é favorável. É você quem toma as decisões e decide quando ele pode se mover, não o contrário.

Durante o dia, há inúmeras oportunidades para reforçar o comando "Fica". Por exemplo, reforce o "Fica" ao alimentar o cão e ao passar por portas. Veja o Capítulo 9 para mais informações de como ensinar o "Fica".

# Eliminar as Recompensas Cedo Demais

Durante o aprendizado de vários exercícios, a maioria dos donos de cães usa recompensas como petiscos ou elogios. Frequentemente, porém, eles param de usar as recompensas quando o cão aprende os comandos, e então o cão para de obedecer. Para evitar este comportamento, comece a recompensar as respostas corretas de modo aleatório depois que o cão se familiarizar com um comando, para que ele não saiba quando será recompensado. Recompensas aleatórias são motivadores poderosos, porque elas se fundamentam no princípio de que "a esperança é a última que morre".

Gostamos de usar recompensas aleatórias por toda a vida do cão. Compare isso com seu salário — você continuaria trabalhando se não recebesse nada?

# Usar o Nome do Cão Como Comando

O nome do seu cão é usado para chamar a atenção dele e deve ser seguido por um comando, como: "Buddy, vem." O nome dele não é um comando multifuncional para controlar ou direcionar o comportamento dele. Gritar repetidamente o nome do cão em tom de desespero ou em tons de voz variáveis sem obter uma resposta significa que você precisa voltar para o adestramento básico. Isso ensina ao cão que ele pode ignorar você.

Ao chamar o cão pelo nome, pergunte-se: "O que exatamente estou tentando comunicar ao cão?" Você quer que ele pare de fazer o que está fazendo? Quer que ele venha até você? Seja específico e use um comando. Por exemplo, use o comando "Vem" se quiser que o cão venha até você. Use o comando "Deita" se quiser que o cão deite.

## Ter que Repetir os Comandos Longe de Casa

Ao dar um comando ao cão e não receber uma resposta, provavelmente você o repete e espera que isso produza o resultado desejado. Porém, repetir comandos não é uma boa técnica de adestramento. É muito comum que você sistematicamente ensine o cão a se desligar de você. Ele está dizendo a você de modo indireto que ele tem falhas de aprendizado.

Ouvimos com certa frequência: "Em casa ele sempre obedece", e isso provavelmente é verdade. Seja qual for o comando envolvido, provavelmente eles foram ensinados em casa, um local familiar para o cão, e normalmente sem distrações. A obediência do cão em casa não significa que Buddy vai generalizar o comportamento aprendido em locais novos, diferentes e com muitas distrações.

Para evitar esta armadilha de adestramento, você precisa revisar os comandos que ensinou em casa em novos lugares. Depois disso, é preciso revisar os comandos perto de distrações, como de outros cães. Um dos motivos pelos quais gostamos das aulas de obediência é que elas oferecem um lugar diferente com muitos outros cães. O Capítulo 19 traz mais informações sobre aulas de adestramento de obediência. Buddy aprenderá a se concentrar em você e a ignorar as distrações.

Depois de frequentar aulas de obediência, você está livre do adestramento em casa? Não, mas o adestramento vai ficar muito mais fácil. Depois da primeira aula, o local vai se tornar familiar para Buddy, e depois de várias aulas os cães também serão familiares. Portanto, você ainda precisa praticar em novos lugares com novas distrações.

## Punir o Cão Quando Ele Vem Até Você

A forma mais rápida de criar um problema com o comando "Vem" é punir o cão, seja verbal ou fisicamente, quando ele vem até você. E este é o tipo de problema que você não quer criar.

O primeiro cão que matriculamos em aulas de obediência foi a nossa Landseer, Heidi. Uma amiga nos incentivou, pois Heidi atingiria cerca de 70Kg quando adulta. Adoramos a experiência, e mergulhamos no mundo canino a partir dali.

Ainda nos lembramos de um dos primeiros comentários do instrutor: "Sempre que o cão vier até você, seja gentil com ele." Modificamos essa afirmação para: "Sempre que o cão vier até você, não faça nada que ele perceba como desagradável." E a percepção do cão do que é desagradável pode ser totalmente diferente da sua. Alguns cães não gostam de tomar banho, e neste caso você não deve chamá-lo para tomar banho. Em vez disso, simplesmente vá até ele e leve-o até o local do banho. O mesmo se aplica a escovar, cortar as unhas ou dar remédios.

CUIDADO

A pior coisa que você pode fazer é punir verbal ou fisicamente o cão quando ele vier até você depois de dar um passeio sem permissão pela vizinhança. Não importa o quanto você esteja bravo ou irritado, receba o cão com muitos elogios. Você precisa se perguntar de quem é a culpa. Como Buddy conseguir fugir?

## Correr Atrás do Cão

Se quer que o seu cão venha até você, correr atrás dele é contraprodutivo para o seu objetivo. Em vez de perseguir o cão, pense em algumas situações e nas soluções:

- » Se o cão está perseguindo um coelho (ou qualquer outra coisa), você precisa rever o aprendizado do comando "Vem" com a ajuda de equipamentos de adestramento (veja os Capítulos 5 a 10).

- » Se seu cão está correndo de você porque está com medo, use o "Jogo do Vem", explicado no Capítulo 10.

- » Se seu cão corre de você porque acha que você está brincando de pega-pega, corra para o outro lado e faça com que ele persiga você. Assim que ele fizer isso, pare de costas para ele e examine atentamente o chão como se tivesse encontrado algo muito interessante. Cães são criaturas curiosas, ele vai querer saber o que você encontrou. Nesse momento, lentamente pegue-o pela coleira e prenda a guia. Se tentar dar um bote muito rápido nele, ele pode fugir novamente.

Em nenhuma circunstância você deve punir verbal ou fisicamente seu cão quando finalmente conseguir pegá-lo.

## Esperar Muito; Muito Rápido

Muitos donos de cães ficam frustrados com o adestramento porque acham que o cão não está progredindo rápido o bastante. Mas tenha em mente que os cães

CUIDADO

aprendem da mesma maneira que todo mundo — por experiência, orientação clara e concisa e repetição. E o que o adestrador novato tem que perceber é que ele também está aprendendo, e que a sua atitude durante o adestramento influencia a rapidez com que o cão aprende.

Adestradores experientes, por exemplo, podem ensinar um cão em uma fração do tempo de um iniciante. Em aulas de obediência, o adestrador aprendiz é orientado passo a passo, então o adestramento básico é concluído normalmente em oito semanas. A aplicação consistente das técnicas deste livro produzirá resultados semelhantes. A chave são a paciência, a persistência e, acima de tudo, nunca culpar o cão — ele está se esforçando tanto quanto você.

# Ignorar o Princípio da Consistência

Ao adestrar seu cão, a consistência é muito importante, então não ignore este princípio. Caso contrário, você acabará com um cão mal adestrado. Uma máxima usada por adestradores é: "Não dê um comando a menos que seja capaz de reforçá-lo." Por exemplo, se disser para Buddy sentar e ele ignorá-lo, você precisa reforçar o comando. Mostre exatamente o que quer que ele faça, colocando-o na posição sentado. Se não conseguir fazer isso, você acabará recebendo respostas inconsistentes ao comando no futuro.

É claro que haverá ocasiões em que não será possível seguir essa máxima, como em uma performance. Apenas faça uma anotação mental de que é preciso reforçar a resposta de Buddy àquele comando.

A consistência resulta em um padrão de comportamento que se torna habitual. Considere os seguintes exemplos:

» Depois que Buddy entender o conceito de que precisa esperar até que você autorize que ele se alimente (veja o Capítulo 1), ele irá esperar obedientemente até que você o autorize. Na verdade, depois de um tempo, você não precisará nem mandá-lo esperar.

» Depois que ensinar boas maneiras em portas (veja Capítulo 9), você verá os mesmos resultados observados na hora das refeições. Ao se aproximarem da porta, ele irá esperar, sem que precise dizer a ele que espere, até que você abra a porta e saia.

Estes resultados podem ser alcançados depois de várias sessões de adestramento com a consistência. Os comportamentos são fáceis de ensinar porque a maioria dos cães consegue avaliar e descobrir rapidamente o que ganham em troca. Eles pensam: "Eu não posso comer/sair a menos que espere primeiro."

> **NESTE CAPÍTULO**
>
> **Atividades esportivas divertidas para fazer com seu cão**
>
> **O que os cães de serviço podem fazer**

Capítulo 21

# Dez Atividades Esportivas Divertidas e Empolgantes

Além das competições de obediência (veja a Parte 4), você e seu cão podem participar de inúmeros outros eventos ou competições. Alguns são específicos para determinadas raças, como as competições de pastoreio, e outras são para todos os tipos de cães, como o *agility*. Muitos são conduzidos sob a inspeção do *American Kennel Club* (AKC) e outros não, como as Provas para Schutzhund. Além disso, alguns são para apenas uma raça específica, como as competições de Resgate do Cão de Água Português e os eventos de Resgate Aquático e Tração para Terras-Novas do *Club of America*.

O AKC oferece mais de 50 títulos de desempenho em oito categorias diferentes. E outras organizações têm quase o mesmo número de títulos. Neste capítulo, falamos sobre as competições do AKC e muito mais, incluindo competições de flyball e concursos de Schutzhund. Incluímos, ainda, uma seção sobre cães de serviço, os cães que trabalham para viver.

Nem todos os eventos e competições mostrados neste capítulo têm correspondentes no Brasil, mas mesmo assim eles servem de inspiração para todas as atividades divertidas que você pode participar com seu cão.

# Eventos de *Agility*

O *agility* é um esporte divertido e revigorante tanto para o cão quanto para o dono. A popularidade das competições de *agility* vem crescendo enormemente nos últimos dez anos, e por uma boa razão: os cães amam, os participantes humanos amam, e é extremamente atrativo para os espectadores. As competições de *agility* surgiram na Inglaterra e chegaram aos Estados Unidos levadas por Charles ("Bud") Kramer no início dos anos 1980. Kramer foi fundamental em seu sucesso com uma atividade na qual todos os cães poderiam participar. Ele também desenvolveu o popular e crescente Rali de Obediência (veja o Capítulo 13). No Brasil, o esporte surgiu em 1997 e conta com muitos adeptos. Você já deve ter assistido a competições de *agility* em canais de TV a cabo. Veja na Figura 21-1 um cão participando de uma competição de *agility*.

**FIGURA 21-1:** Um cão em ação durante uma competição de *agility*.
*Fotografia de Carolyn Noteman*

O AKC não é a única organização que patrocina eventos, mas é a maior em número de eventos. Outras organizações que patrocinam eventos nos Estados Unidos são a *United States Dog Agility Association* (USDAA), que foi a pioneira, a *Australian Shepherd Club of America* (ASCA), e a *North American Dog Agility Council* (NADAC). Também há provas internacionais de *agility*. No Brasil, a Comissão Brasileira de Agility (CBA) é uma das principais organizadoras.

Na competição de *agility*, os cães, sob o comando de seus donos, enfrentam uma complexa pista de obstáculos, que inclui: andar sobre uma gangorra; subir e descer uma rampa em forma de A de cerca de 1,50m de altura; atravessar uma passarela com rampas; ziguezaguear entre hastes; pular sobre e através de obstáculos e atravessar túneis. Para compensar as diferenças de tamanhos entre os cães e tornar a competição mais justa, há sete categorias de altura. Você e Buddy podem conquistar diversos títulos. Os quatro títulos originais são mostrados na Tabela 21-1. Observação: todas as abreviações se referem aos nomes dos títulos em inglês, para eventual referência.

**TABELA 21-1** ## Os Títulos Originais de *Agility* do AKC

| Título | Requisitos |
|---|---|
| *Agility* Iniciante (NA) | Três pontuações qualificadoras de dois juízes diferentes |
| *Agility* Aberta (OA) | Idem |
| *Agility* Experiente (AX) | Idem |
| *Agility* Master (MX) | É preciso ter conquistado o título AX e depois se qualificar mais dez vezes |

Assim como nas competições de obediência, o nível de dificuldade aumenta em cada categoria, bem como o número de obstáculos. Além dos próprios exercícios, existem algumas diferenças significativas entre as provas de *agility* e as de obediência. Mostramos as diferenças na Tabela 21-2.

**TABELA 21-2** ## Diferenças entre Provas de *Agility* e de Obediência

| Agility | Obediência |
|---|---|
| O cão tem que ser capaz de trabalhar tanto do seu lado direito quando do esquerdo. | O cão trabalha do seu lado esquerdo. |
| Há um limite de tempo para você e o cão terminarem o percurso. | Não há limite de tempo (desde que razoável). |
| Os obstáculos e a ordem em que são enfrentados variam. | Os exercícios e a ordem dos exercícios são sempre iguais. |
| Uma comunicação contínua com o cão é incentivada. | Durante a execução de um exercício, você não pode falar com o cão e pode dar apenas um comando. |

Sem dúvida, parte do apelo da competição de *agility* é a sua aparente simplicidade. Qualquer cão em condição física razoavelmente boa aprende rapidamente os princípios dos vários obstáculos. E quase qualquer proprietário em razoável forma física pode competir. Mas poucas coisas geralmente são tão simples quanto parecem.

CAPÍTULO 21 **Dez Atividades Esportivas Divertidas e Empolgantes** 367

LEMBRE-SE

Começar o *agility* é ilusoriamente simples; ele não é tão fácil quanto parece. Devido aos percursos que você e seu cão têm que vencer nunca serem os mesmos, a capacidade de comunicação entre você e ele é importante. Qualquer lapso de comunicação invariavelmente resulta na falha de Buddy em completar o percurso corretamente. Você também está correndo contra o tempo e deve tomar decisões em milésimos de segundos. Além disso, você precisa memorizar o percurso antes de você e o seu cão competirem.

O *agility* é maravilhoso para cães com alto impulso de caça e ensina ao cão a trabalhar com você como uma equipe, o que o transforma em um jogo de impulso de matilha (o Capítulo 2 descreve o impulso de matilha em mais detalhes). Cães que pertencem aos grupos dos Pastores, Trabalho, Esporte, Toy e Não Esportivo se saem bem no *agility*. Um dos cães mais ágeis é o Border Collie.

Você já pode ter uma ideia do que torna o *agility* tão empolgante. Vocês dois realmente precisam trabalhar como um time e manter o foco um no outro. Nós realmente recomendamos que experimente. Você ficará maravilhado com como seu cão vai encarar isso. Nós não estamos sugerindo que tente instalar um percurso de *agility* no seu quintal — poucos de nós têm recursos para isso. Descubra nas organizações locais onde provas de *agility* estão sendo realizadas e vá conhecê-las. A maioria das comunidades tem um grupo ou um indivíduo que têm aulas e se encontram com regularidade onde Buddy pode começar. Mesmo que não esteja interessado em competir, percursos de *agility* são um bom estímulo mental para Buddy, bem como um bom exercício para vocês. Para mais informações, visite o site da Comissão Brasileira de Agility, em www.agilitybr.com.br.

# Títulos de Rastreamento

A incrível habilidade do cão em usar o nariz para seguir um odor é a base para esta atividade. Qualquer cão pode participar e, se você curte se aventurar em grandes campos isolados com seu cão, o rastreamento é para você. Ela é também a atividade mais potencialmente útil que você pode ensinar a seu cão. Muitos cães de rastreamento já encontraram pessoas ou coisas perdidas, sem mencionar os cães que trabalham com agentes da lei. Cães que gostam de usar o nariz se saem bem neste esporte, embora quase todo cão possa aprender a rastrear.

O olfato do seu cão é quase infalível. Agentes da lei geralmente utilizam cães para cheirar explosivos, drogas e outros itens provenientes de contrabando. Pesquisadores os utilizam até na pesquisa do câncer, para detecção do câncer em pessoas.

Buddy pode conseguir três títulos:

> » **Cão de Rastreamento (CR):** O local deve ter cerca de 400m, mas não mais de 450m de comprimento. Uma pessoa produz o rastro cerca de 30 minutos

a 2h antes do evento, que tem de três até cinco curvas, não tendo nenhum rastro cruzado ou obstáculos.

» **Cão de Rastreamento Experiente (CRE):** O local deve ter pelo menos 730m, mas não mais de 915m de comprimento. O rastro deve ter sido feito há não menos de 3h e não mais de 5h. Ele deve ter de cinco a sete curvas. Deve ter dois rastros cruzados e dois obstáculos, como uma superfície diferente ou um riacho.

» **Rastreamento de Superfície Variável (RSV):** O local deve ter pelo menos 550m, mas não mais de 730m de cumprimento. O tempo do rastro é o mesmo do CRE. Ele tem que ter de quatro a oito curvas. Deve ter pelo menos três superfícies diferentes, como concreto, asfalto, cascalho e areia, além da vegetação.

As diferenças principais entre as classes são a duração do rastro e as superfícies. Seu cão deve completar apenas um rastro de forma bem-sucedida para ganhar o título, diferentemente dos títulos de *agility* ou de obediência, nos quais três performances qualificadoras são requeridas.

LEMBRE-SE

A ideia básica de rastreamento bem-sucedido é a habilidade do cão em seguir as diversas pegadas do rastro do começo ao fim. Um cão que desvia uma grande distância do rastro e obviamente perdeu o cheiro é desqualificado.

## Provas de Campo e Testes de Caça

Testes de caça e provas de campo são populares e testam a habilidade do seu cão em desempenhar a função para a qual ele foi selecionado. Eles rivalizam em popularidade com as competições de *agility* e obediência. Estes eventos são para as raças de Pointing, Retrievers, Spaniels, Beagles, Basset Hounds e, você nunca descobriria, Dachshunds. Os testes são divididos pelos tipos de cães e, às vezes, por raças específicas. Alguns deles, como os Beagles, trabalham em grupos de dois, três, sete, ou mais. Os requerimentos da performance variam, dependendo da raça específica e do evento em particular.

## Provas de Perseguição

Estes testes são para cães selecionados para buscar criaturas que vivem em túneis ou tocas. Dachshunds, cujo nome traduzido quer dizer "perseguidor de texugos", e os pequenos Terriers são elegíveis para participar destas competições.

O objetivo é localizar a presa em um túnel ou toca. Nos testes, ratos enjaulados para a própria proteção ou dispositivos mecânicos com cheiro são utilizados como presas.

Os testes são conduzidos em quatro níveis diferentes:

» Primeiro, o cão passa por um teste introdutório para ver se ele possui alguma aptidão. Não há um título concedido para este teste, mas ele é um requisito para um título.

» Depois que o cão tiver passado no teste introdutório, ele está apto a competir pelo Título de Perseguidor Júnior (JE).

» Depois, vem o Título de Perseguidor Sênior (SE).

» Por último, o Título de Perseguidor Master (ME).

Naturalmente, o nível de dificuldade aumenta com cada título. À medida que o nível progride, a distância da qual o cão tem que localizar o esconderijo aumenta e os túneis em que o cão tem que encontrá-lo se tornam mais complexos.

Provas de perseguição (chamadas de *earthdog trial*, em inglês) são atividades bem especializadas, que explicam a atração que alguns cães têm por reprojetar o seu quintal. O instinto dos Terriers é descobrir e arrancar as criaturas que vivem no subterrâneo. Isso pode levar a um projeto monumental de "paisagismo". Nossos Dachshunds estão sempre cavando atrás de toupeiras ou qualquer outra coisa que possa estar embaixo da terra. Mas, claro, qualquer coisa recentemente plantada deve ser imediatamente escavada apenas para se ter certeza de que nada comestível tenha sido enterrado.

# Perseguição à Isca: Corrida de Cães

Uma atividade igualmente especializada é a perseguição à isca, própria para os cães que caçam usando a visão, como Whippets, Afghans, Saluki e Galgos Italianos. Esses cães são selecionados para perseguir a presa por longas distâncias. Se você já viu algum caçador visual correndo o mais rápido possível, deve ter uma ideia do quanto a perseguição é rápida e empolgante.

O teste da AKC utiliza uma isca artificial, a qual os cães seguem ao redor de um percurso em um campo aberto. A pontuação é baseada na velocidade (que é incrível), no entusiasmo e na resistência. Mas, claro, ajuda se o cão realmente estiver perseguindo uma isca e não estiver em uma das suas travessuras.

O cão pode conquistar três títulos: Corredor Junior (JC), Corredor Sênior (SC) e Campeão de Campo (FC).

# Adestramento Schutzhund

A palavra Schutzhund quer dizer "cão de guarda". Depois das provas de campo, o adestramento Schutzhund é provavelmente a competição organizada mais antiga. Ela se originou na Alemanha e é ancestral dos exercícios de obediência, rastreamento e, em algum nível, do *agility*. Ela é muito popular na Europa, mas as competições são realizadas ao redor do mundo. Embora o adestramento Schutzhund não seja um evento de performance do AKC, tem ávidos seguidores nos Estados Unidos.

O adestramento Schutzhund surgiu na Alemanha quando o Pastor-Alemão começou a ser utilizado como cão policial. Rotulado como o único cão verdadeiramente multipropósito, era esperado dele guardar, proteger, pastorear, rastrear, ser um cão guia para cegos e, é claro, ser bom com crianças. Programas de seleção rigorosos foram projetados para fortalecer estas características na raça. O comportamento foi apurado de forma que apenas cães que demonstrassem estas habilidades procriassem. A aparência não era considerada tão importante como a habilidade.

Como cão policial, a principal responsabilidade de um cão é proteger seu condutor. Ele também tem que estar apto a perseguir, capturar ou rastrear suspeitos. Empreender buscas em prédios requer uma grande agilidade, talvez pular janelas, lidar com degraus e mesmo escadas. Naturalmente, ele tem que saber todos os exercícios de obediência.

Não faz muito tempo que as competições começaram entre as unidades policiais para ver quem tinha o cão mais talentoso e mais bem treinado. Donos de cães se interessaram e o esporte de Schutzhund nasceu.

O adestramento Schutzhund consiste de três sessões: proteção, obediência e faro. Para se qualificar para um título, o cão deve passar por todas as três sessões. Quando obediência e faro foram introduzidos nos EUA, eles foram baseados no treinamento para o Schutzhund. Competições de *agility* derivaram em parte dos exercícios de obediência do Schutzhund, que incluem andar sobre uma prancha em A, bem como diferentes tipos de saltos.

O adestramento Schutzhund, que é um esporte rigoroso, altamente desgastante e o mais demorado de todos os eventos esportivos para cães, não se limita a Pastores-Alemães. Outros cães de guarda, trabalho ou pastoreio, como o Rotweiler e o Pastor-Belga Malinois, que tenham aptidão podem participar. Até cães de raças que não são originalmente de guarda podem participar, embora não seja comum vê-los nos níveis superiores da competição.

CAPÍTULO 21 **Dez Atividades Esportivas Divertidas e Empolgantes** 371

# Competição de Flyball

O flyball é uma corrida de revezamento com dois times de quatro cães cada. O percurso consiste de dois conjuntos de quatro obstáculos montados lado a lado a uma distância de 3m. No final de cada grupo de obstáculos há uma caixa com uma bola de tênis. Simultaneamente, cada time envia o primeiro cão para buscar a bola. Os cães saltam os obstáculos, buscam a bola de tênis e retornam por cima dos obstáculos. Quando o primeiro cão cruza a linha de chegada, o próximo cão começa. O time com o melhor tempo vence, desde que não haja erros, tal como um cão desviar de um ou mais obstáculos, indo ou voltando.

O flyball foi inventado nos anos 1980 e é uma competição popular, de ritmo extremamente rápido. Para mais informações, visite o site da Associação Norte-Americana de Flyball, em `www.flyball.org` (conteúdo em inglês).

# Performances Freestyle

O *canine freestyle* é um programa musical coreografado realizado por um time formado por uma pessoa e um cão, como uma patinação com casais. O objetivo é exibir o time em uma dança criativa, inovadora e original. No freestyle, a performance de cada time é diferente, embora as várias performances geralmente compartilhem manobras básicas de obediência.

Surgido no início dos anos 1990 como uma forma de trazer um pouco de leveza para o adestramento de obediência, o freestyle se espalhou como fogo. Você já deve ser assistido a performances na TV ou na internet. É divertido assistir e adestrar para ele. Para mais informações, veja o site da *World Canine Freestyle Organization*, em `www.worldcaninefreestyle.org` (conteúdo em inglês).

# Mergulho de Deque

Um dos mais novos eventos é o mergulho de deque (ou *dock diving*). A ideia principal é treinar um cão para pular, a partir de um deque, dentro de um lago ou de uma piscina de cerca de 20m de comprimento (a Figura 21–2 mostra um cão em um mergulho). Qualquer cão pode participar, mas, naturalmente, ele precisa saber nadar e deve gostar de água. O mergulho de deque possui três categorias: Big Air, Extreme Vertical e Speed Retrieve. Veja um resumo de cada categoria:

» **Big Air:** Esta competição determina qual cão pula mais longe na água. O comando "Fica" é dado ao cão em qualquer ponto em um deque de aproximadamente 12m de comprimento e o dono se posiciona na beira do deque bem perto da água. Então, ordena ao cão que pule, incentivando o cão com um objeto flutuável e não comestível lançado na água. Os melhores cães chegam a saltar de 6m a 8m de distância.

» **Extreme Vertical:** Esta competição determina qual cão pula mais alto. Uma barra é suspensa por uma haste, e o cão precisa saltar e pegar a barra. A altura é aumentada a cada tentativa de sucesso. Os melhores cães conseguem pegar a barra a mais de 2m.

» **Speed Retrieve (Busca de Velocidade):** Esta é uma categoria cronometrada em que o cão tem que buscar um objeto suspenso sobre a água no final da piscina. A busca de velocidade combina velocidade, salto e natação.

Essas competições atraem um grande público e têm muitos seguidores. As raças mais comuns nas competições são Retrievers e Pastores-Alemães. Visite o site www.dockdogs.com para mais informações (conteúdo em inglês).

**FIGURA 21-2:** Um cão praticando mergulho de deque.

*Fotografia de Diana Rockwell*

# Trabalhando como Cão de Serviço

O termo "cão de serviço" foi primeiro utilizado para descrever os cães policiais, e existe desde o começo do século XX. O adestramento para esse tipo de trabalho surgiu na Alemanha e o cão, você deve ter adivinhado, era o Pastor-Alemão. Os cães também eram utilizados nas forças armadas para diversas funções, como guarda, reconhecimento, vigilância, detecção de minas e manutenção da paz.

Ao longo dos anos, as funções dos cães de serviço se multiplicaram em um nível incrível. Hoje, existem cães para detecção de convulsões e de câncer e para monitoramento de níveis de glicemia, dando um novo significado ao teste de "laboratório".

Nas seções a seguir, descrevemos alguns dos cães de serviço mais comuns e suas funções.

## Cães de detecção

Depois que o homem descobriu a incrível habilidade do cão de sentir cheiros, nasceu o cão de detecção. Os seres humanos têm aproximadamente 10 milhões de células olfativas, comparadas às 220 milhões de células do Labrador e às 200 milhões de células do Pastor-Alemão.

Os cães são rotineiramente usados para encontrar drogas e explosivos e procurar vítimas enterradas em desabamentos e avalanches. O cão até substituiu o porco para caçar trufas provavelmente porque ele não é tão propenso quanto o porco a comer as trufas que encontra.

O uso mais notável de cães de detecção é em aeroportos internacionais, em que são utilizados para detectar drogas e outros itens provenientes de contrabando, como grandes quantidades de dinheiro ou alimentos proibidos. A fim de evitar apreensão desnecessária por parte dos passageiros, as raças tradicionalmente amedrontadoras, como Pastor-Alemão, Rotweiler e Doberman, foram substituídas por cães de aparência mais inofensiva, como Beagle, Springer Spaniel e Golden Retriever, assim como cães mestiços de aparência semelhante.

## Cães de assistência

Os cães de assistência são utilizados para ajudar indivíduos com necessidades especiais (veja a Figura 21–3). A seguir, há uma lista dos principais tipos de cães de assistência:

» **Cães guias para os cegos:** O uso de cães para ajudar pessoas cegas data de 1930, quando os primeiros centros começaram na Inglaterra. Organizações de "cães guias" tendem a ter seus próprios programas de seleção, cujo objetivo é fortalecer as características físicas e comportamentais necessárias para um cão guia confiável. Cães guias se submetem ao adestramento mais extensivo de qualquer um dos tipos de cães de assistência. As raças predominantes são os Pastores-Alemães, Golden Retrievers e Labradores Retrievers.

» **Cães para surdos e deficientes auditivos:** Estes cães são treinados para reagir a certos barulhos e alertar os seus mestres. Por exemplo, pular na cama quando o alarme toca, cutucar a perna do seu dono quando alguém está na porta ou pegar a mão do seu dono para alertá-lo da presença de um visitante inesperado.

374   PARTE 6 **A Parte dos Dez**

» **Cães de assistência a deficientes físicos:** Um bom cão de assistência para deficientes físicos pode responder a cerca de 50 comandos diferentes, tais como buscar objetos que estão fora de alcance ou que deixaram cair, abrir ou fechar portas, puxar cadeiras de roda ou acender e apagar os interruptores de luz. Ter excelentes talentos de busca é uma obrigação (veja o Capítulo 15 sobre como ensinar seu cão a se tornar um cão de busca confiável). A maioria desses cães são Golden Retrievers, Labradores ou cães híbridos, como Labradoodles (Labrador X Poodle) ou Goldendoodles (Golden Retriever X Poodle).

» **Cães de terapia:** O principal propósito de um cão de terapia e do seu treinador é oferecer conforto e companhia para pacientes em hospitais, casas de repouso e outras instituições. O adestramento é baseado no programa do Bom Cidadão Canino (veja o Capítulo 12), com alguns requerimentos adicionais. Qualquer cão bem treinado com bons talentos em comportamentos sociais pode se tornar um cão de terapia. Para mais informações, veja o site de uma das entidades que presta esse serviço, em www.peloproximo.com.br.

Além de seus talentos especializados, todos os cães de assistência desempenham um importante papel terapêutico para seus donos, especialmente crianças com deficiências ou transtornos que as tornem física, cognitiva ou emocionalmente excluídas da sociedade.

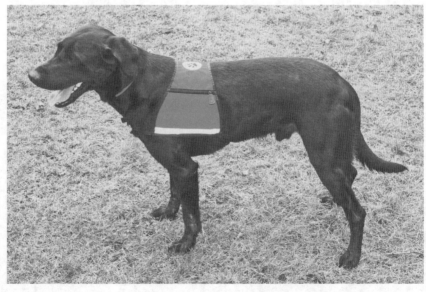

**FIGURA 21-3:** Você pode reconhecer um cão de assistência pelos coletes.

# Companhias

A maioria das pessoas que lê este livro tem um cão como animal de estimação ou companhia, um ser vivo devotado a você, que está sempre feliz em o ver e não reclama ou discute. O que mais você poderia querer?

> **NESTE CAPÍTULO**
>
> **Explicando alguns comportamentos curiosos do seu cão**
>
> **Analisando alguns comportamentos indesejados**

# Capítulo 22
# Dez Motivos para os Cães Fazerem o que Fazem

Quem sabe por que seu cão faz algumas das coisas que faz? Ou, mais importante, quem quer saber por que seu cão faz algumas das coisas que faz? Bem, se estiver curioso, este capítulo oferece algumas respostas para essas perguntas.

# Por que os Cães Insistem em Pular nas Pessoas?

O comportamento de pular vem do processo de desmame. À medida que os filhotes crescem, a mãe começa a alimentá-los de pé; assim, os filhotes precisam se apoiar sobre as patas traseiras para conseguir se alimentar. Então, à medida que o leite diminui, os filhotes pulam para lamber os cantos da boca da mãe, tentando fazer com que ela regurgite a refeição semidigerida. Quando ela faz isso, é a primeira apresentação dos filhotes à comida sólida.

Conforme os cães crescem, pular se torna mais um comportamento de cumprimentar, como um "Oi, bom te ver", muito parecido com as pessoas que se cumprimentam com um aperto de mão quando encontram alguém. Devido ao comportamento ser tão instintivo, modificá-lo às vezes é difícil. Embora você provavelmente esteja contente por seu cão estar feliz em vê-lo, talvez preferisse um cumprimento mais tranquilo, especialmente se Buddy for um cão grande. Pelo fato de pular nas pessoas ser um gesto amigável do ponto de vista do cão, sugerimos modificar o comportamento de uma forma positiva, ensinando ao cão o comando "Senta" (veja o Capítulo 9).

# Por que os Cães Cheiram Partes do Nosso Corpo que Não Deviam?

Quando dois cães se encontram pela primeira vez, eles geralmente passam por algo que parece um ritual coreografado. Depois de algumas preliminares, eles se cheiram nos seus respectivos traseiros e genitais. Cães "veem" com seus narizes e reúnem importantes informações desta forma. Eles podem identificar o sexo do cão, a idade e a posição hierárquica, informações que ditam como eles interagem entre si.

Quando conhece uma pessoa, um cão quer saber as mesmas informações. Alguns são "cheiradores de virilha" convictos, enquanto outros são mais sutis. Embora seja constrangedor para o dono e para o "cheirado", o comportamento é inofensivo e remediado com o comando "Senta" (veja o Capítulo 9 para saber mais sobre como ensinar Buddy a sentar).

# Por que os Cães Machos Fazem Xixi com Tanta Frequência?

Todo cão marca seu território deixando pequenas quantidades de urina, o macho mais do que a fêmea. Você pode comparar isso ao colocar uma cerca: permite que outros cães da vizinhança saibam que ele esteve ali. O cheiro permite que os cães identifiquem a idade, o sexo e a ordem na hierarquia de todo cão que demarcou aquele local.

Quando você leva Buddy para passear, ele intencionalmente investiga vários pontos e então levanta a perna e deposita algumas gotas de urina para cobrir a área, determinando, assim, o seu território. Os cães machos também têm uma atração especial por superfícies verticais, tais como árvores ou a lateral de um prédio. Cantos de prédios são uma recompensa especial. A altura é importante porque estabelece hierarquia. Isso pode resultar em contorções cômicas, como quando um Yorkshire Terrier tenta cobrir a marca de um Dogue Alemão. As fêmeas não parecem ter essa necessidade, o que explica por que elas podem fazer o que têm que fazer em uma fração do tempo gasto por um macho. Tanto machos quanto fêmeas também costumam esfregar as patas no chão e chutar a terra depois de urinar para espalhar seu cheiro, demarcando, desse jeito, um território maior.

LEMBRE-SE

Se o seu cão macho começar a demarcar as coisas dentro de casa, pode ser porque algo novo foi introduzido na casa. A regressão no adestramento sanitário pode ocorrer quando um bebê ou outro animal de estimação chegam à família, ou mesmo quando um novo móvel ou cortinas são adicionados na casa. Se isso acontecer, veja o Capítulo 8 e siga as mesmas instruções usadas para adestrar um filhote.

# Por que os Cães Montam uns nos Outros?

Tanto machos quanto fêmeas podem exibir o comportamento de montar. Apesar de o comportamento ser mais associado a machos tentando flertar ou cruzar com uma fêmea, este comportamento pode ser visto em um macho em outro macho, em uma fêmea em outra fêmea e em uma fêmea em um macho. A maioria das pessoas acredita que isso tem a ver apenas com sexo, mas isso pode ser uma demonstração de dominância em cães do mesmo sexo — o que está em cima quer lembrar ao outro quem é que manda —, ou pode ser um comportamento apresentado quando cães que se conhecem bem ficaram separados por algum tempo. Neste caso, é a forma de eles matarem a saudade, como um abraço, e quer dizer: "Senti sua falta."

Em vez de desestimular este comportamento, achamos melhor deixar os cães em paz; eles se entendem sozinhos. Eles precisam fazer isso, pois são animais de matilha e sabem exatamente a mensagem que estão querendo enviar, normalmente para restaurar a harmonia na casa ou na situação.

LEMBRE-SE

A única hora em que este comportamento pode ser interpretado como anormal é se a fêmea estiver com algum tipo de corrimento vaginal indicando uma provável infecção, uma secreção que cheira como se ela estivesse no cio. Neste caso, outros cães não a deixarão em paz e uma visita ao veterinário é a atitude apropriada.

## Por que os Cães Gostam de Perseguir Coisas?

Cães perseguem coisas por vários motivos diferentes:

- » Para expulsar intrusos, sejam pessoas ou outros animais para fora da propriedade
- » Para perseguir um alimento em potencial, como um coelho, esquilo ou pássaro
- » Só porque o objeto está em movimento, como carros, bicicletas ou corredores
- » Porque é divertido

CUIDADO

Qualquer que seja a razão, perseguir geralmente não é uma boa ideia, porque pode pôr em risco a segurança das pessoas e do cão. A não ser que você esteja preparado para manter Buddy na guia nas circunstâncias em que ele provavelmente perseguirá alguma coisa, é preciso adestrá-lo para vir quando chamado, especialmente perto de fortes distrações (veja o Capítulo 10 para mais informações sobre como ensinar o comando "Vem").

## Por que os Cães Rolam em Coisas Nojentas?

Os cães adoram rolar nas coisas mais nojentas, como peixe morto, bichos mortos e qualquer outro tipo de coisas podres. Para piorar, a necessidade de rolar parece mais forte logo depois de Buddy tomar banho. Os cães gostam de ter um cheiro podre?

Especialistas em comportamento acreditam que, como o cão é um animal de matilha, ele está simplesmente levando de volta para a matilha o cheiro de possíveis fontes de comida. A matilha pode então rastrear a refeição. O comportamento é instintivo. A maioria dos cães rola em um momento ou outro, alguns mais do que os outros. Isso é parte de ser um cão. Se você já ensinou o comando "Larga" de maneira confiável, conseguirá interromper esse comportamento. Mas outra solução para um cão que adora rolar é manter muitos potes de xampu sempre à mão.

# Por que os Cães Comem Ervas ou Grama?

Os cães têm muitos comportamentos instintivos. Um desses comportamentos é o incrível conhecimento de quais ervas comerem e quando. Uma razão para o cão comer grama é induzir o vômito. Ele pode ter comido algo que não lhe fez bem e a grama vai para o estômago, se liga com o que quer que tenha lá dentro, e então é expelida. Este é um comportamento adaptativo que protege o cão contra indigestão e intoxicação alimentar. Como resultado, os cães que têm acesso ao tipo certo de grama, aquelas com bordas serrilhadas e largas, raramente sofrem de intoxicação alimentar.

LEMBRE-SE

Cães têm um conhecimento infalível de quais ervas devem comer. Estas ervas geralmente são as mesmas encontradas em cápsulas nas lojas de produtos naturais para melhorar o sistema imunológico ou qualquer outro sistema do organismo. Você deveria proibir seu cão de comer ervas? Absolutamente não! Ele sabe muito mais do que precisa do que você. Apenas se certifique de que não esteja expondo seu cão a áreas que foram pulverizadas com produtos químicos. Se o cão insistir em comer uma planta que você sabe que não fará bem a ele, use o comando "Larga" (veja o Capítulo 9).

Os cães também parecem ter um conhecimento do valor medicinal de várias plantas. Quando um de nossos Terras-Novas teve artrite, ele ia procurar um grande arbusto de hera venenosa que tínhamos na nossa propriedade. Durante nossas caminhadas diárias, ele fazia questão de parar no arbusto por alguns minutos, comia a erva e então seguia em frente. A princípio, não conseguíamos entender este comportamento. Nós descobrimos depois que o Rhus Tox, um remédio homeopático para dor nas articulações e reumatismo, é feito de hera venenosa (*toxicodendron*).

# Por que os Cães Gostam de Montar nas Pernas das Pessoas?

Alguns acreditam que montar nas pernas das pessoas é um sinal de dominância, mas há controvérsias. Filhotes normalmente montam em seus irmãos, um comportamento que se acredita ser um treinamento para futuros acasalamentos. Muitos cães continuam a montar nas pernas das pessoas ou em outros cães mesmo depois de castrados ou esterilizados. A explicação provavelmente é que eles acham a sensação agradável.

# Por que Alguns Cães Arrastam o Traseiro no Chão?

De vez em quando, pode parecer que seu cão está sentado e então de repente se arrasta de um lado para o outro pelas patas dianteiras, com o traseiro no chão. Parece que ele está tentando limpar (ou coçar) o traseiro. Isso pode significar que suas glândulas anais — pequenos sacos de odor logo na entrada do reto — estão cheias e precisam ser esvaziadas. Para isso, é preciso levá-lo ao veterinário para que ele possa espremer estas glândulas. Em algumas raças, estas pequenas glândulas devem ser esvaziadas umas duas vezes por mês. Em outras, nunca.

Outra razão para este comportamento são as solitárias. Os segmentos do verme são empurrados para fora pelo reto e irritam o cão. Para se livrar deste segmento, ele raspará seu reto no carpete ou na grama lá fora. Se acha que seu cão tem vermes, visite o veterinário e deixe que ele faça o diagnóstico.

# Por que os Cães Rodam em Círculos Antes de Deitar?

Na natureza, os cães têm que amassar o capim para fazer uma cama confortável para passar a noite. Mesmo que isso não seja mais necessário, o comportamento é instintivo. Ainda vemos cães rodando em círculos antes de deitar nas camas deles. O comportamento é inofensivo — deixe que ele seja um cão.

Pode ser preciso intervir se o cão começar a rasgar as suas cobertas ou o sofá. Se isso acontecer, não permita que o cão suba na cama ou no sofá, ou considere cobri-los com algo que você não se importe que ele destrua.

> **NESTE CAPÍTULO**
>
> Entendendo o segredo para ensinar truques
>
> Experimentando truques úteis e divertidos

# Capítulo 23
# Dez (ou Quase) Truques e Jogos Divertidos

Todo cão bem treinado conhece um ou dois truques que podem impressionar amigos e familiares da mesma forma. Os truques que você pode ensinar para o filhote podem ser simples ou complexos dependendo do impulso do seu cão e dos seus interesses.

Um dos truques mais impressionantes, pelo menos até você entender como ele funciona, requer um cão que goste de buscar objetos ao seu comando. Outros não requerem nada além de um simples "Fica", mas para um não iniciado, eles são igualmente impressionantes. Este capítulo oferece apenas alguns deles para você começar.

LEMBRE-SE

O segredo para ensinar truques com sucesso é o sequenciamento. Sequenciamento significa dividir o que você quer ensinar para seu cão em componentes pequenos suficientes para que ele consiga aprender, até levar ao produto final. Por exemplo, se quiser ensinar seu cão a "Dá a Pata" ou o "Toca aqui", comece pegando a pata de Buddy na sua mão com o comando que quer usar, elogie e o recompense. Depois, ofereça a palma da sua mão, e assim por diante.

Neste capítulo, contamos com a valorosa contribuição de Mary Ann Rombold Zeigenfuse, uma das principais instrutoras de nosso acampamento anual de adestramento e adestradora de Millie, a cachorra do ex-presidente George H. W. Bush e de sua esposa, Barbara Bush. Ela é autora de *Dog Tricks: Step by Step* ("Truques Caninos: Passo a Passo", em tradução livre — Howell Book House, Inc.), mantendo a tradição de todos que se envolvem com assuntos da Casa Branca, não importa quão remotamente, de escrever livros.

## ENSINANDO TRUQUES BASEADOS NA PERSONALIDADE DO SEU CÃO

Quando decidir o tipo de truque que quer ensinar para Buddy, mantenha em mente o Perfil de Personalidade dele (veja o Capítulo 5). Truques como "Toca aqui" ou Rolar são mais fáceis com cães com baixo impulso de luta e não tão fáceis para aqueles com este impulso alto. Um cão com alto impulso de luta não demonstra tanta submissão — isso está abaixo da dignidade deles.

Cães com alto impulso de luta podem aprender alguns truques, mas os da categoria dos jogos. Esses cães têm um alto nível de confiança, portanto, são ótimos no jogo de esconde-esconde, em que você se esconde e o cão tem que o achar, ou em jogos de pescar maçãs com a boca, cabo de guerra ou saltar os seus braços. Todos eles requerem confiança e são excelentes para gastar a energia do impulso de luta.

Truques rapidamente aprendidos por cães com baixo impulso de luta incluem:

- "Toca aqui"
- Rolar
- Fingir de Morto

Truques rapidamente aprendidos por cães com alto impulso de caça incluem:

- Encontrar (as chaves, a carteira, ou qualquer coisa) (o cão precisa saber buscar e trazer objetos)
- Saltar entre os braços ou Aro

Truques rapidamente aprendidos por cães com alto impulso de matilha incluem:

- Não Cruze Esta Linha ou Fique até eu Mandar Sair
- Tem Comida no Seu Focinho

# "Dá a Pata" e "Toca Aqui"

Nesta seção, mostramos como ensinar Buddy a "Dá a Pata" e depois acrescentar o "Toca Aqui" para um charme extra. Este exercício tem quatro sequências. As Sequências 1 a 3 ensinam o "Dá a Pata", e a Sequência 4 acrescenta o "Toca Aqui". O objetivo é ensinar Buddy a levantar a pata dianteira o mais alto que ele puder sob seu comando.

O objetivo da Sequência 1 é apresentar ao seu cão o conceito do exercício: dar a pata. Veja o que deve fazer:

1. **Sente seu cão na sua frente.**

2. **Reduza sua postura corporal, ajoelhando ou agachando na frente do seu cão para que você não se curve ou penda sobre ele.**

3. **Ofereça a ele a palma da sua mão na altura do meio do peitoral do cão, e diga: "Dá a pata", ou, "Toca aqui", ou qualquer comando que queira utilizar.**

4. **Pegue no cotovelo da perna dianteira dominante e levante-a cerca de 5cm do chão.**

   Se você não sabe qual é o lado dominante do seu cão, ele rapidamente lhe mostrará.

5. **Deslize sua mão até a pata e gentilmente a balance.**

6. **Elogie-o com entusiasmo ao balançar a pata dele.**

7. **Recompense-o e libere-o com um "Ok".**

8. **Repita esta sequência cinco vezes ao longo de três sessões para acostumar o cão ao exercício e a ouvir seu comando.**

O objetivo da Sequência 2 é que o cão levante a pata. Siga os passos a seguir:

1. **Sente o cão na sua frente e reduza sua postura corporal.**

2. **Ofereça a palma da sua mão na altura do meio do peito do cão, e diga: "Dá a Pata", ou, "Toca Aqui."**

   Pausa. Você está esperando algum tipo de resposta. Se nada acontecer, toque o cotovelo dele e ofereça a palma novamente. Dê a ele a chance de erguer a pata.

3. **Quando ele levantar a pata por conta própria, pegue-a, elogie-o, recompense-o com entusiasmo e libere-o.**

4. **Se nada acontecer, pegue a pata dele, elogie-o, recompense e o libere.**

CAPÍTULO 23  **Dez (ou Quase) Truques e Jogos Divertidos**    385

**LEMBRE-SE**

Permaneça na Sequência 2 até que o cão esteja levantando a pata do chão quando mandando para que você possa segurá-la. Passe para a Sequência 3 quando seu cão estiver pronto.

O objetivo da Sequência 3 é o cão colocar a pata na sua mão.

1. **Sente seu cão na sua frente e reduza sua postura corporal.**
2. **Ofereça a ele sua mão com o comando "Toca Aqui" ou "Dá a Pata".**

    Neste ponto, ele deveria colocar a pata dele na sua mão. Elogie-o, recompense-o com entusiasmo e libere-o.

3. **Se nada acontecer, volte para a Sequência 2.**

**LEMBRE-SE**

Permaneça nesta sequência até que o cão coloque a pata em sua mão prontamente e sem hesitação. Então, se quiser ensinar ao cão o "Toca Aqui" para impressionar, passe para a última sequência.

O objetivo da Sequência 4 é fazer com que o cão levante a pata o mais alto que puder. Siga os passos a seguir:

1. **Sente o cão na sua frente e reduza sua postura corporal.**
2. **Ofereça a ele sua mão com o comando "Toca Aqui" ou "Dá a pata".**

    Neste ponto, o cão já deve estar colocando a pata em sua mão. Quando ele o fizer, elogie e recompense-o com entusiasmo e o libere. Se não, volte para a Sequência 3.

3. **Levante a mão 5cm de cada vez, até que tenha chegado ao limite do cão (se o cão é um Yorkshire, esse já é o limite).**

    Depois de várias repetições, seu cão levantará a pata o máximo que puder. Elogie, recompense e o libere.

# A Outra Pata

Este truque é uma extensão do "Toca Aqui" ou "Dá a pata" da seção anterior. Ele segue as mesmas sequências, exceto que você quer que seu cão dê a outra pata. O que você verá depois que o cão aprender o "Toca Aqui" ou "Dá a pata" é que assim que oferecer sua mão o cão dará a pata sem esperar o comando.

Você utilizará as mesmas sequências do exercício "Toca aqui". A única diferença é que apontará para a pata que quer que o cão levante, ou seja, a outra pata, e usará um novo comando como "A Outra" (ou qualquer outro que preferir). Buddy entenderá rapidamente a diferença porque ele não ganhará recompensa a não ser que ele lhe dê a pata correta. Este truque vai impressionar seus amigos e vizinhos do quanto Buddy é esperto.

# Rolar

Rolar é sempre um dos favoritos. Ele requer que o cão deite no chão e role completamente para os lados. Como pré-requisito, o cão deve saber como deitar sob comando (veja o Capítulo 9 para mais detalhes sobre o comando "Deita"). Este truque contém três sequências até chegar ao truque final.

O objetivo com a Sequência 1 é fazer com que seu cão role com uma pequena ajuda sua. Faça o seguinte:

1. **Coloque seu cão na posição deitado, sob comando ou com uma recompensa.**

2. **Reduza a postura corporal, ajoelhando ou agachando na frente do cão para que você não fique se curvando ou pendendo sobre ele.**

3. **Segure a recompensa de modo que seu cão tenha que olhar por sobre o ombro dele enquanto está deitado no chão.**

4. **Diga "Rola" e lentamente faça um pequeno círculo ao redor da cabeça dele, mantendo a recompensa próxima do nariz dele.**

5. **Com sua outra mão, gentilmente ajude seu cão a rolar para a direção que você quer que ele role.**

   Quando o cão tiver rolado completamente, elogie com entusiasmo, recompense e libere-o com "Ok".

6. **Repita os Passos 1 a 5 até que seu cão esteja completamente relaxado com você ajudando-o a rolar.**

O objetivo para a Sequência 2 é fazer com que seu cão role por conta própria.

1. **Coloque seu cão na posição deitado, sob comando ou com uma recompensa.**

2. **Reduza a sua postura corporal.**

3. **Diga "Rola" e faça com que ele siga a recompensa sem nenhuma ajuda sua.**

   Quando ele fizer isso, elogie, recompense e o libere. Se não obedecer ou precisar de muita ajuda, volte para a Sequência 1.

4. **Repita até que ele role com pouca orientação de sua parte.**

CAPÍTULO 23 **Dez (ou Quase) Truques e Jogos Divertidos** 387

O objetivo na Sequência 3 é fazer com que seu cão role sob comando. Ao seguir estes passos para ajudar Buddy a executar o truque final não segure o petisco na mão, mas esteja preparado para recompensá-lo imediatamente assim que ele obedecer corretamente:

1. **Diga "Deita" e então "Rola".**

   Nas primeiras vezes que fizer isso, você pode ter que utilizar o mesmo movimento que faria com as mãos se tivesse uma recompensa na mão. Elogie, recompense e libere o cão quando ele fizer o truque corretamente.

2. **Reduza o movimento da mão até que ele faça este comando sozinho.**

3. **Elogie-o com entusiasmo e recompense quando ele fizer o truque com o comando.**

LEMBRE-SE

Depois que seu cão tiver dominado este truque, ele irá lhe oferecer este comportamento toda vez que quiser uma recompensa. Infelizmente, você não pode recompensá-lo por isso — ele agora está adestrando você a dar uma recompensa quando ele mandar.

# Fingir de Morto

Este truque é um velho favorito e é uma extensão lógica do comando Rolar. Ele consiste em mirar o dedo indicador para o cão e "atirar" em seu cão sob um comando como "Bang" ou "Morto" e seu cão deve cair deitado de lado ou de barriga para cima e se fingir de morto. Este truque é ensinado em três sequências separadas.

LEMBRE-SE

Você pode ensinar este truque para cães com baixo impulso de luta. Se seu cão tem alto impulso de luta, não perca seu tempo.

O objetivo da Sequência 1 é fazer com que seu cão deite de lado ou de costas.

1. **Com uma recompensa na mão que segura a "arma", mande o cão deitar.**

2. **Incline-se sobre seu cão e em um tom de voz grave diga "Bang", apontando o dedo indicador para ele.**

   Se ele demonstrar muitos comportamentos de fuga, rolará de lado ou de barriga para cima.

3. **Elogie-o e dê a ele uma recompensa enquanto ele estiver naquela posição, e então libere-o com um "Ok".**

Se ele não rolar para o lado ou ficar de costas, utilize a recompensa como você utilizou para o comando "Rola". Então elogie-o, recompense e o libere.

**4.** **Repita esta sequência até que seu cão responda ao comando "Bang".**

O objetivo na Sequência 2 é fazer seu cão fingir-se de morto a partir da posição sentado ou de pé.

**1.** **Chame a atenção do seu cão chamando o nome dele.**

**2.** **Incline-se até seu cão e em um tom de voz grave diga "Bang" apontando o dedo indicador para ele.**

Se ele deitar e fingir-se de morto, elogie, recompense e o libere. Caso contrário, mostre para ele o que você quer colocando-o na posição de "morto". Elogie, recompense e o libere.

**3.** **Repita esta sequência até que ele responda ao comando "Bang" a partir da posição sentado ou de pé.**

A Sequência 3 mostra como ensinar o cão a fingir de morto à distância.

**1.** **Com seu cão a cerca de 60cm de você, chame-o pelo nome e dê o comando "Bang" apontando o dedo para ele.**

Se ele responder, elogie, vá até ele, recompense e então o libere. Se não, mostre a ele o que você quer e comece novamente.

## USANDO O COMPORTAMENTO NATURAL DO SEU CÃO A SEU FAVOR

DICA

Ensinar a Buddy truques que utilizem suas tendências naturais geralmente facilita o adestramento. Se seu cão tem hábitos peculiares, talvez eles possam ser transformados em um truque divertido. Ao observar o comportamento que quer transformar em truque, diga ao cão como ele é esperto e lhe dê uma recompensa.

Por exemplo, ao ver Buddy fazer reverência (pernas direitas abaixadas e esticadas na frente dele e as pernas traseiras de pé), se quiser que ele transforme este comportamento em um truque, elogie o cão ao vê-lo fazer o movimento e lhe dê uma recompensa. Depois, dê ao comportamento um nome, como "Reverência". Ao vê-lo fazer o movimento, diga o comando, elogie e o recompense. Não demorará muito antes que Buddy responda ao comando. Outro exemplo é o "Senta e Pede", que é o favorito de uma das nossas Dachshunds, que costuma sentar e pedir toda vez que quer um petisco. Ela agora é raramente recompensada pelo comportamento, mas não desiste de tentar.

2. Repita esta sequência aumentando gradualmente a distância para cerca de 1,80m.

Esta última sequência é rápida, pois o cão já aprendeu a responder ao comando e ao sinal "Bang". Aumente gradualmente o tempo entre a resposta do cão e o elogio, a recompensa e a liberação do cão até chegar a 30 segundos. Depois, comece a recompensá-lo aleatoriamente.

# Encontrar Objetos

O truque "Encontra" é um dos mais impressionantes que você pode ensinar a Buddy. Ele combina o "Busca" com o uso do nariz do cão para diferenciar artigos. É um truque de salão superlegal que irá impressionar e maravilhar seus amigos. Mostramos três sequências para ajudar você a ensinar este truque para Buddy. Para saber mais sobre como ensinar o cão a "Buscar", veja o Capítulo 15.

O objetivo da Sequência 1 é seu cão buscar algo seu, como suas chaves.

1. **Pegue um chaveiro de plástico ou couro e coloque algumas chaves nele.**

    Usar algo de plástico ou couro torna mais fácil para seu cão pegar e carregar.

2. **Faça com que seu cão fique empolgado em relação às chaves e jogue--as um pouco à sua frente com o comando "Encontra".**

    Quando ele trouxer o chaveiro de volta, elogie, recompense e libere o cão com "Ok". Caso contrário, reveja as primeiras sequências do comando "Buscar" (veja o Capítulo 15).

3. **Repita a sequência até que o seu cão prontamente leve as suas chaves para você.**

PAPO DE ESPECIALISTA

A habilidade do cão de diferenciar cheiros é bem mais apurada que a nossa. O cão pode aprender a identificar qualquer número de objetos pelo cheiro, incluindo um vazamento subterrâneo de gás.

O objetivo da Sequência 2 é o seu cão achar suas chaves.

1. **Diga para seu cão "Fica" e, com ele olhando para você, coloque as chaves no canto de uma poltrona ou sofá.**

    Se ainda não lhe ensinou o comando "Fica", veja o Capítulo 9.

2. **Volte para seu cão e mande-o até as chaves com o comando "Encontra".**

    Elogie, recompense e libere o cão quando ele retornar com suas chaves.

3. **Repita esta sequência várias vezes, cada vez alterando um pouco a localização, para que Buddy se acostume a procurar as chaves.**

O objetivo da Sequência 3 é fazer Buddy encontrar suas chaves utilizando o focinho. Esta sequência é o coração do truque e a parte realmente divertida.

1. **Dê o comando "Fica" e, sem que o cão veja, coloque as chaves no chão, ao lado do batente da porta de outro cômodo.**

2. **Volte para seu cão e dê o comando "Encontra", apontando para as chaves.**

   O que você quer que ele faça é encontrar suas chaves ao retraçar seus passos, usando o focinho para localizar as chaves.

3. **Elogie com entusiasmo, recompense e libere o cão quando ele entregar as chaves.**

DICA

Ao longo de várias sessões, torne o jogo "Encontra" cada vez mais difícil. Por exemplo, uma busca razoavelmente difícil envolveria você indo para um quarto, saindo novamente, indo para outro quarto e colocando as chaves atrás do cesto de lixo. Toda vez que o cão não conseguir encontrá-las de jeito nenhum, ajude-o mostrando onde as colocou. Lembre-se de elogiá-lo e recompensar as respostas corretas, embora você não tenha mais que fazer isso todas as vezes.

Por muitos anos, este tem sido nosso truque favorito. Como qualquer bom truque, é desconcertante se você não sabe como ele funciona e ainda assim é incrivelmente simples para o cão. Ele começa com o conhecimento de que o olfato do cão é bem mais poderoso que o dos humanos e que ele está apto a diferenciar cheiros. Ele sabe precisamente a diferença entre você e qualquer outra pessoa. Armado com este conhecimento, você está pronto para embasbacar qualquer pessoa ingênua o bastante para desafiar Buddy.

Veja este jogo divertido para fazer com seu cão:

1. **Dobre uma nota de dois reais, coloque-a no chão e faça com que seu cão a busque com o comando "Encontra".**

2. **Peça para um ajudante, como uma pessoa da família, para também dobrar uma nota de dois reais.**

3. **Coloque as notas no chão a cerca de 15cm uma da outra e mande o cão até as notas com o comando "Encontra".**

   Neste ponto, as probabilidades são melhores que 50% de que ele entregue a sua nota de dois reais. Se ele a levar, elogie e o recompense. Se ele entregar a nota errada, apenas tire-a dele e envie-o novamente para pegar a correta.

4. **Repita até que você tenha certeza de que ele está usando o focinho para identificar a sua nota de dois reais.**

CAPÍTULO 23 **Dez (ou Quase) Truques e Jogos Divertidos** 391

5. **Peça que o ajudante acrescente mais uma nota de dois reais.**

   Cada vez que seu cão for bem-sucedido, faça com que seu ajudante acrescente outra nota de dois reais até que haja um total de dez notas para escolher. Enquanto Buddy estiver aprendendo este truque, ele irá ocasionalmente cometer um erro e pegar a nota errada de volta. Tire-a dele e mande-o novamente com um "Encontre". Recompense cada resposta correta. Lembre-se: você precisará substituir as notas erradas que o cão lhe entregar, pois agora elas terão a saliva dele nelas.

HISTÓRIA DE SUCESSO

A parte divertida é quando você muda o valor da nota e envolve outras pessoas. Digamos que você tenha meia dúzia de visitantes. Durante uma pausa na conversa, diga: "Você sabia que nosso cão pode diferenciar uma nota de vinte reais de uma de dois reais?" É claro que ninguém acreditará em você. Então pegue a nota de vinte e pergunte: "Alguém tem notas de dois reais?" Dobre sua nota de vinte e faça com que os outros dobrem suas notas. Então deixe que Buddy faça o número dele. Uma variação é pedir para outra pessoa uma nota de vinte, combinando que, se seu cão a pegar, você ficará com ela. Naturalmente, só você poderá manusear aquela nota de vinte, e a pessoa que contribuiu com essa nota não poderá contribuir com nenhuma outra. Boa sorte!

# Saltando Através de Aros e dos Seus Braços

Um bambolê é um ótimo objeto para este truque, que é adequado para cães de pequenos a médios. Primeiro, ensine seu cão a saltar através do arco e então por seus braços. Comece pegando um arco de tamanho adequado ao tamanho do seu cão e depois use as três sequências a seguir.

O objetivo da Sequência 1 é que seu cão pule através do arco com a guia.

1. **Coloque o arco no chão e leve seu cão até ele para examiná-lo.**

   Vá devagar neste passo para que Buddy possa cheirar o arco e não tenha medo dele.

2. **Coloque o cão na guia e caminhe com ele sobre o arco.**

3. **Levante o arco e deixe a parte de baixo encostada no chão.**

4. **Passe a guia pelo arco e encoraje seu cão a saltar através dele usando o comando "Salta".**

   Você pode utilizar uma recompensa para fazer ele passar pelo arco. Repita até que seu cão passe prontamente pelo arco com o comando "Salta". Elogie, recompense e libere o cão com "OK" nas tentativas bem-sucedidas.

**5.** **Passe a guia pelo arco e erga-o a alguns centímetros do chão.**

Se necessário, use uma recompensa para fazê-lo atravessar e então elogie-o com entusiasmo. À medida que seu cão ganhar confiança, comece a erguer o arco em aumentos de 5cm até que a parte de baixo esteja no nível dos olhos dele.

O objetivo da Sequência 2 é fazer seu cão pular pelo arco sem a guia.

**1.** **Tire a guia e coloque o arco na frente dele, não mais alto que a altura dos joelhos dele.**

**2.** **Diga "Salta" e permita que o cão salte através do arco.**

Elogie e recompense-o com um petisco. Repita, mas mude a posição do arco para que o nível da parte de baixo seja o dos cotovelos dele e depois os ombros. A altura máxima do arco depende do tamanho e das habilidades atléticas do seu cão.

CUIDADO

Lembre-se de que ao chegar à altura do nível dos ombros (do cão e não os seus), você precisará de uma superfície com boa tração, da qual o cão possa saltar e pousar em terra firme. Grama molhada e chãos escorregadios não são boas superfícies para este truque, a não ser que seu cão estrele um programa de vídeos engraçados.

**3.** **Ensine seu cão a pular enquanto você gira o bambolê no próprio eixo.**

Primeiro, gire-o sobre o eixo lentamente e vá aumentando a velocidade, mas nunca tão rápido a ponto de o cão perder o interesse ou não poder continuar.

Com os passos da Sequência 3 a seguir, seu cão aprende a saltar através dos seus braços:

**1.** **Repita o exercício, fazendo seu cão saltar através do arco no nível dos ombros dele várias vezes e então guarde o arco.**

**2.** **Agache-se e permita que seu cão veja você colocar uma recompensa no local em que ele irá aterrissar.**

**3.** **Faça um círculo com seus braços para um lado.**

Mantenha a parte superior do seu corpo reta.

**4.** **Diga ao cão para "Saltar" e quando ele pular elogie e diga o quanto ele é esperto.**

LEMBRE-SE

Passar ao seu lado para chegar até a recompensa não é o objetivo e você precisa pegar a recompensa antes dele. Depois, tente novamente. Não demorará muito para ele entender que o único caminho até a recompensa é através dos seus braços. Pare depois de ele ter conseguido.

CAPÍTULO 23  **Dez (ou Quase) Truques e Jogos Divertidos**    393

Continue trabalhando na Sequência 3 até que o seu cão pule através dos seus braços toda vez que você fizer o círculo.

# Não Cruze Esta Linha

Este truque é uma extensão das boas maneiras em escadas e portas (veja o Capítulo 9). Sua aplicação mais útil é manter o cão fora de um ou de mais cômodos da casa, tanto temporária como permanentemente. Use quatro sequências para ensiná-lo.

LEMBRE-SE

Pelo fato do "Não Cruze Esta Linha" ser uma boa revisão para as boas maneiras em escadas e portas, lembre-se de que é preciso liberar o cão para passar pela porta ou para subir e descer escadas. Se você relaxar em relação a isso, seu cão vai começar a se liberar sozinho, destruindo o objetivo do adestramento.

O objetivo da Sequência 1 é revisar as boas maneiras em portas na guia.

**1. Utilize o comando "Fica" ou "Espere".**

Coloque a guia no seu cão.

**2. Ande em direção à porta da frente, diga "Fica" e abra a porta.**

Certifique-se de que a guia esteja frouxa e de que você não esteja segurando Buddy. Se ele começar a cruzar a soleira da porta, dê um puxão na guia para puxá-lo de volta.

**3. Feche a porta e comece novamente.**

Pelo fato de já ter ensinado a ele a sentar perto da porta antes de liberá-lo, esta revisão com a guia será rápida.

**4. Repita até que ele comece a hesitar em passar a soleira da porta.**

O objetivo da Sequência 2 é fazer com que seu cão aprenda a cruzar a soleira da porta com a sua permissão.

**1. Ande em direção à porta da frente, diga "Fica", e abra a porta.**

**2. Espere um breve momento e então diga "Ok", e cruze a soleira da porta com o cão.**

Com a Sequência 3, seu objetivo é que você passe a soleira da porta e o seu cão não.

**1. Aproxime-se da porta e a abra.**

**2. Diga "Fica" e passe pela soleira da porta.**

Se ele tentar segui-lo, puxe-o de volta estendendo seu braço pela porta, e então feche a porta na guia.

3. **Abra a porta, mas não deixe ele sair até que você diga "Ok", e então o elogie.**

Seu objetivo na Sequência 4 é revisar as Sequências de 1 a 3 ao voltar para casa.

DICA

Você pode aplicar o mesmo princípio para um ou mais cômodos da casa. Como um truque, você pode ensinar o seu cão desenhando uma linha no chão, para usá-la como limite. Depois que o cão captar o princípio básico, ele entenderá qualquer coisa que você não queira que ele cruze.

# Tem Comida no Seu Focinho

Este truque é bonitinho. Ele envolve equilibrar um pedaço de petisco no focinho de Buddy até que você diga "Ok". Alguns cães ainda o arremessam e pegam o petisco no ar.

Seu objetivo na Sequência 1 é ser capaz de pousar a mão fechada sobre o focinho do cão para que possa colocar o petisco. Se já ensinou seu cão a Buscar, ele já sabe fazer isso (veja o Capítulo 15).

1. **Sente seu cão e o acaricie por alguns segundos.**

2. **Coloque sua mão sobre o focinho, da mesma maneira que faz para o comando "Busca".**

3. **Ajoelhe ou agache na frente do seu cão e mantenha a parte superior do seu corpo reta.**

   Com a outra mão, segure um petisco perto do focinho do cão e faça com que ele fique focado na recompensa.

4. **Libere-o com um "Ok" e dê a ele a recompensa.**

5. **Repita até que você possa pousar a mão sobre o focinho enquanto ele se concentra na recompensa.**

O objetivo da Sequência 2 é colocar a recompensa no focinho dele.

1. **Gentilmente, segure o focinho dele e coloque a recompensa sobre o nariz do cão em frente ao seu dedão.**

2. **Diga para ele "Fica" ou "Espera" e então o libere.**

   A recompensa irá cair ou ser lançada para o alto.

O objetivo da Sequência 3 é aumentar o tempo que o cão equilibra a recompensa.

1. **Comece segurando o focinho dele antes de colocar a recompensa ali.**

2. **Diga "Fica" e faça com que o cão equilibre a recompensa por dez segundos, e então o libere.**

3. **Repita e aumente o tempo para 20 segundos.**

Com a Sequência 4, seu cão deve equilibrar o petisco sem a sua ajuda:

1. **Coloque a recompensa sobre o focinho dele e então lentamente afaste a mão, lembrando-o de ficar.**

2. **Faça com que ele se concentre no seu dedo indicador segurando o dedo na frente do focinho.**

3. **Espere alguns segundos e libere o seu cão.**

Você pode agora aumentar gradualmente o tempo que ele equilibra a recompensa antes de você liberá-lo, assim como gradualmente aumentar a distância do seu dedo indicador do focinho do cão.

E se ele largar ou arremessar a recompensa antes de você dizer "Ok"? Se não conseguir pegar a recompensa antes do cão, reduza o tempo e a distância até que ele esteja confiável novamente. Depois, aumente gradualmente o tempo e a distância.

# Reverência ou Agradeça

Os artistas habitualmente fazem uma reverência depois da performance para agradecer os aplausos da audiência. Este truque ensina o seu cão a agradecer depois de ter executado os truques que você ensinou a ele.

Para este truque, seu cão deve saber o comando "Deita" e o comando "De Pé". Revise as progressões para ensinar o comando "Deita" no Capítulo 9 e as progressões para ensinar o comando "De Pé" no Capítulo 14. Apresentamos três sequências para ajudar você a ensinar o seu cão a fazer a reverência.

O objetivo da Sequência 1 é mostrar a Buddy o que você quer que ele faça.

1. **Dê o comando "Abaixe".**

    Com um cão pequeno, você pode ensinar este truque em cima de uma mesa (veja o Capítulo 13 para mais informações).

2. **Coloque sua mão esquerda, com a palma para baixo, debaixo da barriga do seu cão com uma pequena pressão para trás contra as pernas traseiras.**

3. **Coloque sua mão direita por dentro da coleira, debaixo do queixo dele.**

4. **Diga "Agradeça" ou "Reverência" e aplique uma pequena pressão para baixo na coleira.**

   Você quer que Buddy abaixe a parte da frente e permaneça em pé com a parte traseira. Se ele não entender o conceito, utilize uma recompensa para fazê-lo abaixar a parte dianteira, mantendo sua mão esquerda no lugar para manter a parte traseira de pé. Quando ele conseguir, elogie e o libere.

5. **Pratique esta sequência até que ele abaixe a parte dianteira sob comando com uma pressão mínima para baixo na coleira.**

   Elogie-o com entusiasmo para cada repetição bem-sucedida.

O objetivo da Sequência 2 é que Buddy abaixe a parte dianteira sem a mão na coleira.

1. **Coloque o cão de pé, mantendo sua mão esquerda debaixo da barriga dele.**

2. **Diga "Agradeça" ou "Reverência" e bata levemente a mão no chão na frente dele com sua mão direita.**

   Quando ele abaixar a parte dianteira, elogie e o libere. Pratique várias vezes até que ele obedeça ao comando sem você bater a mão no chão.

O objetivo da Sequência 3 é que Buddy faça a reverência só com o comando.

1. **Coloque o cão de pé, aponte para o chão na frente dele com sua mão esquerda e diga "Agradeça" ou "Reverência".**

   Quando ele obedecer, elogie e o libere. Se ele tentar deitar, segure a parte traseira dele com sua mão esquerda. Pratique até que ele não tenha mais que ser apoiado na parte traseira.

2. **Finalmente, quando ele fizer a reverência com o comando, diga "Fica" e libere-o depois de alguns segundos.**

   Esteja preparado para os aplausos da audiência.

398     PARTE 6  **A Parte dos Dez**

# Índice

## A

abordagem de ignorar, para parar o comportamento de pular, 214–215
abordagem do joelho, para parar o comportamento de pular, 214–215
abrigos de animais, 213–214
acampamento para cães, 355–356
acidentes, adestramento sanitário, 167
ácido ribonucleico (RNA), 343
Aconite (remédio homeopático), 318
acupuntura, 322
adestrador particular, contratação, 354–355
Adestramento
    ajuda profissional, 349–355
    clicker, 219
    para estimulação mental, 209
    para lidar com agressão, 308–311
    reforço, 261–262
Adestramento sanitário
    acidentes, lidando com, 167
    adestramento na gaiola/caixa de transporte, 162–163
    área do banheiro, designando a, 165–166
    banheiros internos portáteis, 167
    cronograma para o banheiro, 165–166
    frequência de eliminação, 164
    recolhendo as fezes, 168–170
    regressões, 167
    uso de cercados, 168–170
Afghan Hound, 53, 67, 261, 370
agility, 366–368
Agility Excellent (AX) título, 367
Agradeça (truque), 396–397
Agressão
    causas de, 303–304, 314
    definição, 299

direção, 301–302
em relação a outros cães, 306, 314, 316
impulso de caça, 304–306
impulso de defesa, 300
impulso de matilha, 311–314
lidando com, 303–314
mordedores por medo, 315–316
reforço do comportamento, 300
sinais de, 300
tigela de comida, 314–315
água
    adestrador particular, 354–355
    adestramento de cães, 355–356
    curso de adestramento de obediência, 350–353
alimentação
    caseira, 208
    comportamento de assaltar bancada, 216–217
    crua, 340–341
    desidratada, 208–209
    escolhendo, 208–209
    gatos, 283
    mudando, 321
    na gaiola/caixa, 162
    Natural Diet Foundation (NDF2), 340–341
    para os cães mais velhos, 341–343
    proteína, 208–209
    ração comercial seca, 208–209
alimentos crus, 340–341
alongamento
    na cabeça e pescoço, 336
    na mesa, 337
ambiente
    agressão e, 303–304
American Animal Hospital Association, 83

American Boarding Kennel Association, 96
American Kennel Club (AKC)
    Bom Cidadão Canino (CGC), programa, 230–239
    Classe Iniciante, 263
    Eventos de performance, 241–242
    Registros, 241
    regulamentos de obediência, 242, 254
    S.T.A.R. programa para filhotes, 227, 228–229
    títulos de agility, 367
    títulos de obediência, 242
    website, 242, 244
amostra de fezes, 158
anestesia, 345
Animal Behavior Clinic, 96
ansiedade
    comportamento de mastigação e, 220
    de separação, 318–320
    latidos e, 218
    visitas ao veterinário, 329
ansiedade da separação, 318–320
antibióticos, 321, 343
A Outra Pata (truque), 386–387
armadilhas do adestramento
    adiar o adestramento básicoadiar o adestramento básico, 360
    atender a pedidos de atenção, 360
    correr atrás do seu cão, 363
    eliminação de recompensas, 361
    esperando muito; rápido demais, 363–364
    esquecer de liberar do comando "Fica", 361
    princípio da coerência, ignorando, 364
    punir depois do comando "Vem", 362–363
    repetição de comandos, 362
    utilizar o nome como comando, 361
artrite, 342, 343
atenção
    focada em você, 248

latidos, 218
lidando com o comportamento para ter atenção, 360
atividades desportivas
    cães de assistência, 374–375
    cães de detecção, 374
    cães de serviço, 373–375
    competições de caça, 369
    competições de campo, 369
    eventos de agility, 366–368
    flyball, 372
    freestyle, 372
    mergulho de deque, 373

## B

"Bang", comando, 389
Banho, 344–346
Basset Hound, 53, 133
Beagle, 374
Bloodhound, 53
boas maneiras em escadas, 188
boas maneiras em portas
    ensinando, 186–187
    veículo, 324–325
boca
    abrindo, 286
    certificado, 227
    exercícios exigidos, 230–235
    falha, 240
    preparação para o teste, 236–238
    tirando um objeto da, 308
    vindo quando chamado (teste 7), 234
brinquedo de puxar, 309
Brinquedos
    brinquedos para mastigar, 168
    de mastigar, 168
    de puxar, 309
Bull Terrier Club of America, 219
Bull Terrier Inglês, 213
busca
    adestramento de perseguição, 293–296
    andando enquanto segura, 289–290

aplicações práticas, 293
com distrações, 294–296
Buster Cube, 339

## C

Cabo de Guerra (Jogo), 312
caçadores por visão
direcionamento com iscas e, 370
cadeiras de rodas, 348
cadeiras de rodas e carrinhos para, 348
cães mais velhos
ensinando, 174–175
exercício "Senta Longo", 279–280
na busca, 293
utilização, 174–175
calha, para o exercício "De Frente", 274–276
camas, para cães mais velhos, 347–348
câncer de próstata, 332
cão de apartamento, adestramento
sanitário, 168
Cão de Companhia, título
chamar de volta, 272–278
"De Pé" para exame, 264–269
exercícios de grupo, 279–280
"Junto" sem guia, 269–270
preparação para, 242–243
cão de detecção, 374
cão de serviço, 373–375
cão de terapia, 227, 375
Cão de Utilidade (Utility Dog), título, 242
cão guia, 374
cão híbrido, 241
cão mais velho
camas para, 347–348
cuidados de higiene, 344–346
exercícios para, 333–339
filhotes e, 346–347
necessidades de saúde e nutrição,
340–344
rampas para, 348
sinais de envelhecimento, 332–333
cão para pessoas deficientes, 374

cão policial, 371
carinho, sentando educadamente para
receber, 238
carne, na dieta, 208–209
carrapatos, 158
carrinhos, 348
castigo
depois que o cão vai até você, 198–199,
362–363
castração/esterilização, 332–333
cegos, cães guia para, 374
cercado, 168–170
cereais em alimentos para cães, 341
cetil miristoleato, 342
cheiradores de virilhas, 380
cistite, 321
Classe Iniciante
exercícios, 244–246, 263
pontuação, 244–245
Classe Pré-Iniciante, 243
clicker, adestramento com, 219
coerência/consistência
ignorando o princípio, 364
colostro, 342
comando "Busca", 293
comando "Dá
comando "Vai Deitar", 180–181
ensinando, 176–181
exercício "Deita Longo", 278–280
partes do exercício "Deita", 176
comando "Dá", 284–286
cães mais velhos, 337
comando "Deita–Fica", 180–181
driblando, 322–323
exercício da Classe Iniciante, 244–245
exercício "Deita Longo", 279–280
comando "De Pé", 266
comando "De Pé–Fica", 267
comando "Fica"
boas maneiras em portas e escadas,
186–187
entrar e sair de veículos, 324

Índice  401

esquecer de libertar o seu cão, 361

na busca, 293

no exercício de chamar de volta, 273

no teste de CGC, 234

reforço, 182–185

truque, 394–395

comando gaiola/caixa, 162

comando "Junto", 276–277

comando "Larga"

protocolo de ensino, 188–191

removendo o objeto da boca do cão, 307

testes, 191

comando "Pega", 293

comando "Pronto!", 246–252

Comandos

"Agradeça", 396–397

"Bang", 389

"Dá", 284–286

"Deita", 176–177, 337

"Deita–Fica", 280

"De Pé", 266

"De Pé–Fica", 267

"Encontre", 390–392

"Fica", 272, 293, 324–325, 394–395

"Junto", 246

"Larga", 188–191, 307

na gaiola/caixa, 162

Nome usado como, 361–362

"Pegue", 293

"Pronto!", 246

repetindo, 230, 362–363

"Rola", 387–388

"Salta", 392

"Segure", 288, 292

"Senta", 174, 292, 305

"Senta–Fica", 280

"Toque", 202–203

"Vai deitar", 180–181

"Vamos", 196

"Vem", 199–200, 272, 292, 306

comando "Segura", 288, 292

equipamento para adestramento, 282–283

frequência de prática, 286

objetos de metal, 283

paciência, 293

passos para o sucesso, 282

Pegar, ensinando, 290

sinal com as mãos, 293

trazendo de volta, 291

comando "Toque", 202–204

comando "Vá Deitar", 180–181

comando "Vamos", 196

comendo ervas daninhas e grama, 381

competições de performance, 241

comportamento

de fuga, 300–301, 306, 316

de luta, 300–301, 306, 384

impulso de caça, 304–305, 384

impulso de defesa, 300–301, 306–310

impulso de matilha, 254, 311–314, 384

intenção, 287

período, 212–213

comportamento de monta, 379–380

comportamento de perseguir e o, 304–305

distrações, 273

ensinando o, 198–201

na busca de objetos, 293

no exercício de chamar de volta, 273

punir quando vai, 362–363

comportamento instintivo

problemas de comportamento, 207–208

rolar nas coisas, 380

comportamentos de fuga, 300, 306, 316

paciência com, 329–330

comportamentos de luta, 300, 305–306, 384

comportamentos destrutivos, 319

continência urinária, 321

cordão umbilical, 271

correção

correndo atrás do seu cão, 363

402     **Adestramento de Cães Para Leigos**

cortando as unhas, 344

creches caninas, 327

cronograma para o banheiro, 165–166

cuidados com os dentes, 345

cuidados de higiene
   banho, 344–345
   cães mais velhos, 344–346
   das unhas, 344–345
   escovação, 344
   limpeza de orelha, 344–345
   limpeza dos dentes, 344–345

cursos de adestramento de obediência
avançado, 354
   cursos para filhotes, 353–354
   custo, 352
   desvantagens, 351
   local, 351–352
   observando uma aula, 351–352
   perguntas a fazer sobre, 352–353
   vantagens, 350–351

## D

Dachshund
   comportamento de escavação, 221, 370
   dos autores, 346, 347
   infecção renal, 314

deficiência nutricional, 219

deficientes auditivos, cães para, 374

"De Frente", no exercício de chamar de volta, 274–276

"Deita Longo"
   como exercício de controle de impulso, 176
   ensinando, 177–178
   exercício do Cão de Companhia, 278–280
   importância do exercício, 206–207
   lidando com a agressão com, 310
   quando praticar, 177

demarcação, 222–223, 379

dentes
   limpeza, 345

dentição, 219

"De Pé" para exame, 264–269

"De Ré", exercício, 334–335

dessensibilização, ansiedade de separação e, 319

direcionar com iscas, 370

dispensadores de petiscos, 339

distrações
   buscando com, 294–296
   comando "Pronto!", 252
   ir quando chamado, 273
   no teste do Bom Cidadão Canino (CGC), 236–237, 239
   passeando com o cão com, 194–195
   voluntárias, 279

Dobermann, 374

doença do carrapato, 158

doenças das gengivas, 345

duração do comportamento, 212–213

## E

efeito calmante da lavanda, 313

elogio, 174

Encontrar (jogo), 339

Encontre (truque), 390–392

energia, 303

enjoo de movimento, 326–327

enjoo no carro, 326–327

enzimas digestivas, suplemento, 342

equipamentos
   busca, 282–283

ervas daninhas, comer, 381

escovação, 344

estímulo mental, 209, 339

estômago, distúrbios de, 321

estranho amigável, aceitando, 238

exercício
   a falta de, adequado, 206–207
   comando "Fica", 273
   descrição, 272
   exercícios de controle de impulso, 174

Finalização, 276–277
indo com distrações, 273
necessidades da raça, 198
para lidar com a agressão, 308
parte "De Frente", 274–276
exercício Desenho do Oito, 257–260
exercício "Junto" livre, 245, 258
exercício "Junto" na guia, 254–257
exercício "Junto" sem guia, 269–270
expectativa de vida, 332
exposição de cães, , 246
exposição de conformação, 241

## F
fêmeas
esterilização, 332
fezes, comer, 158
Filhotes
apresentação, 346–347
condições de saúde, 158
curso de adestramento de obediência,
353–354
dentição, 219
mordidas, 158
socialização, 303
S.T.A.R., programa para filhotes, 227,
228–230
Finalização, exercício de chamar de volta,
276–277
Fingir de Morto (truque), 388–389
flyball, 372
focinho, 310–311
freestyle, 372
frutas na dieta, 340–341

## G
gaiola/caixa
alimentação na, 162, 314
no gerenciamento de problema de
comportamento, 221
uso no adestramento sanitário, 162–163

Galgo Italiano, 370
gatos, 283
giardíase, 328
glândulas anais, 382
Golden Retriever, 282, 374
grama, comer, 381
guia
como segurar, 193
ensinar a respeitar a, 194–195
Posição de Controle, 247–248

## H
haltere de madeira para buscar, 283

## I
Impulso
caça, 304–305, 384
defesa, 300, 306–310
matilha, 254, 311–314, 384
mudando a, 304
impulso de caça
agressão e, 304–305
buscando, 293
cavar, 221
gatilhos, 304–305
lidando com, 305
truques aprendidos pelos cães com, , 384
impulso de defesa
agressão, 300, 306–310
comportamento de luta, 300, 306, 384
comportamentos de fuga, 300, 306, 316
gatilhos, 308
lidando com, 308–311
mudando para motivação de matilha,
304, 306
impulso de matilha
agressão e, 311–314
exercício "Junto", 254
gatilhos, 312
lidando com, 313–314
trocando para impulso de defesa, 304, 306

truques aprendidos pelos cães, , 384

inaptidão, em competição de obediência, 253

incontinência, 321

inibição de mordida, 312

intenção do comportamento, 287

intoxicação alimentar, 381

## J

Jogo do Ioiô, , 280

jornal, adestramento sanitário usando, 168–170

"Junto"

apesar de distrações, 252–254

curvas, 256

Desenho do Oito, 257–260

em novos locais, 253

exercício "Junto" na guia, 254–257

exercício "Junto" sem guia, 269–270

mudança de ritmo, 256–257

para competições de obediência do AKC, 242

perna guia, 246

Senta Automático, 255

testando o entendimento do cão, 254

utilização do comando "Pronto!", 246–252

## K

Kong, brinquedos, 220

Kramer, Charles ("Bud") (adestrador), 366

## L

Labrador Retriever

cão de detecção, 374

cão guia, 374

dos autores, 346

Latir

em resposta a um estímulo, 218

para alguém na porta, 218–219

por atenção, 218

problema de comportamento, 217–219

liderança, 301

## M

machos

comportamento de demarcação, 222

Malinois, 304, 371

Master Agility (MX), título, 366–368

Mastigação

problema de comportamento, 220

troca de dentição, 220

mata-mosquito

parando o comportamento de assaltar bancadas, 216–217

parando o comportamento de pular, 214–215

maus hábitos, prevenção, 206–209

medo

agressão e, 315–316

de ruídos altos e trovão, 318

mergulho de deque, 373

montando na perna das pessoas, 382

mordida

agressividade, 301

filhotes, 158–160

por medo, 315–316

utilização de focinheira, 310–311

## N

Não Cruze Esta Linha (truque), 394–395

Nat Sulph (remédio homeopático), , 343

nome

uso como um comando, 361–362

Novice Agillity (NA) título, 366–368

Nutrição

cães mais velhos, 340–344

comportamento e, 208–209

proteína, 208–209

## O

obesidade, 340–341

objetos de metal, busca de, 283

óleo essencial de lavanda, 313

olfato, 374

O'Neill, Desmond (adestrador), 202

Open Agility (OA), título, 366–368

orelhas, limpeza, 344

ossos, 220

### P

paciência, 293

parque de cães, 328–329

parques, 328–329

passeio

    cães mais velhos, 337

    comando Vamos, 194–196

    distrações, 196–197

    puxar a guia, 193

    respeito à guia, ensinando, 194–196

    segurando um objeto, 289–290

    teste CGC com guia frouxa, 233

Pastor-Alemão

    adestramento Schutzhund, 371

    cães de detecção, 374

    cães de serviço, 373

    cães guia, 374

    mergulho de deque, 372–373

Pastor-Belga de Malinois, 304, 371

patas, manuseio, 239

percurso com isca, 370

    avaliador aprovado do Programa Bom Cidadão Canino, 228

    Schutzhund, adestramento, 371

    títulos de rastreamento, 369–370

Perfil de Personalidade

    gatilhos de agressão, 305

    truques com base no, , 384

perseguição

    no adestramento para buscar, 293–296

    razões para, 380

Pet Convincer, 316

Petzlife, 345

piscina, 337–338

piscinas de hidroterapia, 337–338

posição de controle, 247–248

posição "Junto", 248

problemas de comportamento

    assaltante de bancada, 216–217

    cavar, 221

    demarcação, 222–223

    encontrando um novo lar, 213–214

    latidos, 217–219

    mastigação, 219–220

    padrões críticos de comportamento negativo, 210

    prevenção, 206–210

    pula, 213–216

    síndrome do cão único, 207–208

    solucionando, 210–213

    tolerando, 210–213

proteína, 208–209

provas de campo, 369

pular

    através de um arco e dos seus braços, 392–394

    problemas de comportamento, 213–216

    razões para, 378

pulgas, 158

### R

raças mestiças, 241

rampas, 324, 348

Rastejar, exercício, 334

recompensa

    aleatória, 361

    comida de gatos, 283

    definição, 174

    eliminando cedo demais, 361

    reforço, 261–262

    reforço imunológico, suplemento, 342

removedor de tártaro, 345

Retrievers

    cães de detecção, 374

    mergulho de deque, 372–373

Reverência, 389

Rhus Tox (remédio homeopático), 381

rins

infecção, 314

ritmo, mudando o, 256–257

rodopiando antes de deitar, 382

rolando em coisas nojentas, 380

Rola (truque), 387–388

Rottweiler, 303, 374

ruídos altos, medo de, 318

## S

sabão, 348

saco de plástico, parando o comportamento de pular com, 214–215

Saluki, 370

sarna de ouvido, 344

saúde

agressão relacionada à, 302, 314

cães mais velhos, 340–344

cistite, 321

giardíase, 328

parques para cães e, 328–329

problemas de comportamento e, 208

Schutzhund, adestramento, 371

Senta automático, 255

Senta–Fica

Classe Iniciante, exercícios, 244–245

ensinando, 182–185

exercício "Senta Longo", 278–280

para lidar com comportamento de pular, 215–216

sem guia, 184–185

utilização, 182

"Senta Longo", exercício, 278–280

sequenciamento, 248, 383

sinais de envelhecimento, 332

síndrome do cão único, 207–208

socialização, 207–208, 303, 312

solidão

ansiedade da separação e, 318

comportamento de mastigação e, 220

problemas de comportamento e, 206

spray, parando o comportamento de pular com, 214–215

suplementos alimentares

enzimas digestivas, 342

para os cães mais velhos, 341–343

reforço imunológico, 342

RNA, 343

## T

Tédio

ansiedade da separação e, 318

comportamento de mastigação e, 220

latidos por, 218

Tem Comida no Seu Focinho, 395–396

Tem Comida no Seu Focinho (truque), 395–396

tênias, 382

Terra-Nova, , 343

teste de temperamento, 245

testes de caça, 369

teste "Senta–Fica", 184–185

tigela de comida, agressão ao redor, 314–315

títulos

agility, 366–368

corrida, 370

obediência, 242

rastreamento, 368–369

títulos de obediência, 242

títulos de rastreamento, 369–370

"Toca Aqui" (truque), 385–387

toca, gaiola como, 162, 211

toxicodendron, 381

trovões e relâmpagos, medo de, 318

Trumler, Eberhard (comportamentalista), 300

truques

A Outra Pata, 386–387

Encontre, 390–392

Fingir de morto, 388–389

Não Cruze Esta Linha, 394–395

Pular através de um arco ou dos seus braços, 392–394

Reverência, 396–397

Rola, 387–388

"Toca Aqui", 385–387

## U

unhas, aparando, 344

urina de submissão, 322–323

## V

vegetais na dieta, 208–209, 340–341

veículos, entrar e sair, 324

vermífugos, 158

veterinário

acalmando o cão no consultório, 329

visão holística, 322

veterinário holístico, 322

viagens

enjoos, 326–327

entrar no veículo, 324

preparação para a viagem de carro, 325

questões de segurança, 323

sair do veículo, 324–325

viajando de carro, 323–327

vinagre de maçã, 344

vômitos, indução de, 381

## W

Whippets, 262, 370

## X

xampu, 344

# CONHEÇA OUTROS LIVROS DA PARA LEIGOS!

Negócios - Nacionais - Comunicação - Guias de Viagem - Interesse Geral - Informática - Idiomas

Todas as imagens são meramente ilustrativas.

### SEJA AUTOR DA ALTA BOOKS!

Envie a sua proposta para: autoria@altabooks.com.br

Visite também nosso site e nossas redes sociais para conhecer lançamentos e futuras publicações!

www.altabooks.com.br

/altabooks ▪ /altabooks ▪ /alta_books

ALTA BOOKS
E D I T O R A